圖1　這幅一三七五年加泰隆尼亞地圖的細部顯示西方對非洲的想像。左下角一名騎著駱駝的商人逐漸靠近馬利的皇帝曼薩·穆薩，後者手上拿著從他蘊藏豐富的礦場生產的金塊。右下角是紅海。爪狀的赭色線條代表阿特拉斯山脈。

圖2　這張一四五〇年左右的加泰隆尼亞地圖，一大片海灣切入非洲，顯示非洲人渴望抵達衣索比亞，所謂偉大的基督徒皇帝祭司王約翰的家。右邊的彩色斑點代表香料群島。

圖3　馬可孛羅的《馬可孛羅遊記》裡的插圖，呈現出三種被認為是生活在亞洲的奇幻種族：無頭人、獨腳人和獨眼巨人。

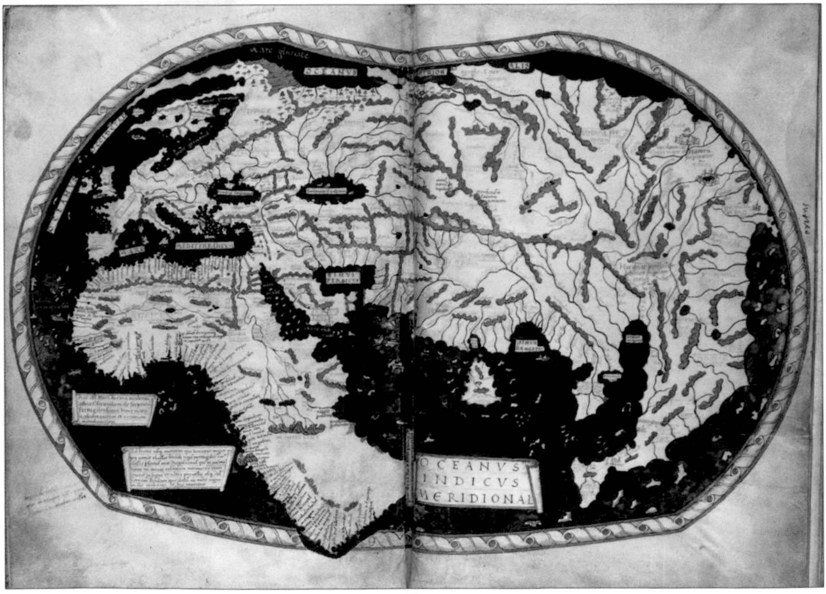

圖4　亨里克斯．馬提勒斯一四八九年的世界地圖，他匆匆在原始的邊界上方畫了好望角，好符合巴爾托洛梅烏．迪亞士發現的非洲最南端。地圖上的亞洲和西元一世紀托勒密的地圖差不多。

圖5　一四五三年，君士坦丁堡最後的圍城。底部是土耳其的營帳；左邊金角灣的另一頭是加拉塔，熱那亞的營區。在擁擠的博斯普魯斯海峽另一頭是亞洲的海岸。

圖6 （左上圖）航海家亨利，出自十五世紀聖文森的多聯畫。
圖7 （右上圖）葡萄牙國王，「幸運者」曼努埃爾一世，出自當時的泥金裝飾手抄本。

圖8 曼努埃爾的岳父母兼對手，亞拉岡的斐迪南二世和卡斯提爾的伊莎貝拉一世，這是他們的婚禮肖像。

圖9　充滿海盜氣質的瓦斯科．達伽馬，肖像出自一位不知名的藝術家，屬於達伽馬的子孫所有。

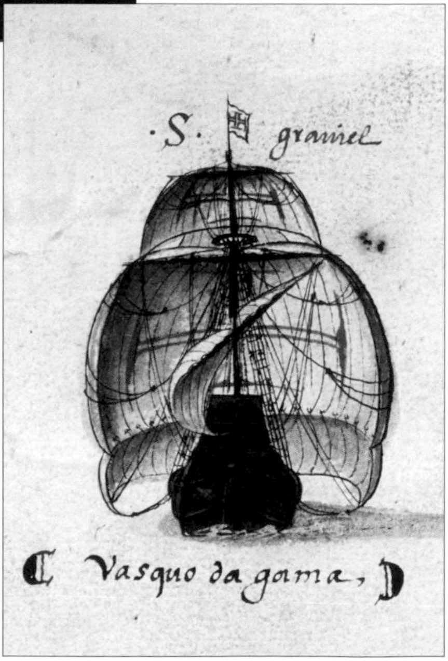

圖10　聖加百列號，達伽馬第一次印度之行的旗艦，出自一五六八年的《艦隊記憶》。

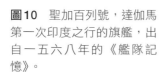

圖11　維拉巴德拉神廟（Veerabhadra Temple）的十六世紀壁畫，位於安得拉邦（Andhra），此地原本是毗奢耶那伽羅帝國的一部分，顯示出達伽馬和他的手下在卡利卡特看到的是什麼樣的畫。

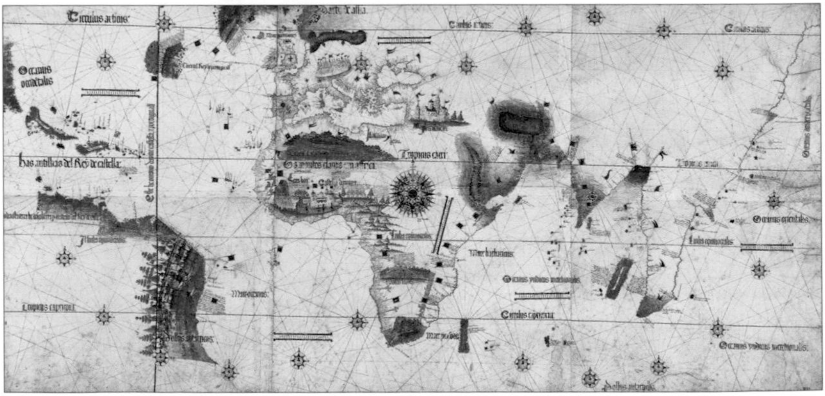

圖12　一五〇二年，費拉拉公爵的密探阿爾貝托．坎迪諾把坎迪諾平面球形圖從里斯本偷走。紅海仍然是紅色，東南亞多半還是出於臆測，但世界開始有了可供辨認的形狀。看得出達伽馬的船員把非洲的東海岸與印度的西海岸畫得很仔細。巴西出現了，只不過跨越了托爾德西里亞斯分界線，也就是西班牙和葡萄牙把世界一分為二的經線。

圖13　西奈山的聖凱特琳娜號，達伽馬一五二四年最後一次印度之行的旗艦。

圖14　達伽馬的肖像，大約在一五二四年最後一次印度之行的前夜所畫。

圖15　一五七二年，里斯本，出自格奧爾格・布勞恩（Georg Braun）與弗朗斯・荷根伯林（Frans Hogenberg）的《全球城市地圖集》（*Civitates Orbis Terrarum*）。舊摩爾城堡在右上角，新的皇家城堡在中間偏左，向濱水區突出。位置優越，可以監視船隻裝卸貨。傳說里斯本「是整個東方最著名的貿易中心」。

圖16　葡萄牙的流氓像貴族似地在果阿招搖過市，出自讓・哈伊根・范・林斯霍滕的《遊記》。

THE LAST CRUSADE

THE EPIC VOYAGES OF VASCO DA GAMA

最後的十字軍東征

航海家達伽馬的史詩旅程

奈傑爾·克里夫
NIGEL CLIFF
楊惠君——譯

目次

第三部　十字軍東征

作者說明

本書的內容橫跨三大洲，縱貫三、四個世紀，書中的人物與地點在不同的時代和不同的地域，大多有不同的名稱。然而瓦斯科．達伽馬（Vasco da Gama）的名字始終如一，應該是比較好的。我按照葡萄牙語的習慣，把他的姓氏寫成伽馬，不過有些史學家比較喜歡用達伽馬。[1]大多時候，尤其是達伽馬的宿敵哥倫布，出生時取名為Cristoforo Colombo，但後來入籍葡萄牙和西班牙，就改成Christóvão或Cristóbal Colón，我必須從中擇一使用。如果有行之有年的英文名字，自然以英語表述；如果沒有，西方人的名字以其語言的慣用方式表達，非西方的名字則用最簡單易懂的方式轉譯。

另外也設法為讀者剷除大量閱讀上的障礙。籠統的時代或地區名稱，如「中世紀」或「東方」很難有精確的定義，但仍然搭配上下文使用，作為必要的指標。日期採用西方的形式，以西元紀年。出自非英語資料的引文，是依照時代的特色或文義的清晰度，分別採用古老、近代和全新的譯

1 編按：本書依照台灣慣用譯法，採用「達伽馬」。注釋除特別標示「譯者注」、「編按」，否則皆為作者注。

文。海上的距離以本書的探險家使用的里格表述，葡萄牙的一里格大約相當於現代的三英里。最後，雖然花了不少時間學習如何安裝艏斜桅、架設後桅帆桁、把錨拉上錨架，我盡量少用航海專業術語。希望不會讓各方面的專家感到不快。

序曲

暮色漸漸昏暗，此時有三艘船出現在印度離岸的海上，看上去古裡古怪，但岸上的漁夫仍舊能隱約看出船隻的形狀。[1]其中最大的兩艘像鯨魚似的，大腹便便，船身的兩側向上鼓起，支撐著船頭和船尾堅固的木造高塔。木製的船身風化成一條條的灰色，兩側都有細長的鐵砲伸出，活像一條巨型大鯰魚的觸鬚。天色漸暗，巨幅的四方形船帆朝著天空翻騰，一張大過一張，頂端全都繫了上帆，形狀就像一頂無邊帽，因此整組帆具就像一個來自陰間的巨人家族。這幾艘陌生的船隻一方面現代得令人激賞，另一方面又原始得要命，但無論如何，以前誰也沒見過這種東西。

海灘上響起了警報，男人分成一組一組，把四艘長窄船拖到水裡。等他們划到離帆船比較近的海面，才看到每一張帆布上都畫了一個深紅色的大十字架。

「你們從哪個國家來的？」划到最近那艘船的船身側面，印度人的頭頭大聲問道。

「我們從葡萄牙來的。」其中一名水手高聲回答。

1　有關瓦斯科．達伽馬第一次印度之行的資料來源，請參照第七章的注解。

雙方說的都是阿拉伯語，是國際貿易的通用語言。不過來客占了東道主的便宜。印度人從沒聽過什麼葡萄牙，一個位在歐洲西端的邊陲小國。葡萄牙人當然知道印度，為了來印度一趟，他們不惜踏上人類有史以來最漫長、也最危險的航程。

當時是一四九八年。十個月前，一支小船隊從葡萄牙首都里斯本啟航，準備執行一項日後會改變世界的任務。船上的一百七十人奉上面指示，要打開一條從歐洲通往亞洲的海上航線、解開香料貿易的古老祕密，並且找到一位失蹤已久的基督教國王，傳說他統治著東方一個神奇的國度。在這一系列令人難以置信的任務背後，隱藏著一個驚天動地的目的：和東方的基督徒結合起來，對伊斯蘭強權做出致命一擊，並且為收復至聖之城耶路撒冷鋪路。其實就連這個也不是他們的終極目標——不過一旦成功，就可以一步步遂行他們的目的，號召基督再度降臨人間，以及迎接必將隨之而來的最後審判。

時間會證明，這一趟應許之地的追尋之旅，最後是否只是一座空中樓閣。此時此刻，船員一心只希望能活下去。這群自願離開已知世界，向未知的遠方航行的人，其中的組成分子千奇百怪。有硬朗的冒險家、英姿颯爽的騎士、非洲的奴隸、喜歡咬文嚼字的抄寫員，以及折抵刑期的罪犯。他們在船上摩肩接踵，足足熬了三百一十七天。出發後不久，他們在大西洋兜了個大圈子，連續幾個月，只看到無邊無際的大海。好不容易抵達非洲最南端，卻在暗夜遭人射擊、埋伏，甚至登上船來。那時糧食和飲水早已耗盡，船員又染上不知名的怪病。巨浪和暴風拍打著船隻，把船帆吹得殘破不堪，他們拚命掙扎前進，深信自己是在為上帝服務，只要完成任務，就能洗清他們的罪孽。然而就算是經驗最豐富的水手，也不免被病態的迷信和末日的預兆嚇得毛骨悚然。他們心裡明白，一旦牙床腫起，或是無意間撞上暗礁，就可能一命嗚呼，而且死亡並非他們想像中最悲慘的命運。當他們在不知名的星辰下沉沉睡去，或是一頭闖進未知的水域（製圖者在這些海面畫上露出獠牙的海怪，增添些許生氣），他們不擔心自己丟了性命，只怕失去靈魂。

在印度人眼中，這些初來乍到的傢伙個個頂著髒兮兮的長髮，曬成古銅色的臉不知多久沒洗了，看上去像是野蠻的老水手。後來發現這些陌生人願意出高價購買黃瓜和椰子，他們的猶疑瞬間煙消雲散，第二天，四艘長窄船划到原地，引領船隊入港。

這一刻，即使再內斂的水手，也看得目瞪口呆。

在基督徒的認知裡，東方是世界的發源地。以聖經為史書，作為信仰中心的耶路撒冷懸浮在天地之間，而伊甸園是創造奇蹟的泉源（基督徒堅信這個百花盛開的樂園位在亞洲某個地方）。據說東方的宮殿以黃金為頂，焰不沾身的火蠑螈、飛蛾撲火的鳳凰和孤身來去的獨角獸，在森林中漫步。河裡漂著寶石，從樹上掉落的，是能治百病的稀有香料。長了狗頭的人慢條斯理地走過去，其他人不是用單腳跳躍前進，就是安坐歇息，舉起一隻大腳丫子當遮陽板。峽谷裡到處散落著鑽石，出入口有蛇把守，只有禿鷹能叼走。危機四伏，一不小心就會送命，這些閃閃爍爍的寶藏，看似近在咫尺，其實遠在天邊，因而更令人垂涎。

至少傳聞是這麼說的，但誰也不敢打包票。幾百年來，伊斯蘭幾乎封閉了歐洲通往東方的路線；幾百年來，各式各樣天花亂墜的謠言和傳說取代了合理的事實，傳得沸沸揚揚。許多人為了探究真相而賠上性命，現在，真相忽然唾手可得了。卡利卡特宏偉的港口逐漸在水手眼前浮現，這是一個充斥著東方財寶的國際商業中心，全世界最繁忙的貿易網絡中樞。

沒有人急著率先登岸。他們的期待（或者是恐懼）太深。最後，一名男子奉命接下這件危險的任務，這也是當初讓他上船的目的。

史上第一位遠道而來，並且在印度登岸的歐洲人，是一名被定讞的罪犯。

划小船的印度人直接把他帶到兩位穆斯林商人家裡，他們來自北非，在印度人的認知裡，是世界的最西端。這兩個商人原本住在突尼斯的古老港市，操著流利的西班牙語和義大利語，讓登門的訪客著實吃了一驚。[2]

「要死了！你怎麼跑到這裡來了？」其中一人用西班牙語驚呼。

罪犯走上前去。

「我們來這裡，」他傲然回答，「是為了尋找基督徒和香料。」

瓦斯科．達伽馬在旗艦上等消息，顯得很不耐煩。這位葡萄牙指揮官屬於中等身高，體格很結實，紅潤的臉孔稜角分明，活像是用一片片紅銅焊接而成。他是宮廷的貴族子弟出身，不過高眉骨、鷹勾鼻、渾厚多肉的嘴唇、加上一把濃密的鬍鬚，反而更像是海盜的頭目。銜命出海尋找國家的希望和夢想的這一年，他不過區區二十八歲。雖然這個人選確實出人意表，他的手下已經懂得要敬佩他的膽識和勇氣，對他的火爆脾氣也有幾分畏懼。

他那雙銳利的大眼睛打量著他的海上國度，每個角落都看得一清二楚。憑著鋼鐵般的意志，與同樣令人嘆服的勃勃雄心，他度過重重危難，橫跨了未曾有人征服過的千里汪洋，但他心知肚明，這場豪賭才剛剛開始。

撰寫這本書背後的動機，是一個糾纏了筆者好幾年的問題。我和大多數的人一樣，怎麼也搞不懂宗教戰爭怎麼會突然成為我們日常生活的一部分，等我發現了更多史料，才明白我們都被帶回一個已經被集體遺忘的古老衝突裡。我們相信理智取代了宗教，成為世界的主宰。戰爭的起因是意識型態和經濟及自我，而非信仰。

我們遺忘了一段歷史。進步的進行曲是勝利者說給自己聽的故事；失敗者的記憶比較不容易被忘記。對現代伊斯蘭教徒而言，他們的奮鬥不是為了和西方達成協議，而是要戰勝西方，照他們的說法，一切恩恩怨怨始於五百年前。那時候，最後一任穆斯林埃米爾被逐出西歐，哥倫布登陸美洲大陸，達伽馬也抵達了東方。這三件事發生在風起雲湧的短短十年之間，三者的根源互相糾結，剪不斷、理還亂，深藏在人類共同的歷史中。

在這關鍵十年的七個世紀以前，穆斯林征服者率軍深入歐洲。在歐洲遠西的伊比利半島建立了先進的伊斯蘭國度，歐洲之所以能開化及擺脫黑暗時代，這個伊斯蘭國家可謂居功厥偉。然而當基督徒與穆斯林雙雙開始忘記他們以不同方式膜拜的其實是同一個神，伊比利便燃起了聖戰之火。在連天烽火下，葡萄牙和西班牙在伊斯蘭的領土打造自己的國家，後來葡萄牙展開長達一百年的航海

2 精確地說，這兩名突尼斯商人說的是卡斯提爾語和熱那亞語。前者演化成現代的西班牙語，後者至今依然在熱那亞地區通行。

任務，到地球另一端追尋從前的主子，從而開啟歐洲的地理大發現時代，此時戰火依然延燒不止。

這樣的時機並非偶然。數百年來，歷史的腳步逐漸從東方向西方移動，到了地理大發現時代的前夕，行進的步伐變得愈來愈快。十五世紀中葉，歐洲最偉大的城市落入伊斯蘭之手，穆斯林軍隊再度摩拳擦掌，準備挺進歐洲大陸中心。在一個誰也沒想到會有新大陸等著被發現的時代，唯有抵達東方，基督教世界才有獲得救贖的希望；歐洲人在歷經挫折之後，幻想亞洲已經成為一個神奇的國度，可以和他們聯手抗敵，而建立普世教會的夢想也終將實現。

小小的葡萄牙給自己指派了一個極度大膽的任務：成為海上霸主，從兩邊夾擊伊斯蘭。經過幾個世代的集體努力，終於促成了達伽馬的第一次印度之行，這時西班牙才匆忙加入戰局。既然要急起直追，他們決定在哥倫布這個特立獨行的義大利人身上賭一把。一四九八年，達伽馬往東航向印度洋時，哥倫布展開第三次西行，而且終於抵達了美洲大陸。

兩位探險家追求的戰利品是相同的，他們都在追尋通往亞洲的海上路線，然而達伽馬的成就一直在哥倫布誤打誤撞的戰績下黯然失色。現在既然要重回當時的時空——一個條條大路通東方的世界，我們總算可以為前者扳回一城。長達幾百年的時間，基督教極力顛覆伊斯蘭世界霸主的地位，直到達伽馬的印度之行才有了突破。東、西方關係就此逆轉，也在穆斯林霸權和基督教霸權的時代之間劃了一條清楚的界線，也就是我們西方所謂的中世紀和現代。[3]這幾次航行當然不是唯一的關鍵因素，卻也不像我們記憶中那麼渺小，畢竟記憶是經過選擇的結果。

地理大發現時代曾經被譽為一種唐吉軻德式的探索，極力想突破人類知識的極限。如今，愈來愈多人把它解釋成一種逆轉全世界貿易平衡的驅動力。其實兩者兼而有之；它改變了歐洲對本身的全球性地位的認知，也帶動至今尚未終止的一次世界權力轉移。然而，這不僅僅是一趟新的航行；而是一次經過深思熟慮的舉動，目的是要算清一筆舊帳。達伽馬和他的手下，生在一個被信仰極度分化的世界，凡是男子漢，一律以討伐異端為最高使命。每當他們船帆上的血紅色十字飄揚到五湖四海，一場新的聖戰就此展開。他們從小耳濡目染，認定自己是四百年十字軍戰士的接班人，當年這些英勇的朝聖者便是以基督之名揮劍殺敵。如今他們身負重任，要對伊斯蘭展開全面性的反擊，並且開創一個新的時代，一個把歐洲的信仰和價值觀輸出到地球另一端的時代。這是那幾十個人搭乘幾艘木船，遠離已知的世界，航向現代最重要的原因。

要了解是什麼樣的熱情驅使歐洲人駛向遠洋？是什麼塑造了我們的世界？那只得細說從頭。故事的起點，就在阿拉伯的風蝕沙丘和乾焦的山脈，這裡誕生了一個新的宗教，並且以雷霆萬鈞之姿，橫掃歐洲的中心。

3 對於中世紀何時結束，各派史家提出了許多不同的日期。其中最盛行的兩個說法是君士坦丁堡被攻陷的一四五三年，以及哥倫布首次西行的一四九二年。如果中世紀的主旋律是歐洲的衰敗和伊斯蘭的興起，而現代的主旋律是信仰基督教的西方在全球稱霸。從這個觀點來看，把古典世界的最後堡壘落入鄂圖曼人手中當作現代的起點，實在不合邏輯。哥倫布直到一四九八年八月才抵達美洲大陸，要再等好幾十年，才看出他的發現帶來的影響。達伽馬在一四九八年五月抵達印度，在我看來，是他的成就使歐洲人相信歷史的潮流終於轉向。

第一部

源起
ORIGINS

踏上前往聖墓的路，從邪惡的異族手中奪下那片土地，由自己統治……
好讓你們的罪得到赦免，將來定然可在天國享有永恆不滅的榮耀。

——教宗烏爾班二世

第一章　東方與西方

西元六一〇年左右，穆罕默德・伊本・阿布杜拉（Muhammad Ibn Abdallah）首次聽到真主聖言，當時他完全無意創立一個世界大帝國。

他甚至不確定自己沒有瘋。

「裹著我！」這個四十歲的商人說，他爬到妻子面前，全身抖個不停，妻子給他披了一件斗篷，把他擁進懷裡，為不斷哭泣的他撫摸髮絲。穆罕默德原本在麥加城外他常去的一座山洞靈修（因為娶了年長他十五歲的富孀，他才能享有這份閒情逸致），結果天使加百列出現了，令他陷入一陣痛苦而狂喜的恍惚中，然後對他說了真主聖言。穆罕默德生怕自己會發瘋，考慮要不要從山上跳下去。但那個聲音一再出現，三年後，穆罕默德開始公開傳教。真主的訊息漸漸出現了：亞伯拉罕與耶穌的信仰是真正的信仰，不過早就腐敗了。神確實存在，而且他要求的是伊斯蘭（islam），意指絕對的順從。

這對麥加的統治者可不是好消息，他們靠全城三百六十座神殿的宗教觀光事業致富。漢志地區（Hijaz）是一道高山組成的乾熱屏障，沿著阿拉伯半島的紅海海岸延伸，麥加則是以漢志地區的一片棕櫚綠洲為核心發展出來的城市。卡巴天房（Kaaba）是麥加的權威中心，這座四四方方、矮矮胖胖的聖殿中央，供奉著阿拉伯的主要神祇。每年有大批朝聖者從沙漠現身，來到這座神聖的殿堂，繞行玄石七次，使勁探出頭來，親吻玄石的每一個角落，直到被擁擠的人群夾帶著繼續前行。原本負責天房守護之責的古萊什人（Quraysh），漸漸勒住了麥加的經濟命脈，而穆罕默德的天啟一開始就是衝著他們來的。他指控貪婪的古萊什人斬斷了阿拉伯社會平等主義的思維；他們剝削弱者、奴役窮人、忽略照顧貧困和受壓迫者的責任。神把這筆帳記下了，他們全都會下地獄。

古萊什人之所以怒不可遏，不是因為穆罕默德宣揚慈悲的唯一真神，或甚至自稱是神的代言人。在麥加的北方，原本就有一個存在了幾百年的基督教阿拉伯王國，在卡巴天房裡，耶穌和瑪利亞也傲然佇立在眾多神像之間。居住在阿拉伯半島的猶太移民在更早之前，就有舉足輕重的地位；阿拉伯人以亞伯拉罕的長子以實瑪利（Ishmael）的子孫自居，和猶太人一樣是亞伯拉罕的後裔，而且許多人認為他們的至高神正是猶太人的神。[1]在穆罕默德的時代，詩人傳道者終身在沙漠雲遊，勸告族人放棄偶像崇拜，回歸祖先所信仰的純粹一神教。這一點是毫無疑義的；尤其令人難以忍受的，是穆罕默德是自己人。他出自哈希姆（Hashemites）氏族，是古萊什人的一個小支系。他是一位德高望重的商人，是維繫部族的一根小而堅固的支柱，結果毫不留情地攻擊自己人。

從賄賂到杯葛，古萊什人想盡辦法污衊這個麻煩的傳道者，最後甚至派人在月黑風高時下手暗殺。穆罕默德在千鈞一髮之際逃出家門，前往一處遙遠的綠洲聚落，也就是現在的麥地那，先知之城。當追隨他的人愈來愈多，穆罕默德在麥地那打造了一個全新的社會，這是他在麥加不可能做到的：溫瑪（ummah），一個人人平等的社群，要加入溫瑪，憑的是忠誠，而非出身，法律賦予女性前所未有的權利，並且規定必須把財富重新分配給最貧困的人。當神的啟示繼續降臨，他開始相信神之所以選中他，不只是要對他的族人做出警告，而是要他成為使者，向人類傳遞訊息。

要宣揚訊息，他首先必須解決麥加。和古萊什人八年的慘烈戰爭，讓伊斯蘭的建立染上鮮血。在最黑暗的時刻，穆罕默德鼻青臉腫，臉上的傷流血不止，由麾下一名戰士拖出戰場，如果不是戰場謠傳他已經死了，只怕殘餘的部隊也要命喪沙場。溫瑪的士氣一蹶不振，大約就在這個時候，穆罕默德向麾下的將士許下一個在歷史上不斷反覆迴響的承諾，神透過啟示告訴他，戰死的人會登上天國最高的第七重天：「必定要住在安全的地方，住在樂園之中，住在泉源之濱，穿著綾羅綢緞，相向而坐……我將以白皙、美目的女子，做他們的伴侶。」[2]

穆斯林（「順服的人」）誓死追隨，儘管經歷重重險阻，他們依然誓死追隨，這本身就是一個真主恩寵的跡象。最關鍵的一刻並非戰場上的勝利，而是一次高明的公關活動。西元六二八年，穆罕默德出乎意料地帶著上千名手無寸鐵的朝聖者來到麥加，並且以阿拉伯人的身分，主張他在卡巴天房朝覲的合法權利。當古萊什部族的人慍怒地站在一旁，看他莊嚴地舉行朝覲儀式的同時，麥加的統治者非但沒有無堅不摧的氣勢，反而顯出一副蠢相，反對的勢力開始瓦解。西元六三〇年，穆

---

1 猶太人的祖先是撒拉為亞伯拉罕生下的兒子，以撒；穆斯林的祖先是撒拉的埃及使女夏甲為亞伯拉罕生的兒子，以實瑪利。依照阿拉伯的經外傳說，卡巴天房由亞當所建，挪亞重建，撒拉因為嫉妒而把夏甲和以實瑪利驅逐到曠野，亞伯拉罕在探望夏甲母子的時候，修復了卡巴天房。

2 N. J. Dawood, trans., *The Koran: With a Parallel Arabic Text* (London: Penguin, 2000), 497.

罕默德帶著大批行列整齊的追隨者重返麥加。他再次繞行聖殿七次，吟唱著「真主至大！」然後走進天房，搬出一座座的偶像，在地上摔個粉碎。

兩年後，穆罕默德辭世，這時他已經建立了歷史上其他領袖連想都沒想過的偉大功業：他建立了一個廣為流傳的信仰，和一個不斷擴張版圖的新國家，兩者不可分割。重返麥加剛滿一年不久，伊斯蘭大軍擊潰堅決抗拒新秩序的阿拉伯部族，這是阿拉伯半島有史以來首次統一在同一個統治者與信仰之下。在宗教熱誠、新發現的共同目的，以及在生前豐厚的戰利品和死後永恆的喜樂驅使下，神的新選民向阿拉伯以外的世界展望。

他們看到的是竭盡一切力量，拚命要讓對方從地球消失的兩大超級強權。

長達一千多年的時間，東方和西方隔著美索不達米亞的幼發拉底河互相對峙，自古以來，美索不達米亞這片肥沃的土地被稱為文明的搖籃，也是今天的伊拉克所在地。東邊是燦爛輝煌的波斯帝國，保衛一個古老、精緻的文化，和全世界最早的神啟宗教，即瑣羅亞斯德創立的一神教信仰，該宗教就以先知的拉丁化名字——瑣羅亞斯德（Zoroaster），作為教名。瑣羅亞斯德教宣揚創世、復活、救贖、啟示、天國與地獄，而且在耶穌誕生前幾個世紀，就由一名年輕的處女生下救世主。在他們偉大的萬王之王（Shahanshah）的領導下，波斯一直是希臘的死敵，直到亞歷山大大帝才將波斯大軍擊垮。波斯復興之後，直接把這股敵意轉嫁給希臘的繼承者，羅馬。古代的鬥爭逐漸發展成東西方的衝突，西元六一〇年，就在穆罕默德剛開始得到啟示時，終於爆發了全面性的戰爭。

當一波波蠻族到西歐四處作亂，君士坦丁大帝在歐洲的最東邊建立了一個新的羅馬。在亞洲，燦爛耀眼的君士坦丁堡隔著博斯普魯斯海峽向外眺望，這條水道從黑海通往地中海，深具戰略價值。君士坦丁堡的城牆固若金湯，君士坦丁的繼承者躲在城牆背後，只能眼睜睜看著波斯人橫掃東部各省，向聖城耶路撒冷進軍。多年之前，羅馬將猶太人的耶路撒冷夷為平地，在確認是耶穌受難的各個地點打造一座新的基督教城市；史上第一位基督教皇帝君士坦丁親自下令，在據說是耶穌被釘十字架、埋葬和復活的地方興建聖墓教堂[3]。如今，波斯人運走了被認定是耶穌被釘上的真十字架（True Cross），以及聖海綿與聖槍，還有耶路撒冷的牧首，留下被挖空的聖墓在布滿黑煙的天空下悶燒，令基督徒百般痛苦，宛如末日降臨。[4]

在聖城即將化為荒煙蔓草之際，羅馬奮力反擊，並取得勝利，而波斯卻爆發內戰。不過勝利的一方也元氣大傷。羅馬各大城淪為廢墟，難民排山倒海而來，農作物枯萎、貿易停頓，為了拯救帝國榮光而課徵重稅，弄得人人怨聲載道。在這個基督教陷入多方論戰，紛擾不休的時代，殺傷力最

3 聖墓教堂（Church of the Holy Sepulcher）。發現耶穌受難地點的人，是君士坦丁的母親海倫娜，她在西元三二四年到聖地尋找遺跡，奇蹟似地挖出了他們相信是耶穌被釘死的十字架，穿過他的雙手和雙腳的釘子。另外，根據某些史料的記載，這裡也挖出了耶穌的聖袍，以及把他綁在十字架上的繩索。她把其中幾件古物帶回國，包括兩枚釘子，其中一枚到了君士坦丁的頭盔上，另一枚則成為他的馬勒；其他的古物留在原地，收藏在新建的教堂裡。依照經外傳說，耶穌被釘十字架的地方，正是亞當的頭骨埋葬的地點，一般認為歷史上第一個人類的墳墓也在教堂裡。參見Colin Morris, *The Sepulchre of Christ and the Medieval West* (Oxford: Oxford University Press, 2005)。

4 波斯人在西元六一四年洗劫耶路撒冷。西元七〇年，羅馬人為了鎮壓猶太人的集體抗暴，燒毀了第二座聖殿，把耶路撒冷夷為平地，把全城人口屠殺或運走。從此猶太人不得在大衛的城市居住。猶太人和波斯人結盟，展開長達五百四十四年的報復，結果羅馬人再度進城，大肆屠殺猶太人。不久之後，他們和阿拉伯人合作，結果較為成功。

大的莫過於君士坦丁堡鐵了心要在國內強制實施東正教版的基督教。[5]當初把基督徒送去餵獅子的羅馬人，現在搖身一變，轉而迫害任何拒絕遵循官方路線的人，在地中海東岸，北起亞美尼亞，南至埃及這一大片土地上，基督教異議者對新政權憂心忡忡。[6]

阿拉伯人擺出一副橫掃千軍的架式，同時對兩個古老帝國發動攻擊。

西元六三六年，在未來的巴格達附近，波斯長達一千一百年的國力在咆哮怒吼、見人就踩的戰象腳下告終。「該死的世界，該死的時代，該死的命運，」日後伊朗的民族史詩哀嘆著，「未開化的阿拉伯人跑來把我變成穆斯林。」[7]伊斯蘭往北傳到亞美尼亞，往東北傳至與中國接壤的亞洲大草原，往東南進入阿富汗，然後再傳往印度。同年，一支阿拉伯軍隊在耶爾穆克之役（Battle of Yarmuk）以寡擊眾，大敗羅馬軍隊，同時併吞了敘利亞，大數的掃羅（Saul of Tarsus）前往大馬士革途中，就是在敘利亞皈依基督教，並在當地的安條克（Antioch）創立第一個有組織的基督教會。次年，耶路撒冷難耐飢餓之苦，向新的征服者開城投降，距離羅馬人在勝利的歡呼中將真十字架物歸原位，才不過短短八年。[8]這個信仰分裂的城市同時是伊斯蘭及猶太教和基督教的聖城，羅馬人和猶太人長達數百年的聖地之爭，變成了穆斯林和基督徒好幾個世紀的衝突。

四年後，羅馬帝國最富庶的省分，土壤肥沃、財政充盈的埃及落入阿拉伯人手裡。君士坦丁堡只能無力地看著被他們貶低為撒拉森[9]的野蠻沙漠部族，全面占領他們不久前才付出慘重代價奪回的土地。當眾多王國和帝國一一衰落和敗亡，連主教也開始懷疑穆罕默德是不是上帝派來的使者。[10]

伊斯蘭大軍從埃及往西橫越非洲的地中海岸，沒想到勢如破竹的進擊居然在這裡戛然停止。原因之一是國內的情勢出了變化。穆罕默德過世的時候沒有指定繼承人，甚至沒有留下清楚的

5 雙方論戰的重點在於基督的神性究竟有多少。正統派的立場是一系列大公會議討論出的結果，主張耶穌是神人兩性一位，完美地結合了兩種不同的狀態。但帝國的許多公民不以為然。亞流教派否認耶穌具有神性，基督單性說論者（Monophysites）否認耶穌的人性，聶斯脫里教派主張基督有兩性體，兼具神性和人性，其他團體認為耶穌介於神與人之間，只是各自主張的程度不同。連續幾任的皇帝頒布命令，統一的帝國需要統一的信仰，並把異議者斥為異端。大敗波斯的希拉克略（Heraclius）皇帝重新開始討論這個令人傷透腦筋的問題，想尋求一個妥協，最後採用了基督一志論（Monothelitism），主張基督有神人兩性，但只有一個意志，不過各界都對這個教義不以為然，不到五十年便被斥為異端。

6 幾個世紀以後，在伊斯蘭統治下存活下來的獨立東方教會的領袖，依然把阿拉伯人視為救星。十二世紀敘利亞東正教的牧首，敘利亞的米哈伊爾（Michael the Syrian）曾寫道：「施行報應的神……看過希臘人的惡毒，看見他們在自己管轄的任何地方殘酷地搶劫我們的教堂和修道院，無情地聲討我們，因此讓以實瑪利的子孫從南邊解救我們。」引文出自Stephen O'Shea, *Sea of Faith: Islam and Christianity in the Medieval Mediterranean World* (London: Profile, 2006), 52。

7 這段引文出自偉大史詩，菲爾多西（Ferdowsi）所寫的《諸王之書》（*Shahnameh*），本書撰寫於西元十世紀末及十一世紀初。最佳譯本出自Dick Davis（New York: Viking, 2006）筆下。波斯貴族雖然很快就皈依了伊斯蘭，但對阿拉伯文化一直非常憎恨，也對前伊斯蘭的波斯燦爛文明念念不忘。

8 聖城在西元六三七年四月被阿拉伯人占領。依照經外傳說，穆罕默德的繼承人歐麥爾（Umar）衣衫襤褸，騎著一頭白色的驢子（或是駱駝），從悔改之門進城。他向耶路撒冷的牧首請教大衛王過去在哪裡禱告，然後被人帶到聖殿山，發現這裡早就成了垃圾堆。歐麥爾找來幾個基督徒，要他們清除垃圾，然後蓋了一座簡單的木屋，用來做禮拜，後來成為遠寺的所在地（見第二章）。

9 撒拉森（Saracenss，帳棚子民）原本是指阿拉伯半島北部的非阿拉伯民族，但後來被用來稱呼阿拉伯人，接著又泛指所有的穆斯林。語源不明，不過到了西元四世紀，史學家阿米阿努斯・馬爾切利努斯（Ammianus Marcellinus）指出，撒拉森指的是這個地區的沙漠游牧民族。

10 這是亞美尼亞主教西貝俄斯（Sebeos）的憂慮，參見Alfred J. Butler, *The Arab Conquest of Egypt—and the Last Thirty Years of the Roman Dominion* (Oxford: Clarendon, 1902), 152。在教會的五大宗主教區中，如今有三個教區：安條克、耶路撒冷和亞歷山卓，在伊斯蘭統治者的默許下繼續運作。

指示，說明應該如何遴選繼承人。往日的宿怨旋即重新浮上檯面，征服的戰利品由無數的車隊穿越沙漠運送，最後毫無例外地落到古萊什人的口袋裡，穆罕默德生前早就極力抨擊過這個部族一家獨吃的貪婪。經過了一番部族爭奪，從穆罕默德親近的夥伴與家族當中，選出了最初的四任哈里發（Caliph，先知的「繼承人」），但即使是這麼崇高的地位，也保護不了他們。一個憤怒的波斯士兵趁第二任哈里發禱告的時候，用匕首插進他的腹部，挖出內臟，又在他背上劃了一刀。一群穆斯林士兵不滿第三任哈里發奢華的生活方式和公然利用裙帶關係，於是用棍棒把他活活打死，溫瑪隨即爆發內戰。第四任哈里發阿里，他是先知的堂弟、女婿及親信，因為對其他穆斯林的態度不夠強硬，在一所清真寺的階梯上遭人以毒劍刺殺。[11]阿里的追隨者始終堅稱阿里是真主選中的穆罕默德繼承人，他們最後組成了阿里黨（Shiatu Ali），簡稱什葉派（Shia），和採行實用主義路線的多數派從此分道揚鑣，後者被稱為遜尼派（Sunni），意思是奉行先知聖行之人。

在內戰中出現了第一個哈里發王朝，也就是倭馬亞王朝[12]，把首都遷出紛亂無序的阿拉伯半島，在世界主義的古城大馬士革統治了將近一個世紀。然而，這個年輕的帝國仍然疲於應付反對的勢力，這一次是來自外部。大批衣衫襤褸的藍眼柏柏人[13]把阿拉伯軍隊牽制在北非幾十年，柏柏人是這個區域的原住民，前幾波的征服者出現時，他們會從山上的據點狂奔而下，儘管宣示皈依新宗教，柏柏人無意因此改變作風。率領柏柏人攻擊的，是令人聞之喪膽的猶太教戰士王后，阿拉伯人叫她卡希娜（Kahina），也就是「女先知」的意思，她頂著一頭飛揚的紅髮，火速奔赴戰場，把入侵者趕回遙遠的東方，直到一支龐大的阿拉伯軍隊終於追捕到她，她手持長劍，戰鬥到最後一刻。

西元八世紀初，柏柏人的反抗行動減少，許多人加入了征服者的陣容。不到一百年的時間裡，穆罕默德派出的大軍猶如一彎新月，一舉橫掃地中海岸，直接打到大西洋海岸。

從這裡眺望歐洲。

世界以駭人的速度繞了一圈。一個在東方的沙漠冒出來的宗教即將從西邊闖入倍感驚愕的歐洲。不過對桀驁不馴的柏柏人來說，不妨趁相互征戰的歐洲各部族還來不及回過神，就以迅雷不及掩耳的速度橫掃歐洲。

世界遲早會再轉一圈。到時飽受震驚的西方基督教世界總算回過神來，在歐洲大陸掀起一場激烈的信仰鬥爭，促使瓦斯科・達伽馬駛入東方的中心。

＋

自傳說時代以來，在已知世界的最西端，佇立著兩座岩峰。古人稱為海克力斯之柱（Pillars of

---

11 刺殺阿里的人是個狂熱分子，堅信擔任伊斯蘭領袖的唯一條件是虔誠，而非血統。他這種簡單、嚴格的伊斯蘭，日後被稱為哈里吉教派（Kharijism），在北非扎根最深，如今在阿拉伯半島和非洲仍有零星的信徒。

12 倭馬亞王朝（Umayyad），王朝的創建者穆阿維葉（Muawiya）是阿布・蘇富揚・伊本・哈爾卜（Abu Sufyan ibn Harb）的兒子，阿布・蘇富揚是麥加的重要人物，曾經帶兵攻打麥地那，差點消滅了伊斯蘭。這場戰役結束時，穆阿維葉的母親海達（Hind）把穆罕默德的叔叔哈姆札（Hamza）的肝臟挖出來吃。這場內戰也讓穆罕默德的外孫失去性命，卡巴天房陷入火海；萬萬沒想到務實的權力政治終究戰勝了宗教信仰的純粹。

13 柏柏人（Berbers）分布的地區從尼羅河到大西洋，自稱為Imazighen，意思是「自由的人」。他們的生存能力極強，部落成員混合了異教徒、猶太教徒和基督徒。這位女先知的傳說是許多神祕爭議的焦點。參見Abdelmajid Hannoum, *Post-Colonial Memories: The Legend of Kahina, a North African Heroine* (Westport, CT: Heinemann, 2001)。

Hercules），並且講述這位力大無窮的英雄，如何在執行第十項偉績時打造出這兩座岩峰。海克力斯奉命到歐洲最遠的海岸，偷取三頭六腿的巨人革律翁（Geryon）的牛群，為了清除路上的障礙，他把一座山劈成兩半。[14]背後的海水就從這道裂縫湧入地中海。岩峰外側是擁有變身能力的海中老人[15]掌管的地區，也是沉沒的亞特蘭提斯文明所在地，這些零碎片段的古老傳說，早已消失在時間的迷霧和千年以來水手的恐怖傳說中。[16]

港市休達（Ceuta）在海克力斯之柱的南柱附近建港，迄今已兩千多年。休達位於一片曲形的土地，藉由崎嶇的七峰山脈[17]和非洲北岸相連。這個小地峽蜿蜒伸入地中海，最後在巨大的石墩燈塔丘（Monte Hacho）這裡戛然終止。在燈塔丘的頂端，一眼就能看到西班牙海岸拳頭狀的巨型石灰岩，直布羅陀巨岩（Rock of Gibraltar）。直布羅陀巨岩是海克力斯之柱的北柱，從地中海通往大西洋的海峽浪潮洶湧，便以這座巨石命名。非洲和歐洲在這裡只有一水之隔，相距九英里，歷史的腳步一而再再而三地跨過這片海峽。

現在我們心目中的非洲和歐洲，是因為文明的差距而分裂的兩片迥然不同的大陸，但在不久之前，這種區分根本毫無道理。曾經在長達數百年的時間裡，人與貨物在水上的運輸比陸上更簡易，拜貿易與帝國所賜，地中海諸民族合而為一。擅長路徑搜尋的腓尼基人在西班牙採銀礦，還遠到英國採錫，迦太基人對瓶頸位置的戰略價值有非常敏銳的感知，他們在北非向西西里突出的地方，建立了傳說中著名的迦太基城，而且憑著同樣的本能，把休達建立成他們西方的軍事基地。然後希臘殖民者來了，建立了從西班牙到西西里的諸多聚落，讓亞歷山大大帝貼身護衛的後裔擔任埃及托勒密王朝的法老。接著羅馬人來了，把迦太基夷為平地，並且在休達興建防禦工事，成為坐落在世界盡頭的軍營。地中海一詞出自拉丁文的「地球中心」，但在政治現實和帝國自尊的驅使下，羅馬人多半稱之為Mare Nostrum——「我們的海」。他們把地中海視為內海，自然更不能忍受蠻族汪達爾人（Vandals）橫掃西班牙和法國，大舉穿越直布羅陀海峽，往東攻入羅馬統治的北非各省，航向

---

14 據說革律翁住在厄律忒亞島（Erytheria），位於現代的加的斯（Cadíz）附近。在阿波羅多洛斯（Apollodorus）的版本裡，海克力斯建了兩座山來紀念這趟旅程；西西里的狄奧多羅斯（Diodorus Siculus）說他把原有的海峽收窄，以阻擋大洋的怪獸。老普林尼（Pliny the Elder）在其《自然史》（*Natural History*）第三卷的引言中記載，西元一世紀的海岸居民相信山是「被（海克力斯）打通的；讓原本隔絕在外的海水得以流入，因而改變了自然的面貌」。海克力斯之柱迄今依然佇立在西班牙的國徽上。Plus ultra（大海之外，還有領土）這句格言纏繞著兩根柱子，顯示柱子的作用是開啟，而非封閉。

15 海中老人是神話中的人物，也被認定是海神涅柔斯（Nereus），出現在海克力斯的第十一項偉績裡。這一次海克力斯的任務是從阿特拉斯（Atlas）的女兒赫斯珀里得斯三姊妹（the Hersperides）的果園摘取金蘋果，阿特拉斯是泰坦神（Titan），用雙肩支撐著蒼天。海克力斯抓住了有變身能力的涅柔斯，逼他說出了果園的位置，接著普羅米修斯（Prometheus）解除了肝臟被啄食的痛楚，並從他那裡得知只有阿特拉斯能摘到蘋果。海克力斯同意在阿特拉斯去果園的時候為他支撐蒼天；阿特拉斯回來之後，卻想哄騙海克力斯永遠為他背負蒼天的重擔。海克力斯請阿特拉斯暫時扛著蒼天，讓他重新整理一下斗篷，隨後趁機逃跑。在其中一個版本的故事裡，海克力斯打造雙柱，是為了讓阿特拉斯卸下重擔。

16 一兩百年前的航海家膽子比較大。西元前五〇〇年左右，迦太基的冒險家，航海家漢諾（Hanno the Navigator）在海克力斯之柱之間渡海，可能航行到塞內加爾河；漢諾用泥板記錄這一次的航程，放置在廟宇中，後來的希臘文譯本叫《航海記》（*Periplus*）。希羅多德（Herodotus）稍微提過，埃及法老尼科二世（Necho II）曾派一支船隊依順時鐘方向繞行非洲，船隊的成員是腓尼基人；他帶著懷疑的口吻，敘述腓尼基人往西繞過非洲最南端的時候，發現太陽出現在他們右手邊，除了希羅多德的這段話，沒有任何證據能證實曾經有人繞行非洲，而記得的人，多半斷定埃及的金字塔和墨西哥的金字塔有關。

17 七峰山脈（Seven Peaks），這座山脈的最高點是將近三千英尺高的摩西山（Jebel Musa），除了燈塔丘以外，摩西山也有可能海克力斯支柱的南柱。

地中海，在較大的島上定居，專門從事海上搶劫，最後還到羅馬城大肆洗劫。

不過，無論經營了多少海上交通，地中海北岸都無法應付西元七一一年發生的一連串事件。這一年，穆斯林大軍在休達集結，乘船越過海峽，展開伊斯蘭在西歐長達七百八十一年的統治。這支遠征軍的領袖是一名皈依伊斯蘭的柏柏人，名叫塔里克・伊本・齊亞德（Tariq ibn Ziyad），他登陸的石墩被命名為塔里克之山，阿拉伯語是Jebel al-Tariq，也就是我們所說的直布羅陀。

當時西班牙被蠻族哥德人（Goths）統治（中世紀歐洲所謂的西班牙，指的是整個伊比利半島，包括未來葡萄牙的誕生地，汪達爾人從羅馬手中奪下的西班牙，後來被哥德人占領），而哥德人占領西班牙剛滿三年，就被趕到北邊的高地，他們在這裡有充足的時間思考，將國家的衰敗視為神要懲罰他們的領袖的窮凶惡極行為。[18]鞏固了半島大多數的地區之後，阿拉伯指揮官和麾下的柏柏人部隊向東北方進發，越過形如項鍊的庇里牛斯山脈，來到法國。

現在整個基督教世界岌岌可危。

在伊斯蘭曆的第一個世紀，壯盛的阿拉伯大軍兩度包圍君士坦丁堡，卻無法攻破君士坦丁堡巨大的城牆。[19]這座位處博斯普魯斯海峽邊的城市，兩度把龐大的阿拉伯艦隊趕到海裡，海中布滿了足以喪命的新調和武器，也就是希臘火（Greek fire）。基督教世界大幅萎縮、不堪一擊，君士坦丁堡是基督教世界東邊的堡壘，卻沒有任何崩潰的跡象。相反地，被圍攻的西歐才是一場等著被征服的災難。進攻西班牙原本只是放膽一搏，僥倖成功之後，很快由伊斯蘭帝國的中心親自指揮。帝國的領袖計畫長驅直入，拿下羅馬放棄的領土，然後從君士坦丁堡在巴爾幹半島的後院直搗黃龍。一旦成功的話，伊斯蘭在地中海岸劃出的一彎新月，一定會變成完整的圓形。

數萬名阿拉伯和柏柏人軍隊攻進法國，穿過阿基坦（Aquitaine），焚燬波爾多（Bordeaux），然後取道從普瓦捷（Poitiers）通往聖城圖爾（Tours）的古羅馬道路。在穆罕默德逝世的一百年後，一支穆斯林軍隊來到距離巴黎城門幾乎只有一百五十英里的地方。

在戰雲密布的黑暗時代歐洲，無論地中海彼岸發生什麼樣的重大事件，傳來的消息總是不盡不實。要說遠處那些轟隆隆的雷聲響起之後，有一道閃電擊中基督教世界的心臟地帶，聽起來總覺得虛無縹渺，甚至難以理解。然而現在有一隊纏著頭巾的大軍，在一種古怪的信仰驅使下，追隨著不知名的信號旗前進。大軍出動之前，總是先吹起陌生的號角，敲響刺耳的鐃鈸，用異國語言喊出令人不寒而慄的誓言，然後在法國秋天的田野急馳而過。

---

18 哥德人經常內戰，將伊比利半島上的失敗，歸因於神的懲罰，後來流亡的貴族設法放下歧見，選出一位統治者，並且建立了阿斯圖里亞斯王國（Kingdom of Asturias），顯現出神的眷顧，以阿斯圖里亞斯為核心的各個基督教王國最後總算擋住了伊斯蘭的攻勢。西元七二二年，阿斯圖里亞斯第一任國王佩拉約（Pelayo）在一場戰役中小勝柏柏人，後來被視為基督教收復失地的起點。根據一位編年史學家的記載，他曾經如此公然宣告：「我不會和阿拉伯人交朋友，我也不會屈服於他們的權威……因為我們相信上主的慈愛，從你們眼前的這座小山開始，有朝一日，西班牙會重獲救贖，哥德人的軍隊會被重建。」哥德西班牙和新成立的基督教王國一再宣稱要繼續作戰，進一步鞏固了與伊斯蘭作戰的正當性，這是為了讓伊比利正統的統治者收復失地。Joseph F. O'Callaghan, *Reconquest and Crusade in Medieval Spain* (Philadelphia: University of Pennsylvania Press, 2003), 5-6。

19 這兩次的圍城發生在西元六七四至六七八年、七一七至七一八年。西元七一七年，大約有八到十二萬大軍從陸地向君士坦丁堡推進；一千八百艘槳帆船從海上發動攻擊。陸上的軍隊飢寒交迫、接連病故；希臘火摧毀了艦隊的主力，殘餘的戰船被一次強烈的暴風殲滅。

伊斯蘭和基督教之間的拉鋸戰在西元七三二年的那一天轉向。[20]在普瓦捷城外的道路上，伊斯蘭大軍遭遇毛髮濃密但堅決果敢的法蘭克人組成的一道鋼鐵城牆（Franks，法蘭克人是西日耳曼人的一支，很早以前就在羅馬帝國的領土定居），領軍作戰的查理．馬特（Charles Martel），被麾下的法蘭克人稱為「鐵鎚」。[21]當反覆來回的阿拉伯騎兵隊衝入前排的隊伍時，一排排的步兵順勢後退，但仍舊一個貼著一個。一百年來屢創佳績的阿拉伯戰術首度遭遇失敗（阿拉伯人的戰術是衝破前線，一面放箭一面擴散，再回頭包圍一時之間摸不著頭緒的敵軍，一個個放箭射死敵人）[22]，法蘭克人的盾牌前堆起了一具具穆斯林的屍體。零星的對陣持續到深夜，不過到了第二天早上，倖存的入侵者已經不見人影，掉頭回西班牙去了。

在接下來的幾十年間，伊斯蘭大軍不斷越過庇里牛斯山，並且短暫地攻入阿爾卑斯山，逼得鐵鎚查理不得不重披戰袍。後來侵略的次數終於減少，與其說是拜西方基督教世界過人的軍事長才所賜，不如說是因為早已湧入西班牙的數萬名阿拉伯和柏柏人移民之間充滿仇恨的權力鬥爭所致。[23]即便如此，穆斯林匪徒這時還是控制了阿爾卑斯山的各個隘口，最大的收穫是綁架了歐洲最有錢的克呂尼（Cluny）修道院的院長，讓他們賺到一大筆贖金。[24]此外穆斯林海盜也在海上橫行霸道，有一位哈里發的幕僚長幸災樂禍地說，結果弄得基督徒「連一塊木板也下不了水」。然而，在西方人的記憶中，普瓦捷之戰成了歷史的轉捩點。

編年史家第一次創造出europenses——「歐洲人」一詞，就是為了描述鐵鎚查理的部隊。[25]過去根本沒有所謂的歐洲人存在。歐、亞、非之間的分界線最早是希臘人劃設的，為了自己方便起見，他們把希臘以東的地方稱為亞洲，以南的地方稱為非洲，其餘一律統稱為歐洲。當他們去到更遠的地方，便不知如何斷定歐洲和亞洲的界線究竟是北方的哪一條河，或者非洲的起點究竟是埃及的邊界，還是尼羅河，同時也質疑把一個陸塊分成三部分的做法究竟合不合理。對其他人來說，這種分界一點道理也沒有。當北歐仍然是藍臉野蠻人的腹地，而地中海是被西方文明包圍的湖泊，歐洲大陸各民族連想都沒想過有什麼共同的身分認同；羅馬位於亞洲和非洲省分雖然不在歐洲

---

20 西方傳統對「普瓦捷戰役」賦予很重要的意義，阿拉伯作家和修正主義史學家卻不以為然。不過在歐洲的基礎故事裡，普瓦捷具有關鍵性的地位。在《羅馬帝國衰亡史》（*The Decline and Fall of the Roman Empire*）第五十二章，愛德華．吉朋（Edward Gibbon）有一段名言，他估計如果普瓦捷戰役是另一種結果，「或許牛津的學校現在教的是古蘭經的詮釋，牛津的神職人員可能要向割了包皮的信徒證明，穆罕默德受到的啟示是多麼聖潔和真實」。參見Maurice and André, *Charles Martel et la Bataille de Poitiers* (Paris: Librarie orientaliste Paul Geuthner, 1944); Jean-Henri Roy and Jean Deviosse, *La Bataille de Poitiers* (Paris: Gallimard, 1966)。

21「鐵鎚」查理是西元七、八世紀的眾多宮相中最傑出的一位，是墨洛溫王朝（Merovingian）法蘭克國王背後的實際掌權者。查理是宮相赫斯塔爾的丕平（Pepin of Herstal）的私生子，弭平了丕平死後必然產生的動亂，並且把現今的法國、德國西部和低地國家大多數的地方納入他的統治之下。西元七五一年，查理之子（也叫丕平）終於在教宗的支持下登基為王。

22 阿拉伯的作戰策略被稱為karr wa farr（打帶跑），對歐洲士兵而言並不實用，因為他們身上穿戴著笨重的頭盔、盔甲和盾牌。參見Hugh Kennedy, *The Armies of the Caliphs: Military and Society in the Early Islamic State* (London: Routledge, 2001); David Nicolle, *Armies of the Muslim Conquest* (London; Osprey, 1993)。

23 西元八〇七年，托雷多的總督邀請了數百位叛亂者到他的王宮赴宴，砍下叛軍的頭之後，再把屍體扔進預先挖好的坑裡。這個慘絕人寰的事件被稱為La Jornada del Foso，意思是埋坑之日。

24 克呂尼修道院的院長馬約爾（Mayeul）在西元九七二年被綁架。

25 Europenses一詞出自*Chronicle of 754*。本書的可靠性一直備受爭議，有些中古史學家認為這個名詞出自中世紀末期。

境內，照樣是百分之百的羅馬人。當拿撒勒的耶穌的教義從羅馬的猶太省向四面八方傳播時，誰也沒料到他的追隨者的信仰有一天會被宣稱是一種歐洲的宗教；衣索比亞是最早皈依基督教的民族，而對基督教思想的發展有影響深遠的教父聖奧古斯丁（St. Augustine），是來自阿爾及利亞的柏柏人。是伊斯蘭的軍隊和橫跨三大洲的帝國把基督教簡化為歐洲的信仰，只有少數零星的地區不在此列。

歷史上也不曾存在一個單一的歐洲基督教。蠻族多半先皈依亞流教派（Arianism），依照這個民間教派的教義，耶穌是上帝的造物之一。而此時有個信奉亞流教派的部族，我們可稱其為長鬍子人（Longbeards）或倫巴底人（Lombards），決心要對基督教的神職人員見一個殺一個，絕不寬貸。而歷任的教宗（其中有不少出身古老的元老院家族），說什麼也不肯離開荒煙蔓草的羅馬廢墟，後來，西元六世紀的法蘭克國王克洛維（Clovis）在跟哥德人的戰爭陷入膠著時，突然心生一計。法蘭克人和羅馬簽訂條約，讓法蘭克人的國王得到統治的正當性，教廷也有了軍事的支持，條約在西元八〇〇年的聖誕節簽訂，鐵鎚查理的孫子查理曼（Charlemagne）也在同一天跪著爬上聖彼得教堂的階梯，拜倒在聖父面前，受封為奧古斯都，羅馬人的皇帝。[26]君士坦丁堡的另一位皇帝除了發火之外也無計可施。教宗，區區的羅馬主教，實質上等於發動了一場政變，為日後東西教會分裂埋下了伏筆。[27]

當查理曼短命的帝國瓦解，加上維京人（Vikings）從斯堪地那維亞發動一波波摧毀性的攻擊，貧瘠的鄉村冒出了一座座岩石城堡，稀疏的鄉間人口就擠在城堡的高牆下，歐洲成了一個退步的半島，孤懸在大洋和伊斯蘭的綠色旗海之間。因為沒有太多其他的共同點，歐洲就在這裡找到了它的身分認同。現代所謂的歐洲不光出自地理學，也不僅僅來自一種共同的宗教。而是眾多以對抗伊斯蘭為共同目標的頑強民族拼湊在一起，慢慢衍生出歐洲這個概念。

只有一個地方顯然自外於這個新興的認同：當時的伊比利半島仍然被一個強大的伊斯蘭國家統治。當基督徒展開反攻以後，最狂熱的基督教國家就在這裡誕生。理由簡單得嚇死人。基督教和伊斯蘭是姊妹宗教，長久以來在伊比利半島共同生存。如果要把自己的姊妹掃地出門，你必須讓自己陷入極其強烈的一種自以為是的狂熱中，如果驅逐的是陌生人，反而不需要這麼瘋狂。

在已知世界的西端，基本教義派的勢力即將同時深入基督徒和穆斯林當中。在後續的好幾個世紀持續發揮深遠的影響。

✢

結果原本可能完全兩樣。在阿拉伯語中，伊斯蘭西班牙被稱為安達魯斯（al-Andalus，後來西班牙的安達魯西亞地區沿用了這個名稱），長達三個世紀，西方世界最強調世界主義的社會就在安達魯斯。

從伊斯蘭創教伊始，穆斯林就把服從伊斯蘭統治的基督徒和猶太人稱為「齊米」（dhimmi），

---

26 教廷之所以對前羅馬帝國西部領土的世俗統治者擁有統治權，肇因於君士坦丁獻土（Donatio Constantini）這份文件，據說撰寫於四世紀，在八世紀首次出現，後來證實是十五世紀的偽造品。

27 即便是西歐，早在宗教改革把社會分裂之前，就有異議者批判聖彼得的繼承人。其中最堅決也最不幸的，是法國南部強調禁欲的純潔派教徒（Cathars），他們主張物質世界是邪惡的，並且和富裕、腐敗的羅馬劃清界線；這些異端最後被消滅，造成一百萬人死亡。

或是「被保護的民族」。穆斯林可以任意欺凌異教徒，他們只有優劣分明的兩條路可選，不皈依就得死，但穆罕默德本人嚴禁追隨者干涉其他「有經者」（Peoples of the Book）的宗教自由。[28]早期的阿拉伯征服者更進一步，盡量刁難猶太人或基督徒皈依伊斯蘭的程序，主要是因為任何人一旦加入穆斯林菁英階級，就可以豁免吉茲亞（jizya），這是一種向不信阿拉的人徵收的人頭稅。不過當集體皈依成為常態，事實證明寬容是有極限的。西元九世紀有一位特別懂得用各種花招給人穿小鞋的哈里發，下令猶太人和基督徒要在家門口掛魔鬼的木圖像、穿黃衫、墳墓必須和地面齊平，而且只能騎騾子和驢，「胯下的木馬鞍還得在鞍尾上安兩個宛如石榴的球」。[29]

在安達魯斯，非穆斯林和穆斯林的地位並不平等，免得違反伊斯蘭的教義，但他們大多只要象徵性地表示服從即可。此時反而出現了一個觀念：共存（La Convivencia），也就是讓各個信仰不同的民族一起生活和工作。猶太人和基督徒開始在政府裡擔任重要角色，例如抄寫員、軍人、外交官和議員。例如一位文質彬彬、博學多聞，且信仰虔誠的猶太人當上伊斯蘭國家非正式的外交大臣，雖然沒有正式頭銜，但卻大權在握，他手下有一位大使還是個主教。[30]猶太詩人在被禁止做禮拜幾百年後，重新把希伯來文變成一種日常語言，而塞法迪猶太人（Sephardi一詞出自Sepharad，是希伯來語的安達魯斯）[31]脫離了蠻族長期的迫害，進入一個黃金時代。基督徒同樣樂於擁抱阿拉伯文化[32]，除了模仿阿拉伯人的服裝、飲食和沐浴方式，他們甚至還讀阿拉伯語的聖經，並且用阿拉伯語朗誦禱告文。他們因此被少數和當局唱反調、以羞辱伊斯蘭為己任的人戲稱為穆扎拉比人（Mozarabs），也就是「阿拉伯化的人」；其中一位貴族出身的隱修士歐樂日（Eulogius），甚至胡言亂語羞辱穆斯林，說穆罕默德曾經誇口會在天國奪去聖母瑪利亞的童貞。[33]上述這些人大多如願地

殉道，他們的遺體有許多地方被弄走一小塊，偷偷運出邊界，在遙遠的基督教城鎮成為受歡迎的景

---

28 古蘭經把薩比教徒（Sabians）列為第三個有經者；伊斯蘭學者後來又加上了瑣羅亞斯德教徒和印度教徒。

29 引文出自Philip Khuri Hitti, *History of Syria, Including Lebanon and Palestine* (London: Macmillan, 1951)。這位哈里發是穆塔瓦基勒（Mutawwakil）。即使在比較寬容的政權統治下，齊米也被禁止興建新的祭神所，有時候也不能修復舊的祭神所，必須把教堂的鐘塞住，勸誘他人改宗更是死罪。

30 這位猶太人是哈斯代·伊本·沙普魯（Hasdai ibn Shaprut），原先是阿布杜拉·拉賀曼三世的私人醫師；醫而優則仕是中世紀有野心的人典型的從政方式。

31 羅馬在西元前七〇年劫掠耶路撒冷之後，許多猶太人遷移到伊比利，受到哥德人的強烈迫害；到了西元七世紀末，哥德人懷疑猶太人意圖謀反，便沒收他們的財產，分配給自己的奴隸，然後把猶太人貶為奴隸，禁止他們從事宗教活動。

32 眾所周知，皈依基督教的猶太人保羅·阿爾瓦魯斯（Paul Alvarus）哀哀泣訴，說流暢、精緻的阿拉伯語引誘了他的教友：「基督徒愛看阿拉伯人的詩歌和傳奇；他們研讀阿拉伯神學家和哲學家的著作，不是為了反駁他們，而是為了學一口精準而優雅的阿拉伯語。現在還有教友閱讀聖經的拉丁文注解，或是研讀福音書、先知或使徒嗎？唉！有才華的年輕基督徒都在熱心閱讀和研究阿拉伯文書籍；他們耗費巨資，收集大批藏書；他們鄙視基督教文獻，認為不值一哂。他們忘了自己的語言。如果有一個人可以用拉丁文寫信給朋友，就有一千個人可以用阿拉伯語優雅地表達自我，並且用這種語言寫出比阿拉伯人本身更好的詩。」引文出自John Tolan, *Saracens: Islam in the Medieval European Imagination* (New York: Columbia University Press, 2002), 86。

33 歐樂日最後因為藏匿了一名皈依基督教的穆斯林女子而被逮捕。在審判時，他主動引導法官皈依基督教，然後開始數落伊斯蘭的諸多謬誤。法官無計可施，只好把犯人交給裁決委員會，結果歐樂日反而對他們佈道，大談福音書的榮光。這位隱修士的穆斯林同儕仰慕他的學問和為人，懇求他別再愚蠢地自尋死路，但他再次宣揚福音書，最後被拖去砍頭。參見Tolan, *Saracens*, 93; Olivia Remie Constable, ed., *Medieval Iberia: Reading from Christian, Muslim, and Jewish Sources* (Philadelphia: University of Pennsylvania Press, 1997), 51-55。

點。安達魯斯一向算不上是多文化的熔爐，不過既然各家不同的傳統在這裡互相混合，給彼此帶來新的生氣，而且這裡頌揚的是差異本身，而不像比較欠缺信心的社會，強制所有人趨於一致，因此凡是有個人獨到眼光和欲望的人，都可以擺脫階級嚴格的社會帶來的陰影。[34]

這是黑暗時期的歐洲一個了不起的現象，當時整個歐洲意志消沉，相信世界已經老化，地平線的盡頭閃爍著末日的大火。相形之下，有了從東方移植來的異國新作物[35]，以及四處瀰漫的橙花香氣，西班牙是個色彩繽紛、芳香襲人的國度。瓜達爾基維爾河（Guadalquivir）岸邊的伊斯蘭首都哥多華（Córdoba），成了君士坦丁堡以西最宏偉的大都會，市場裡堆滿了精緻的絲綢和地毯，以石塊鋪砌、路燈照耀的街道，掛著律師和建築師、外科醫師和天文學家攬客的招牌。全城主要的七十家圖書館，館內的書架被四十萬本書壓得喘不過氣來，足足是基督教西方最大館藏的一千倍。大清真寺（西班牙語是Mezquita）用優美的大理石柱支撐紅白條紋的層層圓拱，讓原本的哥德式教堂化身為一種視覺幻象，一個變化多端的夢幻空間。哥多華的人口將近五十萬，一度登上全世界第一大城市的寶座；一位薩克森（Saxon）的修女說，這裡是「世界最精采的裝飾品」。[36]

安達魯斯的勢力在西元十世紀達到顛峰，當地的統治者認為憑自己的力量，不該屈就於埃米爾（emir）的地位，於是宣稱自己是真正的哈里發，穆罕默德嫡系的繼承人，也是全體穆斯林的領袖。為了配合這個顯赫的新身分，阿布杜拉．拉賀曼三世（Abd al-Rahman III）在哥多華近郊興建了一座不規則形狀的行宮。宮裡有數不清的寶藏，宮門以象牙和烏木雕成，門外的花園有壕溝環繞，展示著異國動物、用琥珀和珍珠雕刻的華麗雕像，以及巨大的魚池，每天光是餵魚，就要消耗一萬兩千條現烤的麵包，明目張膽地以王朝自居。親自帶著適合新哈里發身分的禮物來朝貢的眾多大使，在半透明的大理石廳接受款待，在大廳正中央巨型珍珠垂飾下方，是一座水銀池子，每當池子開始運轉，晃動的水銀讓諸位大使看得眼花撩亂。

然而三個世紀後，歐洲大陸的伊斯蘭權力集團在彈指間化為歷史的灰燼。就像每一個敵不過自身優越情結的國家，伊斯蘭帝國變得太過自滿，以致於忽視了危險的信號。在童話故事的最高潮，傲慢的哈里發把自己關在擺滿奇珍異寶的宮殿，一個叫阿布．埃米爾．曼蘇爾（Abu Amir al-Mansur）的權臣恰如其分地為故事劃下了句點，他被稱為「真主庇佑的勝利者」，在五十七場戰爭中獲得五十二次勝利，堪稱名副其實。[37]這些戰爭大多是憑著前所未有的宗教狂熱，與固守在西班牙北部要塞的哥德人後裔對決，而且曼蘇爾惡名遠播，因此有了個西方化的名字，叫阿爾曼蘇爾（Almanzor）。阿爾曼蘇爾軟禁了在位的少年哈里發，並在哥多華的另一頭為自己建造了和哈里發不

34 在這個年代的詩和歌謠都保留了這種覺醒。參見Peter Cole, trans. And ed., *The Dream of the Poem: Hebrew Poetry from Muslim and Christian Spain, 950-1492* (Princeton, NJ: Princeton University Press, 2007); Salma Khadra Jayyusi, "Andalusi Poetry: The Golden Peiod," in Jayysui, ed., *The Legacy of Muslim Spain* (Leiden: Brill, 1992), 317-66。

35 包括檸檬、萊姆、葡萄柚、無花果、石榴、西瓜、杏桃、杏仁、番紅花、菠菜、朝鮮薊、茄子、棉花、稻米、甘蔗、桑椹樹、指甲花和棕櫚樹。參見Olivia Remie Constable, "Muslim Merchant in Andalusi International Trade," in Jayyusi, *Legacy of Muslim Spain*, 759-73; Richard A. Fletcher, *Moorish Spain* (London: Weidenfeld & Nicolson, 1992), 62-64。

36 瑪莉亞．羅沙．梅諾卡爾（María Rosa Menocal）以這句名言作為她研究共存文化著作的書名。文中的修女是甘德斯海姆的赫羅斯葳塔（Hroswitha of Gandersheim）。

37 或說是五十二場左右。五十二這個數字來自最早的北非史學家，十四世紀的伊本．赫勒敦。曼蘇爾一開始會升官，是因為當時的宰相委託他殺害王位繼承人的叔父，以確保身體孱弱的幼子登基，受到宰相的掌控。

相上下的行宮，把安達魯斯變成了警察國家，並且招募粗野的柏柏人，甚至基督教的傭兵幫忙打仗，激怒了國內的臣民。一〇〇二年，阿爾曼蘇爾去世，穆斯林西班牙爆發內戰；幾年後，憤怒的柏柏人部隊拆毀哈里發向世人炫耀的行宮，距離安達魯斯當初以驚人之姿崛起，不過短短七十年。

安達魯斯分裂成許多互相爭權奪利的城邦，位在邊界另一端的基督教國王終於等到時機降臨。基督教在西班牙復興的過程拖拖拉拉、吵吵鬧鬧，各個迷你王國永無休止的騷亂，讓人聽了就想打瞌睡。遵循悠久的部落傳統，統治者把領土分配給子女，等時候到了，這些子女便互相殺伐。[38]當戰爭的漣漪把所有人捲了進去，這些敵對的君主基於政治利益，除了和宗教弟兄結盟，也和穆斯林劫掠者苟合。然而，這些小王國的君主逐漸往南入侵這些弱化的城邦，突然之間，歷史的巨大逆轉指日可待。

在西元九世紀末、十世紀初時，西歐終於擺脫了血腥的黑暗之幕。維京人開始定居，並皈依基督教。查理曼舊帝國西部的部分地方成為法蘭西，而德國的前身，神聖羅馬帝國，堅守東部的領土。原本一蹶不振的羅馬教會漸漸恢復元氣，又開始夢想要吸納更多信徒，在西班牙看到了發展的機會。

一〇六四年，教廷公開支持向安達魯斯的穆斯林宣戰，這是基督教首度公然和一個以信仰構成的敵人開戰。此後，西班牙人投入教廷的旗幟下，就算稱不上統一，至少受到教廷的保護。有了上帝在世間的代表鐵板釘釘的保證，他們踏上了戰場，戰死的人會得到集體大赦，赦免他們所犯的罪，並且保證立刻升上天國。

這番戰鬥很快有了一個名字：收復失地運動（Reconquest），但這卻罔顧一個尷尬的事實，在半島大多數的地方，穆斯林的統治時間比基督徒更久。以爭取個人榮耀和領土擴張為目的的一場場毫無章法的戰役，赫然變成了一場宗教解放戰爭[39]，奉使徒雅各為守護聖徒。耶穌死後幾年，聖雅各（西班牙語稱為Santiago，聖地牙哥）在耶路撒冷被斬首，但一名隱士在星辰的指引下，奇蹟似地在西班牙的野地挖出他的骨骸。[40]雖說這顯然不太可能，但耶穌的這位夥伴死後變成了聖地牙哥・塔馬莫羅斯（Santiago Matamoros），意指「摩爾人殺手聖地牙哥」，摩爾（Moro）是羅馬人口中的柏柏人，伊比利半島的基督徒把穆斯林、柏柏人和阿拉伯人統稱為摩爾人。當有許多軍事修會冒出來向伊斯蘭開戰，其中一個叫聖地牙哥騎士團（Order of Santiago），正是以這位摩爾人殺手為名，騎士團採用的座右銘相當煽動：「願刀劍被阿拉伯人的鮮血染紅。」從此以後，使徒雅各經常

38　互相殺伐：國王萊昂的桑喬（Sancho of Leon）被他的妹妹推下懸崖，好為他們的弟弟（也可能是她的情人）勇敢的阿方索（Alfonso the Brave）鋪路，他是未來托雷多的征服者。

39　十一世紀末期，亞拉岡和納瓦拉的國王桑喬・拉米雷斯（Sancho Ramirez）宣稱他的征服行動是為了「恢復並擴大基督教會，摧毀異教徒，基督的敵人……因此王國……也許可以得到解放，以榮耀並事奉基督；一旦把舉行異端儀式的人全數逐出，清除他們邪惡的謬誤所造成的污濁，此後便可在當地永久建立我們的主，神聖耶穌基督的教會」。出自O'Callaghan, *Reconquest and Crusade*, 8。想當然耳，收復失地運動的諸位國王渴望的是領土和戰利品，不過在一個以信仰為生活主軸的年代，這種論述很容易被解讀成是純粹的擺姿態，是裹著神聖糖衣的機會主義。

40　後世認為傳說坐落在雅各墳墓周圍的城市聖地牙哥—德—孔波斯特拉（Santiago de Compostela，意指繁星原野的聖地牙哥）的名稱，正是出自Campus stellae（繁星原野）這個典故。西元九九七年，阿爾曼蘇爾攻打並焚毀了聖地牙哥，把當地教堂的鐘全部運走鎔化，製成哥多華清真寺的燈；最值得注意的是，他的做法使聖雅各成為收復失地運動的號召，聖地牙哥也吸引了世界各地的朝聖者。當收復失地運動發展到哥多華，清真寺的燈就送回老家了。

出現在烽火之中，穿著盔甲、騎著白馬，鼓動追隨者一劍刺死異教徒。

即使到了這個時候，仍然不乏有西班牙的基督徒不確定自己效忠的對象是誰。這是熙德[41]的時代，儘管輪番為穆斯林和基督徒所用，他依然是響噹噹的西班牙民族英雄。一〇八五年，熙德曾經效忠的主子，身兼卡斯提爾與萊昂國王的「勇敢的」阿方索（Alfonso the Brave of Castilla and León），以欺詐之術取得古老的要塞城市托雷多（Toledo）的控制權，從此基督教的托雷多取代了殘破的哥多華，成為歐洲的文化之都。基督徒、穆斯林和猶太教徒同時在穆斯林建築師設計的猶太教堂裡舉行宗教儀式。[42]在翻譯學院裡，穆斯林和猶太人合作把阿拉伯文的醫學、科學和哲學典籍翻譯成拉丁文。旅人往來庇里牛斯山的南北兩端，把伊斯蘭文化和知識介紹到歐洲其他地方，從而改變了歐洲的知識生活，以及裝飾風格、食譜、時尚和歌曲。[43]在和平共存由盛而衰的時候，西班牙人成了現代性的大師。

托雷多是盛極而衰之前的最後一道燦爛的火焰，創造力的最後一次轟然爆發。當基督教的軍隊進一步往南進發，伊比利殘餘的穆斯林統治者開始擔心自己來日無多。當勇敢的阿方索操之過急，貿然自稱為全西班牙的皇帝，安達魯斯最後別無他法，只好引進海外勢力協助。[44]

這是一個要命的錯誤。

穆拉比特王朝（Almoravid）是來自撒哈拉沙漠的一個凶殘的穆斯林教派，他們的宗教領袖是一位強硬派的傳教士，堅持實施嚴格的紀律和經常性的鞭打。這時他們往南已經擴張到撒哈拉沙漠以南的非洲，往北擴張到摩洛哥，巴不得盡快越過直布羅陀海峽，進軍西班牙。他們一到西班牙，就認定當地的穆斯林是一票耽溺酒色的昏庸之輩，於是返國取得伊斯蘭教令（fatwa），確認他們有權將其罷免。穆拉比特的軍隊返回半島時，安達魯斯傲慢的阿拉伯人只得乖乖投降。新的哈里發適時重新統一了相互爭執的各個城邦，擊退了基督徒，不過穆拉比特王朝同樣也漸漸積弱不振，最後被穆瓦希德王朝[45]推翻，後者同樣是柏柏人建立的王朝，也是戰場上的常勝軍，從休達渡海登陸伊

---

41 熙德（(El Cid）這位戰士的本名叫羅德里哥・迪亞茲（Rodrigo Diaz）；他麾下的穆斯林部隊用阿拉伯語尊稱他為al-sayyid（王侯之意），在西班牙人聽起來就是熙德。

42 這座猶太教堂最後被基督教的暴民闖入，變成了白色聖瑪利亞教堂（Santa María la Blanca）。城邦相互競爭所捲起的漩渦，以及安達魯斯的崩解所釋放的文化融合，曾被人拿來和義大利文藝復興相提並論。參見María Rosa Menocal, *The Ornament of the World: How Muslims, Jews and Christians Created a Culture of Tolerance in Medieval Spain* (Boston: Little, Brown, 2002), 40-41, 144。

43 安達魯斯最有文化影響力的人物，是一名來自巴格達的歌唱家，叫齊亞卜（Ziryab），他成為伊斯蘭西班牙的時尚和風潮的決定者，他的曲目有一萬首歌，內容包括了愛情、喪親之痛，以及對西方的渴望。阿拉伯歌謠越過庇里牛斯山脈，主要是靠被俘的琦顏（qiyan，阿拉伯歌女）傳播，唱進了法國吟遊詩人耳中，深深影響歐洲的音樂和文學，宮廷之愛的概念可能也由此而起。Fletcher, *Moorish Spain*, 43-45; Menocal, *Ornament of the World*, 123。

44 請穆拉比特王朝出兵援助的是塞維亞的埃米爾穆罕默德・伊本・阿巴德・穆爾台米德（Muhammad Ibn Abbad Al Mutamid），在勇敢的阿方索攻陷托雷多之後，他說過一句名言，他「寧願在非洲趕駱駝，也不想在卡斯提爾養豬」。Fletcher, *Moorish Spain*, 111。

45 穆瓦希德王朝（Almohads），新的統治者沒有把安達魯斯根深柢固的學術風氣連根拔除。被西方稱為阿威羅伊（Averroës）的伊本・魯世德（Ibn Rushd）是塞維亞的首席法官，後來被派到穆瓦希德王朝在摩洛哥的首府馬拉喀什（Marrakech）擔任御醫。他為亞里斯多德作注時，堅稱科學優於宗教，因為上帝創造的是一個合乎邏輯的宇宙，只有運用理智才能一窺堂奧，這些注解在托雷多被翻譯成其他語言，激勵了士林哲學的發展，是中世紀歐洲最主要的哲學和神學運動。沒想到阿威羅伊的理性主義信念，竟然得到穆瓦希德王朝的哈里發阿布・雅庫布・尤素福（Abu Yaqub Yusuf）的賞識，被奉為一一八

比利。

同樣屬於基本教義派的穆瓦希德王朝，比穆拉比特教派更加狂熱，開始把安達魯斯變成一個聖戰主義的國家。

早在伊斯蘭從阿拉伯向外擴張的時候，伊斯蘭的學者就把世界分成「伊斯蘭之域」（dar al-Islam）和「戰爭之域」（dar al-Harb）。根據這個教義，伊斯蘭之域有義務壓制戰爭之域，直到後者徹底湮滅。武裝的「吉哈德」（jihad本身只是「奮戰」的意思，而且指的往往是一種內心的努力，以追求神的恩典）是得到真主批准的一種擴張工具。當伊斯蘭之域分裂，穆斯林自相殘殺，聖戰這個強大的武器本身就會自行毀滅，然而穆瓦希德王朝不容許伊斯蘭之域分崩離析，並且對其他的穆斯林也施加嚴格的限制，他們宣布要對西班牙的基督徒和猶太教徒進行永無止境的聖戰。穆瓦希德王朝的信仰脫離了伊斯蘭的發源地，又被嚴重簡化，相信基督徒無異於異教徒，這些人崇拜三位一體的神，而非唯一的真主，再也沒有資格擁有「被保護的民族」的地位。穆瓦希德王朝對至今仍然住在安達魯斯的齊米發出最後通牒：不皈依就是死路一條。許多人沒有做出選擇，倉皇逃離。

西方的基督教世界也經歷了類似的變化。基督教剛開始是猶太教徒一個謙卑的運動，可是被羅馬帝國定為國教之後，基督教很快就不再堅持和平路線。羅馬軍團舉著十字架東征西討，一波波的蠻族也如法炮製，許多蠻族本身是被劍尖指著才皈依天主教。聖奧古斯丁是最早建構「正義之戰」這個觀念的基督教思想家，他譴責以奪權與劫財為目的的戰爭，這樣無異於大規模的竊盜，但他承認必須以暴制暴，才能維持和平。從奧古斯丁開始，經歷一波波打家劫舍的蠻族和維京人，羅馬教宗的宏願，被軍營籠罩的歐洲，一直到為基督教而戰，這一路迂迴曲折的發展，被視為一場對抗反基督的崇高奮戰。當天主教的神學家終於開始釐清伊斯蘭的奧義時[46]，在他們心中，這兩種信仰在教義和實務上都已經沒有和解的必要：無論穆斯林對基督徒的觀點有多麼偏差，他們至少承認基督徒是他們信仰上的先驅，然而對基督徒而言，這個新興宗教直指他們的錯誤，實在令人忍無可忍。

儘管這兩種信仰有諸多差異，反而是雙方的雷同之處帶來了最嚴重的分裂。有別於其他的主要宗教，基督徒和穆斯林雙雙宣稱神的最後啟示是自己所獨有。有別於大多數的宗教，這兩個宗教都是以傳教為核心，極力把訊息傳遞給不信教的人，也就是他們口中的異教徒。作為普世性的宗教和地緣上的鄰居，基督教和伊斯蘭注定要互相競爭。在西方，多虧少數開明的統治者，加上伊斯蘭帝國的幅員廣闊，鞭長莫及，以及歐洲的自我反省，才抑制了雙方的敵意。不過宗教寬容只剩下殘餘的灰燼，伊斯蘭世界進一步裂解，歐洲才終於採取行動。

教宗號召西方基督教世界的戰士。數以萬計的基督教士兵往南貫穿西班牙，懷著將伊斯蘭逐出

三年的穆瓦希德信條（Almohad Creed），不過當宗教政策日益緊縮，這位哲學家遭到流放，著作也被焚燒。和阿威羅伊同時代的穆薩・伊本・梅蒙（Musa ibn Maymun），西方人稱為邁蒙尼德（Maimonides），代表了共存觀念的結束。他祖上代代都是阿拉伯化的哥多華猶太人，為了逃脫穆瓦希德王朝的迫害，他遷居到埃及，同樣是擔任御醫，結果卻遭受更多對猶太人的集體迫害。他揚棄自己的過去，（用阿拉伯語）痛罵猶太人與穆斯林的合作是一場災難，並預測伊斯蘭的衰敗。然而，全靠他在安達魯斯受到的教育所賜，後來才能寫出阿拉伯語世界中試圖調和亞里斯多德式邏輯和宗教的第一大作：《迷途指津》（*Guide for the Perplexed*），以及在文藝復興時代依然被廣泛使用的醫學教科書。即使穆斯林伊比利不復存在，它在知識上的影響力依然在歐洲源遠流長。

46 古蘭經的第一部拉丁文譯本在一一四三年問世。

歐洲的報復之心，他們挺起腰桿，奮勇向前。[47]

雙方的分裂愈來愈根深柢固，在世界的最西端互相宣戰。伊比利自由鬥士的後裔在同一時間以基督之名遠渡重洋，征服遙遠的國度，其實並非巧合。他們的血液流著對抗伊斯蘭的因子，這是他們的建國使命。

在伊斯蘭西征幾乎達到最高潮時，躍躍欲試的歐洲把目光轉向東方。反擊伊斯蘭的火苗早已在西班牙發芽，火焰正向聖地耶路撒冷吹去，現在還取了一個在未來數百年陰魂不散的名字：十字軍東征。

47 一二一二年，介於安達魯斯和拉曼查（La Mancha）之間的莫雷納山脈（Sierra Morena）的東邊丘陵，發生了決定性的拉斯納瓦斯．德．托洛薩會戰（Battle of Las Navas de Tolosa）。根據當時幾份不同的記載，當時西班牙大軍被困在高原上，全靠一名牧羊人指點迷津，教他們從一處綿羊場前往穆斯林軍營，才能逃過一劫。依照慣例，後來發現這名牧羊人是一位逝世多年的聖徒喬裝改扮的。

第二章　聖地

在一〇九九年的酷暑下，數以千計的歐洲士兵頂著烈日橫跨歐洲，進入亞洲，最後聚集在耶路撒冷。他們喜極而泣、唱著祈禱詩、看見天上顯現的異象，在鋪天蓋地的石彈射擊下匍匐前進，把木製的攻城武器推到聖城高聳的白牆面前。他們翻過城垛，沿著布滿歷史傷痕的街道一路殺過去，最後連石塊都彷彿在流血。屠城結束後，被戰利品壓得連路都走不穩的士兵湧向聖墓教堂，在耶穌墳前禱告。被穆斯林占領了四百六十一年後，耶路撒冷重回基督徒手中。

四年前，在遙遠的法國中部山林的一場集會，點燃了歐洲人熊熊的熱誠，促成第一次十字軍東征。在十一月一個寒冷的日子，十三位大主教，九十位修道院院長、兩百二十五位主教，以及大批貴族與騎士在當地聚集，聆聽教宗的重要宣示。教堂地方不夠大，沒辦法讓每個人都擠進去，於是眾人移到附近的田野，等教宗一聲令下，在東方發動長達數百年的聖戰。

教宗烏爾班二世（Urban II）[1]原名沙蒂永的奧托（Odo of Châtillon），出自香檳（Champagne）

1 說來諷刺，這位激發大軍東進的教宗幾乎不曾踏進羅馬一步。羅馬的教宗乃是神聖羅馬帝國皇帝亨利四世任命的人，和烏的一個騎士家族。伊比利半島的收復失地運動啟發了他的反攻大計，但促使他採取行動的，是君士坦丁堡迫切的請求。

在羅馬淪陷了六世紀以後，君士坦丁堡依舊把西歐視為帝國領土，只是暫時被蠻族占領，悍然拒絕承認教宗在基督教世界無上的領導地位。才不過四十年前，教宗的特使大搖大擺地走進圓頂多得令人眼花撩亂的聖索菲亞大教堂，一怒之下當場把君士坦丁堡牧首逐出教會，東正教和羅馬教會從此決裂。[2]想到如今要向羅馬求助，不免覺得難堪，但君士坦丁堡別無選擇。

廣場和街道周邊矗立著一尊尊古希臘和羅馬的雕像，競技場周邊是鍍金的騎士雕像和足以容納十萬人的座椅，教堂有著金光閃閃的鑲嵌畫，作坊堆滿了精美的聖像和絲綢，在已知的世界裡，只有一個地方有資格和君士坦丁堡爭奪最迷人大都會的頭銜：阿拔斯王朝（Abbasids）的首都。阿拔斯是阿拉伯的一個氏族[3]，推翻了定都於大馬士革的倭馬亞王朝哈里發，然後擺下鴻門宴，邀請八十位失勢的親戚參加，然後全數屠殺，對倭馬亞王朝做出致命的一擊。西元八世紀，阿拔斯王朝離開敵人環伺的大馬士革，遷都到底格里斯河畔的一個地方，這裡和幼發拉底河的距離最近，和古波斯首都泰西封（Ctesiphon）巍峨的遺跡也僅僅相距二十英里。新都有一個很正面的名字，叫Madinat al-Salam，意思是「和平之城」，後來重新命名為巴格達（Baghdad）。

繼承了數百年燦爛的波斯文化，在幅員遼闊的伊斯蘭帝國，巴格達居於各種知識潮流的交會點，不久即成為全世界的知識火車頭。國際學者聚集在智慧宮（House of Wisdom），把希臘文、波斯文、古敘利亞文和印度文的大批科學、哲學和醫學文獻翻譯成阿拉伯文，伊斯蘭學者用亞里斯多德來驗證古蘭經的經文。數學家引進印度的十進位制，並加以改良，解開了幾何學和演算法則的祕密。他們從中國戰俘口中問出了造紙的祕訣，新興的知識透過公共圖書館廣泛流通。工程師和農藝學家設計出絕佳的水車，改善了農田水利，並繁殖新作物；地理學家製作地圖，天文學家繪製天象圖。巴格達的知識復興發揮了世界性的影響——然而，即使正當盛世，帝國骨子裡已經漸漸腐爛。

阿拔斯王朝的歷任哈里發把巴格達建成正圓形的城市，正中央是宏偉的宮殿建築群，稱為金門宮（Golden Gate Palace）。當哈里發的生活愈來愈氣派，金門宮就成了一座歡樂宮，有川流不息的美酒、美女、歌謠和盛宴；在《一千零一夜》刻畫的世界裡，朝臣晉見哈里發時，必須以五體投地之姿上前，哈里發身後一律有劊子手隨行，後宮聚集來自各國的眾多妾侍，以及狡猾、聰慧的歌女，哈里發終日流連後宮，荒廢政務。西元九一七年，君士坦丁堡派來的大使入宮拜見哈里發，迎面看到的是坐在金銀馬鞍上的騎兵隊、披著織錦和綢緞的大象、一百頭獅子、兩千名黑人及白人宦官，以及負責斟冰水和果汁的男侍。宮裡掛著三萬八千條用金錦織成的窗簾，地上鋪了兩萬兩千條

爾班二世對立，烏爾班二世前任的教宗格里高利七世（Gregory VII）和亨利四世展開一場惡名昭彰的鬥爭，雙方都動用了至高的權力。烏爾班長年在義大利流亡，仰賴別人的捐助，而且債台高築；即使難得進入羅馬城，也被禁足在台伯河的一個小島上，躲在一名效忠者的要塞裡，或是無助地從牆外詛咒他的敵對者，而他的支持者則和所謂對立教宗的人馬長年爭執不休。在一〇九五年，烏爾班的地位仍然岌岌可危，而東征軍隊的骨幹來自他在法國北部的故鄉。

2 牧首也禮尚往來，把特使逐出教會。儘管有人懷疑法令的正當性，東正教會和羅馬天主教會長年的緊張關係終於一夕決裂，而且再也無法修復。

3 阿拔斯族在西元七五〇年擊敗倭馬亞王朝，七六二年遷都巴格達。這場鴻門宴的生還者寥寥可數，其中包括一位年輕的王子，叫阿布杜拉．拉賀曼，為了躲避賞金獵人的追殺，他一路逃到了西班牙，重新建立倭馬亞王朝，統治安達魯斯。

地毯，錫磚襯砌的湖泊浮著四艘金銀船隻。另一座水池長出一棵人造樹，樹梢上是一顆顆水果形狀的珠寶，白銀和黃金鳥兒棲息在金、銀樹枝上；這棵樹一聽到命令就搖曳擺動，金屬葉片沙沙作響，金屬鳥兒鳴聲啾啾。[4]這一點也不像麥地那充滿平等精神的溫瑪，當人民的不滿日益高漲，哈里發組織了一支個人的奴隸禁衛軍，以策安全，這些突厥奴隸出自在中亞乾草原四處游牧的野蠻部落，事實證明這個解決辦法很快就失效了。這些突厥人皈依伊斯蘭、沿用當地文化，並且發動了一系列的軍事政變。短短九年，在五任哈里發當中，至少有四位被殺。當憤怒的巴格達人揭竿起義，突厥人放火把整個城區焚燬。

巴格達的中心沒落了，在版圖遼闊的伊斯蘭帝國，首都失去了領導地位。在帝國西部，一支什葉派的支派[5]奪下了突尼西亞和埃及；王朝的統治者以穆罕默德的女兒和阿里的妻子法蒂瑪的後裔自居，因此自稱為法蒂瑪人（Fatimids）。法蒂瑪王朝把疆域擴大到敘利亞、巴勒斯坦和阿拉伯半島的許多地方，足足兩個世紀之久，法蒂瑪王朝在開羅的新首都建立了一個哈里發政權，和阿拔斯王朝分庭抗禮。在帝國東部，波斯的勢力復興了一段時間[6]，直到中國往西方擴張時，把突厥部落悉數趕入伊朗，這些突厥人在當地創立了眾多獨立的王國，完全不把哈里發看在眼裡。一〇五五年，一個突厥部族以首任創立者的名字所建立的王朝，塞爾柱王朝（Seljuks）終於拿下了巴格達，帝國的領袖被稱為蘇丹（Sultan），意思是「掌權者」，而哈里發只剩下宗教領袖的榮譽地位。

在這些紛擾動亂發生期間，君士坦丁堡安心地冷眼旁觀。東羅馬帝國重新取回了一些喪失已久的領土，軍隊幾乎打到了耶路撒冷的城門口。然而巴格達的衰落卻沒有讓敵對的君士坦丁堡嘗到勝利的滋味。大批塞爾柱軍隊越過君士坦丁堡東方的邊界；不到二十年，塞爾柱王朝便殲滅其軍隊，摧毀其領土。[7]此刻兵臨城下，古典世界的寶庫眼看就要灰飛湮滅。

+

4 這些窮奢極侈的場景出自十一世紀史學家哈提卜・巴格達迪（al-Khatib al-Baghdadi）的敘述；參見Hugh Kennedy, *The Court of the Caliphs: The Rise and Fall of Islam's Greatest Dynasty* (London: Weidenfeld & Nicolson, 2004), 153。

5 這個支派是伊斯瑪儀派（Ismailis），信徒擁立的伊瑪目伊斯瑪儀・伊本・賈法爾（Ismail ibn Jafar）是穆罕默德的嫡系繼承人。一名巴格達傳教士把伊斯瑪儀派的教義傳到突尼西亞，在西元九〇九年鼓動當地民眾推翻統治者，擁立新君，後者自稱是先知的女兒和阿里的妻子法蒂瑪的後裔，也是以實瑪利的後代子孫。西元九六九年，法蒂瑪人征服了被奴隸出身的宦官阿布・米斯克・卡夫爾（Abu al-Misk Kafur，意思是有麝香氣的樟腦）統治二十二年的埃及。另外也有一種說法，表示在面對質疑他家世的宗教學者時，新統治者穆伊茲（Al-Muizz）哈里發抽出配劍，把大量的金幣灑在地上，「這就是我的家世！」他駁斥道。

6 在西元九、十世紀期間，此地主要由薩曼帝國（Samanid Empire）統治，首都布哈拉（Bukhaara）是足以和巴格達媲美的文化中心。在薩曼帝國的知識分子當中，首推哲學家兼醫學家伊本・西那（Ibn Sina），長久以來，他一直深受西方尊崇，被稱為阿維森納（Avicenna）。一直到現代時期，他針對希臘和阿拉伯醫學知識所寫的大部頭百科全書《醫典》（*al-Qanun*），仍是歐洲和亞洲醫學院的基礎文本。

7 在一〇七一年的曼齊刻爾特戰役（Battle of Manzikert）中。勝利的阿爾普・阿爾斯蘭（Alp Aslan）蘇丹不安好心，對戰敗的皇帝羅曼努斯四世（Romanos IV）備極禮遇，藉此徹底羞辱拜占庭帝國。他贈送了許多禮物，把羅曼努斯四世送回國，結果害他被國內的政敵挖去雙眼。在君士坦丁堡忙著應付新的內戰時，土耳其人一路勢如破竹地占領遼闊的安納托利亞半島——羅馬的大省小亞細亞，也就是今天土耳其在亞洲的領土。頃刻之間，拜占庭帝國只剩下首都和易攻難守的零星腹地。

土耳其人[8]逼迫基督教男童在領洗池撒尿，雞姦神職人員、隱修士，甚至主教等不堪的謠言在歐洲盛傳多年[9]，不過萬一有人沒聽過，烏爾班教宗也會說得巨細靡遺、活靈活現。他用聳動的口吻，在臨時搭建的講壇上夸夸其談：

> 土耳其人徹底摧毀了幾座上帝的教堂，而且讓其他人皈依他們自己的教派。他們用髒污和穢物破壞祭壇。他們給基督徒行割禮，用割禮時流下的鮮血塗抹祭壇，或是丟進領洗池裡。他們殺害別人時，喜歡開膛破肚，抽出腸子的末端，綁在樁柱上。然後，他們用鞭子趕人圍繞樁柱行走，直到受難者的內臟噴出，倒地而死。然後他們又把其他人綁在樁柱上，以箭射殺；他們把其他人抓起來，把脖子拉長，試試能不能用白刃一刀砍下他們的腦袋。我又該怎麼描述他們強姦女子的駭人暴行呢？[10]

上面羅列的種種恐怖場景，足以讓基督徒熱血沸騰，不過烏爾班還有絕招。要信仰天主教的騎士萬里長征，援助信仰東正教的君士坦丁堡和陰險出了名的東羅馬帝國皇帝，只怕是強人所難，於是教宗把十字軍東征轉移到新的方向：進軍耶路撒冷。[11]

當時的男男女女為了朝聖，不惜跋涉千里，只求沐浴在不知名的聖徒留下的遺跡所散發的神聖恩典中，在這樣一個時代，耶穌傳道、死去，然後從死裡復活的城市，無疑是懺悔者的聖杯。長達數百年的時間，耶路撒冷的穆斯林統治者一直樂得向那些到聖地朝拜的基督徒收取費用，不過伊斯蘭世界的新強權廢除了舊政策。一〇〇九年，一位埃及統治者[12]看到有這麼多基督教朝聖者到處走來走去，一氣之下便下令拆毀聖墓教堂。後來由拜占庭帝國斥巨資重建，但過了沒多久，土耳其人抵達聖城，再度想方設法迫害朝聖者。烏爾班的話語強烈撥動了騎士的心弦，耶路撒冷就像被俘虜

8 編按：為區別源自中亞草原的突厥語族，以下改稱進入、定居今日土耳其領域的突厥人為「土耳其人」。

9 有一封煽動性特別強烈的信，據說是由科穆寧王朝（Comnenus）的拜占庭皇帝阿歷克塞一世（Alexius I）寫給法蘭德斯的羅貝爾伯爵（Count Robert of Flanders）。除了詳細描述教堂受到大規模的玷污，還指稱土耳其人排隊侵犯處女，同時強迫她們在旁觀看的母親唱出猥褻的歌曲，並且雞姦各種年紀的男子，包括神職人員、隱修士，甚至是主教。這封聳人聽聞、寫得像八卦小報的書信可能是無中生有，也可能是後來根據真實的資料偽造而成。無論如何，從信中的指控看得出基督徒和穆斯林之間的敵意有多麼強烈。Andrew Holt and James Muldoon, eds., *Competing Voices from the Crusades* (Oxford: Greenwood, 2008), 9。

10 這段資料出自隱修士羅貝爾（Robert the Monk），引文來自Thomas F. Madden, *The New Concise History of the Crusades* (Lanham, MD: Rowman & Littlefield, 2005), 8-9。烏爾班二世這篇演說的逐字報告早已失傳，羅貝爾的版本是在二十年後寫的，其中羅列的穆斯林惡行可能是為了在事後追認第一次十字軍東征的正當性。

11 隱修士羅貝爾的版本說烏爾班二世把重點放在耶路撒冷。根據當時人在克萊芒（Clermont）的沙特爾的富爾徹（Fulcher of Chartres）記載，教宗反而是強調必須保衛君士坦丁堡不被快速進擊的土耳其人侵犯。烏爾班二世在會後不久寫信給十字軍，談到占領了「基督聖城」的穆斯林做出的種種暴行，但沒有公開呼籲要解放聖地。不過他很可能是這麼希望的。Edward Peters, *The First Crusade: The Chronicle of Fulcher of Chartres and Other Source Materials* (Philadelphia: University of Pennsylvania Press, 1971), 30-31, 16。

12 當時耶路撒冷控制在法蒂瑪王朝的哈里發哈基姆（Al-Hakim）手中，他把埃及和巴勒斯坦的基督教堂全面摧毀。他的兒子和繼承人比較寬容，願意接受君士坦丁堡的賄賂，同意重建聖所。一〇七三年，土耳其人從法蒂瑪王朝手中奪下耶路撒冷，不過一〇九八年又被搶回去，十字軍是後來才到的。

的童貞處女，苦苦哀求，渴望重獲自由，「而且會不停地哀求下去，直到你們出手相救」。[13]

聖城難堪的處境固然令人難以忍受，但事實上，烏爾班亟欲讓歐洲的騎士由西入東，也同樣令人髮指。當時黑暗時代終於結束，斥資武裝和訓練的騎士階級人數眾多，現在無事可做，成天不是互相攻擊，恐嚇手無寸鐵的老百姓，就是劫掠教會的財產，讓羅馬義憤填膺。「職是之故，」烏爾班勸諫在場聚集的騎士，「你們互相殘殺、四處宣戰，經常因為互相傷害走上死路。那麼且放下彼此的仇恨、停止爭吵、終止戰爭，讓所有的歧見和爭議止歇。踏上前往聖墓的路，從邪惡的異族手中奪下那片土地，由自己統治……好讓你們的罪得到赦免，將來定然可在天國享有永恆不滅的榮耀。」[14]他宣稱是耶穌親口下令，要他們把邪惡的土耳其人逐出祂的國度。

「這是神的旨意！」眾騎士高喊。

儘管烏爾班說得慷慨激昂，以基督之名作戰，卻不是什麼新鮮的玩意兒。新鮮的是他把武裝戰鬥和畢生難得的朝聖連結在一起。這個畫面充滿魔力，讓成千上萬貧窮的男男女女和孩童，湧到像隱士彼得（Peter the Hermit）這種以地獄之火來威嚇信眾的傳教士那裡，當時的人普遍相信隱士彼得握有一封來自天國的信，上帝在信中呼籲祂的子民攻打土耳其人。認定基督會把路上遇到的異教徒趕跑，在歐洲的戰士集結之前，平民十字軍就抱著這個單純的信念啟程東行。在前往君士坦丁堡途中，許多朝聖者把富有的猶太社區殺個片甲不留，君士坦丁堡的皇帝大感驚駭，火速把這批十字軍送走，讓他們慘遭土耳其人的毒手。

次年，真正的十字軍揮軍啟程，在東征途中吃盡苦頭，驕傲的戰士頓時成了飢餓的野獸，不惜把死亡的穆斯林腐爛的屁股割下來燒烤，還沒烤熟就張嘴大嚼。然而，唯一能保證他們將來會得到報應的，是攻擊耶路撒冷本身的行動。誰也不會忘記一〇九九年夏天那個屠殺日：史家哀號有十萬人死亡，穆斯林世界不會忘記，基督徒也不會忘記，他們在家書上描繪自己以上帝之名建立的「驚世奇功」，寫來得意洋洋，令人直冒冷汗。[15]據目擊者說，成堆的頭顱和手腳散落街頭。婦女逃跑時被捅死。騎士「在眾人面前抓住嬰兒的腳掌，從母親的腿上或搖籃裡抓起來，使勁往牆壁一甩，讓他們頸骨斷裂」。[16]或是剖開死人的肚皮，取出他們「生前從該死的喉嚨吞下肚的金幣」。[17]阿克薩清真寺[18]（在大能之夜，穆罕默德在這裡騎上天馬，從附近的岩石登上天國[19]，故這裡是穆斯林

---

13 Robert the Monk, quoted in Peters, *First Crusade*, 4.

14 Ibid., 3-4.

15 Raymond of Aguilers, quoted in Thomas Asbridge, *The First Crusade: A New History* (London: Free Press, 2004), 316。十萬人死亡這個估計，遠超過耶路撒冷當時的人口數，應該在三萬人上下。

16 Albert of Aachen, in ibid., 317.

17 Fulcher of Charters, in ibid., 318.

18 阿克薩清真寺（Al-Aqsa Mosque）這個名字的意思是「遠寺」，是聖殿山南端一座高聳的石造建築，在穆罕默德過世許久之後建造，但這裡被普遍認定為先知夜行登霄的塵世所在地。由於耶路撒冷的穆斯林很快被悉數逐出，無法加以說明，十字軍就認定這裡一定是所羅門王興建的第一座猶太聖殿。城裡也沒有留下任何猶太人能指出，早在十字軍出現的一千六百年以前，巴比倫國王尼布甲尼撒（Nebuchadnezzar）就把所羅門的聖殿摧毀了。十字軍國家最早的國王不疑有他，把這座清真寺充作王宮使用，後來賜給了新成立的騎士兄弟會，叫基督貧苦騎士團（Poor Fellow-Soldiers of Christ）。依據希伯來歷史，他們想像聖殿就在他們所征服的伊斯蘭清真寺底下，因此被稱為聖殿騎士。

19 岩石在圓頂清真寺（Dome of the Rock）裡，這座穆斯林聖堂建於西元七世紀末，完全成功超越了聖城的其他宗教建築。在猶太教的信仰中，這裡是基石（Foundation Stone），上帝從這裡創造世界，亞伯拉罕在這裡把兒子獻祭，約櫃也放在這

心目中尊貴的朝覲地點）的屠殺非常慘烈，目擊者還互相爭辯鮮血究竟是淹到十字軍的腳踝、膝蓋，還是韁繩。[20]穆斯林生還者被強迫勞動，將成千上萬具屍體倚靠著牆壁，「疊成和房子一樣大的屍堆」[21]，用燻黑、悶燒的柴火焚燒（這樣可以拿出更多死者吞下的金幣），連續好幾個月，空氣都瀰漫著一股屍臭味。十字軍相信光榮的祝福正從天國照耀在他們身上，因此屠殺的規模有增而無減；一位樂不可支的隱修士宣稱，自從耶穌被釘十字架以來，征服耶路撒冷是歷史上第一重大事件，是反耶穌降臨和末日戰爭的先兆。[22]

耶路撒冷成了基督教世界的首都，一個又一個法蘭克人國王（大多叫鮑德溫）在聖墓教堂登基。耶路撒冷北面還有三個十字軍國家：埃德薩（Edessa）、安條克和的黎波里（Tripoli），順著地中海東岸延伸。在敘利亞和巴勒斯坦乾焦的大地上，冒出了一連串的城堡，每一座城堡都比上一座更宏偉，而且騎馬不到一天便能抵達。駐守其中最大一座城堡的，是以紀律嚴明聞名，而且富可敵國的軍事修會，這些修會由兄弟會衍生而來，立志照顧罹病的朝聖者，並在朝聖途中保護其安全。醫院騎士團（Knights Hospitaller）和聖殿騎士團（Knights Templar）已經成為菁英聖戰士軍團，只聽從教宗的命令。聖殿騎士團騎著裝了馬蹄釘的戰馬，擔任十字軍的先頭部隊；在戰場上，身後飄揚著繪了紅十字的白色披風，他們手持長矛，以密集的隊形默默馳騁，衝進敵軍的前線。[23]

聖殿騎士團和醫院騎士團過著隱修士的生活，擁有魔鬼的戰力，但他們往往是厲害的對手。[24]西方人所謂的海外（Outremer，源自法語，指十字軍在海外建立的國家）從一開始就異乎尋常。一個移植到東方的迷你歐洲，穿著充滿異國色彩的服飾，擺脫不了在老家讓貴族彼此相殘的那種傲慢的自我，旋即就淪為同樣的地方世仇的犧牲品。十字軍老是互相算計，也有人離開軍隊，融入當地人的生活。嗜血的新兵看到前輩包著頭巾，身上灑滿香水，盤腿坐在噴水池旁邊，欣賞舞孃表演。他們給這些人取了一個貶抑性的外號poulins（意指小鬼），這種日益增加的隔閡，遲早會弄出不堪設想的後果。

+

十字軍國家能存活下來，完全是因為周遭三邊的穆斯林分裂得更厲害。北邊的塞爾柱土耳其人

裡，儘管這三個地點都飽受爭議。西元二〇〇〇年，以色列當時的反對黨領袖艾里爾・夏隆（Ariel Sharon）造訪聖殿山，引發長達六年的巴勒斯坦大起義；因此耶路撒冷的宗教問題愈來愈複雜。

20 穆斯林作者或許誇大了死亡人數，好激起教友的義憤之情，基督教作家把人數誇大，是為了以上帝之功為榮。在十字軍征服耶路撒冷的五個月後抵達的沙特爾的富爾徹說，光是在「所羅門的聖殿」就死了將近一萬人；穆斯林史學家阿里・伊本・艾西爾（Ali ibn al-Athir）記載的死亡人數是七萬人。這些都不能信以為真。阿吉勒的雷蒙（Raymond of Aguiler）說鮮血淹到轡繩的這句話是出自啟示錄。

21 The anonymous *Gesta Francorum* ("Deeds of the Franks"), quoted in Asbridge, *First Crusade*, 320.

22 有些基督教基本教義派相信以色列就是這裡所謂的先兆。

23 有關聖殿騎士在戰場上的威風，參考一位不知名的朝聖者所做的記載，書名是《聖地之地方與狀態小記》（*Tractatus de locis et statu sanctae terrae*），引自Helen Nicholson, *The Knights Templar: A New History* (Stroud, UK: Sutton, 2001), 67-68。

24 聖殿騎士不得擁有財產，而且必須守貞。一本極度詳細的手冊列出了他們所有的行為規範；即使稍稍違規，也要接受一年的鞭刑，而且要在地上吃飯。這個規定最後發展成六百八十六個條款。參見Malcolm Barber, *The New Knighthood: A History of the Order of the Temple* (Cambridge: Cambridge University Press, 1994), 182, 219-21。

陷入慘烈的自相殘殺。東邊的敘利亞各城邦之間的世仇由來已久，在西南方的埃及，長期統治的什葉派法蒂瑪王朝亂得不可開交。另外有一群狂熱分子，是什葉派下面的一個支派，悄悄混跡在這三個國家之間，相較於基督教的入侵者，他們更有興趣從背後刺殺其他的穆斯林。[25]這個支派的總部是一座在隆起的岩石上興建的堡壘，藏在敘利亞海岸的腹地，一路上迂迴崎嶇，他們的領袖神出鬼沒，西方人稱其為山中老人，據說他會命令門徒跳崖死亡，讓經過的十字軍永難忘懷。其他的穆斯林把這個支派稱為hashshashin，意思是「哈希」[26]吸食者，這是當時常用的貶抑詞，十字軍據此把他們稱為阿薩辛派（Assassins，英語刺客assassin一詞的來源）。隨後西方的寓言作家順理成章地想像這些信徒在瘋狂吸食「哈希」之後心智混沌，以為窺見了天堂，然後奉命執行自殺式任務，以為這樣就能進入應許之地，得到永恆的生命。無論有沒有吸食「哈希」，阿薩辛派刺殺了許多穆斯林的大人物，以及眾多十字軍。

第二次十字軍東征促使穆斯林團結的力道，比穆斯林本身合作的動力更大。法蘭克國王和日耳曼國王御駕親征，十字軍在一一四七年出發，收復了埃德薩（這是最早占領也最早失去的十字軍國家），可笑的是這批十字軍最後跑去攻擊富裕的大馬士革，也是唯一真正和基督徒友好的穆斯林城市。在平息了彼此的歧見，並且大敗朝聖的騎士之後，敘利亞人入侵富裕、日益解體的埃及，埃及無計可施，只好向十字軍求助，十字軍先是防衛埃及，然後再加以攻擊。

埃及人被迫引進敵軍來驅逐盟友，而且這一次敘利亞人不走了。他們指揮官的姪子兼左右手，一個叫尤素福．伊本．阿尤布（Yusuf ibn Ayyub）的庫德族人，擔任埃及的埃米爾，並且在一一七一年驅逐了法蒂瑪王朝最後一任哈里發。後來被西方稱為薩拉丁（Saladin）的尤素福精心策劃，又從埃及回頭收復了敘利亞。一一七六年，塞爾柱人休養生息夠久了，於是對君士坦丁堡做出致命一擊，薩拉丁則與雙方結盟。[27]不到十年，他統一了十字軍的鄰國，消除對其權力的威脅，並且把基督教國家團團包圍。

薩拉丁是十字軍最害怕的對手，他不但是戰術大師，而且信仰虔誠。他矢志恢復猶疑搖擺的吉哈德，如同最熱心的基督徒要發動十字軍東征。他和烏爾班二世一樣，以耶路撒冷作為宣揚吉哈德的核心，想建立一個新的伊斯蘭超級強權，但他的野心是教宗望塵莫及的。薩拉丁公開宣誓，到時拿下了聖城，他會分土地、立遺囑、把歐洲人趕到他們的遙遠國度，「讓世界再也沒有一個不信真主的人，至死不渝」。[28]

一一八七年，薩拉丁實現了他的第一個諾言，率領三萬名戰士往西穿過約旦河，其中將近有一半都是輕快的騎兵。兩萬名十字軍出兵迎敵，其中包括一千兩百位身穿重盔甲的騎士。

---

25 阿薩辛派是一群激進的伊斯瑪儀派信徒，埃及法蒂瑪王朝的失敗讓他們非常沮喪，因此把什葉派教義強加給溫瑪。他們的恐怖傳教使整個什葉派運動蒙羞。「讓一個（穆斯林）異端流血」，阿薩辛派的一名侍僧寫道，「比殺死七十個希臘異教徒更有價值。」引文出自Bernard Lewis, *The Assassins: A Radical Sect in Islam* (London: Weidenfeld & Nicolson, 1967), 48。

26 編按：哈希（hash）是指大麻的樹脂，一種濃縮後的大麻產品，濃度比草藥形式的大麻葉、大麻花更高。

27 這裡指密列奧塞法隆戰役（Battle of Myriocephalum）。六年後，皇帝坐視東正教的暴民屠殺數以千計住在君士坦丁堡的天主教徒，把教宗代理人的頭砍下來，綁在狗尾巴上沿街拖行（多少是肇因於第四次十字軍東征的傷害），對基督徒的大業毫無幫助。

28 薩拉丁的話由他的家臣兼傳記作者巴哈・丁（Baha al-Din）記載下來：引文出自Francesco Gabrieli, *Arab Historians of the Crusades* (Berkeley: University of California Press, 1984), 101。

雙方靠近拿撒勒。

基督徒光是聽到這個地名，就覺得勝券在握，不由得振奮起來。可是真神（或者說是戰術的判斷力）並不站在他們這邊。當貴族還在吵著究竟要讓大軍在熾烈的太陽下穿越沙漠，還是以逸待勞，等穆斯林送上門來，薩拉丁已經把他們趕到加利利海（Sea of Galilee）西邊乾焦的平原。基督徒的水喝完了，夜幕降臨，這時穆斯林的先鋒對他們大聲嘲笑，從上往下射出漫天的利箭，讓地上看得到的水壺全都流得一乾二淨，並且在軍營四周的樹叢點火，讓他們被煙霧嗆得喘不過氣。第二天早上，體力不振的基督教步兵爭先恐後地衝上哈丁角（Horns of Hattin）這座死火山的山坡，而且說什麼也不肯下來。十字軍的騎士一再發動攻擊，但不到幾小時就被精神飽滿的穆斯林部隊擊潰。[29]

三個月後，耶路撒冷向庫德族的征服者投降。教宗立刻號召第三次十字軍東征，英國的獅心王理查（Richard the Lionheart）、法國的腓力二世（Philip II）和神聖羅馬帝國的腓特烈一世（Frederick I）起而響應。年老的神聖羅馬帝國皇帝腓特烈一世在過河途中墮馬，後來在土耳其心臟病發死亡；依照習俗，他麾下的軍隊把他的遺體煮熟之後入土埋葬，把他的骨骸裝進袋子裡綁好，陪同殘餘的部隊繼續前進。理查包圍了靠海的阿卡城（Acre），原本承諾放過城中百姓，結果阿卡城投降時，卻屠殺了將近三千名囚犯。腓力和英國國王為了戰利品爭執不下，一氣之下打道回府，十字軍還沒抵達目的地，戰力就大幅衰退。

後來又有一波波來自歐洲的武裝朝聖者要收復聖城，同樣沒什麼好下場。其中最誇張的是第四次十字軍東征，他們應威尼斯金主的要求，改道前往君士坦丁堡，從頭到尾都沒有靠近過耶路撒冷。一二〇四年，十字軍首度攻破君士坦丁堡九百年來一直固若金湯的雄偉城牆，在全世界最偉大的基督教城市大肆洗劫。醉醺醺的騎士在莊嚴的聖索菲亞大教堂（Hagia Sophia）劈砍耀眼的祭壇，把無價的聖像狠狠踩在腳下，同時有妓女在牧首的座椅上不停地接客。修女在修道院遭到強暴，婦孺在家裡被殺害。威尼斯人把古老賽馬場的鍍金駟馬雕像運走，送到聖馬可教堂（St. Mark's Basilica）大門正上方繼續奔馳，然後強行霸占君士坦丁堡的商業營運。占領者任命自己的同夥登基為拜占庭皇帝，在後續的五十年裡，同時有三個羅馬帝國存在；因為被罷黜而流亡在外的君士坦丁堡統治者，日耳曼的神聖羅馬帝國，以及所謂的十字軍拉丁帝國（Latin Empire）。當然，沒有任何一個帝國統治羅馬城。

烏爾班二世發動的這個西方東進的偉大運動，對當初向他請求援助的城市帶來了致命的重創。改變的契機再次出現。一二二九年，神聖羅馬帝國皇帝腓特烈二世抵達耶路撒冷，和穆斯林統治者就割讓聖城之事議約。腓特烈是個宗教懷疑論者，他在國際性的西西里[30]長大，這是唯一能和

29 依照這個時代的嚴苛標準，薩拉丁無疑是寬宏大量的。步兵被賣身為奴，貴族可以花錢贖身。令人聞風喪膽的醫院騎士團和聖殿騎士就沒這麼幸運了。穆斯林敵人傳說他們是魔鬼，而非凡人；神職人員列隊把他們的頭一個個砍下來，依照薩拉丁的祕書伊瑪德·丁（Imad ad-Din）的記載，薩拉丁在旁邊看得樂不可支。參見 Barber, *New Knighthood*, 64。

30 十一世紀，羅傑和羅貝爾·吉斯卡爾（Robert Guiscard）這對諾曼兄弟從穆斯林統治者手中奪下西西里，在更早之前，西西里是由君士坦丁堡統治。諾曼人是維京人或古代斯堪地那維亞人的後裔，在皈依基督教多年以後，不管哪裡，只要有戰爭，就有諾曼人。然而這些遊歷四海的戰士很快適應了新家，尤其熱愛先進的西西里。當地的執政者是猶太人、穆斯林和基督徒的知識菁英，非常能幹，宗教自由的風氣盛行。穆斯林旅行家在信仰基督教的巴勒摩受到熱情歡迎，不免大吃一

安達魯斯媲美，在三個亞伯拉罕宗教的交流上達到豐富成果的基督教國家，而且他遲遲沒有率領十字軍東征，已經被教宗絕罰（逐出教會）。他說著一口流利的阿拉伯語，在耶路撒冷和蘇丹飲宴，第二天早上，宣禮員（亦即從全市各個清真寺的宣禮塔通知信徒禱告的人）不發一語，以示尊重，腓特烈則堅稱他留下來過夜是為了聆聽穆斯林悅耳的誦經聲。雙方簽訂合約，耶路撒冷重新由基督徒統治五十年，雙方的鷹派人士因此大發雷霆。

被同儕稱為Stupor mundi（意指「世界驚奇」，但此話未必是褒揚之意）的腓特烈，一直是個思想不受拘束的特立獨行之輩。契機再次出現，隱約似乎看得出未來可能有所不同，可惜終究又是曇花一現。到頭來，腓特烈的干涉只是惹得歐洲更加憤怒，十字軍繼續東征，終於步上他們命定的結局。許多人是一直到了第七次十字軍東征因為飢餓、疾病，以及兵敗埃及而化為烏有時（法王路易九世雄心萬丈地出兵攻打埃及的阿尤布王朝），才終於駭然頓悟。「憤怒和哀傷牢牢深植在心中」，一位聖殿騎士在信仰的痛苦中傾吐，「讓我幾乎喪失活下去的勇氣」：[31]

> 看來上帝希望支持土耳其人，不惜讓我們戰敗……啊，上主……唉，東方的王國已經損失慘重，今後永遠無法再起。他們會把聖母瑪利亞的修道院變成清真寺，應該對這種竊盜行徑望而垂淚的聖子，也感到歡喜，既然如此，我們只好也乖乖服從……所有想和土耳其人作戰的都是瘋子，因為耶穌基督已經不再對抗他們。他們已經戰勝，來日也將戰勝。因為每一次擊敗我們，他們都知道原本醒著的上帝，如今沉沉睡去，而穆罕默德有了大能。

雖然法國用天文數字把路易贖了回去，後來也得到教廷封聖，有些神聖的戰士失去了所有希望，叛逃到穆斯林這一邊。

十字軍最後的堡壘搖搖欲墜，數以千計的基督教難民在巴勒斯坦的海岸被敵軍包圍，看來除非奇蹟出現，否則伊斯蘭注定要併吞歐洲。

但就在這時候，大批殘暴的馬上戰士以雷霆之姿橫越東方。

✚

在所有往西貫穿亞洲的游牧侵略者當中，統一在成吉思汗麾下的各個部落，最令人難以預警，殺傷力也最大。十三世紀初，蒙古的戰爭機器直取中國，轉向西行，一路殺到伊朗和高加索山。這個馬上民族橫越俄羅斯，攻入波蘭和匈牙利，殲滅了一支歐洲大軍，其中包含大批聖殿騎士和醫院騎士。一二四一年，蒙古人來到了維也納，但結果聽到大汗的死訊，就立刻拔營東歸，來得快，去得也快。[32]

原本認定末日將至的歐洲，在最後關頭逃過一劫。伊斯蘭世界就沒這麼走運了。蒙古人在伊斯

驚，當地的女子望彌撒時穿著雲朵般的東方絲綢長袍、戴著彩色面紗、腳踩鍍金拖鞋、還紋了指甲花刺青，他們更沒想到的是，有些諾曼人居然能說一口流利的阿拉伯語。

31 引文出自Stephen Howarth, *The Knights Templar* (New York: Atheneum, 1982), 223。

32 當時的大汗是窩闊台，成吉思汗第三個兒子，也是首任繼承人。

蘭世界留下來，一路勢如破竹地往前進擊，沿途經過的各大城市，只剩下黑煙繚繞。

當來自大草原的烽火燒到城門外時，哈里發還在巴格達的宮殿裡不知死活。一二五八年，蒙古軍在和平之城巴格達燒殺擄掠，終結了阿拔斯王朝五百年的統治。勝利的蒙古有不讓皇族見血的禁忌，因此旭烈兀命人把最後一任哈里發用毯子裹起來，讓馬匹踏死。接著放火焚城，屠殺百姓，皇宮慘遭洗劫，淪為廢墟。美索不達米亞平原上世界罕見的肥沃土壤所仰賴的灌溉系統，從此毀於一旦，這塊土地孕育了五千多年的文明，在戰火蹂躪下，成了一片荒漠。

伊斯蘭的文明再也沒有恢復元氣。許多穆斯林在震驚下，退縮到自己的內心世界；旋轉的托缽僧成為主流，這些神祕主義者把流放異地的疏離感變成一種內心的戰鬥，藉此剝去本位主義的自我，展現無止境的神性。有的人向內心探索，也有人向過往回顧。數不清的圖書館化為灰燼，積累數百年的知識毀於一旦，伊斯蘭的宗教學者烏拉瑪（ulama）重新躲在保守主義中，在基本信仰中尋求穩定。烏拉瑪告誡說異族人一律不可信，非穆斯林禁止踏足麥加和麥地那。

到了十三世紀中葉，蒙古人憑著戰斧、彎刀和弓建立了人類歷史上版圖相連最大的帝國。被伊斯蘭帝國團團包圍的十字軍，原本堅持固守殘餘的前十字軍國家，如今開始把敵人的敵人視為潛在的盟友，數十年來，他們一直懷著希望，想打造一個橫跨全世界的蒙古—基督教聯盟來對抗伊斯蘭。蒙古軍主動提議雙方聯合進攻目前由馬穆魯克（Mamluks是來自中亞的土耳其奴隸兵，推翻薩拉丁的後裔，建立了自己的王朝）統治的埃及。然而十字軍堅持蒙古人必須先受洗，才能和他們聯合作戰，這個新的歷史機遇，就因為西方的強硬態度而白白消失。結果許多蒙古人反而皈依伊斯蘭，並且以更宏偉的規模重建他們先前踏平的城市。事實證明，蒙古這個文明的毀滅者，居然也是能幹的執政者，讓整個亞洲享受了長達一百年的蒙古和平（Pax Mongolica）。

最後蒙古人自己變得志得意滿，帝國內部陷入無窮的紛爭。分裂成好幾個汗國，其中的欽察汗國一直統治俄羅斯到十五世紀下半葉，直到伊斯蘭世界再度遭逢巨變。十四世紀中葉，淋巴腺鼠疫傳入亞洲，迅捷的蒙古軍隊正是其中一個傳染媒介，造成三分之一的人口死亡。文明再度傾頹，已經奄奄一息的王朝失去所有權威。「他們的處境近似湮滅或瓦解。」穆斯林史學家伊本·赫勒敦（Ibn Khaldun）嘆道，赫勒敦本人就是來自安達魯斯的難民，父母均因黑死病喪命。「城市和建築物廢棄了，道路和路標被野草淹沒，聚落和宅邸空無一人，王朝和部落一蹶不振。人類所居住的世界全變了樣」。[33]

十四世紀的歐洲同樣也嚴重倒退。黑死病消滅的人口不亞於東方，一度新興的城市和商業戛然終止。英、法之間的百年戰爭打得沒完沒了，王朝血流成河。迷信的陋習再度猖獗；一度有十七間教堂宣稱他們收藏了耶穌被割下的包皮，但似乎人人都覺得理所當然。教會的道德勸說毫無說服力可言；自從教廷禁不住法王的壓迫，在一三〇九年遷往法國，教會的權威便開始褪色。天主教本身爆發大分裂（Great Schism），法王的敵人支持羅馬教廷，使教宗的正當性愈來愈受到挑戰。教廷遷往法國一百年後，比薩大公會議（Council of Pisa）宣布法國和羅馬的教宗都是異端，並選出第三

33 引文出自Michael W. Dols, *The Black Death in the Middle East* (Princeton, NJ: Princeton University Press, 1977), 67。儘管在基督徒眼中，瘟疫是上帝對人類犯的罪所做的懲罰，穆斯林卻把這場災難解釋成真主讓虔誠的信徒有殉道的機會。儘管穆罕默德曾預言麥加或麥地那不會發生疫病，麥加依然爆發了瘟疫，雖然並未摧毀，卻也動搖了前述的穆斯林信仰。

位教宗。一直到八年後的康斯坦斯大公會議[34]才解決了這筆褻瀆上帝的爛帳，會議前後長達三年，有七萬兩千名當事人與會，包括兩位教宗、一位國王、三十二位貴族、四十七位大主教、三百六十一位律師、一千四百位商人、一千五百位騎士、五千名司鐸和七百名妓女。當百年來第一位毫無爭議的教宗返回羅馬時，才發現這裡荒廢殘破，怎麼看也不像一座城市。於是搭起了鷹架，永恆之城化為永恆的工地。[35]

一百多年來，生存變得比聖戰更重要。然而在破敗的表面下，伊斯蘭和基督教根深柢固的對立並未消退。反而因為被迫地下化而變得更加激烈。

等戰爭和災難都結束了，新的穆斯林統治者從東方向外眺望。蒙古人無窮盡的野心擴大了他們的視野，舊的世界秩序結束了，他們再度夢想從這裡打造新的世界秩序。一個鄂圖曼家族統一了整個土耳其，跨過巴爾幹半島，進軍歐洲，他們的目標正是君士坦丁堡。

鄂圖曼蘇丹巴耶濟德一世（Bayezid I，綽號雷霆）號召發動新的吉哈德。在被第一次東征的十字軍擊潰的三百年後，土耳其人再度集結在博斯普魯斯海峽兩岸。

當基督教與伊斯蘭之間的前線穩定西移到匈牙利邊境，歐洲終於做出回應。一三九四年，羅馬的教宗（此時法國還有一位教宗）宣示發動新的十字軍東征，攻打快速侵吞歐洲的穆斯林。他們的目標還是那麼好高騖遠，要把土耳其人逐出巴爾幹半島，解放君士坦丁堡，並且橫掃土耳其和敘利亞，最後解救耶路撒冷。

結果同樣可想而知。

這時英法百年戰爭正處於難得的停戰時期，權傾一時的勃艮地公爵兼法國的實質領導人「勇敢」的腓力（Philip the Bold，即腓力二世），認為可以利用教宗宣戰的機會來誇耀他數不清的財富，反而沒花什麼時間研究如何打敗土耳其人，倒是決定讓二十四歲的長子「無畏的」約翰（John the Fearless）代父出征。

一三六九年四月，數千名十字軍向東邊的布達佩斯（Budapest）前進，剛啟程就辦了一場場的奢華宴席，然後和整軍備戰的匈牙利國王西吉斯蒙德（Sigismund）會合。同時西邊還有大批醫院騎士團的分遣隊，加上日耳曼、波蘭、西班牙軍隊，以及少數來自歐洲各地的熱心人士。一支威尼斯艦隊沿著多瑙河上行，與陸上部隊會合，聯軍舉行了一場作戰會議，決定迎戰土耳其人的戰略。

聯軍內部立刻爆發一場小爭執。首先要解決的問題是土耳其人不見蹤影。聯軍派出探子，但也查不出什麼消息。匈牙利軍隊主張十字軍應該以逸待勞，讓敵軍長途跋涉，這是他們在哈丁角一役學到的深切教訓。好大喜功的法軍早就認定鄂圖曼人是懦夫，因此駁回了盟友的意見。軍隊出發前

---

34 與會者的人數和職業收錄於Jerry Brotton, *The Renaissance Bazaar: From the Silk Road to Michelangelo* (Oxford: Oxford University Press, 2002), 96。會議從一四一四開到一四一八年，裁定包括教宗在內的所有人都有義務遵守會議的決定，並任命馬丁五世（Martin V）擔任近百年來第一位毫無爭議的教宗。

35「房屋化為廢墟、教堂倒塌、房舍全數遭到毀棄；因為饑荒與貧窮，城市年久失修。」新教宗哀嘆道。他接著說，羅馬的居民「不斷在街道丟棄和違法藏匿腸子、內臟、頭顱、腳、血和皮膚，還有腐爛的肉和魚肉、垃圾、糞便，以及其他惡臭腐爛的屍體……並且膽大包天、甘冒大不韙地把街道、巷弄、廣場、神聖和世俗的私人和公共地點霸占、破壞、並納為己用」。從一開始，新羅馬的重建規模，是以重現並強化重生之教會的榮耀為目的；教宗尼古拉五世說：「宛如上帝之手打造的偉大建築」將會「繼續確認，並日復一日地鞏固人民的信仰」。Eamon Duffy, *Saints and Sinners: A History of the Popes*, 3rd ed. (New Haven, CT: Yale University Press, 2006), 193: Brotton, *Renaissance Razaar*, 106。

往保加利亞，也就是穆斯林的領土，法軍故意大肆劫掠，屠殺百姓。最後，十字軍在九月十二日抵達尼科堡（Nicoplis）城牆外，這座要塞城坐落於陡峭的石灰岩懸崖，俯瞰多瑙河下游。由於欠缺圍城的機具，十字軍便就地紮營，飲宴狂歡，等待防衛者自動投降。等消息傳來，說龐大的鄂圖曼軍隊再過六小時就趕到時，士兵大多醉得不省人事。

這場戰役非常慘烈，後來中世紀的年代史編者宣稱有高達四十萬人參戰。

這時法軍內部正在爭吵應該由誰擔任統帥。結果一如往常，比較魯莽的聲音占了上風。當匈牙利部隊、醫院騎士團和其他的聯軍按兵不動時，法國騎士策馬衝下山坡，和前來的土耳其軍隊正面交鋒。他們衝破不堪一擊的土耳其軍先鋒，結果卻讓馬匹被一排排削尖的木樁刺穿，讓自己暴露在宛如冰雹的利箭中。其中有一半的人落馬，但繼續英勇作戰，終於擊敗了訓練有素的土耳其步兵主力。但年輕的騎士又把前輩的話當耳邊風，以為戰事已經結束，穿著笨重的盔甲爬上山。等他們爬上山頂，銅鼓大作，號角齊鳴，隨著「真主至大」的呼吼，土耳其騎士乍現眼前。

許多法軍逃下山坡。其他的人浴血奮戰，「無畏的」約翰的護衛在馬匹正要一腳踩下的時候，趴在地上哀求饒了他們的主人一命。無人騎乘的馬匹在驚慌之下飛速越過平原，剩下的十字軍被敵軍包圍，活活砍死。不少人逃到多瑙河，河邊有船隻停泊，但他們登船時爭先恐後，有些船隻在水中翻覆，少數能留在船上的人，急忙把其他的十字軍推開。最後抵達彼岸的人寥寥可數，多半被匪徒搶劫、飢腸轆轆、一命嗚呼。

其中極少數大難不死的，是坐漁船逃亡的匈牙利國王西吉斯蒙德和醫院騎士團的團長。「我們那天會吃敗仗，」西吉斯蒙德後來對同伴埋怨，「都是這些法軍的傲慢和虛榮害的。」[36]不過法軍也付出了沉重的代價。巴耶濟德把最年輕的士兵留下，擔任他私人親衛隊的奴隸；數以百計的人被脫光衣服、以繩索綑綁、被斬首或砍斷手腳，讓蘇丹和被當作人質的法國貴族觀看（人質可換取贖金）。當噩耗傳來，巴黎的喪鐘足足響了一整天。

尼科堡之役和普瓦捷恰恰相反，完全無法阻止伊斯蘭深入歐洲。這次的慘敗是中世紀十字軍垂死之前的最後掙扎。全靠蒙古在跛子帖木兒（Timur the Lame）的領導下迅速復興，君士坦丁堡和東歐才能得到最後喘息的機會。帖木兒自稱是成吉思汗的嫡系子孫，他不斷寫信給尼科堡之役的勝利者巴耶濟德蘇丹，卻在回信中屢屢遭到侮辱，帖木兒率兵出征，活捉巴耶濟德，把他關在牢裡不聞不問，最後在一四〇三年死亡。

現在歐洲沒有人認真提議要再派軍隊東征。過了一個世紀，深紅色的十字才重新在亞洲飄揚，而且是縫在渡海而來的人揚起的船帆上。

這些人會從已知世界的最西端啟航，其實是相當偶然的。

十字軍東征最早是伊比利的騎士發起的，但有一百五十年的時間，他們忙著對抗家鄉的穆斯林，無暇投入奪回聖地的戰爭。到了十三世紀中葉，基督徒收復了安達魯斯，但在接下來的一個半世紀，騎士忙著互相爭奪領土，無暇顧及世界其他地方的情勢。然而他們一直懷抱著當初點燃的十字軍東征的精神，雖然歐洲其他地方的人在東方被打得落花流水，但他們完全沒有這種包袱。

到了十五世紀，伊比利的新統治者開始懷抱更大的夢想，他們凝視著直布羅陀海峽對岸的非

36 Barbara Tuchman, *A Distant Mirror: The Calamitous Fourteenth Century* (New York: Knopf, 1978), 561.

洲，以及從前的君王統治的疆域。他們不是毫無來由地突然渴望到海外探險。首先，他們和以前的聖戰士一樣，對伊斯蘭不懷好意，覬覦他們的財富。然而在一個又一個不凡人物的領導下，他們踏著蹣跚的步伐，漸漸展開了新的十字軍東征，前往地球的另一端。

第三章　家族的戰爭

葡萄牙的約翰一世（John I，葡語譯作若昂一世〔Jaso I〕）不斷絞盡腦汁，究竟要用什麼方法給他最年長的三個兒子冊封為騎士，才配得起繼承人的身分，將來好承接這個野心勃勃的新王朝。

在西班牙十字軍運動之後，伊比利半島冒出了五個所謂的西班牙王國，葡萄牙位在最西邊。在其他四個王國當中，卡斯提爾與萊昂、納瓦拉（Navarre）和亞拉岡（Aragon），這三個是基督教國家；剩下的格拉納達（Granada）是唯一的穆斯林王國。長達一百多年的時間，一批批堅苦卓絕、充滿熱誠的戰士，在連番苦戰之後，終於在安達魯斯的舊國土打造出新國家，期間只有來自北歐的十字軍，在前往聖地的途中停下來幫了一點忙，葡萄牙國民對於他們好不容易爭取到的獨立深感驕傲。[1]教宗一開始就承認了葡萄牙，並以上帝之名准許葡萄牙征服摩爾人的國土，該國世世代代的

1　一一四七年，好幾船的英格蘭、蘇格蘭、法蘭德斯、日耳曼及諾曼騎士在第二次十字軍東征的途中，在波多停船補給。這裡原本是古羅馬的軍事基地蓋亞港（Portus Cale），在西元九世紀被柏柏人搶回去，基督徒收復之後，逐漸發展成港市波多。這個勇猛好鬥的小國逐漸擴張，蓋亞港這個名稱慢慢變成了葡萄牙。坊間傳說這裡有價值連城的寶藏，十字軍非常心

統治者也一直自認為是羅馬親密的盟友。「上帝，」一位王家史官[2]宣稱，「下令並希望把葡萄牙建立成一個傳達上帝的偉大奧跡，並宣揚神聖信仰的國家。」

無論有沒有神的任命，這個新生的國家起初位於蠻荒的歐洲西部。國王彼得一世（Peter I，葡語譯作佩德羅一世〔Pedro I〕）有幾個不同的綽號，分別是公正者、殘酷者、復仇者，以及愛到世界末日的人，當他父親的手下跑到他幽會的地方，把他摯愛的情婦（一名美麗的卡斯提爾女子，叫伊妮斯·德·卡斯楚〔Inez de Castro〕）斬首時，他整個人陷入瘋狂，因此在一三五七年即位之後，立刻逮捕殺害情婦的凶手，親眼看著他們的心臟被挖出來，一個從正面，一個從背面剜開。過了幾年，他把伊妮斯的骸骨挖出來，套上禮服、戴上王冠，架起來和他一起坐在王位上。他要朝臣排隊，在他用恐怖的聲音高呼「葡萄牙王后！」時魚貫前行，親吻她嶙峋的手。彼得的繼承人，英俊的斐迪南，稍微比他好一點。原本和卡斯提爾（葡萄牙的鄰國，國土面積較大，經常與之為敵）的王位繼承人有婚約的他，硬是解除婚約，迎娶有夫之婦萊昂諾爾·特萊斯（Leonor Teles）。萊昂諾爾輝煌的犯罪生涯，是從影射自己的姊姊紅杏出牆，誘使姊夫殺害姊姊開始的。等姊姊一死，她馬上得意地說一切都是她捏造的。然後她自己開始不安於室，等到被斐迪南父親的私生子約翰當場捉姦，她便假造了一封信，誣陷約翰叛國，將其逮捕。結果她丈夫拒絕處決自己的異母弟弟，萊昂諾爾就在死刑狀上偽造國王的簽名，幸好獄卒懷疑其有鬼，不肯執行命令，約翰才逃過一劫。

英俊的斐迪南死後，十一歲的女兒即位，由萊昂諾爾攝政，並將女兒許配給卡斯提爾國王。葡萄牙人對王后和卡斯提爾的憎恨幾乎不分上下；既然雙方反正已經公開結盟，百姓起而叛變，擁戴王室唯一沒有和外國勾結的王室成員。身為彼得的私生子，約翰原本沒什麼資格繼承王位，但他身材魁梧，下巴外突，極有王者之相。他挺身而出，闖入王后的寢宮，親手殺死她的情人。國會推舉他繼承王位，在請教了一位聖隱修者之後（修者說約翰既虔誠，也愛國），他接受了王位。卡斯提爾將約翰即位視為一種宣戰，出兵入侵葡萄牙。在一三八五年的同一個夏天，約翰的部隊雖然以寡敵眾，卻擊潰了數量多達七倍的敵軍，從此鞏固了葡萄牙作為一個獨立國家的地位。[3]

新王朝需要新王后，約翰打算從英格蘭找對象。英格蘭和葡萄牙早在後者建國之前已經結盟，而且許多為葡萄牙作戰的十字軍都是英格蘭人，不久前雙方也才簽署了永久友好暨互相防衛條約。[4]約翰看中的新娘叫菲莉帕（Philippa），是蘭開斯特（Lancaster）公爵，岡特的約翰（John of

---

動，想用寶藏來強化當時在里斯本圍城的軍隊，長達四個月，天氣酷熱，他們不斷對城堡發射石砲。最後，英格蘭人建造了一系列的攻城塔，突破城牆，然後刻意大肆劫掠。一一八九年春天，更多十字軍擠進阿爾加維，屠殺六千名穆斯林，把錫爾維什城（Silves）團團包圍。最後在一二四九年征服阿爾加維，葡萄牙成為歐洲第一個有固定邊界的民族國家。

2 Duarte Galvão, Crónica de D. Afonso Henriques, Quoted in Sanjay Subrahmanyam, *The Career and Legend of VAsco da Gama* (Cambridge: Cambridge University Press, 1997), 162.

3 指阿勒祖巴洛特戰役（Battle of Aljubarrota）。原先和卡斯提爾站在一起的貴族在這場戰爭中死亡或潰散，葡萄牙大獲全勝。約翰一世沒收了這些貴族的土地，並且從他的支持者當中創造新的貴族。

4 里斯本圍城之後，有許多英格蘭騎士留了下來，其中一位騎士，名叫黑斯廷斯的吉伯特（Gilbert of Hastings），被封為里斯本的首任主教。在阿勒祖巴洛特，英格蘭軍隊繼續為約翰作戰，戰爭結束後，約翰一世簽署溫莎條約，在葡萄牙和英格蘭的國王、他們的繼承人和繼任者，以及兩國的臣民之間，「確立一份不可侵犯、恆久、堅固、永久、真摯的邦誼、聯盟和同盟關係」。這份條約是歐洲國家目前還存在的最古老聯盟。H. V. Livermore, *A New History of Portugal*, 2nd ed. (Cambridge: Cambridge University Press, 1976), 67。

Gaunt）的大女兒。岡特是英格蘭國王的叔父，也是全國最有錢又最沒有人緣的人，岡特從小在蘭開斯特一連串的堡壘之間，跟著大批的家臣與眾騎士長大，他女兒受到的政治教育無人能及。

菲莉帕抵達葡萄牙時，排場相當盛大，但這樁婚姻起初不怎麼順利。[5]約翰在新婚之夜不見人影，反而是一名朝臣爬上菲莉帕的床，拿一把貞操劍隔在兩人中間，完成了英葡兩國的盟約。宮廷的人與她為敵；新后芳齡二十七，在中世紀，已經是個舉世罕見的老新娘。不過菲莉帕的性格堅毅，沒多久她就讓貴族個個說起法語，並且學習得體的餐桌禮儀。不管是出於憐愛或是敬畏，約翰不管做什麼事，都非得先跟她商量才行。這對王室伉儷儘管外貌截然不同，約翰一臉鬍鬚，身材魁梧，菲莉帕皮膚蒼白，頭髮是紅金色，長了一雙「英格蘭女人的藍色小眼睛」[6]，但兩人幾乎形影不離。至於這位超齡的王后最主要的職責——傳宗接代，也很快給國王生了八胎，其中有五兒一女平安長大。孩子的教育由她一手包辦，她小時候坐在喬叟（Chaucer）的膝蓋上跟著讀詩，現在把她對詩的喜愛教給兒女（此外她也鑽研過科學、哲學和神學），並且傳授她畢生身體力行的騎士守則。她的兒子日後被譽為「傑出的一代」，這位母親無疑是中世紀最了不起的女性之一。

左思右想之後，約翰決定用一整年的盛宴來慶祝兒子獲得騎士爵位，其中包含武術競技和馬上長槍比賽、跳舞和遊戲，還有奢華的禮物，送給前來作客的歐洲貴族。

想到要用這麼鋪張的方式加入騎士團，幾位年輕的王子都期期以為不可，他們互相埋怨，玩遊戲這種方式，實在配不上他們光榮的血統。王宮坐落在里斯本城外高聳的山區，氣候涼爽，一四一二年夏天，愛德華王子、彼得王子和亨利王子坐下來辯論。老大愛德華二十歲，亨利才剛滿十八歲。他們決定去找父親，請他想個比較適當的做法，要包含「偉大的功勳、勇氣、致命的危險，還要讓敵人血濺五步」。[7]這時國王的一位大臣進來，三人把祕密告訴他，於是他簡略地提出一個計畫。[8]

他的僕人剛從休達回來，原因是有一批穆斯林在海上被逮捕，所以派他去勒索一筆贖金，交換這些囚犯的自由。葡萄牙的貴族，甚至教會的神職人員，如同歐洲其他地方的貴族與教會，不惜在海上強取豪奪，視為利潤可觀的副業，他們的敵人也不遑多讓。數百年來，穆斯林海盜令歐洲人聞風喪膽，由於這些海盜惡名遠播，長久以來，非洲的地中海岸一直被稱為巴巴利海岸（Barbary Coast），指的就是在海上劫掠的柏柏人。

自從七個世紀以前，伊斯蘭大軍首度爬上海克力斯之柱的南柱，貪婪地凝望歐洲以來，如今休達這個地名依然充滿了象徵意義。讓休達重回基督教世界的懷抱，無疑是一次完美的復仇。再說，大臣指出，這座城市有錢得不得了。他自己早就提出這個建議，大臣補充說道，只不過當時被國王

---

5 菲莉帕的精采故事出自T. W. Roche, *Philippa: Dona Filipa of Portugal* (London: Phillimore, 1971)。

6 ibid., 57.

7 Zurara, *Conquests and Discoveries*, 33.

8 關於十字軍東征休達的規劃和執行，主要的權威是葡萄牙編史學家戈梅斯・埃亞內斯・德・祖拉拉。祖拉拉前一任的宮廷史官是費爾南・洛佩斯（Fernão Lopes），祖拉拉所做的記載原本是洛佩斯《約翰一世編年史》（*Chronicle of John I*）的補遺。晚近的葡萄牙語版本是Gomes Eanes de Zurara, *Crónica de tomada de Ceuta* (Mem Martins: Publicações Europa-América, 1992)。刪節翻譯本收錄在*Conquests and Discoveries of Henry the Navigator*, ed. Virginia de CAstro e Almeida and trans. Bernard Miall (London: Allen & Unwin, 1936)。

當成一個大笑話。

現在休達已經發展成商業大港。在摩洛哥的大西洋岸耕種的小麥，高高堆在休達著名的穀倉裡。來自撒哈拉沙漠的駱駝商隊在休達的陸上城門打住，卸下象牙、烏木、奴隸和黃金。猶太、義大利和西班牙商人定期到這裡做買賣；他們的工廠，他們居住、囤貨和做生意的房舍，沿著海岸排成一行。偶爾宗教狂熱氾濫的時候，會帶給外國人生活上的困擾，但休達實在稱不上是激進分子的溫床。把穆瓦希德王朝逐出摩洛哥的馬林王朝（Marinids），宣布對西班牙發動聖戰，並且占領了包括直布羅陀在內的好幾個海岸城市。不過，蘇丹在一三五八年被自己的大臣勒斃，從此摩洛哥陷入無可救藥的無政府狀態。

撇開細節不談，正所謂成大事者不拘小節，幾位王子只要知道休達是異教徒的城市就夠了。三人直接去找父親，國王再次笑得停不下來。過了幾天，他們再試一次，並且一一列出應該攻打休達的理由。三人指出，攻打休達可以讓他們在真正的戰場上證明自己的能力，國內的貴族也有機會磨練他們的騎士技能，由於摩爾人被驅逐，葡萄牙和卡斯提爾和平共處，在沒有外敵要抵禦的情況下，這些技藝很可能日益荒廢。就像三兄弟當中的老大說的，戰爭是「絕佳的武裝演習，許多民族和國家都是因為缺乏演練而滅亡，同時戰爭也能讓我國子民脫離膽小畏戰的懶散生活」。[9]此外，葡萄牙大約有一百萬人口，主要靠務農為生，國小民窮，無法供養氣派的騎士階級，新的十字軍東征代表有新的機會可以打家劫舍。還有一點也很重要，對於終日敬畏上帝的騎士而言，這樣可以向世人證明葡萄牙對異教徒的深惡痛絕，不亞於任何基督教國家。

約翰自己早就擔心，如果沒有其他的管道可以發洩精力，他手下的騎士遲早會自相殘殺。儘管如此，他仍然很謹慎地召來告解的神父、學者和參議官，對他們說，他想知道此番征服休達，是否是執行上帝的意旨。自十字軍東征的全盛時期以來，基督教的神學家和法學家開始懷疑，自命為世界最高統治者的教宗，究竟有沒有統治非基督徒，並且核准對他們發動征服戰爭的權威。同樣令人費解的是基督教國王向不具直接威脅的異教徒宣戰，究竟有沒有正當性。反對戰爭的陣營指出，聖經說應該透過福音傳道，而非武器，來讓他們皈依基督。從十四世紀一直分裂至今的教廷自然不這麼認為。凡是願意把教宗的特權付諸實現的統治者，總會獲得大力支持，教宗數度向葡萄牙頒布十字軍東征的詔書，允許他們照自己的意思，隨時打開和伊斯蘭作戰的新前線。[10]

思索了幾天之後，御前參議官採行教宗的路線，認為基督教的王公貴族已經取得無條件的授權，甚至是背負了一種義務，可以攻擊任何異教徒，不需要其他理由。解決了法律上的顧忌以後，三位王子把父親實際的反對理由逐一推翻（尤其是足以拖垮國家財政的軍費），然後開始規劃出征。

作戰委員會很快發現，想要贏得勝利，最好的辦法是出其不意、攻其不備。然而葡萄牙對休達的防衛、錨地和航海條件一無所知。約翰一世想出一個計謀。孀居的西西里王后（當時西西里由亞拉岡的國王統治）想方設法要嫁給葡萄牙的王位繼承人，愛德華王子。於是葡萄牙組成了使節團，

9 愛德華一世的書信，引文出自Peter Russel, *Prince Henry, 'the Navigataor': A Life* (New Haven, CT: Yale University Press, 2000), 40。

10 頒布詔書的是羅馬教宗，葡萄牙和英格蘭都支持羅馬教宗，而非法王任命的教宗。第一份詔書頒布於一三四一年，在一三四五、一三五五、一三七五和一三七七年展期。

但兩位大使（一位修道院院長和一位船長，兩人都是名副其實的狡猾人物），卻是奉命為彼得王子提親，他是國王的次子，沒有任何繼承權。

兩艘大帆船掛上王族色彩的布條、天篷和遮陽篷，水手穿著相稱的制服。帆船駛入直布羅陀海峽，在休達附近下錨。修道院長假裝在甲板上休息，把四周的景致牢記於心，船長則趁夜划著小艇，把全市繞了一圈。任務完成後，他們駛向西西里，不出所料，王后果然興趣缺缺，一行人隨即返回里斯本。奉召入宮的時候，修道院長要了兩袋沙子、一捲絲帶、半蒲式耳的豆子和一個盆子。他把自己關在一個房間裡，堆出一個巨大的沙堡，以縮圖的方式一五一十地複製了休達的山丘、山谷、建築物和堡壘。

即使是沙子堆出來的，也令人望而生畏。圍牆、橫牆，以及從海灘綿延到頂峰堡壘的一座座高塔，像一張網似的把燈塔丘團團包圍。在燈塔丘與非洲大陸之間蜿蜒曲折的半島，是主城所在地，四周有更多的城牆包圍。一條護城河穿越半島的頸部，把城區和位在岸邊的郊區一分為二，郊區有一座城堡，守護從陸地進城的通路。船隻可以在半島的南北兩側下錨，但這裡經常有強風，還會毫無預警地改變風向，因此葡萄牙人必須做好準備，隨時更改停泊地和戰術。對一個從來沒打過海戰的小國而言，想到這裡，不免膽戰心驚。

此外還有一個障礙要克服——王后。菲莉帕深受百姓愛戴，約翰鄭重其事地對幾個兒子解釋，國內無論大小事，都必須取得她的同意。王子很清楚母親的性格堅毅，於是三人耍了個小手段。他們把計畫告知母親，裝出一副無辜的模樣，請母親代他們找父親說項。

「陛下，」菲莉帕對丈夫說，「我要提出一個要求，很少有母親為子女做出這種要求，因為一般來說，母親只會要父親阻止兒子做任何危險的事，隨時擔心他們可能受到傷害。」

「至於我，」她接著說，「我請求你不要讓他們嬉戲和消遣，而要承受危殆與勞頓之苦。」她解釋說，諸位王子當天來見她，提到國王不願意採納他們的計畫，而請她從中調解。

「對我自己而言，陛下，」菲莉帕加重語氣，「有鑑於他們的家世血統，都是非常偉大而傑出的皇帝與國王，以及其他的王公貴族，他們的姓氏和名聲，天下無人不知，我斷不想讓他們失去和他們先祖一樣，可以憑著勞苦、勇氣和戰技，達到崇高成就的機會。我於是接下了他們託付的任務，他們的請求也讓我甚感欣慰。」[11]

約翰故作讓步，便開始進行戰事的籌備。只有他的親信知道這個計畫，然後各式謠言漫天紛飛，諸如要攻擊亞拉岡的伊維薩（Ibiza）或西西里，穆斯林的格拉納達，或甚至是卡斯提爾的塞維亞（Seville）。最後國王召集全體樞密大臣，讓他們知道既成事實，並誓言保密。約翰在軍中的老同僚年紀已大，但據說即使高齡九十的人，也不肯放過最後一次上戰場的機會。「我贊成，老頭子們！」一位年長的大臣喊道，眾人放聲大笑。[12]想到這班老軍人把自己塞進盔甲中，無疑令人欣喜，然而為了謹慎起見，約翰悄悄放消息給歐洲的各個騎士團體，說他們即將展開一場高貴的騎士冒險。

11　*Zurara, Conquests and Discoveries*, 52-53.

12　但背地裡，這些樞密大臣根本沒有毫無異議地支持這個計畫，許多年輕貴族渴望和卡斯提爾再度交戰。祖拉拉宣稱高齡九十的人踴躍參戰，恐怕是一種文學技巧，表示全國最有智慧的人都支持十字軍東征。

國王一聲令下，開始調查全國船隻的數量和狀況。調查報告令人有些氣餒，於是國王下令把一大片王家森林的樹砍光，把能找到的木匠、捻縫工和桶工全都雇來。葡萄牙的造船者是特權階級；該國的港口早已成為往來地中海和北歐的重要中繼站，許多義大利商人和水手[13]都在這些港口定居，帶來他們對船舶設計和領航的專業技術。然而這和威尼斯的軍械庫[14]還差得很遠，人家這個國家生產線每年生產巨型帆船的效率之快，往往令觀者震驚不已。他們很快就發現，要在短時間組成一支大型船隊，唯一的辦法是用租的，於是約翰派遣特使前往西班牙、英格蘭和日耳曼租用高桅帆船，能租多少算多少。為了籌措這筆租金，他下令葡萄牙的鹽商以低於市場的價格把庫存賣給他，然後對外出售，賺取高額利潤，同時為了支應更多花費，他下令家家戶戶都把收藏的銅器和銀器交出來，在貨幣悄悄貶值的同時，鑄幣廠日日夜夜發出紅光，隆隆作響。看在葡萄牙的許多商人眼裡，這場胡鬧的騎士冒險根本是禍國殃民。[15]

由於籌組一支大型的戰爭艦隊，實在很難掩人耳目，國王的手下想出另一個聲東擊西之計。他們找了一個很薄弱的藉口，謊稱有些葡萄牙商人的貨物在荷蘭失竊，藉機派遣大使向荷蘭宣戰。大使一到荷蘭，就和統治荷蘭的伯爵密會，把實情告訴對方。聽到大使這番剖白，伯爵不禁洋洋得意，同意佯裝兩國隨時可能開戰。當這齣預先安排好的戲在宮廷上演時，伯爵演得絲絲入扣，朝中大臣還得拉住他才行，荷蘭也敲鑼打鼓地假裝備戰。

在葡萄牙國內，在出謀劃策的三位王子當中，最年輕氣盛的亨利被派到北方的古城波多（Porto）去組織其中半支艦隊。二哥彼得則在里斯本負責相同的任務。國王忙於監督武器和大砲，由大兒子愛德華處理國政，為了扛起這個責任，這位年方二十二、身體孱弱的王子，連續失眠了好幾個月，差點精神崩潰。

把全國各地的武器清潔乾淨，裁縫和織工製作大批的制服，木匠不停打造彈藥箱、製繩工人搓扭麻繩。大量烘焙海餅乾（Seabiscuit），海餅乾是水手的主食，烤得堅硬而乾燥。成群的公牛和母牛被屠宰之後剝皮、加鹽、塞在桶子裡裝好。碼頭上全是挖出內臟、加鹽醃漬的魚，像一堆堆銀色的花瓣，在太陽下曝曬。全國上下都在竊竊私語，對於這項神祕任務真正的目的，每天都冒出新的說法，諸如聯合英格蘭攻擊法蘭西；十字軍朝聖地東征，收復聖墓；甚至是和荷蘭作戰，雖然可能性很低。

而葡萄牙的鄰國，與其說是好奇，毋寧更是憂慮。亞拉岡的斐迪南一世（Ferdinand I）最初收到的消息，是葡萄牙要攻擊他的伊維薩島，然後輪到他的西西里王國，最後則起兵攻打卡斯提爾，也就是斐迪南被迫和菲莉帕的妹妹凱薩琳共同攝政的國家。[16]斐迪南派密使去里斯本，希望得知葡萄牙如果要出兵，究竟會對他的哪一個領地下手。格拉納達的穆斯林統治者也決定查個清楚。無論

13 主要是因為威尼斯壟斷亞洲奢侈品的貿易而被迫出外尋找商業新契機的熱那亞商人。一三一七年，一名熱那亞人被任命為葡萄牙第一位艦隊司令。

14 編按：威尼斯軍械庫（Venice's Arsenale），創設於十二世紀初，是威尼斯的國家造船廠和軍械庫，負責裝備威尼斯的海軍力量。

15 數十年後，債權人還沒拿回他們借給國王的大筆金錢。參見Russell, *Prince Henry*, 44。

16 編按：菲莉帕就是約翰國王的王后，她跟卡斯提爾王后凱薩琳同是蘭開斯特公爵，岡特的約翰的女兒。凱薩琳是斐迪南的兄嫂。

是因為堅絕不肯向摩爾人磕頭，或是意識到這個聲東擊西之計穩賺不賠，約翰把格拉納達的特使弄得滿頭霧水，一開始先表明他無意攻打格拉納達，然後又拒絕給他們任何保證。特使團被他的支吾其詞弄得不知如何是好，索性去求見菲莉帕。他們對王后說，格拉納達埃米爾的大老婆央求她出面干預，因為她很清楚，女人的禱告對自己的男人有多少影響力。為了表達謝意，她會送給菲莉帕極為昂貴的行頭，作為出席女兒大婚的禮服。

「我不知道，」菲莉帕傲慢地回答，「你們的國王是怎麼對待妻子的。我們基督徒的王后或王妃，向來不對丈夫的事情說三道四。」[17]她嘮嘮叨叨地罵了一大串，最後表示，埃米爾的大老婆高興把禮物送給誰就送給誰。幾位特使最後終於從愛德華那裡得到他們想要的保證，並且答應致贈更豐盛的賄賂。「我國身居高位的人，」這個王位繼承人語帶尖酸地回答，「向來不習慣為了金錢出賣自己的善意，因為假如做出這種事，他們就和商人沒兩樣，沒資格進爵封王。」他另外補充道，如果他們要把整個格拉納達的領土送給他，他也不會接受。愛德華又補充表示，他們的國王真是多慮了。

✝

七月初，年輕的亨利剛組建完成的艦隊起錨，沿著葡萄牙蠻荒的大西洋岸往南航行。開了兩百英里之後，繞過一個岩石岬角，魚貫通過一條狹窄水道，進入太加斯河（Tagus）寬闊的河口。前方是一大片平靜的河水，兩千年來，此處一直是天然的深水良港，在河流北岸，全新的造船廠和倉庫順著河濱延伸，後面就是一路從幾座低矮的山丘滾下谷底的葡萄牙首都。里斯本的城牆沿著山脊興建，宛如一條項鍊，向上攀爬到最高的防衛據點及其城堡，原本是穆斯林的要塞，後來改名為聖喬治城堡。

消息傳了出去，全城各地的民眾蜂擁而至，想見識這場海上花車遊行。由二十六艘貨船和眾多小帆船帶頭，後面跟著六艘雙桅帆船，最後在響亮的喇叭聲中，七艘三桅戰船隆重登場。王子的旗艦是最後一艘。每艘船飄揚的旗幟上，都飾有十字軍八個尖角的十字架，比較小的旗幟則繡了亨利專屬的金黃顏色和徽章。頂篷上繡著他新的座右銘：「成功之力」，遮蓋七艘戰艦的甲板，每一位水手都穿著色彩鮮豔的絲綢制服，以白、黑、藍色為底，胸前的花樣是疊上銀色的冬青槲花圈。王子和手下的船長穿著簡單的羊毛外衣；亨利是虔誠的教徒，但年紀輕輕的他，已經是公關高手。

彼得領著八艘王家戰艦和幾十艘比較小的船隻航行，一律綴有國王比較素雅的徽飾。所有漁船和河船，不分形狀大小，一律被強制徵收，運輸軍隊、戰馬以及人與牲畜的補給品。由於英格蘭即將揮軍前往法蘭西和阿金庫爾[18]，所以只有少數幾位騎士現身，多半是不打仗就會全身發癢的熟面孔。即便如此，召集的部隊高達一萬九千多人：有五千四百位騎士、一千九百名馬上弓箭手、三千名步行弓箭手、九千名步兵。[19]對於一個連三千名重型騎兵的常備軍都差點養不起的小國來說，無疑是一支龐大的武力。

---

17 Zurara, *Conquests and Discoveries*, 66-67.

18 編按：即一四一五年阿金庫爾戰役（Battle of Agincourt）的發生地，英法百年戰爭中決定性的一役，英格蘭的長弓兵徹底擊潰法蘭西的重裝騎士。

19 這些數字是亞拉岡的斐迪南一世雇用的間諜提供的，參見 Russell, *Prince Henry*, 31。另一個估算出來的數字多達五萬人。

此刻號角吹得更加響亮，幾支聯合艦隊在大西洋離岸幾英里的地方下錨。這是亨利人生中非常光榮的一刻，但他很快就沒心思慶祝了。有一艘外國船隻把瘟疫傳到葡萄牙，他的侍從趕忙通知他說母后命不久矣。約翰把妻子送到里斯本旁邊山丘頂上的一間修道院，亨利快馬趕去和家人團聚。

菲莉帕病倒之前，已經叫人打了三把劍，在劍鞘和護手上鑲了寶石和珍珠，原本想看到三個兒子在出發時佩著寶劍被封為騎士。現在她知道自己無法親眼目睹這光榮的時刻，所以把三個孩子叫回身邊。據說儘管王后已經奄奄一息，病榻上的她仍然堅持親手把劍交給兒子，同時清清楚楚地分別囑咐三個兒子，如何在她死後撫慰喪母之痛。

一四一五年七月十八日，菲莉帕辭世，得年五十五歲。當天正好是日食，太陽過了很久才重新露面，是另一個不祥之兆。約翰的大臣惶惶不安，提議把大軍出發的日期延後一個月，等辦完葬事，瘟疫的疫情也和緩之後再說。結果約翰在當天深夜把王后下葬，簡直可以說是草草了事（當時的解釋是夏天酷熱，遺體不宜久放），第二天很快舉行簡單的葬禮，大批群眾在教堂外哭嚎。紀念菲莉帕的最佳方式，是她極力鼓吹的十字軍東征；現在不是哀悼的時候。

亨利照例負責領軍征戰，他邀請兩位兄長登上他的旗艦用餐。他升起旗幟、拉起天篷，下令號兵爬上桅杆，吹一首歡樂的小曲。那天是星期日，其他幾位艦長不知怎麼辦才好。他們划著小船過來，聽說艦隊即將出發，馬上趕回去除下身上的喪服。

五天之後，七月二十五日，星期五，這天是聖雅各紀念日，艦隊起錨，緩緩駛離默默飲泣的里斯本。群眾聚集在山丘頂上，看著船帆往地平線的盡頭愈飄愈遠，忍不住問了一個又一個問題。妻子屍骨未寒，國王怎麼能容許大軍如此歡欣鼓舞？難道是受到年輕的亨利影響？畢竟在國王眼中，他比兩個哥哥更像個男人。在王家森林獵野豬是一回事，殺死身穿盔甲的戰士，完全是另外一回事。難道這幾個年輕的王子以為即將爆發的這場戰爭，不過是平常那些誰也不敢讓他們摔下來的馬上長槍競技？或許這次出征終究不會有什麼好下場。

這些懷疑者的擔憂，似乎很快得到了證實，因為這個偉大的任務很快就落得一敗塗地。駛離港口兩天之後，約翰一世命令艦隊下錨，才終於把此行的目的地告訴各個部隊。聽國王告解的神父[20]在船上的佈道非常激勵人心，並且大聲宣讀新的教宗詔書[21]，文中一再重申葡萄牙有權討伐異教徒，同時赦免每一位戰死沙場的人的罪。許多士兵不明白究竟怎麼回事，以為又是國王的詐術。神父還來不及激起全軍奮勇殺敵的士氣，海風就消失了。他們在葡萄牙南岸的外海飄盪了一個星期。直到八月十日，艦隊終於開進直布羅陀海峽，這時穆斯林依然控制著休達對岸的海克力斯之柱，見狀之後大驚失色。他們派出小船，載著各式各樣昂貴的禮物，駛向國王的船艦。他收下禮物，斷然拒絕擔保和平。

在岸邊小島塔里法（Tarifa）居住的卡斯提爾人，也被陣容龐大的艦隊嚇了一跳。據說他們上

20 彼得·羅素（Peter Russel）記載，約翰一世和卡斯提爾作戰期間，死了很多基督徒，神父大肆渲染他的罪惡感；為了讓良心得到救贖，他解釋國王決心讓異教徒留下一樣多的血。「看樣子，」羅素評論表示，「國王身邊的人馬都自然而然地認為，大量犧牲自己的百姓，讓他們流更多血，可以紓解他在道德上的不安。」參見Russell, *Prince Henry*, 46。

21 向約翰一世頒布詔書的教宗是若望二十三世（John XXIII），比薩大公會議選出的第二任教宗，與法國和羅馬的教宗對立。經常受到劫掠、殺人、強姦、買賣聖職和亂倫等指控，若望二十三世在一四一五年五月的康斯坦斯大公會議被罷黜，並且被宣布為偽教宗，兩個月後，他所背書的十字軍東征正式啟航。

床睡覺的時候，以為那些是幽靈船，早上起床之後漫天大霧，海上什麼都看不見，一直等到艦隊都開到城牆前面了，太陽才突然露臉，讓他們從幻夢中驚醒過來。當葡萄牙人在阿爾赫西拉斯（Algeciras）的卡斯提爾港口附近下錨時，埃米爾帶著大批牛羊出現在海岸，而且指派自己的兒子去把牲口獻給葡萄牙國王。約翰固然表示高興，卻又解釋說他的船隊糧食充足。埃米爾的兒子覺得這時該表明心跡，於是跳上馬背，沿著海岸奔馳，把牲畜悉數刺死。約翰很有禮數地稱讚他的辛勞，對此舉表示感謝。

經過這個戲劇化的插曲之後，國王召集作戰委員會，決定在下星期一攻打休達。他們才剛剛啟航，就遇到大西洋飄來的陣陣濃霧。這還不是最糟糕的。眾所周知，只要直布羅陀海峽遭遇狂風巨浪，船隻必定難以駕馭，但葡萄牙的水手缺乏經驗，幾乎只能聽天由命。彼得率領的運兵船被沖向馬拉加（Malaga），是穆斯林國家格拉納達的大港，而御用戰船被直接吹到休達，只不過風向突然轉變，才被迫起錨，順風開到半島的另一頭。休達的市旗在山丘頂上的堡壘飄揚，旗徽上的兩把鑰匙，象徵休達控制著地中海的入口，和駛向世界大洋的出口。城牆射出砲彈，但船隊始終躲在射程之外。

艦隊其他的船隻不見蹤影，國王打發亨利前去尋找。他發現哥哥的手下不是感染瘟疫，就是因為暈船而哀號呻吟。瘟疫、暈船、大霧，加上風浪詭譎多變，他們似乎已經準備放棄。亨利下達父親的命令，最後運兵船還是開進了休達港。

沒想到這時暴風驟起，把整支船隊颳回西班牙。國王和旗下的指揮官上了小船，涉水登上卡斯提爾的一處海灘，在沙子上召開作戰會議。約翰的參議官主張，他應該留意各種警訊，然後打道回府；另外也有人建議洗劫附近的直布羅陀，來挽回顏面。國王堅定地回答，他寧願白白送死，也不能放棄他身為基督徒的義務。事實上，他根本無從選擇，既然當初大張旗鼓，如果最後卻臨陣退縮，必然會成為歐洲的笑柄。

最後艦隊重回非洲海岸。

瞭望台上的守軍看到第一批葡萄牙艦隊駛來，不久又消失無蹤，自然是百思不解。年老的埃米爾[22]斷定其中必有古怪，為了謹慎起見，已經派人到本土求援。摩洛哥的瘟疫和饑荒災情嚴重，守城軍隊的人數短缺。然而，既然基督徒似乎沒有能力掌握航行的方向，又好像退回海峽對岸了，於是埃米爾把許多新來的援軍打發回去。至於葡萄牙，反而靠這場暴風因禍得福。

當天夜裡，居民把每一扇窗戶都點了燈，假裝休達現在有重兵把守。當軍隊準備出擊，有更多的火把和燈籠跨海而來，把點點火光灑在海面。破曉時分，葡萄牙軍隊展開行動，把劍磨利，厚重的板甲用鉚釘固定，揮動戰斧操練，向神職人員告解，打開桶子，盡情大嚼最上等的食物。歐洲自十字軍東征以來的第一場殖民戰爭，終於開打了。

看艦隊一路上左支右絀，就知道約翰一世不諳航海之術，但他在陸地打了一輩子的仗。意外離開休達的這段日子，他有充裕的時間出謀劃策。重點只有一個，以攻下堡壘為目標。不拿下堡壘，葡萄牙軍隊就像一個個活靶子，但只要攻下要塞，就可以居高臨下，甕中捉鱉。[23]

22 這裡指休達總督薩拉赫・本・薩拉赫（Salah Ben Salah），出身非洲顯赫的航海家族，治理附近的一系列城市。

23 根據祖拉拉的記載，這時有大批摩洛哥青年找到了休達的總督，建議如何奪下敵軍的艦隊，贏得勝利，收割豐富的戰利

國王把主力艦隊調到城牆正前方，但這是個圈套，燈塔丘才是他們第一個進攻目標。一支比較小的船隊繞過燈塔丘，在山腳的沙灘外下錨。亨利的王家戰船也在其中。早在艦隊出發之前，他已經請求父親讓他率兵發動第一場攻擊，國王照例不得不答應。

在熾烈的陽光下，軍隊汗水淋漓，敵軍在岸上揮動武器，表示嘲諷，七個魯莽的騎士不等亨利下令攻擊，就貿然划船過去。亨利在戰艦上看著他們涉水登岸，與敵軍打了起來，立即勃然大怒。他跳上小船，喝令號角齊鳴，投入混戰中。

守軍節節後退，葡萄牙軍隊很快把他們逼到環繞山腳的城牆邊，跟著擠進城門。混亂之中，亨利突然看見大哥愛德華在前方作戰。他追上前去，據說兩人還趁空交換了詳細軍情。原本倍感挫折的亨利笑得燦爛，感謝上帝給了他這麼一個好戰友。「而我，上主，」愛德華回答，叨唸弟弟來得太遲，「對你更是萬般感激，謝謝你好心前來協助。」[24]

有一名穆斯林戰士，硬是比所有人高出一個頭，把現場的基督徒打得東倒西歪；他的武器不過是區區石塊，卻能用弩砲的力道扔出去。葡萄牙一名史官寫得活靈活現，說他渾身赤膊，「膚色黝黑如烏鴉，一口長長的白牙，豐滿的嘴唇往後倒翻」。[25]總而言之是個可怕的人物，但他被長矛刺穿，倒地不起，他的同袍無路可走，只好退回通往休達城區的第二道城門。

五百名葡萄牙士兵緊追不捨，把他們擠進狹窄的巷弄，要不了多久，就被打得七零八落，為了看清方位，亨利和哥哥登上高處，原本看似一座小丘，結果發現是城市的糞堆。當守軍逼近，兩人就站在屎山上，一邊抵擋攻擊，一邊等待救兵。可是一個人也沒有。亨利手下的一大夥人放著打開的城門不管，跑去攻擊緊閉的城門，企圖博取戰功。在他們用戰斧大力劈砍，還想放火燒毀城門厚重的木板時，牆頭的守軍把石塊砸到他們頭上，大多人就這麼被砸死了。

兩位王子下令部隊分頭進擊，最後終於殺下糞山。愛德華衝向登上城牆的階梯，把身上的板甲解開、脫下，好在竄升的高溫下爬得更快。亨利又被落在後面，他除去身上的金屬板，只剩下鎖子甲，追上前去。

約翰一世還在城市另一頭的戰艦上，不知道雙方已經開打，正焦急地等待敵軍出現在岸上。最後他派彼得傳令第二支艦隊發動攻擊。當王子回來說船上一個人也沒有的時候，國王響起全面出擊的信號，史書很有技巧地記載說，約翰「絕對不會喜形於色」，但他手下的騎士未免太不懂得遮掩。他們衝向城牆，嫉妒其他的同僚早已掌握先機，想到最好的戰利品都被人捷足先登了，不由得一陣驚慌。進城之後，他們各自散開，存心要打家劫舍。休達的街道兩旁都是華麗的宅邸，令他們不禁放慢了腳步。「和這些比起來，我們的房舍和豬圈沒兩樣。」[26]一位目擊者坦率地記述著，有更多的士兵跑到比較小的房舍門口，撞破低矮、狹窄的門，和幾十戶的家庭撞個正著。其中有些拿著武器，有些赤手空拳地衝向葡萄牙士兵。也有人趕忙把收拾好的包袱扔下水井，再不然就是埋在屋

品。基督徒身上穿著笨重的盔甲，他們應該是這樣解釋的；只要在沙灘迎戰，把這些基督徒打倒，他們根本沒力氣站起來。很難想像這件事會傳到祖拉拉耳中，但無論總督有沒有聽到這個明智的建言，他知道自己的軍隊疲憊不堪，判斷最好的方法是不讓葡萄牙軍隊進城。他麾下的部隊有不少人擅自離開防守崗位，湧向沙灘，結果十分悽慘。

24 Zurara, *Conquest and Discoveries*, 98.

25 Ibid., 99.

26 C. R. Boxer, *The Portuguese Seaborne Empire 1415-1825* (London: Hutchinson, 1969), 13.

角，盼望等城市收復的時候再拿回來。敵眾我寡，這些居民最後難以抵抗，不少人送了性命。

國王即使有心，現在也無力阻止這場殺戮。他才一上岸，腿就受了傷，然後一直坐在城門外。後來據說他為了保持尊嚴，既然這個休達已經形同囊中之物，他決定暫時不出手，等攻打堡壘時再親自上陣。

愛德華和他的部隊忙著攻上城頭，亨利決定一個人殺進城堡，重新拿回主動權。在他沿著通往城堡的大街進擊途中，看到幾百個葡萄牙人拔腿狂奔，要躲開一群摩洛哥暴民。亨利拉下頭盔的臉甲，把小圓盾套在手臂上，先等到同胞從他身邊跑過去，然後直接衝向追上來的暴民。當葡萄牙人認出他們王子後，就轉身追隨他，眾多穆斯林拔腿狂奔，基督徒緊追在後。

守城的軍隊跑到商人在岸邊開設的工廠背面，便轉過身來，再次出擊。結果葡萄牙軍隊又被打得節節後退。亨利在盛怒之下衝向敵軍，他們穿過附近的一道大門，撤退回堡壘。

大門所在的城牆十分厚重，上有垛堞；後面的城樓開了箭狹縫，來保護第二道門，接著有一條通道銜接到第三道門，過了這最後一道門，就進入城堡。火球宛如大雨，從城垛急速落下，亨利帶著據說區區十七個人，衝進第一道門。其他人有的跑去搶劫財物，有的去找水滅火，還有一些累得動彈不得。有幾個人一命嗚呼，就像亨利府裡的總管，為了營救自己魯莽的青年友人而犧牲，亨利想把傷者拖走，卻陷入了一場驚悚的屍體爭奪戰。

後來聽說，這位年輕的王子足足打了兩個半小時的肉搏戰。身邊的十七名戰友剩下四個，但不知怎麼的，或許是因為城牆上的守軍擔心打中自己人，讓他們趁機溜進第二道門。五人向前猛攻，突破了第三道門，隨後占領堡壘。等約翰一世到達現場，發現裡面空無一人。這是官方說法，實際上恐怕是少數留下來的守軍在觀察風向之後決定先行撤退。在駐軍收到撤退的命令時，大多數的平民已先行避難，剩下的人只要有辦法，也都逃之夭夭了。

第二天早上，城裡迴盪著傷兵的哀鳴，不然就是士兵為了挖掘新財寶，弄得到處鏗鏘作響。他們發了瘋地尋找黃金，結果破壞了價值不菲的織錦、絲綢、油和香料。「這樣的破壞弄得某些出身低賤的人嚎啕大哭。」一位史官記載，雖然沒什麼說服力，他仍然很盡責地補充說，「地位崇高的貴族自然不屑做這種事。」[27]幾名在兩軍駁火時被抓的熱那亞商人，到了現在才主動說要幫忙征服者，但葡萄牙軍隊被勝利沖昏了頭，拿莫須有的罪名指控他們和異教徒做生意，而且至少有一名商人遭到刑求，逼他把貴重物品交出來。另外一隊士兵闖入一個很大的地窖，向幽暗處凝視，看到牆上貼的彩繪磁磚，以及三百根柱子支撐的穹頂，不由得發出驚呼，這時才發現有不少摩洛哥人躲在下面，便把藏有休達居民的地窖徹底摧毀。[28]

那個星期日，約翰一世下令在休達高聳的大清真寺裡舉行彌撒。首先必須把地方清洗乾淨。史官解釋說摩爾人在舊的祈禱墊磨損之後，習慣直接鋪一層新的上去，必須用鏟子挖起來，裝進籃子裡運走。在鄭重清洗之後，國王、王子和貴族聚集在一起，由神職人員用鹽巴和水驅走伊斯蘭的魔鬼。然後，在響亮的號角和讚美詩的歌聲中，他們把這座寺院獻給上帝。

27 Ibid.

28 Valentim Fernandes, *Description de la côte d'Afrique de Ceuta au Sénégal*, ed. and trans. P. de Cenival and T. Monod (Paris: Larose, 1938, 18-19。這個巨大的地窖原本裝的是休達的泉水，想從這裡補充飲水的船隻要付很高的水費。

彌撒結束後，三位王子穿上板甲，把母親送給他們的寶劍佩在腰間。在一列小號手和鼓手的前導下，齊步前往新教堂，跪在父親面前，受封為騎士。過不了多久，他們啟航返鄉，接受百姓對勝利者的歡迎，留下三千部隊防守，避免已經在城牆外發動狙擊的摩洛哥人攻占城池。

在一天之內征服舉世聞名的堡壘，歐洲上下無不愕然，儘管一個月後傳出了更令人震撼的消息，三位王子的外祖父岡特的約翰的孫兒，也就是英格蘭的亨利五世[29]，終於在蟄伏多年之後入侵法國。[30]三位青年王子宣告他們的國家已經浩浩蕩蕩地成為十字軍陣營的一方之霸，而且三人當中，至少有一個人無意就此打住。直布羅陀海峽經常出現高風巨浪，葡萄牙昔日的統治者跨越海峽而來，如今葡萄牙也從這裡把他們趕出歐洲，一開始跌跌撞撞，後來才集中火力，在全世界追著伊斯蘭不放。

一直到很久以後，攻打休達的行動才被視為葡萄牙整個海外大冒險的縮影。這一場戰爭的起因，是基督徒與穆斯林在伊比利的慘烈鬥爭。後來受到青春熱血的孕育，又有全體人民（不管願意與否）團結一致地給予滋養。原本差一點提早出局，結果一方面憑著堅毅的勇氣，一方面靠了純粹的運氣，終於讓世人刮目相看。這一場戰爭後續的影響，讓這個野心勃勃的新國家在未來數百年一直背著沉重的包袱。

---

29 編按：岡特的約翰是英格蘭金雀花王朝國王愛德華三世的兒子，其子亨利後來開創蘭開斯特王朝，是為亨利四世，亨利五世是亨利四世的兒子。

30 馬琳・紐特（Malyn Newitt）在 *A History of Portuguese Overseas Expansion, 1400-1668* (London: Routledge, 2005), 19有提到這個巧合。

第四章　大洋

葡萄牙王子亨利站在歐洲西南端一處岩石岬角，任由狂風吹襲。他孤身一人，穿著隱修士的長袍，凝視對岸的非洲，心中正在盤算新的任務，探索未知的世界。位在他身後的，是他親手創辦的一所偉大的學校，聚集當時全世界最了不起的宇宙論學家、製圖師和領航員，大力發展航海學。每當手下完成大膽的任務之後返鄉，他都會聽取簡報，然後把最新的資訊加入他蒐集的地圖、航海圖和旅人遊記中，這些資料在當時可謂無人能及。現在的他不再是亨利，而是航海家亨利，世界的發現者。

這些是有心人精心炮製的傳說[1]，事實上完全不是這麼回事。亨利一輩子沒搭過遠洋船隻。他

1　亨利像個孤獨的科學人，創立了史無前例的航海學校，這個形象源自十六世紀的葡萄牙編年史。這些史書在帝國全盛時期撰寫，不可避免地或把帝國的奠基者描繪得很浪漫。R. H. Major在十九世紀寫的傳記*Prince Henry of Portugal, Surnamed the Navigator*確立了亨利的傳奇，難以撼動。參見Peter Russell, *Prince Henry 'the Navigator': A Life* (New Haven, CT: Yale University Press, 2000), 6-7。

所創立的學校也不是什麼正式的機構，雖然他確實對天文學有興趣，也雇用了許多一流的製圖師。他穿著馬毛衫，據說終身未娶，全心研究神學，但他也很喜歡舉辦奢侈放縱的派對。他首開風氣之先，堅定地鼓吹國人到世界大洋探險，然而他的探險活動最初不過是一種出海打劫的副業罷了。

在休達一戰成名不久，亨利很快開始了他的海盜生涯。他的船在摩洛哥海岸不斷滋擾，攔截穆斯林在地中海的貨船，不過必要時也會攻擊基督教的商船，有一次還惹得卡斯提爾國王大發牢騷。他生平第一次發現未知的國度，正是搶劫所帶來的意外收穫。一四一九年，他手下的兩個船長被暴風吹到大西洋中央的一處無人群島，次年便派探險隊插旗占領，納入葡萄牙領土。一名水手不禁讚嘆，馬德拉群島（Madeira Islands）是「一座大花園，而且每個人都能滿載而歸」。[2]不過亨利既然身為領主，得到的自然比大多數的人更多。很快有人到馬德拉定居，拓荒者生的第一個男孩和女孩分別取名為亞當和夏娃。

亨利很快就食髓知味，但光靠海上劫掠的收入，探險的船隻開不了多遠。到了一四二〇年，在約翰一世的請求下，教宗任命約翰最疼愛的兒子擔任一個修會的葡萄牙分會領袖，這個惡名昭彰的修會由一批僧侶戰士組成，亨利的前途就此改變。

在歐洲其他地方，當初在短時間風光崛起的聖殿騎士，衰敗的速度也很驚人。聖殿騎士被逐出聖地時，神聖的光環迅速消褪。然而他們名下的堡壘、莊園和城鎮遍布各地，在歐洲社會根深柢固。倫敦的聖殿教堂[3]貯藏了英格蘭的許多財富，包括國王、貴族、主教和許多商人的貴重物品，有一段時間，還收藏了王冠珠寶。巴黎的聖殿塔是一座高聳的堡壘，周圍有護城河環繞，城堡裡的大院差不多有一個村莊那麼大，修會在這裡管理法國的國庫。聖殿騎士團財雄勢大，遵守修道院的戒律，有專屬的常備軍，名下的財寶多不勝數，而且直通教宗。最後，其中許多身分顯貴的騎士，終於引起歐洲各大強權的不滿。十四世紀初期，法王「公正者」腓力四世（Philip IV the Fair）想當然耳，欠了聖殿騎士團大筆債務，於是以異端、褻瀆和雞姦等憑空捏造的罪名，把騎士全數逮捕，並且強迫教宗解散聖殿騎士團。[4]巴黎有數十人被綁在火刑柱上活活燒死，騎士團的總團長也是其中之一，他在拉肢架上認了罪，後來撤銷自己的說法，在火焰吞噬他的同時，堅持自己是無罪的，用綑綁在一起的雙手禱告。

只有伊比利的人對這些僧侶戰士依然深信不疑。雖然是憑守衛聖地而得到盛名，但聖殿騎士團成立以來，一直在歐洲的遠西地區相當活躍。他們曾經是收復失地運動的先鋒，戍守和伊斯蘭相鄰的邊疆城堡，並且大規模地屯墾剛占領的土地，這些剛成立的基督教國家迫切需要他們的熱誠和富

---

2 G. R. Crone, trans. And ed., *The Voyages of Cadamosto, and Other Documents on Western Africa in the Second Half of the Fifteenth Century* (London: Hakluyt Society, 1937), 10.

3 聖殿教堂並非一直像外傳的那麼固若金湯。一二六三年，未來的英格蘭國王愛德華一世和他的父親亨利三世及其他王室成員身無分文，他獲准進入倫敦聖殿教堂，聲稱想看看王冠珠寶；結果他拿了一把槌子，把幾個箱子撬開，帶走其他人的大筆錢財。參見 Helen Nicholson, *The Knights Templar: A New History* (Stroud, UK: Sutton, 2001), 163。

4 法國的搜索令在一三〇七年十月十三日星期五發出。有一份日期記載著一三〇七年十一月份的教宗詔書，下令歐洲每一位基督教統治者比照辦理。後來教宗改變主意，並且召開法庭審理，撤銷了聖殿騎士的所有罪狀，但法王再度施壓，加上騎士團的名聲被腓力一手炮製的醜聞玷污，教宗在一三一二年以一份詔書解散了騎士團。

裕的財產。[5]在葡萄牙，聖殿騎士團一直沒有消失，只是改名叫基督騎士團[6]，藉此減輕一下他們剛被栽贓的惡名。除此之外，包括他們豐厚的財富在內，一切都維持原狀。

當教宗答應國王的請求，亨利突然就有了足以讓他實現雄心壯志的資源，而重生之後的聖殿騎士，意外成了地理大發現時代的贊助者。儘管如此，亨利現在最在乎的不是到海外探險。反而浪費極其龐大的金錢和人力，和卡斯提爾爭奪加納利群島（Canary Islands），後者主張本身擁有加納利群島，以及島上石器時代居民，卡斯提爾連續三次大敗葡萄牙軍隊，把亨利打得灰頭土臉。於是他更加積極地遊說，認為葡萄牙應該對摩洛哥再發動一次十字軍東征，延續他在休達的輝煌戰績。

對葡萄牙而言，占領休達雖然贏了面子，卻沒有得到裡子。穆斯林商人不久就把商隊貿易轉移到附近的丹吉爾（Tangier），休達岸邊的倉庫一直空空如也。這塊殖民地被長期圍困，不久之後，因為當地人老是利用城牆外的房舍發動攻擊，最後不得不悉數拆除。軍隊的伙食很差，還要被迫忍受經過的西班牙船隻對他們集體嘲笑，因此沒多少人想到這裡駐紮，只得用囚犯來補充駐軍的員額，讓他們抵消刑期。長期占領這個孤立的邊疆駐地，從海外提供補給，使葡萄牙原本已經貧乏的資源嚴重枯竭，許多葡萄牙人埋怨，硬是霸著休達港不放，並非明智之舉。

亨利可不這麼想。對這位渴望建功立業的王子來說，這次的失敗表示他們應該再接再厲，而非就此收手。海克力斯之柱的兩座岩石守護著通往廣大未知世界的門戶，如今總算脫離伊斯蘭世界的控制。七個世紀以來，基督教世界首次在非洲大陸有了據點。他和支持他的人堅稱，這次的勝利證明上帝的祝福照耀著他們的國家，基於信仰和榮耀，他們必須乘勝追擊。畢竟北非曾經是基督教的勢力範圍；為基督拿回北非，自然不過是收復失地運動的延續罷了。[7]

多年以來，亨利苦勸父親應該出兵攻打丹吉爾，結果終究是白費唇舌。一四三三年，約翰辭世，舉國哀悼，愛書成痴的愛德華一世（Edward I，葡語譯作杜阿爾特一世〔Duarte I〕）繼位登基，亨利鼓起如簧之舌，拚命要說服大哥。愛德華屈服了，允諾由亨利親自掌控新的東征之戰。他這個人向來過於自信，趕忙備戰出發，上次他們在休達大獲全勝，全靠精心設計的障眼法，但這一次沒有比照辦理。當租來的運兵船沒有準時抵達，即使不得不把半數軍隊留在葡萄牙，他也拒絕延後。七千人擠進在港邊待命的幾艘船，出發前往非洲。亨利用褊狹的語言咒罵伊斯蘭，話愈說愈重，撩起部隊的激憤之情。葡萄牙的旗幟上描繪著身穿盔甲的耶穌，軍隊揮舞旗幟，展示著教宗送來的一小座真十字架，然而當大軍來到丹吉爾的城門，連亨利都開始發現，光靠信仰不能贏得勝利。比起鄰近的休達港，丹吉爾的面積大得多，在防守方面，也遠非前者所能企及。葡萄牙的大砲

---

5 一一三一年，亞拉岡國王阿方索一世想把整個王國傳給聖殿騎士團、醫院騎士團和聖墓教堂的隱修士。他弟弟拉米羅（Ramiro）離開修道院，生了一個女兒，把女兒嫁給巴塞隆納伯爵，由巴塞隆納伯爵繼任亞拉岡的統治者。拉米羅回到修道院隱修；聖殿騎士團得到大量土地和收入作為補償。

6 在亨利的時代，更名後的聖殿騎士團控制了葡萄牙中部的二十一個城鎮和許多土地。不過到了這個時候，葡萄牙本土早就沒有穆斯林可以攻打，騎士聲稱他們只負擔在家鄉作戰的義務，拒絕參與攻打休達的十字軍東征，結果激怒了國王。約翰任命亨利擔任騎士團的團長，等於由王室接管。

7 除了亨利，也有其他人拒絕把直布羅陀海峽視為收復失地運動的障礙。早在一二九一年，卡斯提爾和亞拉岡就談好了兩國未來在摩洛哥的封地要如何畫出邊界；一四〇〇年，卡斯提爾擊潰了摩洛哥的得土安（Tétouan），這個港口位於休達南方二十五英里，是惡名昭彰的海盜基地。在羅馬時代，摩洛哥北部曾經隸屬於西班牙教區，只不過卡斯提爾的主張主要是基於他們冒認是古代哥德王國的繼承者，以為哥德人的領土包含摩洛哥和西班牙。

太輕，打不穿堅固的城牆，他們的梯子太矮，也爬不上去，而且這批圍攻丹吉爾的部隊，反而被困在自己用柵欄圍起的營地裡。當更多的穆斯林部隊湧入丹吉爾，在雲端不時出現的十字架，也無法和往常一樣施展魔力。亨利旗下的數百名騎士，包括他自己府裡的幾個人，都跑到船上，棄他於不顧。休達港是他現在唯一的談判籌碼，他派出的特使答應投降，條件是讓剩下的部隊安全離開。亨利交出弟弟斐迪南當人質，把船開回休達，上床睡覺，儘管國王一再召他返國說明這一次慘敗的原因，他也置之不理。

他壓根沒打算遵守協議。[8]斐迪南在摩洛哥的牢房裡形銷骨立，休達在葡萄牙的手中沒落。愛德華一世在翌年去世，得年四十六歲，死因很可能是瘟疫，而非外界普遍認為的，是傷心過度致死。而斐迪南當了五年的人質，處境愈來愈不堪，寫信懇求幾個哥哥和對方協商，放他出來，信中字字句句令人心碎，最後蒙上天垂憐，斐迪南身染惡疾不治，算是脫離苦海。無論亨利私底下多麼痛苦，在公開場合，他堅稱自己的弟弟（他在死後被追封為忠貞的王子），原本就準備以身殉道。

原本應該繼承王位的三子亨利，為了自己放肆的野心，讓全國付出沉重的代價。然而在一個宗教狂熱的時代，像他這樣無所不用其極地追求對抗異教徒的美名，無論因此陷入到多麼黑暗而狡詐的地步，在許多人眼中，他仍是個充滿騎士風範的真英雄，值得眾人稱頌。

✝

亨利再次展開海上探險。他的船隊逐年南進，沿著摩洛哥的大西洋海岸劫掠船隻，心裡慢慢形成一個大膽的新計畫。

歐洲一直有個傳說，以為撒哈拉沙漠以南的非洲心臟地帶，有一個蘊藏量極大的金礦，亨利和許多受過教育的歐洲人一樣，對這個傳說耳熟能詳，這個地區的面積龐大，葡萄牙人依照柏柏語的地名，把這裡稱為幾內亞（Guinea）。一三七五年的加泰隆尼亞地圖[9]在當時影響深遠，圖中描繪一名騎著駱駝的穆斯林商人，要前往傳說中的皇帝曼薩．穆薩（Mansa Musa）的首都，廷巴克圖（Timbuktu）。曼薩．穆薩帶著厚重的皇冠，手上拿著一大塊黃金，蹲坐在王位上，統治非洲大陸的中心。「這個國家的金礦極為豐富，」地圖上的圖說這麼寫著，「使他成為當地最富有也最高貴的國王。」[10]

這個傳說自然令人心嚮往之。歐洲自己的金礦幾乎枯竭，維持經濟流動所需要的金條嚴重短缺。進口的黃金有三分之二是用袋子吊在駱駝背上，橫越撒哈拉沙漠而來。然而基督徒幾乎完全進不了非洲內陸。亨利心裡這麼想像著，直接前進到金礦的產地開發，可以一箭雙雕，既能使國庫充

---

8 亨利在休達一戰成名，父親讓他負責全城防務，如果這麼快就交還休達港，不但他這輩子永遠抬不起頭，也會讓剛剛加入十字軍陣營的葡萄牙淪為笑柄。

9 加泰隆尼亞地圖（Catalan Map），這份地圖出自馬約卡，由法王查理五世委託頂尖的猶太製圖師亞伯拉罕．克雷斯克斯（Abraham Cresques）製作。

10 引文出自Jerry Brotton, *The Renaissance Bazaar: From the Silk Road to Michelangelo* (Oxford: Oxford University Press, 2002), 55。這些傳說總算包含了些許事實，蘇丹西部開採的金礦確實是運到廷巴克圖這一類位於撒哈拉邊緣的貿易城鎮，鑄造成金錠，再由商隊送到北非。強國馬利的國王曼薩．穆薩的名聲響亮，正是因為他一三二四年到麥加朝聖時，擺出令人瞠目結舌的排場，包括一百頭載滿黃金的駱駝和五百名拿著黃金權杖的奴隸。

盈，又能讓那些仰賴黃金牟利的穆斯林商人無利可圖。

不過礦場的位置是一個絕不外傳的祕密，而歐洲人的挫折感日益加深，自然有了許多荒唐無稽的揣測。

自十四世紀以降，歐洲的製圖師開始繪製一條綿延千里的長河，把非洲由東到西，一分為二。這條河被稱為黃金河。地圖顯示，在橫越大陸的半途中，河水朝兩側繞過一座大島，以非洲大陸為軀幹，這個島嶼就是肚臍。亨利認定黃金就在島上，當船隊繼續南下，他開始夢想能沿著黃金河上行，自行開挖寶藏。

不過有一個不容忽視的阻礙。幾乎每一份地圖都把大西洋畫成左側的一小灘水，下方的非洲陸塊一直延伸到地圖的盡頭以外。沿岸的最後一個地理特徵，是一個突出的海角，通常畫得不太明顯，位於丹吉爾以南五百英里左右，叫博哈多爾角（Cape Bojador）。

一代又一代的水手，一聽到這個名字就毛骨悚然，而且這裡有許多陰森恐怖的傳說。一望無際的重重淺灘，船隻靠岸時必定擱淺。劇烈的離岸洋流把船隻沖到不知名的地方。火紅的溪水匯入大海，使海水沸騰。海蛇隨時等著吞噬入侵者。巨人從海裡冒出來，一掌抓起一艘船。火燙的熱氣會把白人燻黑。人們普遍相信，過了博哈多爾角之後，沒有一個人回得來。

亨利拒絕因此退縮。一四三三年，他的侍從吉爾．埃阿尼什（Gil Eanes）返回葡萄牙，坦承他的手下沒膽子靠近這個令人聞之喪膽的海角，王子打發他再去一次，嚴格下令，不完成任務就不准回來。

埃阿尼什的小船緩緩駛向這恐怖的海角。[11]波濤洶湧，海流強勁，岸邊的淺灘面積遼闊，霧靄遮蔽了航路，強勁的風力無疑讓返鄉之路充滿險阻。然而只要一繞過海角的紅沙丘，就是一成不變、綿延不絕的海岸。所有的艱難險阻都是虛構的傳言，可能是穆斯林散播謊言，好讓歐洲人遠離他們商隊的路線。埃阿尼什衣錦還鄉，受封為騎士，亨利大肆讚揚他把好幾代的聖賢和水手都比了下去。

九年之後，到了一四四三年，亨利說服了在愛德華國王死後擔任葡萄牙攝政王的哥哥彼得，答應由他個人獨占駛向博哈多爾角以南的所有船隻。

公然把海洋視為個人財產，儘管亨利王子雄心萬丈，這種做法也有些托大，而且必須有實際行動的支持。在葡萄牙，有遠洋航行經驗，又熱衷於追求神奇經歷的水手實在有限，亨利不得不到國外招募新人。正好他在阿爾加維（Algarve，這個地名出自阿拉伯語 al-Ghab，意思是西方）的私人莊園靠近薩格里什岬（Sagres Point，歐洲西南端盡頭的一處平頂的海岬）。[12]天氣惡劣的時候，從地中海前往北歐的船會到薩格里什岬陡峭的懸崖後面躲避風浪，這時亨利會派手下到每一艘船上去，炫耀他手下的探險家蒐集的一些物品，吹捧王子發現的新地區，以及在這些地區能賺到的財

11　歐洲的製圖師，還有亨利的水手，可能是把位於博哈多爾角北邊一百四十英里、危險性較高的朱比角（Cape Juby）誤認為這個著名的地標。十年後，葡萄牙水手可能在近乎渾然不覺的情況下繞過了博哈多爾角。參見 Russell, *Prince Henry*, 111-13。

12　後來據說亨利的學校就位在這裡。根據編年史學家若昂・德・巴羅斯（João de Barros）的說法，亨利早就著手修復一個現成的村莊，後來重新命名為王子莊園（Vila do Infante），可能是作為往來船隻的服務站。十五世紀中葉，在祖拉拉寫作期間，莊園還未完成，包含圍牆、一座堡壘、幾棟房子，而且沒有航海學校。亨利自己的艦隊從拉哥斯（Lagos）出發，沿著阿爾加維海岸向東行駛。

富，哄這些水手加入他的船隊。

事實上，因為每年都要集體屠殺海豹，亨利的船隊帶回來的，差不多只是海豹皮和海豹油，雖然在一四四一年，有一位船長帶回來「十個黑人，有男有女……一點金沙和一個牛皮盾牌，一些鴕鳥蛋，因此有一天王子的餐桌上出現了三盤一樣的菜，和其他任何家禽的蛋一樣，吃起來新鮮美味」。提供消息的人補充說：「我們大可以假定在這一帶的基督教世界，沒有其他的基督教王子吃過他桌上那些菜餚。」[13]儘管如此，還是有很多不怕死的水手禁不起亨利花言巧語的誘惑。來自威尼斯的仕紳冒險家阿爾維塞．卡達莫斯托（Alvise Cadamosto）的三桅帆船，在前往法蘭德斯途中被吹上阿爾加維海岸。亨利派出的招募人員立刻找上他，把非洲的奇景說得活靈活現，聽得他津津有味。「他們在這方面說了很多，」他記載說，「讓我跟其他人大感驚奇。在他們的鼓舞下，我愈來愈想去一趟。我問他們口中這位爵爺會不會批准有興趣的人加入，他們說會。」[14]就像其他許多遠從日耳曼和斯堪地那維亞來的人一樣，卡達莫斯托當場跳船報名。

葡萄牙的金錢和人力一向短缺，即便能自由動用聖殿騎士團的金庫，仍然供不起無限期出海探險的高昂費用。富有的義大利資本家到里斯本開業，亨利照例要分一杯羹，批准由熱那亞、佛羅倫斯和威尼斯的商人購置船上的裝備，並贊助航行的費用。新政策果然奏效，一四四五年，足足有二十六艘船駛向非洲，亨利身為基督騎士團的團長，船上飄揚著聖殿騎士的紅色十字。

到了現在，王子的造船師傅和手下已經發現哪一種船最適合在岸邊探險，同樣重要的一點，是也能帶他們順利返航。卡拉維爾帆船的船身纖細、吃水又淺，可以沿著岸邊航行，並且駛入河川。船上掛的是拉丁帆，又稱三角帆，這是模仿來自印度洋的阿拉伯人的船帆[15]，只要有些許微風就能行駛，而且比傳統的四角帆更能夠貼風航行。不過唯一的船艙在船尾，航行的途中必定十分辛苦，而且速度奇慢無比。在船隊戰戰兢兢沿著撒哈拉海岸南下的過程中，必須隨時注意有沒有碎浪，因為這表示前方有淺灘和沙洲。必須把海岸線載入海圖，並且到離岸島嶼探索。把鉛錘和繩索放到海裡測量深度，天黑之後，所有工作都得暫時停擺。船隊繼續南下，強勁的海流把卡拉維爾帆船拖向海岸，這下只得在看不見陸地的遠海航行。為了返回葡萄牙，他們被迫深入大西洋，頂著東北信風，以之字形搶風航行，直到船隊往北航行得夠遠了，才趁著西風一路返回里斯本。

然而他們的收穫豐富，如今總算解開了一個遠古之謎，知道鳥飛向何方。在撒哈拉的冬季，他們發現了燕子、鸛、斑鳩和畫眉，夏天則看到在歐洲過冬的隼、蒼鷺和斑尾林鴿。長相古怪的劍魚和鮣在他們的網子裡拍動魚鰭，豔麗的鵜鶘和優雅的火鶴，取身上的肉和生下的蛋，可以做異國料理換換口味。上岸之後，眼前一望無際的黃沙與岩石，以及種類繁多的沙漠動物，看得他們嘖嘖稱奇。這裡有比兔子還大的老鼠，可以吞下一隻山羊的蛇，沙漠劍羚和鴕鳥，數量龐大的瞪羚、雌鹿、刺蝟、野狗和狐狼，以及其他連聽都沒聽過的野獸。成群的紅色和黃色蝗蟲，在空中綿延數英

---

13 Gomes Eanes de Zurara, *The Chronicle of the Discovery and Conquest of Guinea*, trans. C. R. Beazley and Adgar Prestage (London: Hakluyt Society, 1896-98), 1:57。這些收穫是三名穆斯林人質的贖金。

14 Crone, *Voyages of Casdamosto*, 5。阿爾維塞・卡達莫斯托在威尼斯的本名叫 Alvide da Ca'da Mosto，Alvise Cadamosto 是葡萄牙語版本。

15 傳播的過程一直爭論不休。參見 I. C. Campbell, "The Lateen Sail in World History," in *Journal of World History* 6, no.1 (Spring 1995): 1-23。

里，好幾天看不見日頭，凡是蝗蟲所到之處，地面上的生物無一倖存。龍捲風可以讓貧瘠的土地在一天之內百花齊放，沙塵暴像轟天烈火一般厲聲咆哮，烏龜和鳥類成了樹葉，在空中不停環繞。

他們把木十字架插在土裡，宣示這片土地是耶穌的國度，然後出發和當地人接觸，同時絞盡腦汁想分清楚這些語言多得令人摸不著頭腦、領土又錯綜複雜的非洲王國與部落。他們自我介紹的方式，是穿著鎧甲登上海灘，走到正在喝駱駝奶的牧人，或是安安靜靜用巨藻烤魚的漁夫面前，大吼一聲「葡萄牙與聖喬治！」然後把幾個人抓起來，充作告密者和通譯。既然如此，雙方自然不可能互相理解。

當歐洲人膽子大了，往內陸前進時，發現有些偏遠的高山種了全世界最美味的椰棗，不過當地的居民據說是食人族，有些沙漠城鎮的房舍和清真寺全數以鹽塊打造而成。[16]他們偶爾會遇到名聞遐邇的駱駝商隊。這些駱駝既是交通工具，也是食物，比較倒楣的駱駝先渴上幾個月，然後再讓牠們拚命喝個夠，好在穿越沙漠的途中殺了取水。商人的皮膚黝黑，頭上纏的頭巾把一部分的臉孔遮住，身上的斗篷用紅條紋滾邊，而且打著赤腳。這些穆斯林商人帶著格拉納達和突尼斯生產的白銀與絲綢，打算換取奴隸和黃金，而且絕不讓任何人妨礙他們的生意。

最後，沙漠逐漸消失，船隊越過塞內加爾河[17]的河口，進入人口比較密集的熱帶地區。突然之間，眼前的一草一木都變得更為高大，色彩也更加鮮明。「有一件事讓我覺得很不可思議，」還沒穿過撒哈拉沙漠的時候，威尼斯冒險家卡達莫斯托滿懷期待地寫道，「過了河之後，所有人都是黑皮膚，高大、壯碩、身材健美；大地碧綠蒼翠，到處都是樹木，而且土壤肥沃。然而在河的這一邊，人的皮膚是淺褐色，矮小、瘦弱、營養不良、身材嬌小；一眼望去，全是貧瘠的不毛之地。」[18]

歐洲人看到了一個連做夢都想像不到的新世界。這裡的男人用火熱的鐵在身上烙印，女子用燒熱的針在身上刺青。不分男女，每個人的耳朵、鼻子和嘴唇都打了洞，套上黃金的耳環、鼻環和唇環，而且女人身上多了幾個金環，在兩腿之間擺盪。訪客看到參天的樹木、恣意蔓延的大片紅樹林，以及色彩鮮豔的鸚鵡，無不嘖嘖稱奇。他們買了人猿和狒狒，打算帶回葡萄牙，他們睜大眼睛盯著河馬，親眼目睹當地人捕獵大象，還品嘗這種巨型動物的肉，覺得又硬又沒味道。回國之後，他們把異國的禮物獻給亨利王子，其中包括一隻象寶寶的腳、鼻、毛，以及用鹽醃過的肉；亨利把一隻成年大象的牙和腳送給了妹妹。

非洲人起初對這些新訪客也很有興趣，用唾液塗抹他們的雙手和四肢，看他們的皮膚是不是用染料染白的，似乎相信他們的風笛是某種會發出音樂的動物，用獨木舟划到卡拉維爾帆船那裡，懷

16 現在位於馬利北部沙漠的塔加扎（Taghaza），曾經是價值連城的鹽礦場，控制在摩洛哥人手裡，長期以來，一直是北非的商業和政治中心。大批商人把岩鹽往南運送，在蘇丹交換黃金，鹽在蘇丹非常值錢，被當地人切成小塊當成貨幣使用。這種交易以無聲拍賣的方式進行，從希羅多德的時代就頗負盛名。把鹽巴一排一排堆好，商人便走開；礦工上前在每一排鹽巴旁邊放置一定份量的黃金，然後離開。鹽商回來計算要不要把黃金拿走，或是等待更高的出價，再由賣黃金的人回來取鹽巴，或是提高價格，一直到交易全部完成為止。

17 有一段時間，葡萄牙人以為塞內加爾河（Senegal）是尼羅河的支流，甚至一四五五年的詔書*Romanus Pontifex*裡。甘比亞河、尼日河和剛果河先後被誤認為尼羅河的支流。

18 Crone, *Voyages of Casdamosto*, 28。南邊是沃洛夫族（Wolof）和謝列爾族（Serer）。北邊是阿薩納西人（Azanaghi，現代的桑哈賈人〔Sanhaja〕或薩納加人〔Zenaga〕），這是圖瓦雷克人（Touareg）的一個重要支系，從古至今，這些游牧為生的柏柏人一直是撒哈拉的主要居民。

疑究竟是大魚還是大鳥，至少葡萄牙人是這麼想的，直到看見船上的水手，才連忙逃跑。

這些歐洲人萬萬沒想到的是，居然連這裡的人也是穆斯林。儘管如此，他們的信仰頗有彈性，大多數的人生活貧困，至少有一些樂於和基督徒做生意。有一次上溯塞內加爾河，卡達莫斯托受邀前往附近一個王都[19]，和其他的探險家一樣，他滿心以為會看到歐洲那種君主政體和法庭。靠近王座時，他看到請願人砰的一聲跪下，把頭磕在地上，然後把沙子灑在裸露的雙肩。就這樣卑躬屈膝地向前移動，說出自己請願的事由，然後被粗魯地打發走。後來發現是這些人犯了小罪，所以要把他們的妻小抓起來賣掉，作為懲罰，因此卡達莫斯托認為他們恐懼也是理所當然。他以讚許的口吻寫道，這裡的百姓對國王和貴族的服從，遠非歐洲所能企及。只不過他也補充道，他們仍然是「滿口謊言的大騙子」。

如果說非洲有許多習俗看起來很原始，剩下的恐怕一時之間很難論斷好壞。卡達莫斯托很快就和法庭的穆斯林神職人員辯論起比較細微的宗教論點。歐洲人照例一開始就告訴國王他的信仰是謬誤的。統治者笑著回答，如果基督教的神是正義的，那他和他的百姓上天堂的機會比歐洲人大得多，因為歐洲擁有財富和知識，在塵世間的生活比他們優渥多了。「這番話，」卡達莫斯托表示，「展現出優秀的推論能力，以及對人類深刻的理解。」[20] 國王為了表示善意，為這個威尼斯水手引見了「一個美貌的黑人少女，芳齡十二，說要送給我當臥房的侍女。我欣然接受，」卡達莫斯托如此記載，「然後送她上船。」[21]

但不是每個非洲統治者都這麼樂善好施，這些探險家不久便遭遇殘酷的攻擊。戰士從森林冒出來，手上拿著瞪羚皮包裹的盾牌、在鐵蒺藜尖頭塗了蛇毒的長矛，宛如標槍的魚叉和阿拉伯式短彎刀。有人跳起了戰舞、唱起聖歌，有人用獨木舟划船出海。人人勇敢無懼，視死如歸。卡拉維爾帆船上裝有發射石球的小型石砲，不過大批騎士、侍從、士兵和水手紛紛在攻擊中倒下，而他們抓來當通譯的那些俘虜，一律被打死在海灘上。

員額只剩下一半的卡拉維爾帆船隊狼狽地返航，亨利開始驚覺他們引發的敵意逐漸增加，便下令士兵，除非是自衛，否則不得發動攻擊，不過這時葡萄牙船隊的暴力之名已經傳揚出去。當第二批探險人員抵達甘比亞河（Gambia）遼闊的河口（此地距離里斯本一千五百多英里），赫然發現當地早已盛傳他們是嗜吃黑人的食人族。船隊駛進甘比亞河時，一排排聚集好的非洲人從藏身的森林衝出來，擲魚叉、射毒箭。一隊隊的戰鬥獨木舟拚命划向入侵者，這些體格健壯的戰士身穿白棉衣，頭戴白羽帽，而且卡達莫斯托指出，「皮膚極黑」。[22]在後續的談判中，歐洲人想知道像他們這樣客客氣氣、帶著禮物前來的商人，為什麼受到攻擊。卡達莫斯托轉述說，非洲人的回答是他們「無論如何都不想和我們交朋友，只想把我們殺個精光，再把我們的財物獻給他們的統治者」。[23]即使受到砲火驚嚇，他們也只是暫時後退，結果又是這些不受歡迎的訪客逃之夭夭。

當葡萄牙的貿易網沿著海岸悄悄發展，開始有幾袋金沙運回里斯本。不久之後，葡萄牙近百年

19 沃洛夫族有兩個王國，這是其中一國的首都，葡萄牙後來和兩國建立了貿易關係。
20 Crone, Voyages of Cadasmosto, 41.
21 Ibid., 36.
22 Ibid., 58.
23 Ibid., 60.

來的首批金幣就在里斯本的鑄幣廠隆重地起火鑄造，這種貨幣叫克魯札多（Cruzado），意思是十字軍戰士，果然恰如其分。然而他們終究發現黃金河其實只是海市蜃樓，亨利的第二個偉大探索：尋找對付伊斯蘭的強大盟友，更是沒什麼進展。

在古老的傳說中，有一個失落的基督教帝國，位於遙遠的海外，擁有難以估計的財富和威力，由祭司王約翰所統治。

✝

祭司王（Prester）一詞出自古法語prestre，意思是司祭，但約翰不是普通的聖職人員。歐洲人堅信他是一位偉大的基督教君王，耶穌降生時，東方三博士帶著黃金、乳香、沒藥來朝拜耶穌，祭司王約翰極有可能是其中一人的後裔。數百年來的揣測，把祭司王的王國說得奇景處處，包括令祭司王長生不死的青春之泉，一面映照出整個世界的鏡子，還有一張翡翠桌，桌上數不清的油燈燃燒著貴重的香脂，祭司王在這裡款待三萬名賓客。在一個篤信挪亞活了九百五十年的時代，祭司王約翰老而不死，是百分之百合乎邏輯的，或至少證實了西方基督教世界的普世夢想。

祭司王約翰的故事不只是一則廣為流傳的寓言，而是由一連串的謠言、騙局，以及人們一知半解的真相拼湊而成，不過有許多重要人物，包括一任又一任的教宗，都信以為真，完全不加深究。

下面這些是已知的事實。一一二二年，有一個自稱叫約翰的印度主教前去拜望教宗，並且把他的國家描述成一個富有的基督教國度。二十年後，一名日耳曼主教傳來消息，說東方的一位基督教國王和波斯開戰。他補充說，有人向他密報，這位國王被稱為祭司王約翰，手上拿著一把用實心翡翠打造的權杖。[24]這兩個消息都沒有引起多少波瀾，直到一一六五年，一封由祭司王署名的信件開始出現在歐洲各地。信中一副目中無人的語氣，很像是一個宣稱統治著七十二位國王、自稱為「三個印度的皇帝」的人。他告訴讀信的人，他用餐時，有「七位國王、六十二位公爵和三百六十五位伯爵輪流服侍……在日常用餐的大廳裡，右手邊有十二位大主教，左手邊是十二位主教」。[25]他幫忙提議說，只要數數天上的星辰和海裡的沙子，大概就能知道他的國土多麼遼闊，國威又有多麼強大。

由於中世紀的歐洲人經常被灌輸各種奇事和神蹟，這種種誇張又動聽的說法，使得這封信更為可信。祭司王進一步說明，他的王國裡有「頭上長角的人、獨眼人、前後長了眼睛的人、半人馬、半人羊、半人獸、侏儒、巨人、獨眼巨人、鳳凰和幾乎所有生存在地球上的動物」。[26]其中有一種叫作獅鷲的鷹頭獅，可以把一頭牛抓回巢穴裡，有更多被稱為老虎的鳥類，可以把騎士連人帶馬抓起來殺掉，還有一對御用飛鳥，羽毛紅似火焰，翅膀利如剃刀，統治全球各地的禽鳥六十年，最後

24 指弗萊辛的奧托（Otto of Frising），神聖羅馬帝國皇帝同母異父的弟弟，他的《雙城編年史》（*Chronica de duabus civitatibus*）是敘述耶路撒冷和巴比倫的歷史，奧托在書中提到，敘利亞的賈巴拉主教于格（Bishop Hugh of Jabala）對他說過，東方有位信奉聶斯脫里派的基督教君王，稱為祭司王約翰。

25 引文出自Robert Silverberg, *The Realm of Prester John* (Garden City, NY: Doubleday, 1972)。在達伽馬的時代，這封信依然廣為流通。

26 引文出自L. N. Gumilev, *Searches for an Imaginary Kingdom: The Legend fo the Kingdom of Prester John*, trans. R. E. F. Smith (Cambridge: Cambridge University Press, 1987), 6。

跳海自殺退位。有一個侏儒族，每年和鳥類打一場看似一面倒的戰爭，還有一個射手族，占了腰部以下是馬身的優勢。有四萬個人在別處忙著給爐子添柴火，讓一種紡絲線的昆蟲得以延續生命。

收到這離奇的來信，教宗琢磨了足足十二年，終於決定提筆回函。他把回信託付給他的私人醫師，派他出發尋找這位傳說中的國王，後來再也沒有他的消息。儘管如此，這封信激發了歐洲無盡的想像，翻譯成許多不同的語言，數百年來，人們渴切地一讀再讀。每當歐洲遭遇來自海外的威脅，歐洲人在潛意識裡，總盼望祭司王約翰能前來搭救，殲滅異教徒。在一次次十字軍東征的過程中，總會聽到祭司王約翰準備攻打耶路撒冷的傳言。蒙古侵略歐洲時，祭司王成了中亞人，一度有人相信他是和成吉思汗恩斷義絕的義父。[27]當消息傳來，說他拒絕把女兒嫁給成吉思汗而激怒了對方，又在雙方交戰時吃了敗仗時，祭司王約翰曾經一度死去。[28]不過當歐洲人開始夢想要說服蒙古人皈依基督教時，他又死而復生，成了蒙古的新任統治者。

據說祭司王國內的人口是整個西方基督教世界的三倍[29]，常備軍十萬人，戰士用的是真金打造的武器。必要的時候，他可以派出百萬大軍，謠傳有許多戰士打赤膊作戰，更是令人聞風喪膽。他是世間第一強人，擁有數不清的貴金屬和寶石，隨他任意使用。只要和他手下的無敵軍隊聯手，歐洲當然能把伊斯蘭徹底消滅。

但前提是如果能找到他的話。

等到亨利派人尋找祭司王約翰的時候，這位偉大的國王已經成了東非人。以前認定他是印度的統治者，轉移到東非也不算太離譜，畢竟歐洲人一直相信印度和非洲是連在一起的。東非的另一個名稱是中印度，不僅如此，中印度又被當成衣索比亞王國，讓人愈聽愈糊塗。[30]

自遠古以來，衣索比亞就是一個基督教國度，但由於伊斯蘭橫亙其間，歐洲與當地人早已失去聯繫。有人說衣索比亞和埃及隔著一片沙漠[31]，要走上五十天才能越過沙漠，而且到處都是打赤膊的阿拉伯強盜；也有人說衣索比亞人百病不侵，壽命長達兩百歲。一三〇六年，在沉寂了兩世紀之後，衣索比亞大使突然造訪位在法國的教廷，無疑是想兩面討好，大使和教宗會晤時，提到祭司王約翰是衣索比亞教會的牧首。由於這個職位大不如前，很快就連跳幾級，從牧首變成了獨裁君主，被當成無所不能的皇帝，統治著幅員遼闊、兵強馬壯的國家，衣索比亞。到了一四〇〇年，人人斬釘截鐵地認定確有其事，英格蘭國王亨利四世還寫信給如今統治著衣索比亞的祭司王，原因是有人

27 歐洲人認為是蒙古中部克烈（Kerait）部族的大汗脫斡鄰勒（Toghrul）。脫斡鄰勒是成吉思汗父親的結義兄弟，也可能是聶斯脫里派的基督徒。後來義子成吉思汗勢力太大，脫斡鄰勒便派人下手刺殺。脫斡鄰勒在逃亡時被殺，成吉思汗讓兒子和脫斡鄰勒的姪女成親。

28 消息的來源正是馬可孛羅。十字軍兼史學家尚・德・喬維爾（Jean de Joinville）也是這麼說的。在魯伯克的威廉（William of Rubruck）所寫的編年史中，克烈部的大汗與祭司王約翰是兄弟；兩兄弟雙雙被蒙古人打敗，爾後成吉思汗的兒子娶了祭司王的女兒。

29 祭司王約翰的傳奇有許多加油添醋的地方，是源自世界地圖上的圖說。參見Russell, *Prince Henry*, 122。

30 稱為中印度，是為了和大印度及小印度有所區別，所謂大、小印度，可以籠統地分成印度次大陸和印度支那。名字是馬可孛羅取的；衣索比亞也被稱為第三印度（India Tertia）。這些區別是給專家看的，對大多數的人來說，尼羅河以東的神祕國度被普遍認定為印度地方的這個或那個地區。

31 *Travelers in Disguise: Narrative of Eastern Travel by Poggio Bracciolini and Ludovico de Varthema*, trans. John Winter Jones, rev. Lincoln Davis Hammond (Cambridge, MA: Harvard University Press, 1963), 42.

傳說這位偉大的統治者再度打算向耶路撒冷進攻。十五世紀，衣索比亞使節偶爾會再去歐洲幾趟，每當歐洲人硬是把他們的君王稱為祭司王約翰，總是弄不明白是怎麼回事，例如一四五二年一名使節出現在里斯本，激起好一陣喧騰，不過莫名被當成重要人物款待，確實令他們沾沾自喜。

歐洲再度滿懷希望，但願祭司王是一個果斷的盟友，聯手對抗伊斯蘭。然而，就算知道他在衣索比亞，要怎麼找到他還是個問題。後來坊間開始出現一些地圖，一個巨大的弦月形海灣從西岸切入非洲，被稱為Sinus Aethiopicus，也就是衣索比亞灣，似乎直達祭司王領土的核心。

多年以來，亨利的船隊航向他們認定的這個大海灣所在地時，他總是交代手下要打聽印度地方，以及他們的祭司皇帝，祭司王約翰。一四五四年，這位王子終於成功地請求教宗確認他對大西洋的獨占權，並承諾他派出的使節團很快就會抵達「據說是敬拜耶穌的名的印度人的地方，然後說服他們協助基督徒對付撒拉森人」。[32]葡萄牙繼續尋找了幾十年的這個信仰基督教的印度，根本就不是印度，而是衣索比亞。

亨利一直沒找到他心目中直接通往祭司王國土的Sinus Aethiopicus。西方的基督教世界尋找這位偉大的國王，並且在企圖主宰世界的過程中，繼續尋求奇蹟。

+

事實證明幾內亞完全不是歐洲人想像中的輝煌國度。貿易站零星地分布在廣袤的荒野中，幾乎不可能找到季節性商隊的足跡。除了一點黃金以外，探險家帶回里斯本的貨物，諸如羚羊皮、琥珀、麝香和活生生的麝香貓、阿拉伯樹膠、甜樹脂、龜脂、海豹油、椰棗和鴕鳥蛋[33]，固然多姿多采，但幾乎不可能讓世界翻轉。更慘的是，非洲人對葡萄牙帶來交易的一捆捆粗布不屑一顧，亨利只得購買摩洛哥生產的精緻服裝，到幾內亞轉售。當他的手下遭遇聯合反抗，不得不委曲求全時，他總是解釋說貿易只是一個手段，目的是早點對付伊斯蘭。[34]現在連這種說法都失去說服力了。

在葡萄牙，叛亂的聲浪四起，不容忽視。亨利在金錢和人力上的龐大支出，看起來也是有去無回。

反對的聲浪終於平息，因為有一種幾乎和黃金一樣值錢的商品運到了：人。

亨利經過完整訓練後的首次運奴任務，在一四四四年展開，駛向非洲西岸凸出部分的中點，痛下毒手，攻擊位於離岸處的阿爾金島（Arguin）上平靜的漁村。士兵趁著黑夜乘小船登島，在黎明時分冷不防地撲向島民，同時扯開嗓子大喊：「葡萄牙，聖雅各，還有聖喬治！」史官記載了當時駭人的景象：

> 你可能看到母親拋下孩子，丈夫拋下妻子，每個人只想著怎麼盡快逃跑。有的人溺死在海

---

32 Russell, *Prince Henry*, 121.

33 Ibid., 202, 211.

34 在當時，這個說法不像現在聽起來這麼虛偽。在一個宗教和政治密不可分的時代，國家的宗教健全和世俗財富根本不可能分開。把宗教、戰爭、權利和利潤結合在一起，舊十字軍根本不覺得有什麼奇怪，新十字軍也一樣。財富是上帝的庇佑；中世紀有個義大利商人，帳本每一頁的抬頭都在呼求上帝，「以上帝與利潤之名」。C. R. Boxer, *The Portuguese Seaborne Empire 1415-1825* (London: Hutchinson, 1969), 18。

裡，有人躲在小屋裡，有人把孩子藏在泥巴底下，以為這樣或許不會被敵人發現，他們可以晚一點回來找人。到了最後，我們的賞罰分明的天主下令，為了回報我們的人在這一天為了服侍祂而付出的努力，應該擊敗敵人，得到勝利，並且帶走一百六十名男男女女、大大小小的奴隸，那些死亡或自盡的人不列入計算，以獎賞他們在體力和金錢上的支出。[35]

抓奴隸的人禱告之後，就前往附近的島嶼。發現有一個村落空無一人，他們伏擊了九名蹣手蹣腳、正要把堆滿了烏龜的驢子牽走的男女。其中一個人逃跑，到下一個村落示警，等葡萄牙人趕到時，全村的人都跑光了。他們很快發現有居民已經划著筏子逃到一處沙洲。因為河水太淺，沒辦法乘船過去抓人，他們回去，很快在全村搜了一遍，拖出八個全身哆嗦的女人。他們在次日清晨回來，再度發動拂曉奇襲。村子裡還是一個人影也沒有，他們划船沿著岸邊尋找，四處抓人，查探哪裡還有人可抓。最後他們發現一大批逃跑的人，便抓了十七、八名婦孺，「因為這些人跑得不夠快」。[36]過了沒多久，看見更多島民划著二十艘筏子逃跑。等他們赫然發現沒辦法把這些人全部塞到船上，白白錯過這麼一個立功兼發財的好機會，史官喟嘆一聲，他們不禁樂極生悲。儘管如此，他們照樣划船過去，「一時動了惻隱之心，儘管筏子上的人全是異教徒，他們只殺了少數幾個。不過照理說，當時一定有許多摩爾人在驚恐之下跳下筏子，溺死在海裡。因此基督徒從這些筏子當中穿過時，為了多在船上載幾個人，主要朝孩童下手，一共抓了十四個」。

感謝了上帝保佑他們打敗信仰的敵人，「加上恨不得馬上為上帝效勞」，葡萄牙人次日出發，再次展開攻擊。當他們還在處理例行作業時，一大群人衝過來，他們轉頭就跑。史官非但沒有把攻擊者描述成傻瓜，反而宣稱這些暴怒的島民是上帝派來的，在三百名武裝戰士趕來之前，先把基督徒擊退。儘管如此，在葡萄牙人還來不及跳上船之前，「摩爾人已經撲過來，展開激烈的肉搏戰」。葡萄牙人設法逃跑，而且抓走了更多人，包括一名在棄村時來不及逃走的小姑娘。他們總共載走兩百四十名男人、女人和孩童，全部用繩子捆起來，塞進在海上等候的船上，船艙和甲板原本就很擠，爬滿老鼠和蟑螂，充斥著艙底污水和腐魚的臭味，現在還瀰漫著顫抖、慌張的奴隸身上不潔的異味。

船隻把這些人運回葡萄牙時，消息很快傳開。碼頭上擠滿了看熱鬧的人，亨利騎馬趕來，親自監督戰利品的分配。亨利騎在馬背上發號施令，把這個悲慘的場面變成了一種特技表演，逗得現場觀眾樂不可支。

經過了艱苦的海上旅程，奴隸的慘狀叫人不忍卒睹，當他們被迫打著赤膊遊街，炫耀他們的體力時，連某些葡萄牙人也驚駭莫名。「看到那些人，究竟是什麼樣的鐵石心腸，才會不心生憐憫？」戈梅斯・埃亞內斯・德・祖拉拉（Gomes Eanes de Zurara）寫道，他不但親眼目睹，也承認自己流下了同情之淚。

35 Gomes Eanes de Zurara, *Conquests and Discoveries of Henry the Navigator*, ed. Virginia de Castro e Almeida and trans. Bernard Miall (London: Allen & Unwin, 1936), 160-61.

36 Ibid., 164-66.

有人垂下頭，淚流滿面，互相看著對方。有人傷心欲絕地唉聲嘆氣，仰望著天空，定睛凝視著，大聲嚎哭，彷彿是在拜託老天幫忙；有人往自己臉上打巴掌，整個人趴在地上；有人依照自己國家的習俗，把哀傷化為輓歌。雖然我們聽不懂他們在說什麼，從聲音就聽得出他們傷心到什麼程度。不過令他們痛上加痛的是，現在負責把俘虜分組的人來了，開始把人一個一個分開……接下來必須把父親和兒子分開，丈夫和妻子分開，哥哥和弟弟分開。也不管誰和誰是朋友或親戚，而是任由他們被命運擺布……分組完畢之後，哪個人不會累得筋疲力盡？因為每次把兒子分成一組，他們看到父親在另外一組，就會一躍而起，趕忙衝過去；母親緊緊抱著其他幾個孩子，一起趴在地上，忍受無情的毆打，只求不跟孩子分開。37

面對這樣的景象，亨利的表情很滿足。他已經對批評他的人做了交代，就算沒有找到金礦，他也讓葡萄牙晉身為世界主要的販奴強國。次年，又有一大批奴隸抵達里斯本，原先懷疑的人終於噤聲。「現在，」當看熱鬧的人成群湧上船，幾乎使船隻翻覆時，祖拉拉如此記載，「沒有一個人願意承認自己以前曾經提出批評。看著囚犯被繩索綁著遊街時，民眾高聲喧鬧，活像是在大聲讚美王子的豐功偉業，如果有人膽敢在這個時候提出相反的意見，一定很快就會被迫把話吞回去。」38

這些在手銬腳鐐的綑綁下勞役的奴隸，挽救了葡萄牙探索海洋的想望。

在中世紀，蓄奴的情況很普遍。穆斯林社會完全是以奴隸制度為基礎而建立的，因為人數極其可觀，在西元九世紀，伊拉克有五十萬名奴隸發動叛變。義大利的重商共和國是販奴的主力；熱那亞對奴隸的貨源不特別講究，經常有大量東正教基督徒在街區出現。更多的奴隸是從高加索山脈和撒哈拉沙漠的另一頭運到義大利，或是被巴巴利海岸的海盜從歐洲海岸抓來的[39]；有人計算過，海盜擄走了一百多萬的男女和兒童，在北非的市場販賣。幾乎每個國家都從事人口販賣的勾當，而且幾乎沒有人覺得有什麼不妥。大多數的人把販奴業的受害者視為次等人，完全不以為意；許多人（包括用販賣敵軍的收益來購買小麥、衣服、馬匹和酒的軍閥）把他們抓來的人視為人人皆可捕獲的獵物。心地善良的基督徒會自我安慰，想像這些奴隸因此脫離了和禽獸相差無幾的無宗教處境，像這樣為了拯救一個人的靈魂而剝奪他的自由，沒有任何人覺得不對勁。祖拉拉流著眼淚提醒自己，奴隸制度的根源是挪亞在大洪水之後對兒子含的詛咒；他解釋說，黑人是含的後裔，要永生永世作其他種族的奴僕。他向讀者擔保，他們現下遭受的種種困境，比起「正在等待他們的美好新生活」[40]，根本微不足道。在世間受苦的人，照例會得到永恆的救贖作為報償，而且日後還有很多人會得到同樣的慰藉。在亨利有生之年，大概有兩萬名非洲人被捕獲或購買，然後運到葡萄牙；到了

---

37 Zurara, *Discovery and Conquest of Guinea*, 1:81-82.

38 Russell, *Prince Henry*, 246.

39 奴隸主要是在西班牙、葡萄牙和義大利的海岸村落抓來的，但巴巴利的奴隸販子也到法國、英國、愛爾蘭和荷蘭，甚至是冰島和北美洲抓人。歐洲不得不支付貢金，請海盜放過他們，而美國最早的海外軍事行動，就是在一八〇一到一八〇五年的第一次巴巴利戰爭（Barbary War）和一八一五年的第二次巴巴利戰爭攻打海盜。參見Joshua E. London, *Victory in Tripoli: How America's War with the Barbary Pirates Established the U.S. Navy and Shaped a Nation* (Hoboken, NJ: Wiley, 2005)。

40 Russell, *Prince Henry*, 244。關於祖拉拉提到的挪亞與含的故事，參見*Discovery and Conquest of Guinea*, 2:147。葡萄牙人在非洲酋長和穆斯林奴隸販子之間擔任中間人不到四十年，就不再偽裝自己從事的是靈魂救贖事業。一直到國王約翰三世（1521-1557）領悟到，他是讓奴隸陷入萬劫不復的境地，才終於停止這種做法，顯然前幾任的國王都沒想到這點。

十五世紀末、十六世紀初，人數已經增加到十五萬。[41]

即使有了販奴將軍這個新身分，景仰亨利王子的人從未因此質疑他對十字軍東征的信念。而恰恰相反，他們認為這樣再清楚不過地證明了，大西洋探險行動正是延續了他畢生投入的東征大業。既然亨利獻身於討伐異教徒的長期作戰，既然討伐異教徒無論如何都是一場正義之戰，任何他逮捕的人都是名正言順的戰犯，因此依照當時的習俗，當奴隸也是應該的。亨利不斷提醒大家，他販賣奴隸，是為了把福音帶給不幸的異教徒，因此備受各方讚譽，和一般的販奴者迥然不同。在他的同胞眼中，他捕捉奴隸是充滿騎士精神的英雄行徑，不亞於在戰場抓俘虜。亨利本人無疑也相信他的新事業不只有利可圖，也能在上帝面前深蒙悅納。

教會不但同意，還花了一番工夫把教會的意見昭告天下。一四五二年，教宗頒發詔書[42]，授權葡萄牙攻打、征服並馴服他們遇到的任何「撒拉森人、異教徒和其他任何不信上帝的人」，沒收財物和土地，並且不分男女老幼（即便改信了基督教），世世代代貶為奴隸。羅馬教會早已對所有在基督騎士團的十字旗下參加東征的人施行大赦，到了一四五四年，甚至把精神管轄權轉包給亨利的騎士團，讓他們在新發現的土地全權行使教會的權力。

找不到真正信仰的非洲人，「不受到基督律法的管轄，在肉體方面，可由任何基督教國家處置」，這種想法固然驚人，卻是第一批歐洲殖民主義者走遍天下所秉持的態度。他們出海探險，不是為了發現新土地的喜悅，也不是為了追求貿易的利潤，而是以基督之名征服異教徒，說服他們改信基督教。宗教的熱情，加上大舉洗劫的機會，確實令人興奮莫名，也讓葡萄牙毫無懸念地航向印度，以及更遙遠的國度。

亨利開闢大西洋的販奴貿易，固然付出了極大的成本，但也徹底擴大了歐洲的眼界。他所開啟的東征之路，距離最終目標還遠得很，可是當東方的噩耗傳來，這趟東征之行突然變得格外迫切。

41 兩萬這個估計的數字出自Russell, *Prince Henry*, 258。十五萬的數字出自Boxer *Portuguese Seaborne Empire*, 31。

42 教宗尼古拉五世（Nicholas V）在一四五二年六月十八日頒發詔書*Dum Diversas*。不是每一位教宗都支持奴隸制度；在一四三五年的*Sicut dudum*詔書中，教宗尤金四世（Eugene IV）威脅要把奴隸販子逐出教會。

第五章　末日降臨

一四五三年五月二十二日，夕陽照著被圍城的君士坦丁堡。[1]一小時後，滿月在清朗朗的夜空升起，霎時間變成蒼白的銀色。整個晚上，慌張的群眾在古城街道蹣跚地走著，城裡漆黑一片，唯一的照明，是來自城牆外敵人閃閃爍爍的火光。當最後的羅馬人高舉珍貴的聖像，向上帝、聖母和諸位聖徒高唱祈禱詩，他們知道古老的預言終於實現。天國視若無睹，末日近了。

一千多年來，君士坦丁堡頑強地抵抗一波波的蠻族和波斯人、阿拉伯人及土耳其人，熬過了要

1 目擊者對圍城的記載包括尼科洛・巴爾巴羅（Niccolò Barbaro）詳細的日記，他是威尼斯貴族出身的外科醫師，喜歡吹捧其他威尼斯人在防守上扮演的角色；君士坦丁堡大臣喬治・弗朗茲逸斯（George Phrantzes）的編年史；以及列斯伏斯島（Lesbos）的主教希俄斯的萊納德（Leonard of Chios）寫給教宗的信，他當時在君士坦丁堡協商兩大教會的合併。這些敘述都被收錄在J. R. Melville Jones, ed., *The Siege of Constantinople: Seven Contemporary Account* (Amsterdam: Hakkert, 1972)。關於拜占庭帝國和圍城的歷史，參見Steven Runciman, *The Fall of Constantinople: 1453* (Cambridge: Cambridge University Press, 1965); John Julius Norwich, *Byzantium: The Decline and Fall* (London: Viking, 1995); and Roger Crowley, *Constantinople: The Last Great Siege, 1453* (London; Faber & Faber, 2005)。

命的黑死病、血腥的暴亂和打家劫舍的十字軍。羅馬皇帝的黃金城市逐漸淪為空洞的蜂巢，當地只剩下顛峰期的十分之一的居民，和破敗的古蹟一樣，散落在田野間。然而，君士坦丁堡依然屹立。這裡的人早就拋棄拉丁文，改操大多數人口說的希臘語；多年以來，西歐人也一直把君士坦丁堡所屬的帝國稱為希臘人的歐洲。後來史學家稱之為拜占庭，也就是君士坦丁堡這座城市的前身。對當地驕傲的百姓而言，這裡一直是羅馬，古典世界最後的倖存者。

鄂圖曼的蘇丹在城西不到四分之一英里的地方紮營，二十一年來，他心目中燦爛的願景不是終結羅馬帝國，而是讓帝國在他的保護下復興。穆罕默德二世（Mehmet II），中等身高、體格壯碩、目光銳利，長了一個鷹勾鼻、小嘴巴，聲音宏亮，精通六種語言，而且對歷史有深刻的研究。[2]古羅馬帝國在東方的領土，幾乎全部落在他手裡，歷史告訴他，帝都的征服者將繼承多年前偉大皇帝的衣缽。他將成為名正言順的羅馬皇帝，而他崇高的企圖心，是讓這個只剩下空殼的聖名恢復往日的權威。

當土耳其人兵臨城下，君士坦丁堡城牆背後的皇帝最後一次向西方求助。在無計可施之下，他親自拜見教宗，答應讓東正教會和天主教會恢復統一。[3]可惜他的任務觸碰到希臘人和義大利人累積了數百年的仇恨，在即將大功告成之際，君士坦丁堡的市民怒火中燒，四處敲鑼打鼓，說什麼也不肯和解。除此之外，儘管教宗照例大聲鼓吹東征的好處，歐洲實在沒幾個人願意再在土耳其人手裡吃敗仗。這一次，沒有教宗的聯軍、沒有東征部隊捍衛基督教世界東方的堡壘。

在君士坦丁堡的陸上出入口外側，土耳其人架起一座巨型大砲，砲管有二十六英寸長，寬到可以讓一個人爬進去，而且重得不得了，足足動用了六十頭牛和四百個人，才拉到備戰位置。前後七個星期，兩百磅重的砲彈擊中了一座座古蹟，地面彷彿被隕石撞擊似地不停晃動。無數小型砲彈把城牆的防禦工事炸得粉碎，弄得士兵、隱修士和婦女手忙腳亂地補強被砸碎的地方。宏偉的城牆雖然受到重擊，但仍然屹立著，這是對僅存的幾千名守城者的最後一次鼓舞。

對東正教而言，東方基督教的首都不只是新羅馬，也是新耶路撒冷，也就是撫育基督教世界的搖籃。整座城市充滿了神聖的古蹟[4]，可以顯現神的奇蹟，據說其中收藏了大部分的真十字架、聖釘、基督穿的涼鞋、朱紅色的袍子、荊棘冠冕、裹屍布、那五千人吃剩下的餅和魚、施洗者約翰連著頭髮和鬍子的頭顱，以及聖母瑪利亞帶有香氣的衣裳，經常有人看到瑪利亞在城牆上行走，給守城者打氣。在君士坦丁堡的全盛時期，奴隸出身的苦修士聖愚安德魯（St. Andrew the Fool，追隨者

2 圍城期間，穆罕默德聘請了幾位義大利人文主義學者，朗讀有教化作用的摘錄給他聽。參見Franz Babinger, *Mehmed the Conqueror and his Time* (Princeton, NJ: Princeton University Press, 1978)。

3 一四三八年，皇帝約翰八世．帕里奧格洛斯（John VIII Paleologus）前往佛羅倫斯，提出只有兩大教會合併才能防止君士坦丁堡淪陷。代表團橫越東正教的領域，帶來大批珍貴的古典時代和基督教初期的手稿，雙方在一四三九年七月六日簽署聯合政令（Decree of Union）。但一直沒有實施，君士坦丁堡的人拒絕雙方合併，而義大利人拒絕提供軍事援助。一四五二年，鄂圖曼人兵臨城下，最後一任皇帝君士坦丁十一世寫信到羅馬，保證執行雙方的協議，但教宗無法說服歐洲各強權及時行動。

4 古蹟在帝國神話裡扮演了重要角色。耶穌受難的遺跡代表了皇帝被神授予的權威，因為耶利哥（Jericho）的淪陷而取得的摩西手杖與角，擺在舊宮殿最重要的位置，賦予悠久歷史的正當性。皇帝阿歷克塞在第一次十字軍東征前夕寫給法蘭德斯的羅貝爾伯爵的恐屬偽造的信，費心列出了全城所有令人垂涎的古蹟。

認為他外表的瘋癲是極致神聖的表徵[5]）曾經應許，除非末日降臨，否則這個大都市不必畏懼敵人。「任何國家都困不住、也抓不住它，」他對門徒愛比法（Epiphanios）說，「因為它已經屬於聖母所有，任何人也不能從她手裡奪走。許多國家會攻擊它的城牆，然後鳴金收兵，帶著羞辱離去，儘管得到了它的許多禮物和財富。」[6]他補充說，只有到了末日，上帝才會用一把大鐮刀，從它下方動手，把世界切開；然後千百年來一直承載聖器具的水，會從它頂上沖下來，它會在浪峰上像磨石一樣旋轉，然後墜入無底深淵。在虔誠信徒的心目中，君士坦丁堡的終結等於是世界末日。

象徵惡兆的月食過了一星期，末日降臨。

在暗夜的掩護下，號角與橫笛齊鳴、鼓聲大作，砲彈的聲音震天價響，十萬土耳其大軍發動一場全面性的攻擊。基督徒與穆斯林在高聳的瓦礫堆上近身肉搏，這些斷垣殘壁曾經是人世間最堅固的防線，命定的這一天終於來了，老天對君士坦丁堡開了一個殘忍的玩笑。在一片騷亂中，守城者沒把城門關上，土耳其人馬上衝進來。在混沌的塵土、硫磺和煙霧中，太陽露出了曙光，最後的羅馬人再也支撐不住，筋疲力竭，跪倒在地。

土耳其人沿著梅塞大道（Mese）衝過去，這是君士坦丁大帝在一千多年前興建的主要交通幹道。土耳其兵各自散開，衝進路邊的房舍，強行占用，然後抱著戰利品搖搖晃晃地離開。他們屠殺城裡的男人，姦淫婦女，其中包括為數可觀的修女。依照戰爭的慣例，征服者有權利打家劫舍三天；不過在乎歷史定位的穆罕默德正午就下令停止劫掠，堅持把所有倖存者納為奴隸。沒有任何人提出異議，即便是身經百戰的士兵，也馬上住手，不敢置信地瞪大眼睛，卻不發一語。在伊斯蘭大軍初次圍攻君士坦丁堡將近八個世紀之後，穆斯林終於完成任務。

在五月一個陽光燦爛的午後，穆罕默德騎馬沿著梅塞大道前進，然後在聖索菲亞大教堂外下馬。彎腰舀了一把泥土，在他的頭巾上碾碎，接著穿過厚重的銅製大門，不過其中有幾扇已經鬆脫。教堂裡有晶亮的高牆、殘破的馬賽克，等穆罕默德的眼睛適應了這個宛如黑暗洞穴的空間，隨即舉起劍來，指著一名正在把地上的大理石板撬起來的士兵。從今往後，基督教世界最偉大的教堂成了一座清真寺。

✝

在歐洲人的心目中，聽到古典時代的正統古城淪亡的消息，雖然悲慘，確是勢所必然。這座老舊的城市和歐洲早就形同兩個世界。

「但最近傳來的君士坦丁堡陷落的壞消息是怎麼回事？」後來的教宗庇護二世（Pius II），學者恩尼亞・席維歐・皮可洛米尼（Aeneas Silvius Piccolomini）寫信給當時的教宗：

> 不說也知道，土耳其人一定會拿上帝的教條出氣。我很難過世界最著名的聖殿，聖索菲亞

---

5 安德魯在君士坦丁堡街頭餐風露宿，只有門徒愛比法知道他神聖的智慧。這種為基督而愚拙（Fools-for-Christ）的普遍現象在哥林多前書得到證實：「人不可自欺，你們中間若有人，在這世界自以為有智慧，倒不如變作愚拙，好成為有智慧的，因這世界的智慧，在神看是愚拙。」這些愚拙的人被認為是刻意招來譏笑、侮辱和毆打，以征服自傲之心，或是偽裝瘋癲，這樣不必贏得稱讚，便能給人提供心靈指引，有人整理他們的發言，尋求神智正常的傳道者無法取得的先知智慧。

6 Nikephoros, *The Life of St. Andrew the Fool*, ed. and trans. Lennart Rydén (Stockholm: Uppsala University, 1995), 2:261.

大教堂，將被摧毀和褻瀆。我傷心無數聖徒的集會堂，這些都是建築的瑰寶，會淪為廢墟，或是被穆罕默德玷污。義大利還沒看過的那些數不清的書籍又會怎麼樣？唉，多少偉人的名字將從此灰飛湮滅？荷馬還要再死一次，柏拉圖也會再度毀滅。[7]

最後人們發現，就算沒有保住大多數的教堂，至少當地的藏書躲過了一劫。在土耳其人開戰之前，一直不斷有學者抱著滿滿的書籍逃走，古希臘文學也包括在內，這些學者大多逃到義大利，激發了把各種知識集之大成的文藝復興。[8]征服者穆罕默德（這是百姓給他的新稱號）悉心守護他寶貴的圖書館剩下的藏書，而且這位素養良好的獨裁者很快改變主意，決心把他摧毀的一切重建起來。作為文藝復興世界唯一超級強國的統治者，他本身也是才華洋溢。一座新城市將在君士坦丁堡的廢墟中升起，屆時將命名為伊斯坦堡，一個足以和征服者的野心匹配的光輝首都。古老的街道組成大巴札（Grand Bazaar），十五世紀的世界貿易中心，工匠的鋪子以數世紀不曾聽見的步調發出各種嘈雜聲。基督徒和猶太人被請回來擔任工匠和行政官員，牧首回來看顧他東正教的信眾，首席拉比在國會也有席位，和穆斯林的宗教領袖平起平坐。

然而穆罕默德的年紀還輕，他可不打算坐在鑲了寶石的王座上混日子。君士坦丁堡被稱為新的古羅馬，但這位自稱為羅馬皇帝的蘇丹不以新羅馬為滿足。要徹底實現他的主張，就必須一併征服舊羅馬。

眼看就要大難臨頭，有幾個歐洲人反而認為這是個好機會，生性好鬥的希臘移民，特拉比松的喬治（George of Trebizond，後來成為著名的義大利人文主義者和教宗的祕書）[9]相信穆罕默德會實現古老的預言，成為全世界的唯一統治者。當時的人大多認為，接下來會經歷長期的恐怖統治，直到最後一任基督教皇帝出現，締造一個和平的時代，當和平的時代結束，世界便進入時間的終結。看到有機會跳過長達兩世紀的人間煉獄，直接進入幸福的時代，喬治寫了一封又一封的長信給鄂圖曼蘇丹。喬治稱呼他是正統的羅馬皇帝，建議他如何調解伊斯蘭和基督教的關係，這樣穆罕默德就可以受洗，成為「天上地下，萬王之王」。雖然喬治這個末世論計畫野心勃勃，但他不是唯一企圖說服征服者改宗的人，此外還有好幾個希臘學者，甚至是教宗庇護二世，都寫信給穆罕默德，提出相同的建議。

西方基督教世界的其他人，非但沒有察覺到土耳其人的攻擊可能帶來救贖，加上他們一如往常，被內戰弄得四分五裂，所以就只能驚慌失措地看著穆罕默德的大軍深入東歐、航向義大利。[10]七百年前在法國戰場上戛然中斷的夢想，眼看就要在連戰皆捷的蘇丹手中實現。

7　Jerry Brotton, *The Renaissance Bazaar: From the Silk Road to Michelangelo* (Oxford: Oxford University Press, 2002), 49。

8　直接在古典時代和文藝復興之間建立一條橋梁，讓歐洲人忘了伊斯蘭世界對歐洲知識復興的重大貢獻。拉丁及後續希臘文學的重新發現，固然主要是西方人的功勞，但穆斯林的哲學家、天文學家和物理學家的研究持續啟發歐洲的科學家和思想家，一直到現代時期。

9　參見 John Monfasani, *George of Trebizond: A Biography and a Study of His Rhetoric and Logic* (Leiden: Brill, 1976), 131-36。喬治積極事奉征服者，最後落得鋃鐺入獄，差點丟了性命。

10　穆罕默德的艦隊在一四八〇年征服了義大利港市奧特朗托（Otranto），但穆罕穆德次年駕崩，他的幾個兒子爭奪王位，侵略行動就此打住。若非如此，歐洲的未來可能截然不同。幾年之後，法國輕易征服了義大利的許多地方。

可想而知，羅馬號召新的十字軍東征。這一次，教宗的大滅絕計畫是再度征服君士坦丁堡，入侵鄂圖曼帝國的心臟地帶，把整個土耳其族徹底殲滅。

一四五四年二月，勢力強大的勃艮地公爵，好人腓力（Philip the Good，也是航海家亨利的妹妹伊莎貝爾的丈夫）舉辦了十五世紀最盛大的宴會，為這場懸而未決的聖戰敲邊鼓。數以百計的王公貴族聚集在里爾（Lille），參加野雞盛宴，當晚的餘興節目，完全是針對騎士傳奇的愛好者量身訂製。[11]大廳裡布置了三張桌子，每一張擺著幻想中的迷你自動玩具。光是最頂上的桌子，就有一座城堡，護城河裡全是從尖塔滴下的水果潘趣酒，風車的旋轉翼板上棲息著一隻喜鵲，一整排的弓箭手都瞄不準，一隻老虎和蛇扭打，一個小丑騎在熊身上，一名阿拉伯人騎著駱駝，一艘船在兩座城市之間漂來漂去，一對情人吃著一個男人從樹叢打下來的鳥，還有一個用來惡作劇的砲管，會噴出或甜或酸的葡萄酒，標籤上寫著「有膽子就喝喝看！」最有看頭的裝飾，是把一個巨型的派推進大廳，切下派皮之後，發現一組二十八人的管弦樂團在裡面演奏。賓客戴著面具，享用當晚的四十八道菜，在這個過程中，可以看到特技演員翻滾，戲劇演員表演幕間節目，一座女雕像右邊的乳房流出香料酒，旁邊有一隻活生生的獅子大聲咆哮，從籠子裡放出來的兩隻活獵鷹，殺死了一隻蒼鷺，隨後獻給公爵。當晚的重頭戲即將登場時，一個大力士打扮成穆斯林，用皮帶拴著一隻大象進場。大象背上裝了一個模型城堡，還坐著一名男扮女裝的演員，穿著修女的裝束。演員宣稱自己是聖教會，接下來的台詞，是「用可憐而女性化的聲音，控訴和悲嘆」土耳其人的罪孽。依照悠久的騎士傳統，一位官員鄭重其事地把一隻戴著黃金、珍珠和寶石項鍊的野雞放在貴賓席的桌上。公爵向上帝、聖母、在座的仕女，還有那隻野雞發誓將出兵東征，現場的騎士和侍從也跟著起誓。看過了這麼一場煽情的表演，實在很難婉拒東道主的要求。

儘管腓力公爵費盡心思，在座的貴族固然吃得津津有味，但對迎戰土耳其人卻是興味索然，教宗作戰的號召，被眾人一笑置之。唯一把教宗建議的聖戰當一回事的國家，只有葡萄牙。國王阿方索五世（Afonso V，愛德華的兒子和亨利的姪子）現在已經成年，恨不得青出於藍，把先人聖戰士的美譽壓倒。這位任性的年輕國王提議由自己擔任統帥，率領一萬兩千人的葡萄牙軍隊，只不過他派特使到義大利推銷他的計畫時，卻很快見識到義大利政壇有多麼腐敗。有幾個義大利國家原本答應參加十字軍東征，但特使回報說他們絕不可能履行諾言。米蘭公爵在一四五六年九月很惡毒地寫了一封信給阿方索，說是佩服「葡萄牙國王偉岸的精神，才剛剛成年，就想出兵攻打異教徒，儘管這個地區離葡萄牙在北非傳統聖戰場地遠得很，而他的計畫還可能讓休達陷入危險」。[12]阿方索一氣之下，宣布自己要獨力對付土耳其人。就連他叔叔也覺得他瘋了，而且亨利很快說服他轉移目標，把精力發洩在新的摩洛哥十字軍東征上。

眼看世界統治者的頭銜岌岌可危，羅馬愈來愈仰賴堅強的伊比利十字軍支持它遠大的抱負。一四五五年，教宗賜給年輕的阿方索「幾內亞勳爵」這個虛銜，獎勵他的熱情；如今凡是教宗權威所及之處，都承認葡萄牙的領土包含非洲的許多地方，以及周圍的海域，不管是已經發現，還是不為

11 參見Marie-Thérèse Caron and Denis Clauzel, eds., *Le Banquet du Faisan* (Arras: Artois Presses Université, 1997)。腓力成立金羊毛騎士團（Knights of the Golden Fleece），慶祝他和葡萄牙的伊莎貝爾的婚姻。

12 Peter Russell, *Prince Henry 'the Navigator': A Life* (New Haven, CT: Yale University Press, 2000), 320.

人知的地方。葡萄牙小國寡民，無論它的夢想看起來可能有多麼牽強，羅馬反正沒有任何損失，而且支持葡萄牙的夢想，還可能得到許多好處。

阿方索派人在里斯本的大教堂裡，這座教堂的結構宛如堡壘，現址曾經是舊的星期五清真寺（Friday mosque）所在地，當著各國顯貴的面，宣讀了冗長的教宗詔書。[13]教宗用華麗的文字盛讚航海家亨利是「我們的愛子」，而他的發現和征服是「真正的基督精兵」的戰績。他也確認新任的幾內亞勳爵有權「侵略、尋找、俘虜、擊敗和鎮壓任何撒拉森人和異教徒，以及其他任何地方的基督的敵人，還有這些人掌握和擁有的一切動產與不動產，然後把他們的人貶為終身奴隸」。這是最高權威下達的一次最清楚的許可，批准歐洲人可能有意在海外恣意進行的任何鐵腕行動，後來被稱為葡萄牙帝國主義的特許狀，加上一四五二年頒給亨利的詔書，一次又一次被抬出來，藉此合理化長達數百年的歐洲殖民主義和大西洋奴隸貿易。

五年後，也就是一四六〇年，亨利過世了。這時他的船隊已經航行到里斯本以南兩千英里，他畢生的執念把葡萄牙的野心擴大到令人不可思議的地步。許多同胞把他尊為具有英雄氣概的夢想家，在世界大洋發動聯合探險的第一人，也是一個雛形帝國的創始人。但並非所有人的評價都一致，例如在某些人眼中，他是個魯莽的投機分子，也有人認為他是個反動的中世紀騎士，滿腦子只有十字軍東征和騎士精神。這些說法都沒有錯，但他義無反顧地追求著任何頭腦比較清醒的人都不會去想的目標，改變了歷史的進程。亨利固然並非完人，然而全靠他一人之力，大幅加快了歐洲了解海外世界的速度，要是沒有他，達伽馬可能根本不會航向印度，哥倫布也不會跑到美洲去。

有別於亨利，阿方索對探險毫無興趣。發現新航路的任務停頓了九年，在這段期間，他追隨叔父的腳步，對丹吉爾發動十字軍東征，在好幾次的得而復失之後，終於在一四七一年正式占領。最後他接受建言，把非洲事業轉包給里斯本一名富商，費爾南・戈梅斯（Fernão Gomes）。不必像王室必須分心兼顧東征事宜，探險航行迅速暴增。戈梅斯的船隊彎過西非那一大塊突出的陸地，沿著海岸往正東方航行，總算在迦納（葡萄牙稱之為礦場海岸，後來英國更名為黃金海岸）發現了亨利一直沒找到的金礦，可以定期供應。到了一四七三年，重新往正南方航行的船隊越過赤道。他們把航行的距離總共再往前拓展了兩千英里。

戈梅斯的成績太過亮眼，結果樂極生悲。第二年，國王終止了他的合約，拿回控制權。[14]令人心動的不只是貴金屬。當葡萄牙突然來到南半球，一個令人振奮的可能，終於開始激發全國的集體想像。

13 尼古拉五世在一四五五年一月八日頒布詔書*Romanus Pontifex*。原文和英譯文收錄在Frances Gardiner Davenport, ed., *European Treaties Bearing on the History of the United States and Its Dependencies in 1648* (Washington, DC; Carnegie Institution of Washington, 1917), 13-26。一四五六年，卡利克斯特三世（Callistus III）批准了前幾份詔書的條款，並且在亨利的要求下，讓他的基督騎士團擁有精神管轄權，可以管轄當時已經征服的地區，以及未來從博哈多爾角，越過幾內亞，到更遠的印度等範圍。

14 戈梅斯的非洲事業經營得非常成功，被國王授予爵位，並賜予新的盾徽，「盾牌的白銀大地上有羽飾和三個黑人的頭，每個人頭都戴了黃金耳環和鼻環，脖子上還有黃金項圈，並賜姓達米納（da Mina），以紀念金礦的發現」。G. R. Crone, trans. and ed., *The Voyages of Cadamosto, and Other Documents on Western Africa in the Second Half of the Fifteenth Century* (London: Hakluyt Society, 1937), 109-10。

數百年來，歐洲人一直夢想要找到一條可靠的航路，可以通往遙遠的亞洲。幾百年來，由於伊斯蘭打造的信仰之壁，這個念頭幾乎是痴人說夢。然而，如果非洲有終點，也許有辦法從歐洲直接航向東方。不管哪一個國家，只要能完成這個壯舉，就能改變自己和世界的命運。

✢

在古典時代的神話裡，歐洲的誕生，要歸因於從東方誘拐來的一個人。[15]傳說腓尼基公主歐羅巴（Europa）和侍女嬉戲的時候，眾神之王宙斯偽裝成一頭迷人的白牛，引誘他的欲望對象騎在他背上，然後背著她渡海來到克里特島。史學之父希羅多德（Herodotus）後來解釋說，歐羅巴確實被克里特島的邁諾斯人（Minoans）抓走，目的是報復腓尼基商人綁架了阿耳戈斯（Argus）的公主，歐洲和亞洲從此結下了粱子，雙方的敵意在波希戰爭期間達到顛峰。不管是哪一種說法，歐洲顯然無意把亞洲對外國的吸引力拋諸腦後。

在中世紀的歐洲人眼中，東方依然是一個充滿奇人異事的國度，遠非歐洲所能比擬。這些奇人異事大多是從聖經演繹出來的，再加入中世紀神祕主義思維的詮釋。

由於對海外的人文景物缺乏第一手的了解，歐洲早就倒退回聖經直譯主義，依照自己的形象來重新塑造世界。輪狀的中世紀世界地圖（mappae mundi），也就是架構式世界地圖，以T字形的水域為中心，當時已知的三個大陸分布在水域周邊。T字的一橫相當於尼羅河和多瑙河，河的上方是亞洲所在的位置。T字的一豎代表了地中海，左邊是歐洲，右邊是非洲。世界大洋環繞著圓圈的周邊，圓心就是耶路撒冷。在歐洲人對天地萬物的架構裡，耶路撒冷差不多就是位於世界中心的城市。「主耶和華如此說，這就是耶路撒冷，我曾將他安置在列邦之中，列國都在他的四圍。」[16]聖經記載先知以西結（Ezekiel）這麼說，所以地圖就這麼畫。

地圖的頂端，或稱為遠東地帶，是伊甸園，人類起源的地方。[17]這件教父論地理學的作品，沒有任何象徵意義。塞維亞的聖依西多祿（St. Isidore）編纂的大部頭百科全書（這是中世紀和文藝復興初期最受歡迎的教科書），把塵世樂園和印度、波斯及小亞細亞列為東方的一個省分。[18]十四世紀的《史綜》（*Polychronicon*）裡的「樂園」這個條目，進一步具體說明，樂園是「很大一塊陸

---

15 歐洲的誕生，要歸因於從東方誘拐來的一個人，參見Mark P. O. Morford and Robert J. Lenardon, *Classical Mythology*, 6th ed. (Oxford: Oxford University Press, 1999), 291-93。照希羅多德的說法，這種報復式綁架的型態一直持續到特洛伊王子派里斯綁架斯巴達王后海倫，結果引發了特洛伊戰爭。

16 以西結書第五章，第五節。

17 聖經透露世界的歷史略超過六千年，眾所周知，東方文明很早以前就蓬勃發展。因此亞洲自然就是人類誕生的地方，直到十七世紀初期，法國旅行家尚・莫克仍然認為這是理所當然的。他寫道，亞洲「非常遼闊、富庶、肥沃，以孕育出最偉大的王朝和最早的皇帝而著稱，例如亞述、巴比倫人、波斯人、希臘人、安息人、阿拉伯人、韃靼人、蒙古人、中國人和其他印度人。但最重要的是，這個地區最被推崇的是創造了最早的人類、誕生於塵世樂園，帶來了各個群體和民族，分散到世界其他地方，除此之外，這裡也為人類帶來救贖，我們的救贖就在這裡進行；而且亞洲也把宗教、科學、藝術、法律、政策、武器和公益品帶到其他各個地方」。"Preface," *Travels and Voyages into Africa, Asia and America, the East and West Indies; Syria, Jerusalem, and the Holy Land*, trans. Nathaniel Pullen (London, 1696)。

18 聖依西多祿是西元七世紀的塞維亞大主教，是讓哥德人皈依基督教的重要人物。他的《詞源》（*Etymologiae*）是中世紀第一部百科全書，是全球知識的總和，共有二十冊，多達四百四十八章。

地，不比印度或埃及小，若非人犯了罪，上帝原本要讓全人類住在這裡」。[19]在人類墮落之後，樂園當然被封起來，地圖上的樂園門口有一位揮劍的天使、一道火牆，或是一片被毒蛇纏繞的荒野，樂園所在的山頂，高得可以碰到月球的軌道，因此不受大洪水影響。再不然就是隱身在小島上，唯一的入口是一道標示著「樂園之門」的巍峨大門。裡面有濃密的綠色森林、芳香的花朵、宜人的微風，加上各種想像得到的美、幸福和好運。樂園也許遙不可及，但無疑是存在的。

除了聖經的權威依據，幾百年來，歐洲對海外世界的理解，最多只能仰賴在蠻族攻擊後殘存的些許古典時代的典籍。依照中世紀的慣例，盡情加油添醋。敘述亞歷山大大帝冒險事蹟的中世紀暢銷書，《亞歷山大傳奇》（*Alexander Romance*），發行的版數多得數不清，而且一版比一版牽強，包括亞歷山大偶然見到樂園的情節。[20]在某個版本中，亞歷山大和他的夥伴沿著恆河下行，發現河邊是高聳的城牆。沿著牆根繞了三天，終於看到一扇小窗戶，並且叫人開門。應門的老護衛說，他們發現了耶和華賜福的城市，很可能賠上性命。亞歷山大離開時帶了一件紀念品，是一塊比黃金還重的石頭，不過一碰到泥土，就會比羽毛更輕，象徵世界第一強人的末日將至。古典時代的傳說，經過中世紀的創意加料之後，令當時的人相信亞歷山大在冒險途中遇到許多「怪物族」，包括矮人族、食人族、狗頭人族或胸臉人族，再加上有頭無口，靠吸取蘋果的香味維生的人。[21]每一種人都有約定俗成的名稱，最後一種名副其實地被稱為嗅蘋果人。

除了呈現亞當和夏娃逃離伊甸園[22]，耶穌從墳墓裡復活，以及死者在審判日那天將得到永恆的福佑，或是下地獄接受懲罰，製圖師還得找出空間，繪製空無一人的巴別塔、懶洋洋的快樂島、枯樹的土地、俄斐（Ophir）的金礦、失蹤的以色列十支派、東方三博士的王國，以及歌革（Gog）和瑪各（Magog）的野蠻列國，他們後來逃出亞歷山大之門，發動戰爭，而戰爭的結束，便是人世間時間的終結。[23]歌革與瑪各位於亞洲的遠北，除了他們以外，亞歷山大的鐵門還拘禁了多達二十二個更邪惡的民族。地圖畫出這些可怕的部族喝人血、吃人肉，包括孩童和流產的胚胎身上軟嫩的肉。不只民粹的恐懼販賣者有這些邪惡的想像，當時最聰明的人也把這些想像視為福音。在十三世紀，中世紀的科學先鋒羅傑・培根（Roger Bacon）也極力推動地理學的研究，好讓基督教世界規

---

19 引文出自Jean Delumeau, *History of Paradise: The Garden of Eden in Myth and Tradition, trans. Matthew O'Connell* (New York: Continuum, 1995), 53.。《史綜》是英格蘭本篤會的隱修士拉努爾夫・希頓（Ranulf Higden）所寫。

20 這個故事出自《亞歷山大大帝樂園之行》（*Alexandri Magni iter ad paradisum*），作者是猶太人，在西元一〇〇〇至一一七五年撰寫，後來翻譯成法語，收錄在*Roman d'Alexandre*和其他的亞歷山大傳說裡，不過內容有些更動。參見Delumeau, *History of Paradise*, 46。

21 西元一世紀時，老普林尼分類出不同的種族。有關民間傳說和神話對怪物族（尤其是犬族）的廣泛描繪，參見David Gordon White, *Myths of the Dog-man* (Chicago: University of Chicago Press, 1991)。

22 Scott D. Westrem, "Against Gog and Magog," in Sylvia Tomasch and Sealy Gilles, eds., *Text and Territory: Geographical Imagination in the European Middle Ages* (Philadelphia: University of Pennsylvania Press, 1998), 54-75, 60.

23 起初許多歐洲人相信蒙古人是聖經所說的災殃，參見Kurt Villads Jensen, "Devils, Noble Savages, and the Iron Gate: Thirteenth-Century European Concepts of the Mongols," in *Bulletin of International Medieval Research* 6 (2000): 1-20。聖愚安德魯生動地呈現出一旦上帝打開亞歷山大之門，會發生什麼事。他預測，七十二位國王「會帶著他們的子民蜂擁而出，所謂的污穢國家，比你能想像到的任何污穢和惡臭更噁心。他們遍布天國下的大地，吃人肉、喝人血，愉快地大口吞噬狗、鼠、蛙和地球上任何一種穢物……太陽化為鮮血，看著人世間所有可憎的事物互相爭鬥」。Nikephoros, *Life of St. Andrew*, 2:227-83。

劃如何反擊日後來自東方的侵略。

當各種臆測愈演愈烈，歐洲開始相信這些奇幻的地方確實存在，這些地方的真實面貌幾乎不為人知，反而成了幻想故事的題材。最重要的是，東方既遙遠又神祕，因此可能在想像中，至少在某種深刻的層次上，被當成是基督教的國度。

在所有謎團中，最令人困惑的是印度究竟在哪裡。這個不解之謎帶來了說不盡的沮喪，因為眾所周知，印度生產了全世界最受歡迎的貨品：香料。

✢

對中世紀的口味來說，香料那種火辣的刺激感比什麼都過癮。在歐洲各地的廚房裡，香料是醬汁的主要材料，可以浸泡葡萄酒，還可以加糖製成結晶的糖果，而糖本身也被列為一種香料。肉桂、薑和番紅花是任何有自尊心的廚師在食品庫裡的主要材料，而貴重的丁香、肉豆蔻和肉豆蔻乾皮，幾乎同樣隨處可見。就連鄉下人也非常喜愛黑胡椒，有錢的美食家則以驚人的速度，吞噬從大茴香到莪朮（zedoary，一種曾經很受歡迎的薑科植物）等各種產品。在十五世紀，第一任勃艮地公爵家裡一天要吃掉兩磅香料，其中包括將近一磅的胡椒和半磅的薑，而且即使是這麼龐大的攝取量，比起國王、貴族和主教的宴席上消耗的一袋袋香料，也是微不足道。巴伐利亞公爵富人喬治一四七六年結婚時，主廚採購了大量的東方美食：

胡椒，三百八十六磅

薑，兩百八十六磅
番紅花，兩百零七磅
肉桂，兩百零五磅
丁香，一百零五磅
肉豆蔻，八十五磅[24]

香料不僅味道好吃，令人高興的是，這些食材正好也對健康有幫助。[25]在中世紀的醫學教育裡，身體是宇宙的縮影，這個概念源於古典時代的希臘醫學，再由穆斯林的醫師傳到歐洲。四種體液相當於體內的火、土、空氣和水，各自賦予不同的人格特質。例如血液會使人積極自信或是極度樂觀，而黑膽汁會產生憂鬱；而且既然人類的體液不可能達到百分之百的平衡，過度的失衡便會產生疾病。在維持身體的均衡方面，食物尤其重要，和體液一樣，食物也依照本身的熱度和濕度來分類。魚類和許多肉類屬於濕冷的食物，把健康乾熱的香料磨粉加進去，可以降低危險性。猶有甚者，當時的人相信吃香料可以快速清空腸胃，在一個喜歡下猛藥治重病的時代，這個特色非常有價

24 Paul Freedman, *Out of the East: Spices and the Medieval Imagination* (New Haven, CT: Yale University Press, 2008), 6.

25「香料是用來遮掩肉類的腐臭味」這個老舊的觀念已經被證實是錯誤的。既然所有的食物幾乎都是在地生產，通常都是新鮮的；無論如何，香料的價格比肉類貴得多。肉類和魚類加鹽醃製，好在冬天食用，香料可以改善醃製品的味道，也能讓劣質葡萄酒變得更好喝，不過主要還是想要香料本身的味道。

值。每一種香料都有特殊的醫藥用途。在臼和杵的招牌下，藥劑師把他們乾燥的寶物研磨成香酒、藥丸和樹脂，然後把成品當成靈丹和補藥販賣。最容易取得的香料，黑胡椒，被用來祛痰、治療氣喘、紓解痠痛、解毒，而用力揉進眼睛，可以改善視力；許多混合物都包含黑胡椒的配方，用來治療癲癇、痛風、風濕、精神錯亂、耳痛、痔瘡，以及其他許多疾病。肉桂的用途也不遑多讓，從發高燒到口臭都能治療。肉豆蔻是氣脹和鼓脹必然的推薦用藥，濕熱的薑則是治療男性陽痿的上選藥物。中世紀有許多性愛手冊，其中一本建議被「器官小巧」所苦的男人：

> 如果要讓它變得巨大或硬挺，好從事性交，必須在交配之前搭配溫水塗抹，直到薑的熱氣帶動血液流入，發紅脹大；接著必須把蜂蜜和薑混合之後塗上，辛勤搓揉。接著和女子同房，就會帶給她極大的愉悅，讓她恨不得他一直留在原位。26

除了一般烹飪用的香料，批發食品商和地方的零售商還會供應各種來自遠方的動物、蔬菜和稀有礦物。這些東西也被列為香料，而且有不少是用吸的。

中世紀的男男女女並非全都像民間傳說描述得那麼骯髒，但當時的生活無疑是臭氣薰天。住宅區飄著製革廠和冶煉廠刺鼻的氣味。污水在街道流竄，或是停滯不動，混合家戶的垃圾，以及馬匹、拱土的豬隻，和運到市場販賣的牛留下的糞便。地面鋪了燈心草或麥稈，再撒上香甜的香草，但腳下還是殘留了令人噁心的東西。荷蘭人文主義大師伊拉斯謨斯（Erasmus）前往英格蘭時，注意到「新的燈心草在更換時草草了事，所以最底下的一層完全留在原地，有時二十年都沒動過，裡面藏了痰、嘔吐物、狗尿和人尿、滴下的麥酒、魚肉的碎屑，還有其他不適合說出來的噁心玩意兒。只要天氣一變，就會散發蒸氣，我認為對健康的害處不小」。[27]要對抗強烈的臭味，唯一的辦法是用強烈的香氣，因此把辛辣的香料當作薰香焚燒，像香水一樣擦在身上，並且灑在整個房間裡，創造一個芳香的避難所。對花得起錢的人來說，昂貴的香氣最能安撫情緒，最珍貴的芳香劑包括乳香、沒藥和香膏之類的樹脂，更稀有的是具有香味的動物分泌物，例如海狸的海狸香、熱帶野貓的麝貓香，以及嬌小的喜馬拉雅麝分泌的麝香。

人人都知道臭氣對身體不好，即便大家都坐視不理。對異國芳香劑的狂熱會變成一發不可收拾的重度沉迷，是因為中世紀的人相信是臭氣造成傳染病的盛行，連黑死病也不例外。[28]預防瘟疫的最佳方式是龍涎香[29]，這是抹香鯨的腸道分泌物，非常油膩，不是抹香鯨從嘴裡吐出來，就是從腸

---

26 Sheik Mohammed al-Nefzaoui, *The Perfumed Garden*, trans. Sir Richard Burton, quoted in Jack Turner, *Spice: The History of a Temptation* (New York: Random House, 2004) 222。在眾多香料中，Sheik也建議把尾胡椒（cubed pepper）和小豆蔻粒塗在性器官的尖端，「可以讓你和女方得到無可比擬的歡愉」。

27 伊拉斯謨斯給約克大教堂的醫師法蘭西斯的信（Basel, December 27, 1524?），引文出自E. P. Cheyney, *Reading in English History Drawn from the Original Sources* (Boston: Ginn, 1922), 317。完整的信收錄在*The Correspondence of Erasmus: Letters 1356 to 1534, 1523-1524*, trans. R. A. B. Mynors and Alexander Dalzell (Toronto: University of Toronto Press, 1992), 470-72。

28 淋巴腺鼠疫是透過齧齒目動物身上的跳蚤，傳染給人。

29 阿拉伯的傳說通常認為龍涎香是從海底的噴泉向上漂浮，不過在《一千零一夜》裡，辛巴說這個噴泉位於一座島嶼，而且怪物會吞噬這種珍貴的物質，然後反芻到海裡。當時的人也相信龍涎香可以幫助生產、預防癲癇，並且緩解子宮窒息，這是一種中世紀特有的疾病，據說子宮會在腹部到處移動，最後頂到喉嚨，引發歇斯底里。有一份權威資料指出，大量的性

道排泄出來。分泌物在水中硬化之後，變成一團團硬皮的灰色物質，被沖上東非的海灘，帶有動物、泥土和海水的氣味。著名的巴黎大學的醫學系開了一種處方，是龍涎香和其他芳香劑，諸如檀香和沉香、沒藥和肉豆蔻皮的混合物，以穿孔的金屬球作為容器，叫作香盒。不過極少數花得起這種錢的人，像是法國的國王和王后，吸的是純的龍涎香。

在一個充斥了神祕和奇蹟的世界裡，香料是地球最深的祕密。龍涎香被賦予神奇的魔力，正是因為它充滿異國風味，其他幾種同樣奇特的物質也一樣。藥劑師檯面下交易的貨品還有「不純的鋅華」[30]，是從東方的煙囪刮下來的硬皮沉積物，還有「木乃伊粉」，根據當時最著名的藥物手冊的注解，這是「從死者的墳墓蒐集的香料」，實際上是從經過防腐處理的屍體頭部和脊椎刮下來，一種類似瀝青的惡臭物質。有一種非常珍貴的商品，固化的山貓尿液，被當成一種琥珀或寶石，而真正的寶石和半寶石與更珍貴的香料存放在一起，據說療效特別強。青金石是治療憂鬱症和瘧疾的處方。黃玉可以舒緩痔瘡。把黑玉磨粉之後灑在房屋周圍，可以刺激月經來潮，外加可以抵擋惡咒。服用珍珠粉可以止血，如果是哺乳的母親，吃了可以增加乳汁的流動，而對自我放縱暴飲暴食的人，可以用來治療腹瀉。當其他的療法全部失效，只得用寶石和香料炮製的奢華藥汁孤注一擲，例如養尊處優的菁英階級可以大口吞下混合了丁香、肉桂、南薑、沉香、肉豆蔻、薑、象牙和樟腦的珍珠粉，來抵抗冬天的憂鬱，把珍珠、藍寶石、紅寶石與珊瑚的碎屑和龍涎香及麝香一起巧手混合，可以防止老化，而比較便宜的抗老化藥物是蝮蛇肉、丁香、肉豆蔻和肉豆蔻皮，不過兩種藥方都很難消化。

寶石自然是有錢人的專利，少數幾位醫師提出懷疑，認為來自東方的異國貨品恐怕不會比普通的生藥草有效。但是在財力雄厚的人眼中，香料是從不知名的叢林和沙漠，越過千山萬水運到歐洲，以天價銷售。光憑這一點，就足以證明香料是高級貨，可以放心使用。在一個推崇炫耀式消費的時代，享受芬芳的東方香料，是高級生活不可或缺的一環。香料是中世紀世界頂尖的奢侈品。

香料貿易牽涉到龐大的利潤，而不講道德的商人，他們的推銷話術充斥著東方風情，膽敢在香料中攙假，泡水來增加重量，把陳腐的香料藏在新鮮貨底下，或甚至加入白銀的碎屑（銀的價值低於等重的丁香）。他們的顧客一氣之下，什麼都做得出來。一四四四年，紐倫堡（Nuremberg）一名把番紅花攙假的人被活活燒死，雖然比較常見的情況是燒毀香料。不過聲勢愈來愈大的反香料遊說團體犯不著關心一件地方上的小竊盜案，他們真正痛恨的是購買香料所浪費的無止無盡錢財。道德論者怒斥香料，即便是「該死的胡椒」[31]，只會刺激感官、造成暴食和色欲，然後一瞬間就消失。他們氣沖沖地說，這種習慣把剛強的歐洲人變成娘娘腔的廢物。最過分的是，人們對東方奢侈品的喜愛，正一步步淘空歐洲的金庫，流進異教徒貪婪的手中。

倒不是歐洲人認為香料不神聖，這剛好相反，反對者嚴厲警告，東方的香氣應該屬於天國和聖

愛是最佳解方，不過把香膏塗在陰道裡，或是把焚燒過的香藥草裝在陰莖形的燻蒸消毒器伸進去，可以幫忙誘使子宮降回原位。Freedman, *Out of the East*, 15; Helen Rodnite Lemay, *Women's Secrets: A Translation of Pseudo-Albertus Magnus's De Secretis Mulierum with Commentaries* (Albany: State University of New York Press, 1992), 131-132。

30 Circa Instans (1166)，引文出自Freedman, *Out of the East*, 14.Freedman 指出，精緻的麻布、棉布和絲綢、罕見的染料、動物毛皮、象牙、甚至鸚鵡，有時都和香料列為同一類商品。

31 Ulrich von Hutten, quoted in Freedman, *Out of the East*, 147.

徒所有，貪婪的凡人不得妄想染指。至少從古埃及開始，樹脂和香料已經製成薰香、香油和油膏，使用在宗教儀式上，雖然早期的基督徒認為香水是澡堂、妓院和異教祭壇的氣味而避之唯恐不及，但事實證明，人類總是情不自禁地認為香氣會召喚超自然的力量。中世紀的基督教世界認為香料苦甜參半的味道是人間天國的氣息，是來世芳香的氣味。據說降臨人間的天使身上帶有濃郁的香氣，可以證明他們的出現，而魔鬼身上的臭味，也洩漏了他們的存在。[32]中世紀的人也相信聖徒身上有驚人的香氣，認定凡是死得特別恐怖的人，在來世的氣味也會特別香。十五世紀，斯希丹的聖李維娜（St. Lydwine of Schiedam）在少女時代因為溜冰而折斷了一根肋骨，在後續的三十八年裡，只能眼看著身體一塊塊地掉落，嘴巴、耳朵和鼻孔湧出鮮血，不過據說聖李維娜死後，她的屍體散發出肉桂和薑的迷人氣味。

+

早在很久以前，歐洲人就走過香料之路。希臘人把路線指出來，接著羅馬人在推翻了克莉奧佩脫拉（Cleopatra）之後，建立了往來埃及東岸和印度西岸的常規貿易。[33]每年多達一百二十艘巨型貨輪往來航行，滿足羅馬人對辛辣風味和異國香氣的愛好，儘管早在當時就有純正主義者控訴，羅馬人耗費大量的黃金白銀購買東方沒用的小玩意兒，西元一世紀的諷刺文學作家波西鄔斯（Persius）就寫到這個主題：

貪婪的商人在金錢的誘惑下，

向炎熱的印度群島和上升的太陽奔去；
在那裡用他們的義大利貨物換取香料，
運回火辣的胡椒和豐富的藥物。[34]

到了西元三世紀，阿拉伯人接管了海上航路，後來伊斯蘭興起，鞏固了他們對東方貿易的控制權。當歐洲的運勢從谷底翻身，威尼斯和熱那亞的商人早已在君士坦丁喧鬧的香料市場裡討價還價（皇帝下令把市場蓋在皇宮的大門旁邊，好讓香氣往樓上飄），在十字軍東征期間，敘利亞和巴勒斯坦的基督教港口把香料和珠寶、東方地毯和絲綢的生意做得風生水起。然而在一整串的供應鏈中，歐洲的香料商人只是最後一環，他們根本不知道自己購買的貴重貨品來自何方，又是如何生產。依照慣例，無知會滋生令人眼花撩亂、匪夷所思的臆測。既然香料顯然來自有福之地，這麼推

32　聖愚安德魯指出，天使身上濃郁的甜香「出自上帝強烈而無可匹敵的神性。因為天使站在全能的上主的寶座前，就會收到上帝發射的閃電帶來的香氣，然後他們不停地散發出神性所具備的香氣。現在，當他們決定把這種甜香分給誰，他們就來到那人面前，照他們認為適當的程度，用這種神聖的香氣輕拍他的臉，那人從中得到莫大的喜悅，以致於無法解釋這種令人極為歡愉的香氣來自何方」。Nikephoros, *Life of St. Andrew*, 2:287。

33　*Periplus of the Erythraean Sea* 描述了這趟印度之旅，西元一世紀一位操希臘語的水手做出了詳細的航行指示。

34　引文出自 Turner, *Spice*, 81;John Dryden's translation。和他們的中世紀繼承者一樣，羅馬的道德主義者控訴香料說得好聽是多餘，說得難聽是有害身心，而且無論如何是一種嚴重的浪費。西塞羅以古老直白的羅馬風格宣稱，飢餓是最好的香料。

論起來，自然應該是塵世的樂園。[35]從少數古典時代的權威資料看來，印度是香料產量最豐富的地方，如此一來，印度必然和樂園比鄰。即便如此，大家都知道有些香料是來自其他幾個遙遠的地方，要解開這個謎，就得從聖經下手。創世記提到，從伊甸園流出了四條河，分別被認定是底格里斯河、幼發拉底河、恆河和尼羅河。從很久以前，人們就相信這四條河同出一源，來自伊甸園中央一處巨大的湧泉，但就連歐洲人也不敢貿然扭曲地理學，因此認定這幾條河先在地下流動，到了這幾條河川表面上的發源地，才竄出地面。在這四條河當中，尼羅河最受人們尊敬，而且由於這條河實在不可能穿過大海，人們就公認尼羅河發源的非洲腹地必然和印度相連。這樣可以合理說明為什麼埃及到處都買得到香料。有個法國人因為第七次十字軍東征去了埃及，他透露說每天晚上，住在尼羅河上游沿岸的人都會在河裡撒網：「早上一到，他們在網子裡看到以重量計價的埃及進口貨，例如薑、大黃、沉香和肉桂。據說這些東西是來自人間樂園，因為在那個宛如天堂的地方，風會把樹木吹倒，就像我們自己國家森林裡的枯木會迎風倒下，枯木從樂園的樹上落下，掉進河裡，這個國家的商人就拿來賣給我們。」[36]

至於採收香料的方式，歐洲的專家知之甚詳。眾人皆知，結出胡椒的樹木，有毒蛇在四周巡邏。「蛇把守胡椒樹林，但是等胡椒成熟，本地人會放火燒樹，把蛇趕跑。」塞維亞的依西多祿在他的百科全書詳細說明。「是本地人放的火把胡椒燻黑，因為天然的胡椒是白色的。」[37]有些權威資料宣稱，在火燒之後，整片樹林都得重新耕種，難怪作物的成本高昂。採收肉桂也同樣是勞力密集的工作：

阿拉伯人說肉桂棒……是大鳥帶來阿拉伯的，大鳥把肉桂棒帶到泥巴築成的巢穴，鳥巢以泥巴築成，位在沒有任何人爬得上去的高山懸崖。當時虛構的肉桂棒採收法是這樣的。派人把死去的公牛切成一大塊一大塊，留在鳥巢附近的地上，接著各自散開，鳥飛下來把肉叼進巢穴，而鳥巢不夠堅固，承受不了肉塊的重量，掉落地面。接著由人過來把肉桂撿走。[38]

比較犬儒的人懷疑是阿拉伯商人散播這些無稽之談，好名正言順地開高價出售，不過多數人深信不疑。另一個深植人心的古老傳說，號稱只有地形險峻的印度峽谷能找到寶石；既然沒有人能爬下去，取得寶石的唯一辦法，是把一塊塊生肉丟過去，然後派受過訓練的鳥銜起一口口發亮的食物。這個說法連伊斯蘭世界也買帳，出現在巴斯拉（Basra）水手辛巴的故事裡，甚至還傳到中國去。幾百年下來，峽谷裡不但有寶石，還出現了蛇，有的蛇只要眼神一瞥便可殺人。當然，亞歷山

---

35 西元四世紀的神學家敘利亞的聖耶福列木（St. Ephrem the Syrian）只攝取花園的樹木滴下的芳香油脂。Freedman, *Out of the East*, 90。

36 Jean de Joinville, *History of Saint Louis*, *in Chronicle of the Crusades*, trans. M. R. B. Shaw (Harmondsworth, UK: Penguin, 1963), 212。喬維爾參加了第七次十字軍東征，在曼蘇爾戰役（Battle of al-Mansurah）之後，他也看到了罹患瘟疫的戰友腫脹屍體漂下尼羅河，這些畫面就沒那麼誘人了。

37 Freedman, *Out of the East*, 133-34.

38 希羅多德很久以前是這麼說的，但西方人沒那個財力去質疑他。引文出自Andrew Dalby, *Dangerous Tastes: The Story of Spices* (London: British Museum Press, 2000), 37。

大大帝有辦法，他把鏡子垂下來，讓蛇把自己瞪死，不過他仍然得用飛鳥銜肉的策略來取得寶石。

一直到漫長的蒙古和平時期，歐洲人才第一次知道香料究竟來自何方。蒙古人對信仰不特別執著，無論到蒙古帝國的哪一個角落，都保證安全無虞，富有冒險精神的歐洲人，一想到可以深入亞洲祕境，自然無法抗拒。傳教士[39]率先出擊，商人[40]尾隨在後。義大利人照例是開路先鋒，其中有一位威尼斯年輕人，叫馬可孛羅（Marco Polo）。一二七一年，十七歲的馬可出發前往北京，後來成為蒙古皇帝忽必烈汗信任的特使。他出馬勘查大汗的領土，並且在二十四年後帶著豐沛的珠寶和更豐富的故事回到威尼斯。他前腳才剛到，後腳就被當時正在和威尼斯交戰的熱那亞人逮捕入監，他向牢裡的另一個囚犯口述他的遊記，藉此打發時間。

馬可孛羅的亞洲竟然完全沒有怪物族，他澄清沒有所謂防火的火蜥蜴，也把獨角獸的外型重新塑造成比較沒那麼優雅的犀牛。但他或者是他的聽寫員，多少也會聽信古老的傳說。遊記說明鑽石的取得方式，是先用一塊塊生肉引誘白鷹飛進印度爬滿了蛇的裂口，白鷹會連肉帶鑽石吃下肚，再從白鷹的糞便找出鑽石。然而整體而言，這本遊記是一份務實商人的報告，所以讀起來不免令人吃驚。他筆下的中國是一個和平繁榮的國家，財源充沛、幅員遼闊，城市多不勝數，而且個個規模龐大，每座城市都有幾千座大理石橋梁，港口泊滿了平底帆船。離岸一千五百英里外就是日本，當地宮殿的屋頂一律以黃金打造（這個被高估的距離，讓一位熱那亞水手躍躍欲試，他叫克里斯多夫・哥倫布）。馬可孛羅是第一個提到日本和印度支那的歐洲人，是歐洲抵達印度的第一人，同時也是他最早透露，許多香料的產地位於比印度更加遙遠的東方群島，並且精確地算出共有七千四百四十八座島嶼。

蒙古人從來不曾征服印度，繼馬可孛羅之後，只有極少數的西方人來到印度。一二九一年，正好就在馬可孛羅啟程返鄉，令威尼斯大為震驚之前，兩位傳教的修士[41]在前往中國的途中去了印度一趟，緊接著下一個前往印度的是勇敢的道明會修士，塞韋拉克的約丹（Jordan of Sévérac），他待了很長一段時間，獨力支撐前人所建立的小型基督教團體。約丹和方濟會的修士，波代諾內的鄂多

---

39 一二五三年，方濟會修士威廉・魯伯克從君士坦丁堡出發，長途跋涉四千英里，穿越中亞的大草原和沙漠，抵達哈拉和林的大汗宮廷，和伊斯蘭、佛教、摩尼教及基督教各敵對教派的代表展開精采的辯論。雖然沒有說服任何人皈依天主教，但威廉豪飲了不少蒙古用發酵的馬奶製成的濃郁國民飲料，並費心記載蒙古人的習俗與文化。在他的繼任者當中，值得注意的是方濟會傳教士孟高維諾的若望（John of Montecorvino），他在一二九四年抵達北京，蓋了兩間教堂，訓練中國的輔祭男童與兒童唱詩班，把新約聖經翻譯成蒙古語，說服數千人皈依，並且被封為北京大主教。一三六一年，天主教和蒙古人一起從中國消失。參見Peter Jackson, trans., *The Mission of Friar William of Rubruck: His Journey to the Court of the Great Khan Möngke 1253-1255*, ed. David Morgan (London: Hakluyt Society, 1990)。

40 到了一三四〇年，不少人花九個月的時間，從克里米亞到北京，足以出一本專屬的旅遊指南。作者是一位佛羅倫斯商人，叫弗朗切斯科・佩戈洛蒂（Francesco Pegolotti），他向讀者保證路途「無論日夜都絕對安全」，只不過為了安全起見，他建議留一把長鬍子。義大利商人在沿線定居，另外有少數幾個歐洲人終於尾隨而至。一位教宗使節到了蒙古宮廷，發現有幾個俄國人、一個英格蘭人、一個巴黎的金匠，和一個在匈牙利被綁架的法國女子早就到了。參見Pegolotti, Pratica della Mercatura, in *Henry Yule and Henri Cordier*, trans. and eds., Cathay and the Way Thither, *Being a Collection of Medieval Notices of China* ((London: Hakluyt Society, 1913-1916), 3:143-71。

41 這兩人是未來的北京大主教，除了孟高維諾的若望，還有道明會的皮斯托亞的尼古拉（Nicholas of Pistoia）。若望花了一年多的時間在印度的科羅曼德爾海岸（Coromandel Coast）傳教；尼古拉在當地去世。

立克（Odoric of Pordenone）[42]寫下印度的奇人異事，而且誇大其實，好引誘其他傳教士前來，但其中多少提供了一些新資訊。鄂多立克終於說明胡椒是藤本植物，而且要靠太陽曬乾；鱷魚躲在樹叢裡追蹤獵物，他補充說道，而且鱷魚膽子很小，隨便生一把火就會把牠們嚇跑。一三三八年，另一位方濟會的修士，馬黎諾里的約翰（John of Marignola），以教宗特使的身分前往中國，並且在亞洲各地遊歷長達十五年，他描述了胡椒的採收方式，並且把雨傘引進西方，證明腳上長了陽傘的民族並不存在。

在種種新的發現當中，最令人惱怒的是鄂多立克修士指出，印度胡椒產量和歐洲的小麥一樣豐富；他猜測胡椒唯一的產地在馬拉巴爾海岸[43]，此地位於印度西南部，季風盛行、雨量豐沛，以男人的腳程，從胡椒園的這一頭到另外一頭，得足足走上十八天。調味料貴得離譜，已經讓歐洲人惱怒不已，這個消息傳來，更是火上加油。西方對印度的認識愈多，愈不會像從前那樣，為香料的可遇不可求而稀罕，反而相信新的說法，認為香料多得一塌糊塗。開始有好辯者宣稱東方到處都種了香料，根本不值錢，是基督教世界的敵人散播誇張的傳說，並且操縱香料的供應和價格。

很多人一時之間難以接受。對於馬可孛羅口中遼闊的大地，基督教的地理學家和古人一樣聞所未聞，而且歐洲對他的說法並未普遍採信。描寫東方的人所在多有，他不過是其中之一，其他的遊記作者繼續拿從前的傳說當賣點，還加油添醋，雖然有的人根本是在家裡閉門造車。充滿想像的《約翰．曼德維爾爵士遊記》（*Travels of Sir John Mandeville*）的作者可能是十四世紀中葉來自列日（Liège）的一位法國醫師，書裡有狗頭人、嗅蘋果人和獨眼巨人，對讀者的吸引力遠超過馬可孛羅平實的敘述。「曼德維爾」走遍了中東、中國和印度，中途特地繞到樂園所在的高山，見到中央的湧泉和把守樂園的發火焰的劍。這位能言善道的導遊堅稱胡椒園畢竟還是爬滿了蛇，不過只要用檸檬汁和蝸牛就能趕走。他還補充說道，祭司王約翰擁有數不盡的財富，靠的就是廣大的胡椒林，以及在他的河裡閃閃發光的翡翠和藍寶石。他用來灌溉土地的泉水好喝得很，不但可以治百病，還可以讓所有人永遠保持三十二歲，也就是耶穌被釘十字架的年紀。

隨著蒙古的衰亡，陸路不再安全，最後甚至無法通行，實際上，歐洲和亞洲之間的往來全部停擺。歐洲眼巴巴窺看的東方，馬上又成了朦朧的記憶，這下反而更難分別什麼是事實，什麼是憑著幾百年的傳統延續下來的狂想。不過，眼前再清楚不過的事實，是既然土耳其人已經在君士坦丁堡落地生根，歐洲染指香料貿易的希望變得更加渺茫。這不是享樂主義者的無病呻吟，這個困局對歐洲經濟、政治結構，甚至信仰，都帶來嚴重的威脅。當價格飆漲，需求又幾乎毫無改變，包括好幾個國家的宮廷在內的權貴階級，還執拗地維持過去的排場，卻猛然發現國庫空虛。更悲慘的是，正在歐洲阮囊羞澀的當兒，愈來愈有錢的伊斯蘭世界即將破門而入，彷彿要宣告基督教世界的末日。

在新秩序下，威尼斯和熱那亞首當其衝，是損失最慘重的歐洲強權。數百年來，這兩個海洋共和國一直在爭奪東方貿易的控制權。一位在十五世紀末抵達威尼斯的旅人發現好像全世界都在這裡

42 這位修士是中世紀旅遊經驗最豐富的歐洲人。他從君士坦丁堡出發，前往大不利茲（Tabriz）、巴格達和荷莫茲，然後搭船前往印度與錫蘭（斯里蘭卡），又去了蘇門答臘和爪哇，後來才抵達中國。

43 馬拉巴爾海岸（Malabar Coast）是印度西南部的狹長海岸平原，介於阿拉伯海與西高止山脈之間，現在屬於喀拉拉邦（Kerala）和卡納塔克邦（Karnataka）。

做生意，感到極為詫異，「誰數得清究竟有多少店鋪，」他驚異地表示，「商品多到和倉庫沒兩樣，各種款式的布料都多得很，有織錦、錦緞、各式設計的簾子、種類齊全的地毯、各種顏色和質感的羽緞、林林總總的絲綢，還有許多放滿了香料、雜貨和藥品的倉庫，還有好多美麗的蠟！讓人看得目瞪口呆。」[44]這兩座城市的財富，是靠定期供應的亞洲奢侈品賺來的，而現在貨源斷了。

然而，威尼斯的議員在新落成的總督府（該建築設計的靈感來自東方的清真寺、巴札和宮殿）開會時，嗅到的不是災難，而是機會。威尼斯的商人在伊斯蘭世界仍然有深厚的人脈，現在歐洲其他國家更沒有機會和他們競爭了。威尼斯有一半的土地漂浮在潟湖上，和歐洲的關係若即若離；在鄰國眼中，威尼斯是個冷酷、鐵石心腸的強權，宗教上的顧忌遠不及貿易重要。威尼斯人經常掛在嘴邊的一句話是Siamo Veneziani poi Cristiani，意思是「首先是威尼斯人，其次才是基督徒」。君士坦丁堡被征服不到幾個月，威尼斯和熱那亞就浴火重生，向土耳其人購買奢侈品，把漲價的關稅轉嫁給顧客。但雙方的協議並沒有維持下去，穆罕默德很快就計畫征服威尼斯的海外殖民地，百般不情願的威尼斯被迫陷入自己的十字軍東征，但儘管土耳其人連戰皆捷，卻並非沒有競爭對手。穆罕默德準備向馬穆魯克王朝的蘇丹宣戰，埃及接二連三派了一個又一個大使前往義大利，刻意要壟斷市場，不讓其他穆斯林插手。有一個代表團抵達佛羅倫斯時，帶了香油、麝香、安息香、沉香、薑、穆斯林薄紗布、中國瓷器、純種的阿拉伯馬和長頸鹿。[45]另外一個代表團去了威尼斯，共和國很快把大量貿易轉移到古埃及的亞歷山卓（Alexandria）。

看在歐洲其他各國眼中，這種情況實在令人不齒。義大利的商人和穆斯林共謀壟斷香料貿易，占其他基督徒的便宜。需求往往是發明之母，伊斯蘭諸國再度沿著歐洲領土的邊界連成一氣，從海路前往東方的想法，再也不是痴人說夢了。

這個想法仍舊非常激進，只有極少數的人腦袋裡曾經閃過這個念頭，但也不是從來沒有人想過。一二九一年，埃及人攻下十字軍在聖地的最後一個據點時，一對熱那亞兄弟實行了一個悲壯的自殺計畫。烏戈利諾跟瓦季諾・維瓦爾第（Ugolino and Vadino Vivaldi）裝配了兩艘划槳帆船，展開長達十年的航行，打算繞過非洲前往印度。他們橫越地中海，穿過兩座海克力士之柱，從此再也沒有消息，雖然一直有人傳說他們繞過非洲之後，遇到祭司王約翰，沒想到對方充滿敵意，把他們關進大牢。後來再也沒有人起而效尤，一直到兩個世紀之後，才有了達伽馬的印度之行。然而，要和東方從事海上貿易才能瓦解伊斯蘭的觀念，逐漸變成一種信條，不斷出現在十字軍東征復興運動者的大量宣傳言論中。

一三一七年，道明教派的傳教士威廉・亞當（William Adam）寫了一份很長的備忘錄給教宗的樞機主教姪子，題目叫〈如何把穆斯林斬草除根〉。亞當在印度洋探險長達九個月，提議要爭取伊朗的蒙古人協助，用熱那亞的大帆船對埃及實施海上封鎖。「埃及賣的每一樣東西，」他解釋說，「例如胡椒、薑和其他香料，黃金和寶石，絲綢和那些用印度色彩染製的紡織品，還有其他各種值錢的東西，這些國家的商人到亞歷山卓，冒著被絕罰（逐出教會）的風險，就是為了買這些從印度

44 Canon Pietro Casola, quoted in Brotton, *Renaissance Bazaar*, 38。這位米蘭神職人員在一四九四年造訪威尼斯。

45 Ibid., 2.

運到埃及的商品。」[46]照亞當的說法，兩艘熱那亞的大帆船已經在蒙古的領土建造完成，取道幼發拉底河，駛向印度洋，可是才出發沒多久，水手內部的敵對派系互相攻擊，船沒開多遠，人就死光了。七年後，塞韋拉克的約丹，那位憑一己之力在印度建立天主教會的道明會修士，寫信給所屬的修會，和亞當一樣，要求派船隊到印度洋，對埃及發動新的十字軍東征。「只要我主教宗願意在這片海洋打造幾艘大帆船，」他極力主張，「會有多大的好處！亞歷山卓的蘇丹又會遭受多大的損傷和毀滅！」[47]他回歐洲待了一小段時間，推銷他的主張，到了一三二九年，教宗派他回印度擔任主教，但回去沒多久，就謠傳他被人用石頭砸死了。

差不多就在這個時候，威尼斯政治家馬利諾・沙努多・托爾切洛（Marino Sanudo Torsello）寫了一本手冊，詳細說明要如何復興十字軍東征。[48]手冊附帶的地圖就算不完全正確，至少堪稱巨細靡遺，而且為海上封鎖提供了充分的理據。早先教宗聽說巴勒斯坦的最後一個基督教港口被攻陷時，立刻禁止了和伊斯蘭世界的所有貿易往來，但不久之後，羅馬就對歐洲的商人解除禁令，好收取大筆的補償費。沙努多強烈地辯稱基督教的商人用歐洲的財富換取香料，等於是出錢讓伊斯蘭攻打基督教軍隊。事實擺在眼前，他指出，光憑武裝探險隊，絕不可能把穆斯林逐出聖地。唯一有效的手段是實施全面的經濟制裁，除了以絕罰作為要脅，還要派船隊巡邏，強制實施貿易禁令；當海上封鎖阻斷了香料貿易的控制權帶來的財路，埃及蘇丹自然會一蹶不振。屆時十字軍的海軍便可上溯尼羅河，取得勝利。進駐埃及的新基地之後，十字軍的騎士可以和蒙古結盟，攻打巴勒斯坦，重新奪回耶路撒冷。最後在印度洋打造一支艦隊，管轄周圍各民族和貿易。托爾切洛極力遊說先後兩任教宗和法國國王，但他的計畫要成功，必須歐洲諸位性格乖戾的統治者願意和衷共濟，因此最後終究不了了之。

雖然強國因為師老兵疲，把接連幾個東征的建議視為痴心妄想，壓根不當一回事，小國寡民的葡萄牙卻一直忙著為東征布局。

中世紀的世界地圖沒有南半球。製圖師和一般人的觀念相反，他們並不認為地球是平的，但確實以為對蹠點（赤道以南的土地）無人居住。[49]當時的人普遍相信赤道是一個熾熱的火圈，而且挪亞方舟既然位於北方阿拉拉特山（Mount Ararat）的山頂，實在很難想像人類會到南半球去。再

46 引文出自C. F. Beckingham, "The Quest for Prester John," in C. F. Beckingham and Bernard Hamilton, ed., *Prester John: The Mongols and the Ten Lost Tribes* (Aldershot, UK: Variorum, 1966), 276。一三二一年，亞當成為蘇丹尼亞（Sultaniyah）的大主教，也是波斯天主教會的領袖。

47 引文出自Harry W. Hazard, ed., *A History of the Crusades*, 2nd ed. (Madison: University of Wisconsin Press, 1975), 3:543。約丹就成為奎隆的大主教。

48 沙努多的著作《十字架信徒的祕密》（*Liber secretorum fidelium crucis*）首先在一三〇九年呈給教宗克雷芒五世（Clement V），後來在一三三三年把修訂的版本獻給法王查理四世。除了地圖，沙努多也提供了現成的作戰計畫和大量後勤資訊。

49 「哥倫布以前的人都相信地球是平的」這個觀念是十九世紀虛構出來的，主要的宣導者是華盛頓・厄文（Washington Irving）的幻想故事 *The Life and Voyages of Christopher Columbus*，參見Burton Russell, *Inventing the Flat Earth: Columbus and Modern Historians* (New York: Praeger, 1991)。

者，雖然聖經宣稱福音已經傳遍全地，但應該到不了對蹠點。50

當中世紀的世界圖像搖搖欲墜，然後徹底瓦解，製圖學也經歷了一番改革。在長達數十年的時間裡，新的世界地圖是混合了中世紀與現代的一種奇怪組合，有一半是依據水手使用的波特蘭海圖（Portolan chart），這是精準的海岸地圖，另外一半則充斥了把外國白人吃下肚的黑色巨人，或是被稱為海妖的人魚女子。當最先進的製圖學家開始針對地球的偏遠地帶尋找比較可靠的資料時，一如文藝復興時代的許多新知，他們把古典時代的著作重新搬上檯面。

一四〇六年，一位學者在君士坦丁堡淪陷之際逃亡，把托勒密（Ptolemy）的《地理學》重新帶回西方。在西元二世紀定居埃及的羅馬公民托勒密，是第一位詳細說明如何把地球重現在平面圖上的地理學家，並且最早提出了完整的地名辭典，囊括了地球上每一個已知的地點。《地理學》隨即被翻譯成拉丁文，沒多久，任何自重的王宮貴族、神職人員或商人，書房裡一定少不了這本書。要回到一千多年前，才能在知識上向前躍進，顯示歐洲長期與世隔絕。先前基督教的地理學家相信地表的七分之六是土地，還想像世界是一塊超大陸，周遭被一整片世界大洋環繞。托勒密以水藍色為背景，把幾塊大陸分布在不同的地方，在他的地圖上，海洋流到每一個地方，呈現出一幅水氣氤氳的世界圖像。

所謂的每個地方，其實不包括非洲南端。托勒密的非洲沒有終點，東西兩岸就像座頭鯨的尾巴，突然轉了九十度，然後延伸到地圖最底部。東邊的海岸線往下延伸途中，向外繞了個彎子，和亞洲一塊纖細的縱長形陸地銜接，把印度洋變成一大片浩瀚的內陸湖。

托勒密被重新發現，大幅改變了歐洲對地球的觀念，但一位大膽的製圖師掌握了時代的精神，而且決定更進一步。一四五九年，葡萄牙的阿方索五世委託威尼斯名人毛羅修士（Fra Mauro）製作新的世界地圖。毛羅是一位隱修士，在慕拉諾島（Murano）的一間修道院經營製圖工坊，他綜合了托勒密和馬可孛羅，又加入從尼科洛・達・康提[51]那裡蒐集來的情報，康提比同樣來自威尼斯的馬可孛羅更加勇猛，而且冒險成性，他在一四一九年離家，學習阿拉伯語和波斯語，假扮成穆斯林商人，在東方遊歷了二十五年。在毛羅的地圖上，非洲的盡頭差點碰到地圖最底部，而且有一條狹窄的水道，從大西洋通往印度洋。[52]這位大膽的隱修士令人恨不得趕快出海繞行非洲，然而他搶

50 Roman 10:18.

51 尼科洛・達・康提（Niccolò de' Conti）的故事很值得進一步研究。這個威尼斯人在敘利亞、波斯和伊朗學會阿拉伯語，然後和穆斯林商人一起前往印度。他在這裡結婚，拖著愈來愈多的家眷在印尼和中南半島到處跑。為了保護家人，他在開羅改信伊斯蘭，但瘟疫幾乎立刻奪走他妻子和四個孩子的性命。他啟程返鄉求見教宗，請求教宗寬恕他曾經放棄自己的信仰，於是教宗命令他向教宗祕書兼頂尖人文主義學者波焦・布拉喬利尼（Poggio Bracciolini）口述他的東遊歷程。儘管偶有幻想成分，諸如包括兩個相鄰的島嶼，一個只住男人，一個只住女人，任何人一旦離開自己的島嶼六個月，就會當場暴斃，因此無法發展長期的男女戀情。但他的報告證實了馬可孛羅的許多說法，也釐清其他許多說詞，使歐洲對印度洋的知識有了大幅進展。John Winter Jones的英譯本在一八五七年由Hakluyt Society出版，由Lincoln Davis Hammond再版及修訂，收錄在*Travelers in Disguise: Narratives of Eastern Travel by Poggio Bracciolini and Ludovico de Varthema* (Cambridge, MA: Harvard University Press, 1963)。

52 原本一向位於正中央的耶路撒冷也被這位製圖師隱修士換了位置，這種做法非常激進，因此他覺得有必要提出巧妙的自衛。「在緯度上，耶路撒冷確實是已居世界的中心，不過在經度上往西偏，」他小心地在地圖上說明，「不過因為歐洲的關係，西邊的人口比較密集，因此，如果不看無人的空間，只看人口密度，在經度上，耶路撒冷也是中心。」參見Piero Falchetta, *Fra Mauro's World Map* (Turnhout, Belgium: Brepols, 2006)。

先公布的這個新發現，幾乎可以確定是因為誤解所產生的。

中國式的大帆船有時會開進印度的港口，康提自然見識過。這種多層的帆船有五根桅杆，懸挑的艉橋還吊著一根巨舵。船體以三層木板疊合，禁得起暴風吹襲，並且分成不同的密閉艙，所以就算哪裡漏水，也不影響船隻的航行。和這種帆船比起來，歐洲的船只能算是小艇，而且這些還不是中國最大的船隻。

向來自許為天下之中的中國，數百年前就開始和印度及東非有貿易往來，不過西元一四〇五至一四三三年，明朝的兩任皇帝炮製了一場盛大的海上表演。前後七次派出海上使節團，在鄭和統帥的領導下抵達印度洋，宦官鄭和出身穆斯林家族，身材魁梧，曾祖父伯顏在元朝擔任軍政大臣。光是第一次下西洋，鄭和就率領了三百一十七艘船，載有水手、士兵、商人、大夫、星象學家和工匠，共兩萬七千八百七十人。帶頭的是六十二艘九桅寶船，然而設計這麼大的帆船，目的不是接收，而是要賞賜寶物，而且出手闊綽的程度，足以令歐洲人瞠目結舌、不明所以。每當船隊駛進東南亞、印度、阿拉伯半島和東非的港口，就會吐出巨量的絲綢、瓷器、金銀器，以及其他中國令人嘖嘖稱奇的產品。這種令人震懾的慷慨，必然會達成預期的效果，不過短短幾年，就有三十七個國家派特使到北京向皇帝朝貢。然而，即使是中國，也沒辦法這樣無限期地慷慨下去，一四三五年，中國自願放棄在印度洋的主導權。不過幾十年的光景，中國的海軍和海上商隊就完全絕跡了。若非如此，葡萄牙的東方航線可能根本走不通。

毛羅地圖上的一則圖說傳達了一個重大消息：一四二〇年，一艘中國式帆船繞行非洲，然後繼續朝西南方航行兩千英里，應該會深入冰冷的南大西洋。[53]毛羅說這個資訊出自一個「可靠的消息來源」，很可能是同樣來自威尼斯的尼科洛．達．康提。然而假設這艘帆船真的曾經繞行非洲，康提也在前一年就出門遊歷，就算得知此事，必然也是道聽塗說。毛羅接著表示，他還有其他依據：向他提供消息的人，本身也被一場強烈暴風吹到非洲西南西兩千英里的地方。然而康提自己的旅遊札記只提到，他在搭乘一艘印度或阿拉伯船隻前往非洲途中，曾經被吹離航線。由於毛羅筆下呈現出的非洲最南端，和千里之外的非洲東岸大同小異，最可能的原因是這位地圖師在解讀手上的新資訊時，加入了不相干的事實，來佐證自己的假設。[54]或許也順便討好他的葡萄牙金主。

就憑著這麼薄弱的線索，歐洲人愈來愈相信印度洋和大西洋是相通的，這個觀念一點也不新鮮，不過現在時機成熟了。

53　圖說其實是寫「一艘印度帆船或中國式帆船」，顯示可能根本不是中國的船。儘管語意模糊，毛羅修士的注解被當作中國人到大西洋探險、而且可能比西班牙人或葡萄牙人更早抵達美洲的重要證據。

54　以毛羅修士在內陸繪製的詳細地形，他這幅地圖上的非洲最南端可能是非洲之角（Horn of Africa）；不過他在非洲最南端畫了一座大島，如此看來，繞行非洲的水道是莫三比克海峽，而那個島嶼是馬達加斯加。

第六章　勁爭敵手

一四七五年，四十三歲的葡萄牙國王阿方索五世娶了十三歲的外甥女，卡斯提爾的瓊恩（Joan of Castile）。這是一場政治婚姻。

瓊恩的母親，也就是阿方索五世的妹妹，嫁給了卡斯提爾國王，亨利四世（Henry IV）。亨利的綽號是「無能者」，因為瓊恩的生父被普遍認為是一位名叫貝爾特蘭・德・拉・庫埃瓦（Beltrán de la Cuev）的貴族，她終身背負這個污名，別人背地裡常叫她貝爾特蘭尼佳（La Beltraneja）。[1]卡斯提爾有許多貴族不願意讓瓊恩當上女王，於是憤而支持亨利同父異母的妹妹伊莎貝拉。雖然伊莎貝拉十七歲時和同族堂弟斐迪南（亞拉岡的王位繼承人）私奔，但至少血統純正。亨利在一四七四年過世，卡斯提爾分成兩個敵對的派系，各自擁戴瓊恩和伊莎貝拉。瓊恩的支持者趕忙把她嫁給舅舅，而阿方索自封為卡斯提爾的合法國王。

1　瓊恩的母親後來跟一位主教的姪子生了兩個孩子，公然示範她有多麼能生，終於逼得亨利和她離婚，對瓊恩繼承王位毫無幫助。

兩個鄰國爆發戰爭，戰火很快蔓延到大西洋。[2]卡斯提爾派艦隊到非洲海岸大肆劫掠，反正這種勾當他們已經暗中做了好幾年。葡萄牙的戰艦三兩下就解決了卡斯提爾的艦隊，不過有一年，西班牙的冬天異常寒冷，阿方索五世在陸上的軍事調度施展不開，同時起初支持瓊恩繼承王位的教宗轉向敵營，宣布她的婚姻無效，瓊恩背後的貴族集團瓦解。瓊恩本人住進修道院，阿方索終日憂鬱，寫信給兒子約翰，打算讓位給他，並著手計畫前往聖地朝聖。約翰當上國王不到一個星期，他父親就改變主意，回到葡萄牙，一直等到阿方索在一四八一年薨逝，約翰才正式登基。

如果說阿方索體現了他叔叔亨利王子性格的其中一面，他對十字軍東征的熱誠，以及對騎士傳統的熱愛，那麼國王約翰二世（John II）就是亨利另一面的完美典型。他是百分之百的現代馬基維利式統治者，懷抱著超乎常人所能理解的雄心壯志，而且在做法上不拘小節。他聰明過人，而且冷酷無情，後來被稱為完美的君王，不過受他所害的人則說他是暴君。這些受害者有不少是地位顯赫的貴族，藉由犧牲國王的利益而權傾一時，二十六歲的國王發現國庫幾乎空空如也，馬上砍削他們的特權。這些貴族憤而謀反，結果一個個人頭落地。

和卡斯提爾交惡的前一年，曾經短暫嘗試自由企業制度（free enterprise）的葡萄牙國王取回了海外發現的控制權。現在非洲貿易可望帶來豐厚的利潤，新任國王迅速鞏固他的水上帝國。里斯本充斥著非洲奴隸在鍛工場製造錨、武器和彈藥的敲打聲。船上配備了基本的火砲，約翰二世下令工程師改善大砲的準頭和火力，另外花大錢從法蘭德斯和日耳曼進口更大的最新款式。葡萄牙航海家出海時，一直是以北極星為參考點，來判斷船隊的緯度，可是一旦接近赤道，就會出現一個棘手的問題：北極星不見了。為了解決這個問題，約翰鑽研宇宙結構學，並成立了專家委員會。主導委員會的兩位猶太數學兼天文學家，約瑟・韋齊諾和亞伯拉罕・薩庫托[3]，動手重新設計船上簡單的航海儀器，並且準備圖表，讓水手可以從太陽判斷船隻的緯度。

船隊定期從里斯本開往非洲，運送建材和勞工，沿著海岸興建堡壘，是帝國主幹網絡中最早的鏈結。其他的船隻繼續南進。一四八二年，一名叫迪亞哥・康（Diogo Cão）的水手抵達剛果河三角洲，豎立了第一座padrões，頂端立著十字架的石柱，表面刻有葡萄牙的徽章、日期，以及國王與船長的名字，此後將成為葡萄牙地理大發現的界標。「創世第六千六百八十一年暨主耶穌誕生第一千四百八十二年，」他豎立的第二座石柱上這樣刻著，「最崇高、最卓越也最強大的君主，葡萄

2 卡斯提爾王位繼承戰爭（War of Castilian Succession）從一四七五年打到一四七九年，最後兩國簽訂阿爾卡蘇瓦什條約（Treaty of Alcáçovas）。除了確定由伊莎貝拉繼承王位，這份條約也暫時釐清了葡萄牙和西班牙在大西洋互相對抗的主張。葡萄牙最後被迫接受卡斯提爾對加納利群島的掌控權；卡斯提爾確認葡萄牙占有亞速群島、馬德拉和維德角群島，以及葡萄牙對「從加納利群島往南到幾內亞的所有已發現或將發現的土地」獨一無二的權利。Frances Gardiner Davenport, ed., *European Treaties Bearing on the History of the United States and Its Dependencies to 1648* (Washington, DC: Carnegie Institution of Washington, 1917), 44。

3 亞伯拉罕・薩庫托（Abraham Zacuto）是西班牙的天文學名師，直到一四九二年和其他猶太人一起離開西班牙，在葡萄牙成為約翰二世的御用天文學家。五年後，曼努埃爾一世強迫猶太人改宗，他先後逃往突尼斯和耶路撒冷。他所畫的天文學圖表由弟子約瑟・韋齊諾（Joseph Vizinho）發展成實用的航海圖，此外他設計了史上第一個金屬星盤，也是達伽馬印度之行的重要支持者。約翰二世在一四八一年登基，韋齊諾不久後抵達葡萄牙。一四八五年，他出海實驗如何計算船隻的緯度。照編年史學家若昂・德・巴羅斯的記載，他的同僚還有國王的醫師羅德里哥，以及一四八〇年來到里斯本的日耳曼製圖學家兼天文學家馬丁・貝海姆（Martin Behaim）。

牙國王約翰二世，指派宮中侍從迪亞哥．康發現這片土地，並立起這些石柱。」[4]康回國之後被冊封爵位，然後再次啟程。一四八六年，他抵達納米比亞（Namibia）多岩的十字角，四下一片荒涼，只有一大群非洲毛皮海獅，另外可能也到了鯨灣[5]，這是一處以沙坑為屏障的深水港，日後成為繼續南下的航程中一個重要的補給站。鯨灣距離非洲最南端只有五百英里，可是迪亞哥．康無緣千古留名，他在回程時企圖探索剛果河，結果客死異鄉。[6]

約翰二世和他的先祖一樣，亟欲把基督教移植到幾內亞，主要的原因是受了洗的盟友比較靠得住。漸漸地，有少數非洲人自願皈依，或是被當成人質抓回葡萄牙，接受基督教的教育，以大使的身分奉派回鄉。他們被當成名流顯貴，在國內和國際上達到宣示作用。塞內加爾被迫退位的國王比摩伊（Bemoi）抵達里斯本時，掀起一陣騷動，他要求國王兌現承諾，在他皈依基督教之後，協助他恢復應有的地位。比摩伊當時四十歲，高大、壯碩，而且相貌俊朗，得到國王和朝廷的隆重款待。他和二十四名同伴在冗長的慶典中受洗，葡萄牙這邊的節目包括比武競技、鬥牛、滑稽鬧劇和夜宴，在場的外賓則來了一場精采的馬術表演。二十艘戰艦和大批的士兵、建築師傅及神職人員護送他們返國，但艦隊的指揮官疑神疑鬼，以為非洲人計畫叛變，於是在途中把比摩伊刺死，令約翰大為惱火。

即使沒有這種莽撞的舉動，勸誘非洲人改宗的進度仍是慢之又慢。[7]後來，葡萄牙的代表繼續深入幾內亞內陸，才突然從非洲最深處傳出一個令人震驚的情報。

祭司王約翰有消息了。

一四八六年，一位使節在貝寧（Benin）國王的大使陪同下返回里斯本，宣稱在距離海岸二十個月腳程的地方，住著一位叫奧加涅（Ogané.）的君王，百姓對他的尊崇，一如天主教徒對教宗的景仰。許多前去晉見的非洲國王，都被贈予一頂銅盔、一根權杖和一個十字架，不過人人都只見到他的腳，從絲綢簾子後面優雅地伸出來，讓求見者親吻。

王室的專家仔細研究手上的地圖，確定從貝寧走到衣索比亞，正好要花二十個月的時間。在傳說的召喚下，地理的發現迅速躍進。

約翰二世決定兵分兩路尋找祭司王約翰，然後雙方攜手合作，抵達印度。他先派遣船隊出海，同時加派人手，在陸上搜尋可靠的消息。

要釐清什麼是事實，什麼是道聽塗說，唯一的辦法是派出自己的密探深入東方。

---

4 Edgar Prestage, The Portuguese Pioneers (London: A. & C. Black, 1933), 208.

5 鯨灣（Whale Bay）後來連同海灣所保護的納米比亞港口，一起被荷蘭人改名為華維斯灣（Walvis Bay），並沿用至今。

6 多年後，剛果河岸發現了一塊迪亞哥・康名字的石塊（葡萄牙稱為薩伊河）。不過巴羅斯說康回到了葡萄牙，其他的資料則說他死在十字角（Cape Cross）。參見Prestage, *Portuguese Pioneers*, 210。

7 中非的主要統治者剛果國王在一四九一年受洗，加快了非洲人改宗的速度；國王名叫恩濟加・恩庫武（Nzinga Nkuwu），受洗後的名字是約翰。雖然他和許多朝臣很快就恢復傳統信仰，他的兒子兼繼承人阿方索擊潰道德敗壞的兄弟，卻是藉助於葡萄牙的武器，以及他所聲稱的聖雅各顯靈。阿方索的後裔鞏固了天主教會，代價是和葡萄牙建立了一份緊張的關係，對剛果的傳統文化造成嚴重損害。

約翰二世第一次派出密探尋找祭司王約翰的結果令人氣餒。這兩個人到了耶路撒冷，就聽到當地人警告，他們不會說阿拉伯語，要不了多久就會送命，連忙打道回府。

國王虛心求教，請到兩個比較有希望成功的人選。[8]年紀比較大的佩羅・達・科維良（Pêro da Covilhã）[9]，年約四十，來自葡萄牙中部，在埃什特雷拉山脈（Serra da Estrela）的花崗岩峭壁和峽谷間長大。他從小混跡江湖，一路靠著招搖拐騙，拜入卡斯提爾一位貴族門下（尤其是學貴族那樣，以出生地當作自己的姓氏），並且在西班牙騎士之間無止境的傳奇比試中，證明了自己高超的劍術。從卡斯提爾回國之後，他設法混到阿方索五世身邊，起初擔任貼身男僕，後來成了侍從。父親病逝之後，約翰二世把他留下，隨後派他監視叛逃到卡斯提爾的葡萄牙貴族；憑著他蒐集來的情報，至少有兩名貴族人頭落地。約翰後來再度指派科維良前往摩洛哥和阿爾及利亞，和費茲（Fez）與特萊姆森（Tlemcen）的柏柏人國王協商和平條約，這位可靠的特使很快就學會阿拉伯語，而且對穆斯林的習俗耳熟能詳。頭腦機智、勇氣過人、擁有絕佳的記憶力，加上擅長喬裝打扮，挑選他擔任這項危險的任務，確實是神來之筆。國王欽點和他結伴同行的人是阿方索・德・派瓦[10]，他出身望族，和科維良一樣，擁有吃苦耐勞的山民血統。派瓦是王室的侍從，在西班牙戰爭中證明了他的忠誠，而且也會說一些阿拉伯語。

兩人在極機密的情況下，到約翰二世的工程監督家裡會面。現場還有國王最信任的三位參議官：他的私人神父，同時也是丹吉爾的主教和熱心的宇宙學者；御醫羅德里哥，同時也是一位天文學家；以及猶太數學家約瑟・韋齊諾。[11]三人開始分析地圖，規劃密探的路線。

籌備工作完成之後，兩人在一四八七年五月七日前往聖塔倫（Santarém）的宮殿，當時歐洲每個宮廷都有密探，這裡和首都相距四十五英里，可以避人耳目。

如同大多數不切實際的偉大計畫，約翰二世的命令說起來容易，實際執行起來，卻是千難萬難。兩人要到印度去，了解香料貿易的情形，要找到祭司王約翰，並且結為同盟，要弄清楚究竟有沒有可能繞行非洲，駛入印度洋，以及到了印度洋要如何航行。完成上述所有任務，他們才能返回葡萄牙，提出完整的報告。[12]

這項任務極為大膽，連向來喜歡一馬當先的科維良，一時之間也不知所措，只能惋惜地說：

---

8 關於科維良和派瓦的任務，最完整的說明仍然是Conde de Ficalho, *Viagens de Pedro da Covilhã* (Lisbon: A. M. Pereira, 1898)。在衣索比亞發現科維良的神職人員所寫的報告收錄於Francisco Alvares, *Narrative of the Portuguese Embassy to Abyssinia During the Years 1520-1527*, trans. and ed. Lord Stanley of Alderley (London: Hakluyt Society, 1881)，C. F. Beckingham和G. W. B. Huntingford修訂的版本在一九六一年出版。這些葡萄牙語編年史提供了更多細節，筆者使用和科維良時代相近的旅行家所寫的遊記來填補這趟旅程的背景。

9 他的名字也叫Pêro、João、João Pêro或Juan Pedro。他的姓氏是da Covilhã、de Covilhã、de Covilham或Covilhão。有一個很有意思的巧合，里斯本現在的印度大使館就在佩羅・達・科維良路。

10 阿方索・德・派瓦（Afonso de Paiva）的出生地是布朗庫堡（Castelo Branco），在科維良的老家往南不遠處。從摩爾人手中收復之後，賜給了聖殿騎士團，他們守衛這個城鎮，抵禦經常從附近的西班牙邊界另一頭發動的攻擊。

11 關於約瑟・韋齊諾，有些資料說第三位專家應該是Master Moyses（或Moses）。Ficalho斷定Moyses是約瑟・韋齊諾受洗時改的名字，參見*Viagens de Pedro da Covilhã*, 55。

12 出自喬凡尼・巴蒂斯塔・拉穆西奧（Giovanni Battista Ramusio）的《航海和旅遊》（*Navigazioni e Viaggi*），這是一本著名的綱領式旅遊著作，一五五〇到一五五九年間在威尼斯出版。葡萄牙的資料沒有提到國王的最後一點指示，參見Ficalho, *Viagens de Pedro da Covilhã*, 56-63。

「縱然我一心想為陛下效勞，可惜力有未逮。」[13]他應該更有信心才對，國王告訴他：命運眷顧了他，而他也證明自己是個忠實的好下屬。

約翰二世未來的繼承人也一同與會。曼努埃爾是個圓臉、樣貌斯文的年輕人，長著栗色的頭髮，碧綠的眼睛，兩手的手臂「長到手指能碰到膝蓋下方」。[14]這名再過幾週就滿十八歲的年輕公爵，親手把三位專家繪製的地圖定稿交給兩個密探。國王給了他們一袋葡萄牙金幣，足足有四百克魯札多，是從王室領地的庫房搬來的，另外還有一份呈給「世界各國及各個省分」的國書。他們跪下接受國王的祝福，然後轉身離去。

身上帶著這麼多錢，不但容易被搶劫，甚至可能丟掉小命。兩人留了一把金幣來支應各種花費，同時火速趕回里斯本，把一袋金幣換成了佛羅倫斯一位大銀行家開具的信用狀。[15]事情辦完之後，兩個密探跨上馬背，橫越葡萄牙領土。他們跨過西班牙邊界，然後來到瓦倫西亞，在佛羅倫斯銀行的分行把信用狀兌換現金，然後乘船沿著海岸前往巴塞隆納。這個熱鬧的港口有開往北非、法國、義大利和地中海東岸的定期船班，兩人再把金幣換成信用票據，買了前往那不勒斯的船票。經過十天的輕鬆航程，他們抵達維蘇威山腳下的大海灣。在他們此行的目的地，不會有銀行想跟他們打交道，於是他們最後一次把票據兌成現金。[16]他們把一包包沉甸甸的現金藏好，沿著阿瑪菲海岸（Amalfi Coast）南下，穿過墨西拿海峽，橫越愛琴海，抵達位於土耳其外海的羅得島（Rhodes）。

羅得島是醫院騎士團的根據地，也是敗戰多年的十字軍國家最後一個據點。一座座巍峨的城垛牆和突出的高塔，居高臨下地俯瞰港口。自從被逐出聖地，醫院騎士就以劫掠穆斯林的貨船為職志；七年前，征服者穆罕默德二世試圖將這些殘留的死硬派十字軍逐出島上的堡壘，可惜無法如願。

兩個密探在一間修道院投宿，並請教兩位葡萄牙醫院騎士的意見。騎士建議他們用身上的黃金購置一百桶蜂蜜和一套新裝。他們要去的是伊斯蘭的領土，從現在起，就要打扮成出身低微的小商人。不過他們喬裝改扮的目的，不是針對穆斯林（反正在穆斯林眼中，他們跟其他歐洲人差不多），而是擔心義大利商人疑神疑鬼，生怕外地人妨礙他們的利益。

兩名密探從羅得島南下埃及和古老的亞歷山卓，他們真正的任務就此展開。從現在開始，他們的所有發現對達伽馬和其他航海先鋒都會發揮極其重要的影響。

亞歷山卓曾經是古典時代的世界第一大城，歐洲、阿拉伯和印度之間的貿易中樞，也是帝都羅馬的原型。發光的大理石街道兩側有四千座宮殿和澡堂，還有四百家劇院，讓阿拉伯征服者看得目瞪口呆，因為受不了這種異教的氣派，阿拉伯人遷都到開羅。亞歷山卓旋即衰落成一個小鎮，坐落在帝國空洞的廢墟上方。亞歷山大圖書館早已灰飛湮滅，托勒密王朝的巨大宮殿也一樣。舉世聞名

13 Alvares, *Portuguese Embassy*, 267.

14 在Damião de Goís, quoted in Henry H. Hart, *Sea Road to the Indies* (London: William Hodge, 1952), 239中，戈伊什還說曼努埃爾的身材高大、抬頭挺胸，而且表情討人喜歡，但他的繪圖罕見地沒有使用常見的噴槍筆法。

15 這位銀行家叫巴爾托洛梅奧・馬奇奧尼（Bartolomeo Marchiomni），據說是里斯本最有錢的人。這時葡萄牙已經有為數可觀的佛羅倫斯人，從事銀行和貨運業，馬奇奧尼是最主要的佛羅倫斯商人，和王室往來頻繁。

16 他們去的這家銀行由科西莫・德・梅迪奇（Cosimo de' Medici）的幾個兒子經營，這個富可敵國的佛羅倫斯家族在義大利各地設有辦事處。

的法羅斯島燈塔（Pharos Lighthouse）在地震中倒塌，曾經照耀地中海三十五英里的高聳燈塔，僅存的最後一枚巨型石塊在七年前被回收，用來興建港口的堡壘。馬丁．鮑姆嘉登（Martin Baumgarten）是一位富有的日耳曼騎士，由於妻子和三個孩子意外去世，飽受喪親之痛的他在一五〇七年，也就是三十二歲那年，前往耶路撒冷朝聖。他轉述說「這時（亞歷山卓）外觀非常氣派，城牆彷彿綿延不絕，而且打造精良，堅固而高聳，城上的角樓為數眾多；但城牆內部乏善可陳，古老的城市不見了，只剩下多得數不清的石頭」。17

船隻小心翼翼地在港口的暗礁之間穿梭，照例要放下船帆，表示對蘇丹的敬意，船剛剛停好，就有官員登船，給乘客和船員搜身。商人為了逃稅，經常把貨品藏在極度離奇的地方；一位旅客宣稱，有一群基督徒「把我們帶來的許多貨品藏在豬肉裡，因為穆斯林最憎恨豬肉，才得以保全」。18

即便城市被震垮的時候，亞歷山卓仍然繼續從事香料、絲綢和奴隸的貿易，由於君士坦丁堡的陷落，亞歷山卓開始重登世界級商業中心的寶座。這是個混亂、多語言的海港城市。昔日連接到法羅斯島燈塔的巨型石砌防波堤，一邊是義大利倉庫，堆滿了準備運到歐洲的東方貨品；另一邊是穆斯林專用的獨立港口。雙方有時爆發激烈衝突，但為了互惠互利，通常能維持表面和平。

兩名密探好不容易擠進喧囂的街道，找到了妥善的隱密居所。沒人看出他們是喬裝改扮的，不過亞歷山卓臭氣薰天，除了貨品在這裡交流，疾病也在這裡相互傳染。他們得了尼羅熱（Nile fever），躺在床上輾轉反側，不停地冒汗，蘇丹的代表認為他們必死無疑，直接徵收他們的蜂蜜，這是北非的搶手貨。到他們康復的時候，蜂蜜已經脫手，他們盡可能把錢拿回來，然後趕快出城。

到了鄉下，舉目望去，全是荒蕪的低地，只是偶爾會出現一叢椰棗樹。漁夫不時從沼澤地冒出來，強取保護費，到了晚上，兩人抱著僅存的財物，躺在地上時睡時醒。天沒亮就啟程趕路，沙丘隨著風勢移動，遮蔽了前方的道路。最後到了尼羅河口，羅塞塔（Rosetta）的宣禮塔映入眼簾，他們雇了一艘三桅帆船（一種裝了大三角帆的窄船），溯河上行。為了打發漫長的時光，他們沿途留意躲在藤蔓裡的鱷魚、散落在河岸的不知名的古蹟，再不然就是盯著埃及的男男女女脫下藍色的長衫，綁在頭上，然後以驚人的速度游水過河。到了黃昏時分，船員點亮排成金字塔形的燈籠，在船帆上綁風鈴，向夜空射出火箭，聊以自娛。

快到開羅的時候，真正的金字塔在沙漠拔地而起，彷彿巨人雕刻的山岳。即使在這麼久遠的時代，來往的旅人非得參觀一下，才算不虛此行。到了十六世紀，英國人約翰．桑德森（John Sanderson）到埃及尋找木乃伊；除了幾具完整的屍體之外，他還帶六百磅殘缺的木乃伊回國，賣給倫敦的藥劑師，還把「一隻小手」[19]送給他在羅契斯特（Rochester）當總執事的兄弟。在兩位日耳曼朋友的陪同下，他爬上古夫金字塔的國王墓室，鑽進無蓋的石棺，躺在裡面「鬧著玩兒」。[20]不久之後，一位叫彼得羅．德拉瓦勒（Pietro della Valle）的義大利旅客，爬到金字塔頂端，在石頭

---

17 "The Travels of Martin Baumgarten…through Egypt, Arabia, Palestine and Syria," in Awnsham Churchill, ed., *A Collection of Voyages and Travels* (London: A. and J. Churchill, 1704), 1:392.

18 Ibid., 392.

19 Wilfred Blunt, *Pietro's Pilgrimage: A Journey to India and Back at the Beginning of the Seventeenth Century* (London: James Barrie, 1953), 58.

20 Ibid., 55.

上刻下他和情人的名字。和所有外國人一樣，他被自稱能解讀象形文字的導遊唬得一愣一愣的，而這是古典時代留下的傳統。[21]

比起古埃及的首都，現在的開羅（在阿拉伯語是「勝利」的意思）毋寧更令歐洲人震懾。城市的面積遼闊。「我不知道是真是假，」馬丁．鮑姆嘉登記載說，「但的的確確證實了城內大約有兩萬四千所清真寺。」[22]其中有不少附設了圖書館、學校和醫院，不但免費提供治療，還請樂師表演，紓解病人的痛楚；寺院一律以白色的石塊打造，有的還是從金字塔搶來的，在強光的照耀下，不但炫目耀眼，覆蓋了每一個牆面的複雜植物雕刻和書法銘文，幾乎都被染白了。宣禮員「不分晝夜，在某些時刻」從尖塔「發出一種奇特、響亮而野蠻的叫聲」。鮑姆嘉登轉述，天黑之後，有燃燒的火把和燈火照亮宣禮塔。給這位日耳曼騎士提供資料的人也說道，這座城市有上萬個廚師，似乎大多都把鍋子頂在頭上，盤子搭在身上，在長滿了燈心草、迂迴曲折的巷弄裡做生意。他還說了另一個統計數字，就算談不上驚人，至少稱得上非比尋常：開羅街上的流浪漢比威尼斯的居民還多。

開羅已經發展成伊斯蘭世界最繁忙也最先進的城市，匯集了土耳其人、阿拉伯人、非洲人和印度人。義大利商人有自己的聚居地，希臘、衣索比亞和努比亞的商人也一樣，埃及本土的基督徒，科普特人（Copts），在古老的教堂做禮拜，數以千計的猶太人聚集在猶太教堂。穆斯林的當權者吃著鋪在華麗地毯上的盛宴，成群的妻妾待在樓上那些絲綢、芳香的油膏和香水多得要滿出來的房間裡，透過格子屏風窺看下面街道的人來人往。史學家伊本．赫勒敦大力稱譽他摯愛的城市：開羅，他寫道：「是世界的大都會、宇宙的花園、各國的聚集地、諸民族的熔爐、伊斯蘭的祭壇、權力的寶座。」[23]彷彿夢中的景象，他激動地說：「非現實所能比擬，但夢境中的開羅，和事實相差何止千里。」[24]

兩個密探騎著驢子（只有高官可以騎馬進城），從高聳的祖韋拉門（主城門）頂著宣禮塔的城門塔下方穿過。一旦重要人士到訪，上面坐在涼廊裡的鼓手會連續擊鼓宣告，但這兩個葡萄牙人受到的是比較普通的接待，開羅的男孩們從上面灑下塵土、碎磚和發黴的檸檬。

兩人跟著互相推擠的群眾，踏上了穆茲齊街（Muizz Street），這條街道是城市的中央幹線，鎮日人滿為患。走到半路上，坐落在富人為了臻於永恆而興建的眾多華麗陵墓清真寺之間，正是開羅的主要生財工具：國家香料與香水市場。香水商場的兩側擺滿了長頸瓶，把一塊塊的樹脂和岩石蒸餾成深黃褐色的古龍水和香油。香料鋪裡的麻袋和桶子，一路從店門口堆到後面幽暗的內室，商人在裡頭用刻度精密的秤給這些珍貴的材料秤重；由於天氣炎熱，這些帶有芳香的葉片、種籽和根的氣味，濃烈得幾乎令人窒息。

這兩個外地人鑽進塵土飛揚的小街，避開一群群散落在大街上吃草，或是載運人貨來回露天市

---

21 希羅多德寫道：「金字塔刻了埃及文字，記錄建築工人食用多少蘿蔔、洋蔥和蒜。」Ibid., 57。

22 "Travels of Martin Baumgarten," 397。關於中世紀開羅和其他伊斯蘭城市的資料，參見Joseph W. Meri, ed., *Medieval Islamic Civilization: An Encyclopedia* (New York: Routledge, 2006); Michael Dumper and Bruce E. Stanley, eds., *Cities of the Middle East and North Africa: A Historical Encyclopedia* (Oxford: ABC-Clio, 2007)。

23 Albert Habib Hourani, *A History of the Arab Peoples* (Cambridge, MA: Harvard University Press, 2002), 3.

24 Ibn Khaldun, *An Arab Philosophy of History: Selections from the Prolegomena of Ibn Khaldun of Tunis* (1332-1406), trans. and ed. Charles Issawi (Princeton, NJ: Darwin, 1987), 4.

場的驢子。他們找到一個平實的住處（當然多虧了那些滿街攬客的人幫忙），然後著手規劃下一個階段的旅程。沒多久，他們和一群來自費茲和特萊姆森（科維良曾經在這兩座北非城市駐守）的商人交上朋友。這些商人打算前往阿拉伯半島和印度，詭計多端的科維良就用北非當地的方言，哄他們帶著自己和夥伴同行。

現在已經是一四八八年的春天，兩人離開葡萄牙將近一年。給駱駝套上鞍子，裝好行囊，在城門被小鬼灑了一身泥土碎石之後，這一條長龍般的商隊便啟程前往紅海的托爾港（Tor）。被胯下吵鬧、惡臭的坐騎一路顛簸、搖晃，兩位葡萄牙人橫越平坦、多岩的西奈沙漠（Sinai Desert），然後是一片光禿的花崗岩山脈，彷彿上了油似的，在太陽下發光，接著踏上海岸的一條小徑，由於路面狹窄，有時不得不涉水而過。他們吃的是烤過兩次的麵包、乾乳酪和鹽漬的牛舌，而且不得不花大錢買水喝，儘管有紅蟲在裡頭蠕動。盜匪在椰棗園偷襲，搶走他們的糧食，不得不拿白銀買回來。趕騾子和駱駝的人不斷抬高價碼，而且要是有誰敢埋怨，他們就把牲畜外加背上的行李一起趕走。兩人幾乎沒闔過眼，到了目的地，他們累到直接從坐騎背上掉下來，還恍惚以為有人伸手搶走他們僅存的一點殘糧。

現在他們開始明白歐洲的香料為什麼賣得這麼貴，而這躺旅程才剛剛開始。

等商隊終於抵達紅海，導遊又說了一個旅客最愛聽的故事。他們解釋說，紅海就是在這裡，海水為摩西和以色列人分成了兩半，並且讓法老的追兵墜馬摔入海中。馬丁．鮑姆嘉登忠實記載，說法老馬車的軌跡和馬匹的蹄印清晰可見，「即使萬一在這一刻遭人破壞，也會在下一刻清楚顯現」。[25]

歐洲旅人驚異地發現，一千四百英里長的紅海其實一點都不紅，形狀就像一條拉長的鼻涕蟲，不斷往北邊的地中海爬行。鼻涕蟲的頭上有兩條觸鬚，左邊是分隔埃及和西奈半島的蘇伊士海峽，右邊是把西奈半島從阿拉伯半島分離出來的阿卡巴灣（Gulf of Aqaba）。在紅海最南端，鼻涕蟲的尾巴嗖地一聲伸進亞丁灣（Gulf of Aden）和阿拉伯海，這裡是印度洋的一部分，介於非洲和印度之間。在紅海和亞丁灣的交會處，非洲的海岸往東邊彎曲，形成一個勾狀的銳角，環抱著阿拉伯半島的西南角。

這兩塊大陸之間的狹窄水道被稱為巴布埃爾曼德海峽（Strait of Bab-el-Mandeb），原意是「淚之門」。由於水流強勁，加上島嶼星羅棋布，船隻通行時非常危險。儘管紅海長達一千英里，但多半布滿了危險的小島與暗礁。遇到強勁的陣風與洶湧的海浪，裝滿貨物的船隻老是撞上岩石，固然有幾艘遠洋船隻能穿越海峽，然後繼續沿著東岸，開到位於紅海中間的吉達（Jeddah），也就是麥加的港口，不過進出巴布埃爾曼德海峽的，絕大多數都是經驗豐富的航海家所指揮的小船。葡萄牙密探在托爾的小港口搭上的單桅帆船，一種傳統的阿拉伯帆船，就是數百年來往返這條路線的典型船舶。船體以厚木板構成，用椰子的纖維縫起來，船帆則是用椰子的腹葉編成的墊毯。為了能夠靈活操作（也因為木材的供應短缺），因此船身輕巧，也會漏水，就算遇到輕微的湧浪，也搖晃得厲

25 "Travels of Martin Baumgarten," 401.

害。等這群商人穿過淚之門，駛向阿拉伯南岸時，已經是他們從開羅出發兩個月後的事，而且這兩個月堪稱度日如年。

兩名密探即將發現香料貿易最核心的大富三角。這三個角的第一個是他們剛剛抵達的港口，而且令人望而生畏。

著名的亞丁港位於一個火山口，火山傲然俯視著葉門本土。城市窩在火山口底部，鋸齒狀的黑色峭壁頂上，是形成警戒線的一系列城堡，環繞著亞丁港，幾乎延伸到海邊。加上海岸後面的堅固堡壘，形成一道碗狀的完整防線，阿拉伯地理學家穆卡達西（al-Muqaddasi）認為這裡像極了一個巨大的綿羊欄。這裡方便船隻停泊，具有天然的防衛屏障，加上所在位置掌握了紅海的入口。自古以來，亞丁一直是一等一的商業中心，而且滿載東方香料和絲綢、寶石和瓷器的遠洋船隻，主要以這裡作為終點站，使亞丁位居中世紀最富庶的貿易城市之一。

這群人從開羅來到亞丁時，把阿拉伯船隻往東南吹向印度的季風已經颳得很厲害。在盛夏時節橫越阿拉伯海，只有下面兩個結果：命喪黃泉，或是在短短十八天就抵達目的地。如果延誤太久，就得再等一年，於是這兩個人決定分頭行事。派瓦就近從亞丁搭船去衣索比亞尋找祭司王約翰，而科維良則繼續前往印度。他們約好在冒險之旅結束後，回開羅會合。

科維良前往印度所搭乘的單桅帆船，比往來紅海的船隻大得多，但同樣只有一根桅杆，桅杆往前傾斜，和一條很長的帆桁相交，三角帆的上沿繫在帆桁上，而且這種帆船是以同樣的厚木板縫製。[26]船上沒有甲板，貨物以厚實的藤墊覆蓋，乘客得自己找地方擠。在熊熊烈日下，幾乎不可能有地方遮蔭，要避開打到船上的海浪，只能靠一條條抹了瀝青的織物或布料，至於伙食，他們只能吃半熟的乾燥米，撒上糖和剁碎的椰棗。單桅帆船的速度很快，他們的阿拉伯船長又是技術高超的航海家，但駛向印度的這幾個星期，感覺過得好慢好慢。

到了年底，科維良沿著印度海岸前往他一路上久聞大名的城市。卡利卡特（Calicut）是貿易三角的第二個點，也是東方的香料與珠寶集散地，密探在這裡待了幾個月，研究這些在歐洲以天價出售的神祕貨品究竟來自何方，又如何定價。他所寫的報告，日後對他的主人帶來深遠的影響。不到幾年，達伽馬就航向印度，奉命直抵卡利卡特。

次年二月，科維良沿著海岸北上返航，沿途記載其他更多港口的地點和貿易情形。現在阿拉伯船隊要回去了，他搭上一艘前往荷莫茲（Hormuz）的船，也就是貿易三角的第三個點。

船隻駛入波斯灣，也就是阿拉伯半島東邊和紅海對稱的入海口，然後前往一座小島，小島的位置控制著一片狹窄的海峽，船隻進港時，只見港口擠滿了叢密的桅杆，透過這些桅杆，科維良看到一座規模相當大的城市，擠滿了來自亞洲各個角落的商人。荷莫茲位於阿拉伯半島驟然突出處，彷彿在伊朗海岸形成一個凹洞的位置，這裡沒有植物，也沒有淡水，必須一壺壺從本土運來。但從印度和遠東出發的海路，以及穿越伊朗到敘利亞、土耳其和伊斯坦堡的陸路，正在此地交會。這裡的市場堆滿了珍珠、絲綢、珠寶、掛毯、香料、香水和藥物，就奢華而言，幾乎沒幾個地方足以媲美。為了讓購物的人走得舒服，街上鋪滿了地毯，屋頂之間的空隙掛著亞麻遮篷，遮蔽熾熱的陽

26 印度洋的船隻不用釘子，據說迷信的水手相信巨大的海底磁鐵會把他們吸走，比較實際的人則看重單桅帆船的彈性，這樣的船隻比較容易拖上岸，一旦撞上暗礁，也比較容易恢復。

光。商人的餐桌上擺了上好的葡萄酒和昂貴的瓷器，用餐時有才華洋溢的樂師在旁演奏。後來有一名葡萄牙旅客轉述說，這裡的食物比法國還講究，還有一名英國的冒險家對女子的美貌嘖嘖稱奇，儘管他覺得她們的裝扮非常古怪，「鼻子、耳朵、脖子、手臂和雙腿都戴了許多鑲了珠寶的環圈，鼻子旁邊也掛了金條。耳朵口被珠寶的重量拉大，」他補充說，「恐怕可以塞得下三根手指。」[27]撇開文化的隔閡不談，這個島市的重要性是不容否認的。有一句阿拉伯諺語說，如果世界是一枚金戒指，荷莫茲就是戒指上的寶石。

科維良現在已經把阿拉伯海五花八門的貿易弄得一清二楚，也知道阿拉伯商人在每一步勢必要面對的危險和高得離譜的稅金。從歐洲渡海過來可能多花一點時間，但絕對不會遇到強盜和海關人員，而且保證可以大發利市。現在只剩一個問題：弄清楚船隻是否真的能從歐洲直接駛進印度洋。

這位葡萄牙密探離開荷莫茲，搭上一艘開往非洲的船，然後在塞拉（Zeila）上岸，這是一個繁忙的穆斯林港口，專門出口黃金、象牙和衣索比亞的奴隸。偉大的摩洛哥旅行家伊本．巴圖塔（Ibn Battuta）認為塞拉是「世上最骯髒、最令人討厭、也最臭的城市」[28]，雖然海象凶險，但街上宰殺魚和駱駝的味道實在令人作嘔，他只好待在船上過夜。科維良沒待多久就走了。他乘船出發，看看可以沿著海岸南下多遠，而且很快有了答案。阿拉伯人在東非海岸定居了好幾個世紀，但他們的單桅帆船禁不起南邊的巨浪。再說，就算有這種技術，他們不認為有必要繼續南下，恐怕也從來沒嘗試過。阿拉伯商隊把非洲內陸的貨品往北運到地中海，往東運到印度洋，根本犯不著把生意轉移到西邊看似空茫一片的大西洋。他們當然不曾嘗試一口氣繞過非洲，把船開到蠻荒的西歐。既然已經控制了半個地中海（包括地中海許多主要的港口），而歐洲的貨物（包含歐洲的許多黃金）又會運過來，又何必花心思繞行非洲呢？

非洲之謎要過一段時間才會解開。科維良北返，並在一四九一年初抵達開羅。這趟旅程雖然值得慶賀，但也弄得他筋疲力盡，而且他已經離家將近四年。他一定很期待趕快和另一位密探會合，然後回到妻子和家人身邊，並且領取他當之無愧的獎賞。

他一直沒找到昔日的夥伴。派瓦在開羅等待期間生了病，而且客死異鄉。

不屈不撓的科維良準備獨自返鄉，而且就在他啟程之前，兩名葡萄牙的猶太人找上門來。他們是奉約翰二世之命前來，兩人解釋說，而且在東西交會、龍蛇雜處的開羅，他們花了不少工夫才找到他。

其中一個人叫約瑟，是來自葡萄牙北部的鞋匠；另一位叫亞伯拉罕，是南部出身的拉比。幾年前，約瑟經陸路前往巴格達（或許是為了研究當地的皮鞋市場），在當地聽說了荷莫茲響噹噹的名聲。回國之後，他設法求見國王，約翰二世對遠來的使者一向來者不拒。另外那位拉比也去過東方，大概是開羅。當兩位密探一去不回，約翰決定派這兩位猶太人去找他。

兩人帶來了國王的信，科維良馬上打開來看。

國王這封信寫得直截了當。約翰寫道，如果任務完成，他們兩個應該回葡萄牙去，等著加官晉

27 十六世紀英國旅行家雷夫．費奇（Ralf Fitch），引文出自Hart, *Sea Road to the Indies*, 71。

28 引文出自Ross E. Dunn, *The Adventures of Ibn Battuta* (Berkeley: University of California Press, 1989), 122。這個索馬利亞城市現在通稱叫薩伊拉奇（Seylac）。

爵。如果任務尚未完成，就由鞋匠約瑟代為報告目前的進展，然後馬不停蹄地完成任務。國王特別交代，除非親自確認祭司王約翰的下落，否則不准返國。不過現在的首要之務，是護送拉比去荷莫茲。國王自然認為拉比比鞋匠更能準確地傳達訊息，而且亞伯拉罕也發誓，不親眼看到荷莫茲絕不回頭。

約翰二世不可能知道他的密探已經親自去了荷莫茲，而且準備完整報告當地的交易情形。科維良身負王命，一如既往，他決心充分執行命令。他給國王寫了一封很長的急報，交給約瑟，然後和新的夥伴一起出發。[29]鞋匠掉頭返國，他帶回的消息對達伽馬迫在眉睫的任務極為重要。

科維良再度橫越沙漠，前往托爾，再度展開緩慢而危險的紅海之行。現在這位密探已經是阿拉伯各港口的常客，兩人很快就從亞丁乘船抵達荷莫茲。現在該見識的地方都見識過了，亞伯拉罕心滿意足，兩人就此分別。拉比回葡萄牙去，大概是和一支前往敘利亞的商隊同行，而科維良則回到紅海。

科維良經紅海前往麥加的港口，吉達。接著就把國王的指示置諸腦後。現在他已經愛上了驚險刺激的冒險生活，就像上了癮的探險家，渴望藉路上的危險來讓生活變得更有滋味。

吉達是個富裕、繁忙的城市，而且嚴禁基督徒和猶太人進入。不過科維良長年搭乘無遮篷的船隻航行，曬出了一身古銅色，而且水手多半懶得剃鬚，自然長出一口大鬍子。除此之外，這四年來，他無論生活和旅行都和穆斯林在一起。他早就改穿穆斯林的服裝，說著流利的阿拉伯語，而且對他們的習俗耳熟能詳。他在吉達完全沒被識破，並且決定更進一步，直接前往麥加。他知道只要有一點蛛絲馬跡，暴露他基督徒的身分，就會被當場處決。

或許，葡萄牙密探剃了頭髮，露出光頭，身上裹了兩塊朝覲穿的白布，進入卡巴天房所在的禁寺，沿著數以百萬計的朝覲者在花崗岩石板上踏出的小徑，繞行黑石七次。或許，如果他在朝覲的時候到了麥加，就跟著推擠的朝覲者前往阿拉法特山（MountArafat），據說是穆罕默德最後一次講道的地方，然後在米納（Mina）向魔鬼投擲石塊，看到為了紀念亞伯拉罕用公羊代替兒子獻祭而大量宰殺的牲畜。大飽眼福之後，他到麥地那參觀正在穆罕默德的墓塚所在地興建的大清真寺，原先的建築物被閃電擊中而大半燒毀。[30]

完成啟蒙儀式之後，科維良離開麥地那，前往西奈沙漠，順路去了聖凱薩琳修道院一趟。瘦骨嶙峋的希臘隱修士打發他去做禮拜（他們對所有朝聖者一視同仁），然後參觀摩西本人親眼見過，或至少是君士坦丁的母親海倫娜（Helena）在前往聖地蒐羅遺跡的途中，奇蹟似尋獲的「燃燒的荊

29 科維良的信有沒有寄到里斯本，是史學家多年來追究不捨的問題。十六世紀的編年史學家費爾南・洛佩斯・德・卡斯達聶達（Fernão Lopes de Castanheda）一開始說有，著作再版時又說沒有。和他同時代的加斯帕爾・科雷亞和賈西亞・雷森德（Garcia Resende）說有，不過那時約翰二世已經過世；雷森德補充表示，信是在達伽馬出發後才寄到的。拉穆西奧說有，信中還說葡萄牙船隻很容易就能抵達印度洋。十八世紀的蘇格蘭人詹姆斯・布魯斯（James Bruce）是衣索比亞探險家，他堅稱科維良的信確實寄到了，此外提供了想像的內容，包括詳細的地圖在內。抵達印度的時候，達伽馬當然知道自己要去哪裡，不過他顯然不知道抵達之後會有什麼發現。看來那兩個猶太人，就算不是書面證據，至少應該有一個人把科維良的發現傳回葡萄牙，不過呢，唉，真相究竟如何，幾乎可以確定永遠不會有人知道。

30 傳說穆罕默德葬在他最心愛的妻子阿伊莎（Aisha）的家裡，後來鄰近的清真寺不斷重建，其中包括一四八一年大火後的徹底重建，覆蓋了穆罕默德的墓塚。中世紀的基督徒傳播謠言，說穆罕默德的棺材是懸空的，然後譏笑這個所謂的奇蹟，說他的棺材是靠磁鐵支撐，才沒有掉下來。

棘」，驚呼一番。誠實面對自己的信仰之後，科維良繼續前往托爾，並且第五度穿越紅海。當時是一四九三年。自從和拉比一起從開羅出發以來，已經過了一年多，而祭司王約翰仍然不見蹤跡。

密探在東非登岸的地點，鄰近衣索比亞高地，千百年來，這道雄偉的屏障保護非洲內陸免於外敵的攻擊。越過沙漠、高原和平原，經歷了重重險阻，他來到了亞歷山大國王的宮廷，他是猶大支派中的獅子、萬王之王、所羅門王和示巴女王的後裔，反正他和他的王朝是這麼說的。[31]衣索比亞曾經是個強國，而且由於地處偏遠，因此保留了古老的傳統。貴族的人數眾多，階級錯綜複雜，國王身為貴族的管理者，擁有眾多妻子和幾十個女兒，其中有幾位是實質的執政者。不過他是基督徒，他的族人也是。[32]

亞歷山大熱情招待來客，科維良獻上一篇阿拉伯語的演說，和一面用多種語言銘刻的黃銅紀念章，從離開葡萄牙之後，他一直留在身邊，等的就是這一刻。演說和紀念章致贈的對象都是祭司王約翰，對於歐洲人老是把他們的國王稱為約翰，衣索比亞人雖然百思不得其解，但畢竟無傷大雅，也就見怪不怪了。

國王收到歐洲來的訊息，科維良後來陳述：「非常高興和愉悅，說要讓他風風光光地回國。」[33]可惜沒有這個機會了。幾個月後，亞歷山大出兵鎮壓叛軍，結果晚上視線不清，被弓箭手用點了火的箭射死。他稚齡的兒子繼承王位，不幸後來得了兒童疾病過世，國家混亂了好一段時間，最後由亞歷山大的弟弟納奧德（Naod）取而代之。科維良馬上請求新王實現王兄的誓約，然後遭到婉拒。納奧德也死得比科維良早，不過納奧德的兒子兼繼承人大衛也無意讓這位旅人離去。既然他的先人沒有答應讓他走，大衛解釋說：「他也不便准許，就這樣。」[34]

去國多年，家人無疑為他難過了很久，科維良早就鐵了心不再回去。他見多識廣，精通好幾種語言，朝廷對他的意見非常看重。國王為他加官晉爵，賞賜封地，最後還當上一個地區的總督。在努力抗拒多年之後，他終究聽從國王的意思，娶了一房妻子。他顯然很有擇偶的眼光，因為這位昔日的密探離家三十三年後，葡萄牙特使來到衣索比亞中部，發現他已經變得豐腴、富有、幸福，而且兒女成群。[35]

---

31 國王叫艾瑟肯德（Eskender），亞歷山大是西化的說法。在西元三世紀的盛世，衣索比亞是舉足輕重的強國，疆域南至蘇丹，東至阿拉伯半島。亞歷山大所屬的所羅門王朝從一二七〇延續到一九七四年。

32 西元四世紀初，一位小時候被海盜綁架的希臘朝臣說服衣索比亞的統治者皈依，並將基督教定為國教，因為伊斯蘭的征服戰爭，衣索比亞和基督教世界很少接觸，因此保留了許多自己的傳統，包括一夫多妻制在內。

33 Alvares, *Portuguese Embassy*, 270.

34 Ramusio quoted in Hart, Sea Road to the Indies, 76。科維良意外發現他不是衣索比亞唯一的歐洲人。一位原本是義大利修士的藝術家宣稱自己在當地住了四十年；弗朗西斯科・阿瓦雷斯（Francisco Alvares）就指出：「雖然以作畫為生，他是個非常值得尊敬的人，是一位了不起的紳士。」另一位歐洲人倒退回沙漠之父（desert fathers，指早期的基督教隱修士）那種禁欲式自我虐待，住在一個峽谷的洞窟裡。二十年後，他把洞穴從裡面封起死，應該不久後就過世了。斷斷續續有其他歐洲人出現，有的是自願前來，有的是被海盜丟上岸的，幾乎沒有一個獲准離開。

35 葡萄牙特使在一五二〇年五月左右抵達，七十歲的科維良把他的冒險故事告訴阿瓦雷斯。這位修士輕描淡寫地說，他「完成了國王交代的所有任務，而且詳細記載下來」。

在等待密探返國的同時，約翰二世總計畫的第二個部分已經大有進展。他任命巴爾托洛梅烏・迪亞士（Bartolomeu Dias）擔任下一次海外探險行動的領導人，迪亞士是王室的騎士，也是一位經驗豐富的船長。他的任務是要一舉解答這個迫切的問題：船隻能否繞行非洲，如果可能的話，再繼續駛向祭司王約翰的國度。

一四八七年八月，也就是佩羅・達・科維良和阿方索・德・派瓦出發三個月後，迪亞士悄悄離開里斯本。[36]船隊包含兩艘卡拉維爾帆船，外加一艘補給船，由迪亞士的兄弟佩羅負責指揮，是當時的一個創舉，因為航程有增無減，有了補給船，就不必因為糧食、水和備用品短缺而提早返航。這幾艘船的體積輕巧，要應付這樣的海上大冒險，不免令人捏一把冷汗，不過事前的準備異常完整，船員也個個經驗豐富。同行的還有兩名非洲男子和四名非洲女子，是葡萄牙以前抓來的俘虜，現在打算派他們上岸打聽印度和祭司王約翰在哪裡。王室的規劃者認為讓女子加入是一記高招，因為她們不像男人那麼容易被攻擊，只不過最後有一名女子死在開往非洲的路上，另外五名使節一到內陸就不見了，從此音訊全無。

船隊行經遼闊的剛果河口，在鯨灣停泊，沿岸的洋流強勁，南下的航程宛如牛步。為了加快速度，迪亞士駛向外海，結果被暴風捲走。接下來的十三天，卡拉維爾帆船被強風先後吹向西邊和南邊，船帆拉下一半，以免船首整個衝進洶湧的大海中。等迪亞士有辦法重新駛向東方，才發現氣溫陡降，航行了好幾天，一直沒看到海岸，於是轉而北行。

沒多久，地平線盡頭的山岳映入眼簾，等船隊向前靠近，水手看到一片由東彎向西邊的沙灘，背後是斜坡狀的綠色田野，牧人在草地上放牛。[37]牧人望了這幾艘不知哪裡冒出來的船隻一眼，連忙把牛群往內陸趕。眼見岸上連個人影都沒有，幾名水手四處尋找淡水，卻發現有許多石塊從山上朝他們扔過來。迪亞士拿起石弓，一箭射死了其中一名攻擊者，接著船隊連忙繼續航行。

連日擔心受怕、筋疲力盡的船員，這下再也吃不消了。糧食所剩無幾，他們同聲表達抗議。補給船落後他們一大段路，如果繼續前進，他們非餓死不可。[38]這時船隊已經發現了歐洲人從來沒見過的一千四百英里海岸線；出一次海就有這樣的成就，算是相當可觀吧？

迪亞士終於屈服，不過他先和手下的官員登岸，取得他們簽署的書面聲明，說他們決心返航。在回程途中，他們才終於看到那獨一無二的壯觀岩岬，背後一系列戲劇化的高峰，構成一座頂端像桌子一樣平坦的山岳。此刻他懊悔不已，把這裡命名為暴風角（Cape of Storms），只不過回國之後，國王決定改成聽起來比較樂觀的好望角。[39]

---

36 迪亞士的這趟旅程幾乎沒有留下任何紀錄。沒有官方報告、航行紀錄、札記或航海圖；有的編年史家幾乎連提都沒提過。巴羅斯扼要地描述了一下，說迪亞士在一四八六年八月出發，一四八七年十二月返航。當時的少數幾個見證者，其中包括杜阿爾特・帕謝科・佩雷拉（Duarte Pacheco Pereira），他的船員發燒、遭遇海難，被返航途中的迪亞士救上船，說他在一四八八年初發現好望角，在同年十二月返航，一四八七年八月是公認的出發日期。

37 迪亞士似乎把這個海灣命名為牧牛人灣（Bahia dos Vaqueiros），他登陸的這片避風的小灣叫聖巴拉斯水泉地（Aguada de São Bras），因為他們在聖巴拉斯的瞻禮日發現水泉。後來葡萄牙用聖巴拉斯的名字為海灣命名，後來被荷蘭人改為莫塞爾灣（Mossel Bay）。

38 其他人回到補給船的時候，發現原來留在船上的九個人已經死了六個。第七個死的是一名辦事員，據說他看到同伴回來，當場氣絕身亡。

39 根據巴羅斯的記載，帕謝科說是迪亞士本人把這裡命名為好望角。

這趟行程前後超過十六個月。船隻斑駁殘破，就算能活著回來，船員的健康也大受影響。他們經歷了一場暴風雨，看見非洲最南端，帶回精確的航海圖，證明偉大的托勒密弄錯了。他們解開了一個古老的謎團，消息一走漏出去，歐洲的製圖師趕忙重新繪製地圖。[40]然而，雖然只差一步就會到達東方，迪亞士不得不承認失敗。既沒有找到祭司王約翰，也沒有發現印度，向國王報告時，他鄭重致歉。他身負王命，不幸任務艱巨，使他功敗垂成。最後得到封賞的不是他，名垂青史的人也不是他。

現在葡萄牙已經繪製出整個非洲西岸的地圖。百分之百證明了整個民族堅定的決心，而且有不少人付出了慘重的代價。然而，在大功即將告成之際，突然發現過去付出的心血可能是一場空。

在一四八八年的十二月，眾人在殿前聆聽迪亞士的報告，其中有一位來自熱那亞的水手，叫克里斯多夫．哥倫布。

✝

一四九三年三月四日，一艘卡拉維爾帆船搖搖晃晃地獨自駛進里斯本的港口，然後在葡萄牙最強大的戰艦旁邊下錨。尼尼亞號遭遇強烈暴風肆虐，連船帆都被扯掉，船長只得就近到唯一的港口避難。

哥倫布壓根不想這樣狼狽地回來。多年以來，他一直試圖說服葡萄牙國王出資贊助他西行至東方的大膽行動。然而約翰二世認定這個義大利人老是虛張聲勢，口出狂言，他的專家委員會對哥倫布的建議嗤之以鼻，二話不說就予以否決。

哥倫布是熱那亞一名織工的兒子，從小就嚮往大海。他在一四七六年初次來到葡萄牙，當時他是一名普通的水手，在一艘運送乳香到英格蘭的商船上幹活兒。船隊在阿爾加維（鄰近航海家亨利當年的營運中心）的外海遭遇猛烈攻擊。當船隻開始下沉，這位年輕的水手躍入水中，抓著一支船槳，半游泳半漂浮地逃到六英里外的岸上。在排除萬難進入葡萄牙國境之後，他設法來到里斯本，當上了貴族的女婿[41]，開始投入葡萄牙的航海事業。

哥倫布不是歷史上第一個提議西行至東方的人。這個觀念至少在羅馬時代就有了，在近年重新成為話題。一四七四年，佛羅倫斯知識界的泰斗保羅·達爾·波佐·托斯卡內利（Paolo dal Pozzo Toscanelli）曾經寫信給里斯本大教堂的司鐸，費爾南·馬丁斯（Fernão Martins），提出西行至印度的計畫，「相較於幾內亞的航線，這樣前往香料產地的距離更短」。[42]司鐸在御前呈上這封信，但沒

---

40 歐洲的製圖師趕忙重新繪製地圖：一四八九年，亨里克斯·馬提勒斯（Henricus Martellus）出版了一份世界地圖，原本畫的非洲一直延伸到頁面底部。得知迪亞士的新發現時，他已經把地圖的雕版做好了，他沒有重畫，而是在地圖邊緣的上方加上好望角。

41 對哥倫布而言，菲利帕擁有最佳人脈。她的父親是巴爾托洛梅烏·佩雷斯特雷洛（Bartolomeu Perestrello），來自熱那亞，也是奉航海家亨利之命為葡萄牙占領馬德拉群島的其中一位船長；她的外祖父曾經在休達作戰。

42 *The Journal of Christopher Columbus* (During His 1st Voyage, 1492-93), and *Documents Relating to the Voyages of John Cabot and Gasper Corte Real*, trans. Clements R. Markham (London: Hakluyt Society, 1893), 4-5。這本書也複製了托斯卡內利寫給哥倫布的信：「我察覺到你從東方的某些地方航向西方的遠大抱負。」然後接著表示：「這樣的航程不但有可能，而且千真萬確，並且一定非常光榮，可以帶來難以計算的利潤，還會成為基督教世界家喻戶曉的人物。」他很有信心的宣稱，東方的王公貴族比歐洲人更渴望見到來自世界另一頭的人，「因為他們有很多是基督徒……因為上述原因，以及其他許多可能提到的

有人把這個計畫當一回事，消息卻傳到新來的熱那亞人耳中。冒險和發財的偉大願景打動了哥倫布，他寫信給托斯卡內利，要他那封信的副本。信件依時送到，另外附上一張地圖，畫出佛羅倫斯這位大師建議的路線，哥倫布馬上惡補相關方面的研究。

他根據閱讀的資料做出幾個結論，顯示西行的航路近在咫尺。

首先是地球的圓周比實際上小得多。哥倫布引用的是極具權威的資料：偉大的托勒密本人把希臘地理學前輩埃拉托斯特尼（Eratosthenes）算出的精準圓周縮小了好幾千英里。西元九世紀的波斯天文學家阿爾法甘尼（Alfraganus）在自己的《天文學元素》（*Elements of Astronomy*）中，把托勒密自己估計的數字往上修正，本書是托勒密地理學說的修正簡易版，直到十五世紀，仍是東方和西方最受歡迎的天文學教科書。不過哥倫布以為義大利哩和阿爾法甘尼使用的阿拉伯哩一樣長，然而前者其實比後者短得多，因此他推斷出的地球比托勒密想像的更加小巧。

除了把地球縮小，哥倫布也把亞洲拉長。[43]從葡萄牙往東到中國海岸的直線距離，估計最短是一百一十六經度，任何想要朝反方向航行的人，必須橫越高達兩百四十四經度的汪洋大海。托勒密比較客氣，他計算的距離是一百七十七經度。但要航行超過半個地球，仍然是一件不可能的任務。不過，哥倫布用的是泰爾的馬里努斯（Marinus of Tyre）的數字，他和托勒密來自同一時代，計算從葡萄牙到中國的距離是兩百二十五經度，只要往反方向航行一百三十五度即可。

即便把地球的圓周估得最低，又把亞洲的寬度估得最高，如果不能定期靠岸，補給新鮮的食物和飲水，任何水手都沒辦法在海上熬這麼久。哥倫布必須證明中途有陸地可以停靠，於是他開始研究馬可孛羅。馬可孛羅指出，日本距離中國海岸足足有一千五百英里，在哥倫布看來，這表示亞洲的距離更近了。他確信日本頂多坐落在加納利群島以西兩千英里的地方，經過日本之後，就會抵達中國、香料群島和印度本身。如果遇到順風，兩三個星期即可抵達。更棒的是，在前往日本途中，可能有一塊踏腳石：安提利亞島（Antillia），相傳在西元八世紀，阿拉伯入侵西班牙時，有基督徒逃到這裡落腳，而且島嶼據說位於遙遠的世界大洋。

哥倫布不知天高地厚，和當時的社會共識作對，在葡萄牙碰了釘子之後，到熱那亞和威尼斯也找不到金主出資。[44]他的弟弟巴爾托洛梅奧到英國和法國試探兩位國王的意思，哥倫布則放棄了葡萄牙，找上他們的宿敵，西班牙。他晉見斐迪南二世和伊莎貝拉一世（兩人住在哥多華，統治卡斯提爾和亞拉岡）並提出他的計畫。兩位君王一面敷衍這位準探險家，一面等候參議官仔細審議，但事情拖了很久，所以哥倫布溜到葡萄牙，再碰碰運氣。

就在這個當兒，迪亞士從好望角回來，在里斯本靠岸。迪亞士的發現對哥倫布無疑是一場災難，因為葡萄牙再也沒興趣尋找西行亞洲這種不切實際的航路。哥倫布悄悄潛回卡斯提爾，又拖了

因素，我很了解大勇氣十足的你，以及葡萄牙所有渴望闖出一番事業的人，應該心急如焚，巴不得趕快展開這趟旅程」（10-11）。

43 一三七五年的加泰隆尼亞地圖所呈現的歐亞大陸從東到西是一百一十六度；眾所周知，馬丁・貝海姆在一四九二年的地球儀上，把寬度增加到兩百三十四度，泰爾的馬里努斯同樣把寬度增加。正確的數字是一百三十一度。以上種種因素加起來，哥倫布把加納利群島到中國的距離低估了至少四倍。

44 哥倫布的想法也隨著時間而改變，根據記載，他最早提到自己的一些資料和計算，是在第一次西行之後。儘管如此，他在遊說金主時非常堅持，顯示他早就為自己的遠大計畫找到了充足的理據。

很久之後，得知斐迪南和伊莎貝拉的專家斷定，他的「承諾和提出的建議可行性低、毫無效益，應予以回絕」。[45]

兩年之後，一切都變了。

一四九二年一月二日，經過十年苦戰，斐迪南和伊莎貝拉征服了伊斯蘭王國格拉納達。據說最後一任蘇丹逃離首都的時候，阿罕布拉宮（Alhambra Palace）紅似夕陽的塔樓在屋頂上方閃著微光，蘇丹轉過身，看了最後一眼，隨即迸出淚水。「你不能像個男人一樣捍衛國土，只會像女人一樣啼哭。」母親斥責他，然後母子兩人一去不回。阿罕布拉宮的新主人魚貫上山，只見宮殿的大門裝飾著五彩繽紛的絲綢，是安達魯斯輝煌遺產的最後遺跡。

消滅了穆斯林在西歐統治的最後一個據點，這對君王夫妻馬上傳話給教宗。「如主所願，」他們藉主之名自誇說，「讓我們徹底打敗了格拉納達的國王和摩爾人，我們神聖天主教信仰的敵人……在付出許多辛勞、經費、死亡和流血之後，被異教徒占領了七百零八年的格拉納達王國……（總算被征服）。」[46]但這封信刻意略過一個尷尬的事實，在過去兩百五十年裡，格拉納達經常是卡斯提爾的附庸，不但提供了搶手的穆斯林貨物，甚至幫忙出兵打仗。

收復失地運動大功告成，也奠定了西班牙統一的基礎，教宗感念斐迪南和伊莎貝拉的貢獻，賜予他們倆「天主教雙王」的頭銜，他們也著手進行宗教淨化。他們很有把握，相信留在西班牙的穆斯林和猶太人很快就會改宗，但民間旋即充斥著復仇的氣氛。猶太人把基督徒孩童釘上十字架，把他們還有溫度的心臟剜出來吃的恐怖傳說，聽得西班牙人背脊直打顫，雖然誰也說不出有哪一家的孩子真的失蹤，卻抓了幾個代罪羔羊活活燒死。當局訂下一四九二年八月二日這個期限，要猶太人一律信奉基督教，否則便處以死刑，格拉納達滅亡短短七個月，大西洋邊的卡地茲港（Cadiz）就擠滿了數萬名要逃離西班牙的猶太人。因為人人急著逃亡，船長獅子大開口，高價銷售船艙的站票，然後把乘客丟下海，或是賣給海盜。另外有人逃到北非，結果被各個城市拒於門外，只能在野地自生自滅。

穆斯林的命運也好不到哪裡去。天主教雙王和末代蘇丹簽訂的條約，諸如承諾維持格拉納達宗教信仰的自由，包括保障清真寺、宣禮塔和宣禮員的安全，都迅速被撕毀。西班牙的穆斯林很快被迫改宗，然後押到刑求室，考驗他們是否真心相信當局強加的信仰。宗教裁判所（Inquisition）是西班牙意識型態淨化的證據，西班牙藉此號稱自己是最純正的基督教國家，然而這也是伊斯蘭和基督教在伊比利交戰多年的另一個結果。除此之外，在經濟上也帶來毀滅性的影響。同年，鄂圖曼蘇丹，征服者穆罕默德二世的兒子和繼承人，巴耶濟德一世，派海軍到西班牙救援，對穆斯林和猶太人一視同仁。他歡迎難民前往伊斯坦堡，完全歸化鄂圖曼帝國，宣稱任何土耳其人欺負猶太人，就可能處以死刑，並且譏笑斐迪南和伊莎貝拉眼光短淺，才會驅逐這麼多重要子民。「人家都說斐迪南是英明君主，」他在朝臣面前嘲笑，「他卻把自己的國家淘空，白白便宜我！」[47]在伊比利被挑起的宗教戰爭，如今產生了反噬作用，讓西班牙承受數百年的罵名。

45 *Samuel Eliot Morison, Admiral of the Ocean Sea: A Life of Christopher Columbus* (Boston: Little, Brown, 1942), 97.

46 Joseph F. Callaghan, *Reconquest and Crusade in Medieval Spain* (Philadelphia: University of Pennsylvania Press, 2003), 214.

47 David F. Altabé, *Spanish and Portuguese Jewry Before and After 1492* (Brooklyn, NY: Spher-Hermon, 1983), 45.

把國內的異類清除之後，雙王把注意力轉向海外。

征服格拉納達的幾個星期之後，伊莎貝拉一世召見哥倫布，在衡量專家的結論之後，拒絕了他的請求。正當這位準探險家騎著騾子，垂頭喪氣地快步離去時，斐迪南二世的財務大臣在宮廷發言。他指出，哥倫布已經從義大利金主那裡弄到一半的資金。當時為了歡迎國外的大使，要舉行一個星期的慶典，而哥倫布整個行動的花費，頂多是一次慶典的費用，而且國庫當然可以挪用一些資金，擠出這筆錢吧？也許哥倫布這位富有的恩人當時就懷疑，他恐怕必須自行籌措大部分的費用；或許，身為一名受洗的猶太人，他有理由堅決相信，只要能讓亞洲人改信神聖的信仰，就值得冒險一試。[48]

伊莎貝拉一世派一名信差去追哥倫布，看到他正準備上船去法國。哥倫布提出的條件很誇張：凡是從他發現的土地獲得的收入，他永久享有其中的百分之十，且由他擔任這些地方的統治者和總督，殖民地的職務也由他全權任命。尤其重要的是，只要登上陸地，就任命他為世界大洋海軍上將。他開出的條件大多被接受了，不過話說回來，沒有人真的指望他會成功。

一四九二年八月三日的日落前半小時，當港口的船隻擠滿了從卡地茲向東航行的猶太人，哥倫布啟程西行，航向亞洲。他的小船隊安全出發之後，他馬上在自己的旗艦聖瑪利亞號的侷促艙房裡坐下，寫下航海日誌裡的第一段話。

「以主耶穌基督之名。」他開始寫道。[49]

哥倫布打算返航之後把日誌獻給斐迪南和伊莎貝拉，所以裡面的話是對他們說的。他讚揚天主教雙王大敗格拉納達的摩爾人，驅逐猶太人又做得多麼正確，並且提醒他們，他現在執行的是一項同樣神聖的任務：

兩位陛下乃獻身於神聖基督教信仰之天主教基督徒暨君主，亦是基督信仰的傳教者，並為穆罕默德與所有偶像崇拜及異端教派之敵人，今決心派遣敝人，克里斯多夫・哥倫布，至上述印度地區，了解上述君王、民族及國度，並（觀察）印度暨各個地區之性情，以及可能使其皈依我們神聖真道之方法，且命令敝人不得循（常用的）陸路前往東方，而必須取道西方，唯迄今無人知曉過往可有先例。

不日之內，他補充表示，他會帶回大批財富，「使雙王三年之內即可籌備並出兵征服聖地。敝人業已懇求兩位陛下，務必將敝人此行獲得之利潤，全數用於征服耶路撒冷之戰」。

在葡萄牙那些年，把哥倫布天生的航海才能磨練得很好，離開加納利群島五個月後，他發現了陸地。他比較欠缺領導人的天分；在短短的五星期當中，船員不止一次威脅要叛變。結果他們發現的是一個小島，但島上的原居民很友善，向他們表示附近還有一座島嶼，比這裡大得多。哥倫布出

48　財務大臣路易・德・聖坦傑爾（Luis de Santangel）本身也贊助了不少海外航行，還額外募款，以免伊莎貝拉必須典當自己的珠寶。哥倫布描寫第一次西行的信，就是寄給聖坦傑爾。

49　這段引文是引用Morison, *Admiral of the Ocean Sea*, 152-55，顯然哥倫布沒有時間在啟航的時候寫一篇精采的演說。這篇序文是斷斷續續寫的，後來才附加上去。

海時，確信自己要去的正是日本（即使當地人稱之為科爾巴〔Colba〕），並且在海岸探險一番。等聖瑪利亞號在聖誕節早上擱淺時，他已經登陸第三個島嶼，隨後返回西班牙。

後來發現這三個島嶼分別是巴哈馬群島的一個小島，古巴和伊斯帕尼奧拉島（Hispaniola），但哥倫布堅信自己已經到了亞洲。的確，東方和他預期中不完全一樣。他發現了一種氣味有點像肉桂的灌木，還有一種堅果，雖然體積小又不能吃，只要發揮一下想像力，就覺得真的很像椰子。乳香樹的產季顯然還沒到，他帶走的黃金其實是黃鐵礦，俗稱叫傻子的黃金。住在茅屋裡的島民，想必是大汗比較貧窮的子民，但無庸置疑，他在日誌中寫道，皇帝的宮殿就在附近。

當殘破的尼尼亞號被吹離航道，必須到里斯本停泊，新任的世界大洋海軍上將捎了一封信給約翰二世，請求國王允許他進入王家碼頭，以免有人潛上船來尋寶，並且強調他的船是從印度群島開來的，不是葡屬幾內亞。在哥倫布旁邊下錨的迪亞士從他的戰艦划船過來的時候，哥倫布上將忍不住炫耀他帶回來的「印度」俘虜，這是他偉大發現的證據。

意外抵達里斯本四天之後，哥倫布晉見葡萄牙國王。他帶了幾個體格最健壯的俘虜，和幾樣從小島帶來的小擺飾。很難不讓人發現香料、寶石和黃金都付之闕如。

國王的心情不佳。兩年前，他的獨子阿方索在太加斯河沿岸騎馬時摔下來，後來在漁夫的小屋裡痛苦地死去。當時十七歲的阿方索已經娶了亞拉岡的伊莎貝拉，是斐迪南二世和伊莎貝拉一世的長女。天主教雙王的獨子病重，眼看阿方索愈來愈可能成為西班牙和葡萄牙的繼承人，許多人懷疑其中有鬼。斐迪南和伊莎貝拉已經用盡一切外交手段，讓這樁婚姻無效，但完全因為政治原因而結合的小倆口，很不湊巧地愛上了對方。說得明白一點，阿方索的騎術高超，擔任他貼身男僕的卡斯提爾人在意外發生後失蹤，從此音訊全無。斐迪南和伊莎貝拉發現前往印度的航海路線，約翰二世眼看自己煮熟的鴨子可能要飛了，自然難以接受。

哥倫布硬是要國王用他一連串的新頭銜來稱呼他，而且特意點出是約翰二世自己拒絕了他，世界大洋海軍上將，送上門的大好機會，讓國王的心情倍加惡劣。約翰的幾位參議官建議殺了這個不知天高地厚的水手，但國王耐著性子聽哥倫布說下去。誰也弄不明白他究竟發現了什麼，但他顯然有所發現。這位海軍上將滔滔不絕地說完了以後，約翰指出他沒有找到香料。哥倫布解釋說他這一趟只到了日本的離島，於是國王改弦易轍，口是心非地說他很高興這次的航行如此順利，但根據教宗詔書的規定，以及卡斯提爾和葡萄牙雙方訂立的條約，新發現的土地無疑是屬於葡萄牙的勢力範圍。哥倫布回答說他遵守雙王的命令，一直離非洲遠遠的；再說，沒有任何一份條約提過西方新發現的土地，因為從來不曾有人揣測過那裡有什麼陸地。

約翰二世不置可否地笑了笑，想到自己錯過這樣一個機會，隨即拂袖而去，然後趕忙寫一封信給西班牙，威脅要派出軍艦，確認哥倫布所言是否屬實，如有必要，將宣布新發現的土地屬於葡萄牙所有。這不是虛張聲勢，他已經吩咐艦隊準備，一旦哥倫布再次出海，便追上前去，斐迪南二世心頭一驚，連忙派遣大使，拜託約翰二世在兩國討論此事以前，暫時不要派出艦隊。

哥倫布終於回到西班牙，不久之後，也就是一四九三年五月四日，教宗親身介入了這一場把世界一分為二的爭鬥。

教宗亞歷山大六世（Alexander VI）不是中立的裁判。他在西班牙出生，而他家族的姓氏：波吉亞（Borgia），日後成為赤裸裸的裙帶關係的代名詞。他最寵愛的情婦給他生了四名子女，並且把教廷的土地大量分配給他們。西班牙的殺手、妓女、攀龍附鳳之輩和間諜在羅馬鬧得天翻地覆，據說教宗宮裡有成堆扭動的軀體。坊間甚至謠傳羅德里哥・波吉亞（Rodrigo Borgia）[50]是靠賄賂才能坐上聖彼得之椅，但他能取得候選人的資格，自然少不了他的朋友，西班牙的斐迪南二世插手相助。天主教雙王有充分的理由相信羅馬站在他們這一邊。

航海家亨利生前發現的亞速群島（Azores Islands）和維德角群島（Cape Verde Islands）是當時葡萄牙最西端的領土，教宗命令在兩處群島的以西一百里格的位置，把地圖從上到下畫了一條直線。[51]直線以西的地方全部歸西班牙所有。這份制定世界新秩序的詔書寫得十分冗長，卻沒有一句話提到葡萄牙，里斯本的處境很快陷入谷底。同年九月，教宗再次頒布詔書，撤銷了過去讓葡萄牙殖民新土地的所有許可。教宗解釋說，既然西班牙在西行或南行時，有可能「發現今日或昔日屬於印度所有的島嶼及大陸」，屆時西班牙將獲得「位於、可能位於、或可能似乎位於西行或南行的航線或旅程中的任何已尋獲與將尋獲，已發現與將發現的土地，無論這些土地是位於西方，或是印度以南及以東的區域」。[52]由於印度的疆域大小不明，這麼含糊曖昧的說法，幾乎可以涵蓋任何地區，包括非洲大部分的地方。

葡萄牙幾十年的地理新發現，突然可能化為烏有。

西班牙在教廷頒布第二份詔書的前兩天，再度派遣哥倫布西行，在時機上，與教廷勾結的意味甚濃。這一回，世界大洋海軍上將率領十七艘船和一支一千兩百人的軍隊。他到巴哈馬群島和安地列斯群島探險，發現了新島嶼，在波多黎各上岸，然後重回古巴。此行事關重大，而且哥倫布迫切需要斬釘截鐵的證據，證明他能帶回東方的財富。他手下的人到處聞樹木的氣味，說服自己相信樹上長的是香料，只不過和上次一樣，樹木還沒結出果實。哥倫布命令他的新子民按季進貢黃金，如果有誰不交，他威脅說，一律砍去雙手。由於不可能達到配額，許多人被斬斷雙手之後流血致死，另外有好幾千人服毒，但求早死早了。另外還有數百人被趕在一起，母親逃亡時不慎把嬰兒掉在地上，後來被運回西班牙販賣，許多嬰孩在途中死亡。西班牙放肆展開野蠻的劫掠和屠殺，新大陸各地冒出一座座冷峻的斷頭台，數也數不清。[53]

---

50 編按：就是前面提到的亞歷山大六世。作者注：亞歷山大六世擔任教宗時期一個比較正面的事蹟，是拒絕姑息斐迪南和伊莎貝拉驅逐猶太人的法令。他在羅馬收容了一些從西班牙來的難民，以及後來從葡萄牙來的難民，因此在西班牙得罪了不少人，不過就像他的死敵朱利安諾・德拉羅韋雷（Giuliano della Rovere）所說的，這一點很難證明他偷偷隱瞞了自己猶太人的身分。

51 一里格原本是指一艘普通的船隻於一般狀況下，在一小時內能航行的距離，大約是現代的三海里。

52 即*Dudum Siquidem*，頒布於一四九三年九月二十六日。原文及英文翻譯出自Davenport, *European Treaties*, 79-83。之前的詔書是一四九三年五月四日頒布的*Inter Caetera*，收錄於*European Treaties*, 71-78；三份詔書在短時間內一一頒布，*Dudum Siquidem*是第三份，教宗也愈來愈偏袒西班牙。

53 早期殖民的巴爾托洛梅・德・拉斯・卡薩斯（Bartolomé de las Casas）後來出家，當上了主教，他記載說殖民者有不少是被定讞的重罪犯，「打賭誰能把人砍成兩半，或是一刀把頭砍下；或是把人開腸剖肚。他們抓住嬰兒的腳，從他們母親的懷裡搶過來，把頭往石頭上撞……他們把其他嬰兒的身體，還有他們的母親和她們前面的所有人叉在劍上」。囚犯被吊在斷頭台上，高度正好讓他們的腳差點碰到地面，為了榮耀並尊崇我們的救贖者和十二位門徒，分成十三人一組，在斷頭台底下放木柴，用火把印地人活活燒死。」引文出自Kirkpatrick Sale, *The Conquest of Paradise: Christopher Columbus and the Columbian Legacy* (London: Hodder & Stoughton, 1991), 157。這個按季進貢的制度很快被體制化的奴隸制度所取代。但當然，不管多麼放肆的暴行，造成的死亡也遠遜於疾病所消滅的原住民人口。

哥倫布尚未返航時，約翰二世派使節直接和西班牙協商。他的海軍比較強大，而且他也很清楚，斐迪南和伊莎貝拉債台高築，還得忙著建立新國家。除此之外，負責在西班牙皇家議會打探消息的人向他密報，天主教雙王願意把教宗霸道的詔書當作和葡萄牙協商的立場。

雙方在西班牙小鎮托爾德西里亞斯（Tordesillas）會面，和葡萄牙只有一道邊界相隔。由教宗的特使居間協調，議約雙方達成妥協。西班牙同意把邊界線再往西移兩百七十里格，大約位於維德角群島和哥倫布發現的西印度群島的中間點。凡是在這條線以西發現的土地，葡萄牙都承認西班牙的主權，西班牙把這條線以東的所有土地，無論是不是印度，都全數讓給葡萄牙。新條約在一四九四年六月七日簽訂，是葡萄牙眼中的一大勝利。說得更準確一點，這是歷史上最令人不齒的政治交易，不過到頭來，這份條約固然解決了一些問題，但製造出的問題也不少。雙方打算等將來兩國聯合航行時，再確立如何在四處散落的島嶼之間，起算三百七十里格的距離，但後來就不了了之了。無論如何，人類無法在海上精確地斷定船隻的經度，自然無從得知自己是否跨越了界線。也沒有人費心去想，這條線究竟只是分割西半球，還是把整個地球畫成兩半

西班牙和葡萄牙陷入瘋狂的競逐，拚命把自己的信仰和版圖擴張到地球另一端。而那些歐洲幾乎連聽都沒聽過的國家，很快就發現他們被兩個聞所未聞的歐洲強權瓜分了。

第二部

探險
EXPLORATION

我已經決定，我國最應該走的路，莫過於尋找印度和東方國度。

……用武力從異教徒手中奪取新王國、國家和巨大的財富。

——葡萄牙國王曼努埃爾一世

第七章　指揮官

里斯本濱海造船廠的木造鷹架底下，兩艘船逐漸成形，看上去沒什麼特別。等木匠完成了矮胖的肋材骨架，把厚木板釘好，船體開始有了矮胖的形狀、寬而垂直的船首，以及高聳、方正的船尾，和停泊在這個忙碌港口的幾十艘貨船大同小異。這兩艘船顯然打造得很堅固，木材是特地從王家森林砍下來的，但體積相當小巧，首尾全長大概是八、九十英尺。只有幾個知情人士曉得，這兩艘準備在未知的海域展開一趟極其漫長的旅程。

造船的工匠完成了船體，朝天空豎起高聳的桅杆，然後固定在龍骨上。桅杆周圍鋪上甲板。主甲板上方有了高大的艏樓，還有更加高聳的艉樓，兩者都非常堅固，萬一攻擊者登船，可以把這裡當作最後的防守陣地。[1]把船舵裝在長長的舵柱上，固定於船尾，再把厚重的木舵柄與舵柱頂接

1　艏樓和艉樓是西北歐的寇格船（cog）留下的傳統，這種商船和戰船在船首和船尾有帶城垛的塔樓，讓弓箭手從裡面向敵人射擊。到了十五世紀，艉樓已經變成了艙房，頂上是排便的甲板，艏樓則變成三角形的高台，往前凸出，坐落在船頭的肘板上。

合。船首斜桅固定於船頭，充作額外的桅杆，猶如獨角獸的尖角，向天際昂揚。把船隻守護神的船首雕像置於船頭最顯眼的位置，接著進行各種裝配。

碼頭工人用手推車接力把石塊推上陡峭踏板，倒進船艙當壓艙物。製繩工人把亞麻編成的大纜和索具捲在偌大的木鼓上，製帆工匠拿來大張的帆布。把鐵錨裝在船頭，然後把備用品存放在船艙。在船體的上舷側塗上漆黑的焦油混合物，以免木材腐爛。在水線以下的部分，把填絮塞進厚木板之間的接縫（填絮是從塗上焦油的舊繩索挑出的大麻纖維），再澆上滾熱的瀝青，形成防水的密封層。船底再塗上難聞的瀝青和牛脂混合物，免得藤壺黏上來，拖住船體，而且這樣一來，熱帶昆蟲也不會在船底蛀出許多坑洞。在此同時，一批批工人拖來一車車的大砲，大砲的砲管是把鍛鐵桿放進火爐捶打而成，然後以鐵箍強化。每艘船裝上二十門大砲，有些是笨重的射石砲，捆在木製的底座上，另外也有比較輕的隼砲，不過就連最輕一座的也有幾百磅重，架在叉式底座或鐵旋軸上。從十五世紀中開始，開往非洲的葡萄牙船就配有加農砲，而強化的船隻還經過特別設計，可以支撐大型的射石砲，不過眼尖的人可能會赫然發現，這兩艘船的武器超過了大多數的船隻。

有個披著黑色斗篷的人仔細盯著每一步的進展。迪亞士奉約翰二世之命，著手打造這兩艘船。從個人的慘痛經歷，他知道卡拉維爾帆船的體積太小，碰上長達幾年而非幾個月的航程，未免太過辛苦，而且重量太輕，吃水太淺，實在禁不住南大西洋的劇烈暴風。因此他採用的設計藍本，是結合北歐和地中海的造船傳統所演化而成的多用途商船。這兩艘新船的主桅和前桅裝上了橫帆，後桅則掛了一張大三角帆。相較於卡拉維爾帆船，這兩艘船的船身笨重，速度比較慢，也不像卡拉維爾帆船那樣，可以迅速搶風轉向，但空間比較大、穩定度高，也比較安全。迪亞士刻意把船設計得密緻一點，有著一百到一百二十噸的載重量，大約是卡拉維爾帆船的兩倍，以便在岸邊的淺水域航行，也能進入水深的河口。儘管如此，明眼人一看就知道，兩艘原本是在歐洲各海岸運送大批貨物的船隻，即將展開一趟極其危險的航程。

約翰一開始就打算派這兩艘船前往印度，但他甚至來不及親眼看它們駛離里斯本。[2] 國王久病多年，有人說是獨子阿方索的死令他傷心過度，也有人說是因為他定期服用毒藥，到了一四九五年十月二十五日，國王終於溘然長逝。他親吻了十字架上的耶穌像，為自己暴烈的脾氣懺悔，並且拒絕臣下以王家的頭銜稱呼他，「因為我只是一袋塵土和蟲子」。[3] 他在飽受痛苦後死

2 迪亞士繞行非洲之後，為什麼停頓了將近二十年，才派遣達伽馬展開新的地理大發現？誰也沒辦法清楚回答這個問題。可能是約翰二世在等密探傳回消息，以及和西班牙的條約塵埃落定，此外他當然在為死去的兒子哀悼，也必須應付從國界的另一頭湧來的猶太難民。威尼斯密探李奧納多．達．卡馬瑟（Leonardo da Ca' Masser）說曼努埃爾一世生性軟弱、反覆無常、而且毫無決斷力，剛即位那兩年，滿腦子只顧著協商他的婚姻大事，而且國內也一致反對這些探險活動。有些葡萄牙史學家屬意的說法是葡萄牙從一四八八到一四九七年派了許多船隊到印度，甚至比哥倫布更早發現美洲，不過一直沒有得到證實。他們的立論基礎是達伽馬顯然是信心滿滿地循新航線前往好望角；約翰二世堅決把他們和西班牙的分界線再往西移兩百七十里格，使巴西落在葡萄牙這一邊；著名的阿拉伯航海家艾哈邁德．伊本．馬吉德（Ahmad ibn Majid）顯然曾經提到有「法蘭克人」的船隻在一四九五年造訪莫三比克；還有里斯本的麵包廠在一四九〇到一四九七年之間賣出了大量海餅乾。這些細節都能找到合理的解釋，不必假裝有幾百名異常低調的水手，更別提葡萄牙國王絕不可能不主動宣揚他打敗了哥倫布。

3 Edgar Prestage, *The Portuguese Pioneers* (London: A. & C. Black, 1933), 246.

去，得年四十歲。由他的堂弟兼妻舅曼努埃爾繼承王位。[4]

國王曼努埃爾一世在一個充斥著陰謀的宮廷長大。約翰一世在與貴族鬥爭期間，殺了曼努埃爾的哥哥和姊夫。他認為曼努埃爾膽小懦弱，根本不放在眼裡，最後由於無法為自己的私生子喬治爭取合法地位，只好指定曼努埃爾繼承王位。新國王虛榮自大，為人反覆無常，他很喜歡穿新衣服，所以宮廷有半數人穿的都是他不要的舊衣，而且他非常害怕政敵，因此在漫長的統治期間，一共只開過三次全國性議會。如同許多虛榮自負之輩，他信仰虔誠、生活嚴謹，他只喝水，吃的也都是清淡無油的食物。他很快得了一個綽號，叫「幸運者」，除了因為他跌破眾人眼鏡，坐上了王位，也因為他登基的時候，先人苦心經營的偉大事業進入了關鍵時刻。然而，就像那些王公貴族各自以不同的方式對海外新發現賦予新的動力，不管是好是壞，信仰虔誠的曼努埃爾將在歷史上留下深刻的印記。約翰一世一度展現出的強烈現代精神，已經倒退回本質上屬於中世紀的王家世界觀，驅使葡萄牙船隻深入伊斯蘭世界中心的動力，是信仰，而非條理分明的計算。

這位二十六歲的國王尚未娶親，登基後不久，伊莎貝拉和斐迪南就主動表示要招他作女婿。新娘亞拉岡的伊莎貝拉，原本是約翰二世的兒子，也就是曼努埃爾一世的姪子阿方索的妻子。阿方索的死令伊莎貝拉傷心欲絕，並且回到卡斯提爾，自願為阿方索守寡。如今要被迫嫁給亡夫的堂叔，不免感到驚恐莫名，她提出幾個條件，除非曼努埃爾答應，她才願意出嫁。曼努埃爾如果想結這門親事，就得仿效她父母的做法，把拒絕改信基督教的猶太人悉數逐出國境。曼努埃爾國王有鴻鵠之志，一心想將鄰國納入版圖，當天主教雙王年僅十九歲的獨子在參加姊姊的婚禮途中過世，他對新娘的感情就急遽加深。曼努埃爾這下成了卡斯提爾的繼承人，自然很有可能成為整個伊比利半島的霸主。[5]

一四九二年，好幾萬猶太人從西班牙逃到葡萄牙。如今再度亡命天涯。

依照官方規定，長久以來，葡萄牙的猶太人只能住在所謂的猶太人區（judiarias）。葡萄牙的猶太區在歐洲算是比較好的，最古老的猶太區位於里斯本，坐落在商業區和港口之間的精華地段，基督徒白天可以進去，可是一到晚上就得繞道而行，因此非常不滿。不過，在實務上，猶太的重要人物想住哪裡就住哪裡，從來不受任何局限。他們是葡萄牙的經濟命脈之一，對於海外的地理新發現，同樣也扮演舉足輕重的角色。航海家亨利雇用了猶太的航海、製圖和數學專家；猶太人也擔任國王親信的參議官，以及使節與探險家，就像鞋匠約瑟和拉比亞伯拉罕。然而，一四九六年十二月五日，國王下令葡萄牙每個猶太人必須在十個月內離境，否則一律處死。[6]到了次年的復活節，猶太教堂被查封，希伯來文書籍被沒收，孩童被迫離開父母和家人，送到基督教家庭養大。

私底下，曼努埃爾一世對這項新政策並沒有他對外說的那麼欣賞。他很清楚猶太人大批出走，

---

4 編按：約翰二世的叔父斐迪南，跟堂妹比阿特麗斯結婚，生下女兒埃莉諾跟曼努埃爾，所以曼努埃爾是約翰二世的堂弟。另外，因為約翰二世也跟上述的埃莉諾，也就是他堂妹結婚，所以曼努埃爾同時是約翰二世的小舅子。

5 伊莎貝拉的弟弟約翰在參加婚禮的途中死亡，當時他已經結婚六個月；遺孀懷有身孕，但兩人的女兒是死胎，於是伊莎貝拉就成了卡斯提爾的繼承人。一四九八年，伊莎貝拉在生產時死亡，摧毀了曼努埃爾統治西、葡兩國的希望；他們的兒子也曾是兩國的王位繼承人，但在兩歲時死亡。

6 二〇〇八年的一場典禮中，葡萄牙司法部長何塞·維拉·雅爾丁（José Vera Jardim）表示，驅逐猶太人是葡萄牙歷史上黑暗的一頁，對於這幾百年的殘酷迫害，他宣稱國家虧欠猶太人一份道德上的補償。

一定會造成人才的嚴重流失，而且他想把大多數的猶太臣子留在身邊。選擇流亡的人只能搭國王指定的船隻離開；一到港口，就看見神職人員和士兵，軟硬兼施，盡可能說服他們受洗。一四九七年九月，當局把其他大多數的猶太人集中在一起，帶到里斯本強迫受洗；大概只有四十個人不肯低頭。曼努埃爾宣布，從今以後，改宗的猶太人和他們的後代子孫一律被稱為「新基督徒」，同時頒布了很長的寬限期，在這段期間，任何人皆不得查探他們的信仰。表面上，他確實達成了岳父母的要求，骨子裡卻完全不是那麼回事。但他耍這個花招是出於功利，而非宗教上的寬容——他回答說，此舉讓數以千計的靈魂免受永恆的懲罰，帶他們進入真實的信仰。曼努埃爾點燃了一條很長的引信，宗教淨化同樣會在葡萄牙燃起燎原之火。

固然天主教雙王並未加以慫恿，但曼努埃爾卻在同一時間全數驅逐了在葡萄牙的穆斯林。葡萄牙依然隨處可見的伊斯蘭歷史遺跡，包括位於里斯本王家聖喬治城堡正下方的堡壘。迷宮般的街道從山上蜿蜒而下，以鵝卵石樓梯互相串連，然後在小廣場交錯。廣場的噴水池發出清脆聲響，沿街刷白的牆壁上，不時會出現隙縫，可以從中窺見裡面的庭院，聞到柳橙樹的陣陣清香。然而留下來的穆斯林寥寥可數，他們只能在幾條偏僻的街道活動，政府規定他們必須繳稅，不得從事商業活動，還必須在頭巾上別一個半月形的標誌。[7]在西班牙完成宗教淨化的前幾年，曼努埃爾把殘餘的宗教和平共存劃下句點，葡萄牙正式成為純粹的基督教國家。

國王的參議官對國內的新政策沒什麼意見，反而是國王鎮日夸夸其談，說要改變世界，才真正令他們膽戰心驚。暴君約翰二世死後，許多人趁機把隱藏多年的恐懼宣洩出來，認為航向印度的企圖愚不可及。抵達印度的希望渺茫，他們指出，途中的艱險卻不容置疑。即使真的奇蹟出現，讓他們橫渡危險的大海，到達那片遼闊而神祕的國度，誰知道還有什麼危險在等著他們？光是守住休達就不簡單了，又如何奢望征服印度？更糟糕的是，一旦向東方發動攻擊，無疑是與財力遠超過葡萄牙的強權為敵，尤其是埃及和威尼斯，並且對本國造成威脅。

言者諄諄，聽者藐藐。曼努埃爾一世繼承了先人留下的神聖義務，決心為國爭光。既然不能動之以理，他回答批評者說，上帝會庇佑他的王國，成敗自有上帝決定。

這位年輕的國王和許多國人都相信，有一隻神聖的手在背後推動葡萄牙的海外探險。因為他們有一個信念，葡萄牙這個國家既然是聖戰的產物，自然有義務對抗伊斯蘭，直到世界的盡頭。西元一五〇〇年很快就到了，君士坦丁堡淪陷之後，冒出各式各樣的末世論者。在信仰虔誠的妻子鼓勵下，曼努埃爾逐漸以救世主自居。他認定自己得到了聖靈（Holy Spirit）直接的啟示，要他開創一個基督教全球化的新時代。他即將派遣海軍艦隊前往東方，預先鋪路，務求要達成曼努埃爾外交新政策的最高目的：最後的十字軍東征，重新奪回耶路撒冷，根據聖經預言，在這件大事發生後，黑夜將化為白晝，末日將會降臨。

✢

船隻即將完工時，曼努埃爾一世命令他的代表盡快裝船。碼頭工人在每塊片板上安裝兩艘划槳

7 里斯本的這個地區叫阿爾法瑪（Alfama），出自阿拉伯語的 al-Hamma，意思是「噴泉」或「浴池」。到了十五世紀，只有一間清真寺留下，不過只要不惹事，信徒可以在清真寺集會，管理社區事務。

船，一艘是有槳帆船，一艘是比較輕的小帆船，接著裝上長槳，一旦遇上緊急狀況，可以划船前進。船艙裝滿一箱箱的鐵製和石造砲彈與彈丸，備用的船帆和索具，羅盤和測深錘，威尼斯沙漏和各式各樣的交易商品。石弓、戰斧、長矛和戰矛、矛與刀劍等各式武器，一律妥善收藏。搬運工把一箱箱的酒、油、醋，一桶桶的海餅乾、醃肉和醃魚，還有乾果扛上船。[8]船員預計要離家三年，但誰也不確定這一趟究竟要去多久。

船隊還包括另外兩艘船。向領航員貝里奧斯（Berrios）買來的貝里奧號重五十噸，是一艘輕快的卡拉維爾帆船。最後，國王吩咐向里斯本一位船主買下一艘兩百噸的補給船。

艦隊幾乎萬事齊備，最後幾個職務的人選，交由指揮官決定。

這一次帶隊的不是迪亞士。不只是因為他上次在即將駛入東方之際，向抗命的下屬屈服。迪亞士是職業水手，一直從事探險和繪製航海圖的工作。這次新任務的領導人不但要熟諳海事，也必須是個外交人才，必要時還得帶兵打仗。指揮官不只要抵達印度，到了印度之後，還要和對方磋商如何結盟，把伊斯蘭一腳踢開，讓葡萄牙坐穩東方強權的位子，而且絕不能讓西班牙捷足先登。他必須能啟發、哄騙、威脅對方，而且萬一不能說之以理，就只好訴諸武力了。簡單地說，現在需要的，是一個能夠指揮水手的船長，一個能和君王商談的使節，同時也是一個有本事扛起耶穌旗幟的十字軍戰士。

這個要求很高，符合這些條件的人屈指可數。當時的葡萄牙仍是粗野之地，主要由教會和掌握兵力的貴族控制。教會人員的數量快速增加，里斯本新大學的水準低劣，連續好幾任教宗都禁止他們教授神學。有個波蘭人在一四八四年來到葡萄牙，發現眼前的景象實在令他難以消受。他敘述說，葡萄牙人不分階級，一律「粗鄙、貧窮、無禮、自以為睿智，但其實蒙昧無知。和英國半斤八兩，任何社會無法與其相提並論……他們長相醜陋、膚色黝暗、黑漆漆的，簡直像是黑人。至於當地的女人，沒幾個漂亮的，幾乎都跟男人沒兩樣，不過大多有一雙烏黑的大眼睛」。[9]但他補充說，至少葡萄牙人沒那麼粗魯和遲鈍，比較忠心，也不像英國人那麼放縱。

最後，曼努埃爾一世看中了一個年輕的朝臣，一名Fidalgo，也就是在王室任職的貴族子弟，此人不但胸懷大志，似乎也兼具了這件任務需要的各種能力。[10]

瓦斯科．達伽馬這個人選實在令人跌破眼鏡，而國王為什麼會任命他，連葡萄牙的編年史學者也是眾說紛紜。有一說是曼努埃爾原本指派他父親擔任統帥，父親死後，就瓦斯科承繼下去。另外也有人說，原本要繼承統帥之職的是瓦斯科的哥哥保羅，而他以身體孱弱為由拒絕了，只不過他的健康顯然不差，才會主動請纓擔任其中一艘船的船長。第三個說法是國王見到在宮裡行走的瓦斯

---

8 海餅乾又稱為船上的餅乾或壓縮餅乾（hardtack）。餅乾一詞出自中世紀的拉丁文bis coctus，意思是烘焙兩次，只不過船上的海餅乾是一種高密度的全麥麵包，要烘焙四次，好延長食用期。這是水手必備的主食，在約翰一世統治期間，成立了王家餅乾處，確保供應充足。

9 語出波普羅的尼古拉（Nicholas of Popelau），引文出自Henry H. Hart, *Sea Road to the Indies* (London: William Hodge, 1952), 44。尼古拉對葡萄牙女性的看法是基於敏銳的觀察。他指出：「她們允許別人盡情凝視她們的臉孔，還可以盯著她們的胸脯看個夠，因為這個原因，她們內衣和外衣的胸口都開得很低。腰部以下穿了許多條裙子，好讓臀部顯得豐滿美麗，老實地說，這麼渾圓的臀部比人世間任何東西都美麗。」不過他警告未來的追求者，她們好色、貪婪、薄情、卑劣、又淫蕩。

10 Fidalgo字面上的意思是「某人的兒子」。原本是指貴族出身的子弟，後來也用在約翰一世創造的新貴族身上。到了達伽馬的時代，可以用這個頭銜和新一波的暴發戶、從中產階級任命的騎士做個區隔。

科，就立刻相中了他。最可能的原因是此行一去就是三年，不但環境惡劣，而且很可能客死異鄉，有意願領軍出海的人實在不多。瓦斯科．達伽馬已經是曼努埃爾能找到的最佳人選。[11]

光憑達伽馬的家世，應該很難謀得高位，連他出生的地點和日期，也是不清不楚的。他大概是在一四六九年生於錫尼什（Sines），一個位於里斯本南方一百英里的大西洋小海港。[12]傳說他出生在一間儉樸的石屋，位於一座小城堡的灰色城垛下方，父親埃斯特旺（Estêvão）是當地的最高行政長官兼軍事司令官。這是個體面的職務，絕不會辱沒了這個素有名望的家族。達伽馬家族的人在阿爾加維打過摩爾人，也曾在國王的麾下和卡斯提爾作戰，而瓦斯科的母親伊莎貝拉的祖父，是英格蘭一位騎士，叫腓特烈．薩德利（Frederick Sudley），早年到葡萄牙和卡斯提爾作戰，後來在當地落地生根。

瓦斯科．達伽馬家裡有五名婚生子，他大概排行第三；另外他至少有一個姊妹，還有一個同父異母的哥哥，是他父親的私生子，也叫瓦斯科．達伽馬。等到他出生的時候，他父親已經弄到了一份閒差，擔任維賽烏（Viseu）公爵斐迪南門下的騎士，斐迪南擁有頂尖的人脈關係，他是航海家亨利的姪子、養子和繼承人，曼努埃爾一世的父親阿方索五世的弟弟，也是基督騎士團與聖地牙哥騎士團的團長。[13]這樣一個恩主確實值得投效，埃斯特旺也在誅殺摩爾人的騎士團升到了中等位階。一四八一年，年輕的達伽馬受邀出席騎士團的理事會議，穿上了看似隱修士的制服，是一件繡了紅十字的白袍，十字架下端的形狀就像一把劍。自古以來，隱修騎士和穆斯林勢不兩立，耳濡目染之下，這位新進的十字軍戰士也對穆斯林深惡痛絕。[14]

小鎮順著山坡，從城堡零零散散地向下延伸，到了海邊，一個小海岬和多岩的沙嘴形成了很小的碼頭，漁夫在這裡卸貨和補網。毫無疑問，瓦斯科和家裡的兄弟先是跟漁夫學會了航海的技術。作為一個小貴族的兒子，他可能被送到素有名望，以學術研究著稱的城市埃武拉（Évora）求學，將近二十歲的時候，可能和同儕一起在摩洛哥作戰。當然，他從小時候就任性、自負。一四九二年的一天夜裡，他和王室的一名侍從在外遊蕩，一名行政長官上前盤問這兩個夜不歸營的傢伙。達伽馬悍然拒絕表明身分，這位行政長官想扯下他的斗篷。兩個年輕人出手抵擋，結果是靠幾個同僚幫忙，他才好不容易從混戰中脫身。

儘管天生脾氣火爆，一四九二年，達伽馬已經從地方升到王宮任職。這一年，一艘法國私掠船，也就是在國家特許下攻擊和劫掠敵國貨船的私營船隻，劫持了一艘載著大批黃金，要從非洲返

11 達伽馬最晚近（也最好）的學術傳記作者謹慎地提出，達伽馬並非國王屬意的人選，而是一群反對國王的貴族決定的；作者巧妙地暗示，曼努埃爾之所以接受他，是萬一力量不足的艦隊遭遇劫難，國王可以把責任推給反對派。不過由四艘船組成一支船隊出海探險，規模不算特別小，而迪亞士和哥倫布都只有三艘船。如果此行的目的是貿易或移民，那未免嫌小，從這一點看來，葡萄牙距離抵達印度並非只有一步之遙。參見尚傑．蘇布拉曼楊（Sanjay Subrahmanyam）的研究：*The Career and Legend of Vasco da Gama* (Cambridge: Cambridge University Press, 1997), 67。

12 也有人說達伽馬生於一四六〇年。最主要的證據是一四七八年以卡斯提爾的伊莎貝拉的名義發出的一份通行證，領取通行證的瓦斯科．達伽馬一定超過九歲，不過達伽馬的姓氏並不罕見。儘管稀少，但也有其他資料顯示他生於一四六九年，如今已成為共識。

13 葡萄牙獨立時，葡萄牙支團脫離了和伊比利半島的騎士團。以葡萄牙西南部為權力基地，也是達伽馬的出生地。騎士團擁有大量土地，形同國中之國。

14 蘇布拉曼楊全面調查過有關達伽馬家庭和他早年生活的少數文獻。參見 *Career and Legend*, 58-68。

航的葡萄牙船隻。約翰國王以牙還牙，下令把葡萄牙海域上的法國船隻全數扣押，然後派二十三歲的達伽馬到里斯本以南的各個港口執行命令。依據史官記載，這個年輕人早已在葡萄牙的「海軍艦隊和海事單位」任職，也得到國王的信任。三年後，達伽馬以貴族子弟的身分在曼努埃爾一世的王室任職，加入聖地牙哥騎士團，名下有兩個莊園。他的舉止粗魯，行事也有些魯莽，但為人聰明、胸懷壯志，為了功成名就，不惜以身犯險。或許有人懷疑，以他這麼火爆的性子，適不適合擔任這個職務，但就算這種特質不適合外交談判，至少應該可以管住船員。無論如何，國王顯然在他身上看到了一個天生的領導人應有的自信心和堅強的意志。由於達伽馬不是什麼響噹噹的人物，對於這個肩負著葡萄牙，也有人認為是肩負基督教未來的人，我們大概只知道這麼多了。

＋

瓦斯科．達伽馬第一個挑中的船員是他的哥哥保羅。兩兄弟感情極深，雖然看不出保羅有什麼航海經驗，不過船隊出海時，忠誠比什麼都重要。

兩艘新建的船隻是以船首像雕刻的兩位聖徒命名。瓦斯科以稍微大一點的聖加百列號當旗艦，而它的姊妹船聖拉斐爾號，則由哥哥保羅擔任船長。他把貝里奧號交給世交好友尼古拉．科艾略（Nicolau Coelho）指揮，他自己的侍從岡薩羅．努內斯（Gonçalo Nunes）負責掌管補給船。鞏固了自己的權威之後，他從葡萄牙經驗最豐富的水手當中，挑選其餘的高級船員。

聖加百列號：

佩羅．德．阿倫克爾（Pêro de Alenquer），首席領航員。負責整個艦隊的導航，他曾經跟著迪亞士航行到好望角，後來回到剛果。

岡薩羅．阿爾瓦雷斯（Gonçalo Álvares），航海專家。旗艦的船長，曾經參與迪亞哥．康的第二次航行。

迪亞哥．迪亞士，辦事員。巴爾托洛梅烏．迪亞士的弟弟。辦事員又叫作抄寫員或文書，是船上極少數真正受過教育的人，負責保管所有的紀錄。

聖拉斐爾號：

約翰．德．科英布拉（João de Coimbra），領航員。

約翰．德．薩（João de Sá），辦事員。

貝里奧號：

佩羅．艾斯科巴（Pêro Escobar），領航員。他曾經在費爾南．戈梅斯的船隊任職，也曾跟著迪亞哥．康駛進剛果。

阿爾瓦羅．德．布拉加（Álvaro de Braga），辦事員。

補給船：

阿方索．岡薩爾維斯（Afonso Gonçalves），領航員。

再加上普通船員，包括監督艙面海員的水手長，還有負責儲存和補給品的事務員。

另外有一組翻譯人員，也是這次任務成功與否的關鍵。其中包括馬迪姆・阿方索（Martim Affonso）和費爾南・馬丁斯，前者曾在剛果居住，學了幾種非洲方言，後者在摩洛哥坐牢的時候，把阿拉伯語學得非常純熟。

另外比較不受關注、但也同樣重要的成員被稱為「流放者」，是在里斯本的監獄招募來的。凡是參加印度之行的罪犯，一律可獲得國王減刑。達伽馬打算在危險的地方讓他們上岸，充作斥候或使者，或是打聽消息，等下一支船隊來接他們。

幹練水手和普通水手來自參與過非洲之行的老手，可能的話，最好是跟過迪亞士的人。海上也需要各種技術工匠，包括木匠、捻縫工、桶匠和製繩工人。船上還有砲兵、士兵、號兵、工友、僕人和奴隸，總共一百四十八到一百七十人。[15]和過去的許多次航行形成強烈的對比，由於這次任務非同小可，所以沒有任何外國人參與。自然也不能讓女人上船。

最重要的是，其中一位船員奉命（或主動）寫航海日誌。這是當時留下僅有的一份親臨現場的紀錄，雖然後來不斷有人想弄清楚究竟是哪一位船員寫的，但至今仍不得而知。在本書的故事中，筆者尊重他不具名的做法，稱他為記錄者。[16]

+

曼努埃爾一世原本是從俯瞰里斯本的摩爾式舊城堡監看所有的籌備作業，不過當天氣回暖，街上一堆堆的垃圾變得臭上加臭，他馬上搬到環境比較宜人的地方。行前晉見國王時，達伽馬和同行的船長出城東行，沿途經過茂盛的果園和葡萄園、連綿起伏的小麥和大麥田，然後穿過高低起落的阿連特茹（Alentejo）平原，前往新蒙特莫爾（Montemor-o-Novo）。

抵達新蒙特莫爾之後，他們沿著上坡路前行，經過村落，來到另一座巍峨的摩爾城堡。在綿延的城垛牆背後，滿朝文武身穿禮服。國王展開了冗長而誇張的演說，細數先人的豐功偉業，以及他矢志要青出於藍、功德圓滿的決心。

「讚美上帝，我們以刀劍之力把摩爾人趕出歐洲和非洲的這些地方。」[17] 曼努埃爾一世回憶道，

---

15 就編年史家的記載，卡斯達聶達和戈伊什說是一百四十八人，巴羅斯說是一百七十人。還有其他比較不可信的估計，從佛羅倫斯商人塞爾尼基的一百一十八人，到葡萄牙史學家科雷亞的兩百六十人。科雷亞和後來的葡萄牙史學家塞普爾韋達各自請了一位（不同的）神職人員在船上，雖然科雷亞請來的可能是辦事員，當代也沒有提過其中任何一位。

16 自從一八三四年發現這本日誌之後，學者前仆後繼，大書特書，推測日誌作者的身分。透過排除法，最後剩下兩個最有可能的人選：聖拉斐爾號的辦事員和後來「印度之家」號（Casa da Índia）的出納員，約翰・德・薩，以及士兵阿爾瓦羅・韋略（Alvaro Velho）。作者輕易相信印度充滿了基督徒，後來認為約翰・德・薩對這一點比較懷疑，由於前後略有出入，因此他可能不是記錄者；大多數的葡萄牙史學家認定韋略才是日誌作者。對於記錄者的身分，最多只有間接證據，所有的答案都是臆測。標準葡萄牙語版是Diário da Viagem de Vasco da Gama, ed. *Ant da Viagem de Vasco da Gama, ed.*（Porto: Livraria Civilização, 1945）；E. G. Ravenstein出版的英譯本是*A Journal of the First Voyage of Vasco da Gama, 1497-1499* (London: Hakluyt Society, 1898)，此後以*Journal*（《航海日誌》）表述。至於其他曾經存在的日記、航海日誌和報告，恐怕都和其他無數的文獻在一七五五年發生大地震時一起流失了，這本《航海日誌》至今一直是這趟航程唯一的第一手資料。為了完整描繪當時的情況，我選擇性地引用了早期的葡萄牙編年史（尤其是巴羅斯和卡斯達聶達的著作），以及近當代旅行家的陳述。這些文獻照例是幾乎處處歧異；包括船隻的型態和名稱也不例外；這次任務的籌備、出發、返航的日期；船員的數字、名字和存活率統計；以及艦隊航行的路線。除非能增加故事的可看性，否則筆者不會特別點出和本書的差異何在。

17 巴羅斯詳細報告了達伽馬晉見國王的過程，參見*Ásia de João de Barros, Dos feitos que os Portuguezes fizeram no*

然後提醒滿朝文武，為什麼眼前這趟航行是先人長年征戰的自然延伸：

我已經決定，我國最應該走的路（我已經和各位多次爭論過），莫過於尋找印度和東方國度。固然和羅馬教會相距遙遠，但願憑藉上帝的慈悲，在我們的努力之下，那些地方不但可能會頌揚並接納我們的主，聖子耶穌基督，讓我們贏得名聲和讚美，並且用武力從異教徒手中奪取新王國、國家和巨大的財富。

他補充道，自從葡萄牙靠探索非洲贏得權位和財富以來，尋找亞洲，並且「獲得古代作者極力歌頌的東方財富，那透過商業交易，令威尼斯、熱那亞和佛羅倫斯這樣的大國，以及義大利其他的強權得以更加強盛的原因」，是一個更加宏大的願景！他不會把上帝賜予的機會拒於門外，他意有所指地宣示，也不絕會放棄先人歷時悠久的聖戰，以及這個機會可能帶來的偉大願景，使先人蒙羞。

許多朝臣對國王心心念念的神奇探險抱持懷疑，訓完了這些唱反調的人之後，曼努埃爾介紹他為這次任務挑選的領導人。他告訴在場的人說，達伽馬在每一次被交付的任務中，都有卓越的表現，「已經被封為『王家騎士』，夠資格承擔這份光榮大業」。國王賜予這位年輕指揮官的頭銜，結合了他身為航海家兼軍事領袖的責任。從現在起，他就是整支船隊的艦隊長。

曼努埃爾命令其他船長要服從他們的領導人，要求他們要同心協力，克服日後必定會面對的困難。然後每個人魚貫走到國王面前，跪地親吻他的手。輪到達伽馬的時候，曼努埃爾交給他一面絲綢旗幟，上面繡著基督騎士團[18]的十字架，艦隊長跪下來，說出他的忠誠誓詞：

我，瓦斯科．達伽馬，奉最高貴而偉大的國王陛下之命，發現印度與東方的海洋及國度，我按著這個十字架發誓，為陛下及上帝效命期間，我將高舉十字架，絕不落入任何摩爾人、異教徒以及可能預見的其他民族手中，在面對種種危難時，無論是水、火或刀劍，必將予以捍衛及保護，至死不渝。

國王打發眾人離去，達伽馬回到里斯本，帶著國王交付的啟航命令和一疊書信，是寫給他在旅程中應該會遇到的幾位大人物，其中當然包括印度地方的祭司王約翰。

在出發的前一晚，幾位領導者的心裡既興奮又惶恐，或許誰也不曾靜下來，仔細思量國王的一字一句，如果有的話，知道曼努埃爾一世把宗教、政治和經濟合而為一，幾乎不可能對此行的目標有所懷疑。即使不關心這些問題的人也知道，一個健康、富有的國家，是上帝榮寵的表徵，也表示上帝要他們繼續宣揚神的教義。靠壟斷香料貿易來賺取財富，可以讓捍衛基督教的國家變得更強大，從而弱化伊斯蘭。如果義大利的重商共和國遭受池魚之殃，那也無所謂，因為他們和東方的關係向來比較親近。

---

descobrimento e conquista dos mares e terras do Oriente, ed. Hernani Cidade and Manuel Múrias, 6th ed. (Lisbon: Divisão de publicaçoes e biblioteca, Ag ncia geral das colónias, 1945-1946), 1:131。

18 曼努埃爾自一四八四年擔任騎士團的團長，雖然約翰二世的遺囑指明，在他登基之時，應該把團長之位傳給約翰的私生子喬治，不過他拒絕放手。

每個參加這趟旅程的人，都有自己盤算；每個人都知道自己的存在，是為了建構一個更大的藍圖。不過，他們完全不知道這個藍圖有多大，或許也是好事。達伽馬的任務不只是抵達印度，還要在當地結合盟友，賺取財富，以便日後入侵阿拉伯的心臟地帶，繼續向耶路撒冷進攻。為了抵達地中海東岸附近，歐洲人竟然不惜航行到已知世界的另一端，誠然令人難以置信，不過他們對祭司王約翰、燦爛的東方和香料的價值深信不疑，也同樣讓人納罕。艦隊最多只有一百七十個人，要負責扭轉七百多年的歷史，同樣是一件不可思議的事，但信仰虔誠的人自有答案。如果手段和目的的距離差得太遠，上帝一定會插手，彌補不足之處。

+

葡萄牙的海洋探索，由航海家亨利拉起序幕，但卻是集全國人民之力一步步推展而成。達伽馬出發之前，取得了四代葡萄牙貴族、船長和水手蒐集的情報。丹吉爾的主教提供地圖（科維良執行密探任務時，也是由這位熱心的宇宙學者提供資料），或許還包括這位英勇的密探本人寄回的信件。

最後一批補給品，淡水、水果和麵包，活著的雞、山羊和綿羊運上船了。船隻離開碼頭，到里斯本下游四英里的地方下錨。附近一處細沙灘後面，正是小小的貝倫村（Belém，葡萄牙語的伯利恆）[19]。昔日有一支大型海軍艦隊，正是從這裡出發，駛向休達，航海家亨利蓋了一間小禮拜堂，作為地標。於是形成了一種儀式，船員在出發之前，一定要到這裡來，祈求順利完成任務，平安返航。一四九七年七月七日的晚上，達伽馬和哥哥及其他高級船員駕船出海，徹夜守衛，直到天明。

當日頭在波光粼粼的太加斯河面升起，水手和士兵划船前去會合。軍官穿著鋼製盔甲，下屬身著短上衣和護胸甲。海員穿的是寬鬆的上衣、馬褲、連帽長斗篷和黑色的帽子。[20]親友和戀人紛紛擠在門口，他們好不容易擠進肅穆的禮拜堂，舉行最後一場彌撒。接著鐘聲敲響，戴著僧帽的隱修士和身穿法袍的神職人領著信徒走到岸邊，人人手拿點燃的小蠟燭，口中吟誦著祈禱文。現在大批群眾聚集，一齊湧向海灘，一面喃喃地答唱詠，「一面啜泣，哀嘆此刻登船的人命運乖離，從事如此危險的航行，無疑是死路一條」。[21]大家跪在地上，聆聽神職人員舉辦總告解，為即將上路的十字軍戰士赦免罪過，然後全體船員列隊登船。

號角吹得震天價響，戰鼓咚咚敲個不停，王家的旗幟隨即升到艦隊長的主桅頂端。基督騎士團的旗幟在桅樓飄揚，一模一樣的東征十字旗，升上另外三艘船的桅頂。水手一邊唱著節奏明快的船歌，一面拉起船錨，甲板人員使勁拉著升降索，船帆緩緩張開，露出本身巨大的十字——聖殿十字軍當年正是追隨這樣的十字旗，投入聖城保衛戰。

---

19 這個村莊原本叫雷斯特洛（Restello），被曼努埃爾改名為貝倫，他下令在當地建造龐大的修道院，紀念達伽馬的印度之行。

20 關於水手的服裝，參見 A. H. de Oliveria Marques, "Travelling with the Fifteenth-Century Discoverers: Their Daily Life," in *Anthony Disney and Emily Booth, eds., Vasco da Gama and the Linking of Europe and Asia* (Delhi: Oxford University Press, 2000), 34。

21 Fernão Lopes de Castanheda in Robert Kerr, *A General History and Collection of Voyage and Travels* (Edinburgh: William Blackwood, 1811-1824), 2:303。卡斯達聶達對達伽馬第一趟印度之行的描述是根據某一個版本的《航海日誌》，不過加上了許多寶貴的細節。他的這本書由 Nicholas Lichfield 譯為英語，在一五八二年出版，書名是 *The First Booke of the Historie of the Discoverie and Conquest of the East Indias, Enterprised by the Portingales in their Daungerous Navigations, in the Time of King Dom John, the Second of that Name: Which Historie Conterineth Much Varietie of Matter, Very Profitable of all Navigators, and Not Unpleasant to the Readers*。本書的修訂版被列入 Kerr's collection 再版。

一陣涼風吹來，張滿了船帆，船隊緩緩前進，起初彷彿毫無動靜，接著速度愈來愈快。[22]連船上年紀最小的男孩，也禁不住全身一震。那一刻，就像開始了一段新的人生，他們要和原本素未謀面的夥伴，在未知的地方，共同經歷這段新生。當身後的祖國在遠方隱沒，遼闊的地平線在前方展開，眼前的光明，除了象徵對冒險的躍躍欲試，也帶有一絲對危險和死亡的恐懼。未來幾年，他們的人生將填滿各種色彩，而目前，他們只能靜觀其變。

在保羅．達伽馬的船上，記錄者寫下第一項條目。他注明日期：一四九七年七月八日，星期六，以及出發的地點。然後加上一段簡短而虔誠的禱詞：「願天主允許我們為祂效命，順利完成這一趟旅程。阿門！」[23]

22 有第五艘船和達伽馬的艦隊一起從里斯本出發，指揮官是迪亞士，準備前往黃金海岸，迪亞士要在那裡擔任聖喬治的米拉城堡（Castelo de São Jorge da Mina）的指揮官。

23 *Journal*, 1.

第八章　掌握竅門

起初航行得十分順利。離開里斯本一週之後，也就是七月十五日星期六，四艘船看到了加納利群島。次日黎明，他們暫停幾小時，釣釣魚，到了黃昏時分，船隊抵達一處遼闊的海灣，從前的探險者稱之為黃金河。

當晚他們初嘗危險的滋味。天黑的時候，海上起了濃霧，保羅．達伽馬看不到弟弟船上掛的信號燈。第二天，大霧散去，但海上仍有一種詭異的寂靜；聖加百列號和另外兩艘船完全不見蹤影。

面對這種事故，葡萄牙人的經驗豐富，聖拉斐爾號駛向第一個指定的會合地點，維德角群島。朝空無一物的地平線航行了將近一星期，到了下一個星期六的破曉時分，負責瞭望的人瞥見了維德角的第一座小島。[1] 一小時後，補給船和貝里奧號出現了，正往同一個目標航行。不過聖加百列號依舊不知所終，幾艘船重新會合，水手焦急地彼此大聲呼叫。他們照預定的航線繼續前進，但海風幾乎立刻消失，飽滿的船帆也扁下來。他們在無風帶漂流了整整四天，直到七月二十六日早上，站

1 這座島是鹽島（Ilha do Sal），葡萄牙人根據當地所採的礦來命名。

崗的人才發現聖加百列號就在前方五里格的地方。天黑之後才終於追上，兩兄弟把各自的船貼近對方，方便商量事情。這不是好兆頭，為了哄大家高興，號角響起，砲兵發射一枚又一枚石砲。

第二天，重新集結的船隊抵達維德角群島當中的第一大島，聖地牙哥島，並且在避風的聖瑪利亞海灘離岸處下錨。帆桁和索具已經損壞，船隊在此停留一週，重新補給肉類、水和木材。八月三日，船隊重新出海，先朝東方駛向非洲海岸，然後改道南行。現在進入可怕的赤道無風帶，這是赤道附近的無風地區，船隻寸步難行，船員很可能慢慢渴死和餓死，一離開無風帶，就是多變的陣風和突如其來的暴風。當船隻不斷顛簸起伏，就算老經驗的水手也會暈船暈得受不了，而新手只能一連幾天掐著肚子，靠在船邊往海裡大吐特吐。在一場風暴中，聖加百列號的主帆桁斷成兩截，掛在上面的方形大主帆，像折斷的翅膀似地啪啪作響。船隊停了兩天，把新的橫木裝好。

重新啟航時，船隊往西南方前進，一路開往大西洋正中央。

根據紀錄，以前每一次領軍出海的每一位船長（連迪亞士也不例外）都讓船隻挨著陸地航行，用盡吃奶的力氣，沿著非洲海岸南下。這一次不同。或許葡萄牙曾經出海執行機密任務（機密到沒留下任何蛛絲馬跡），而弄清楚南大西洋的風象。或許他們已經發現，橫帆船的設備遠遠不及卡拉維爾帆船，實在很難頂著東南貿易風和北向的海流航行。又或許是偶然加上直覺的結果，才讓達伽馬斷然決定到汪洋大海去尋找大風輪，然後以逆時針方向快速地順風抵達非洲南端。如果真是如此，這種做法要冒上極大的風險。如果偏航的時機抓得準，就會趕上陣陣西風，把他快速吹向目的地。如果這個如意算盤打不成，他會被沖回非洲海岸，或者更慘，他可能被吹到未知的海域。[1]

達伽馬的手下別無選擇，只能信任指揮官的判斷。這片蒼茫大海，除了他們以外，只有一群群數量可觀的蒼鷺，亦步亦趨地跟著船隊，直到夜深了，才鼓動翅膀，飛往遠處的海岸。有一天，附近有一隻鯨魚浮上海面，讓船員興奮不已；或許他們依照慣例，拿起鼓、鍋和水壺，敲得驚天動地，以免鯨魚突然頑皮起來，把船弄翻。[2]除此之外，他們各自幹活兒，慢慢適應海上生活的例行公事。

日日夜夜，沙漏裡沙子半小時又半小時地往下漏。船上的雜工把沙漏倒過來，就聽見鈴聲響起，鈴響八次之後換人站崗。離開崗位的海員交棒給下一班的人時，要唱一首古老的小調：

換人站崗，沙漏流沙；只要上帝保佑，就能一帆風順。[3]

---

1 葡萄牙史學家阿曼多．科爾特桑（Armando Cortesão）等人主張，在迪亞士繞行非洲之後，有一系列的艦隊出海探險，而達伽馬的大膽舉動正是他們的立論基礎。《航海日誌》的作者指出，對達伽馬走的這條航線有興趣的人寥寥無幾，無形中讓這種揣測更加甚囂塵上。這條航線的紀錄付之闕如，反而正好證明了這條航線非同小可，才會被嚴格保密，不過突然一窩蜂地調查南大西洋的航行條件，和地理發現的模式不符。最有可能的情況是達伽馬之所以走這條航線，是因為迪亞士前一次航行學到的教訓、船隻的局限，以及天氣的反覆無常。不管有多少是預先設想好的，一支只有基本航海儀器的艦隊，用三個月的時間繞行大西洋，最後抵達好望角以北僅僅一百英里的地方，不管從哪一種標準來看，都是航海學的一次歷史壯舉。

2 *The Voyage of François Pyrard of Laval to the East Indies, the Maldives, the Moluccas and Brazil*, trans. and ed. Albert Gray and H. C. P. Bell (London: Hkluyt Society, 1887-1890), 1:325.

3 John Villiers, "Ships, Seafaring and the Iconography of Voyages," in *Anthony Disney and Emily Booth, eds., Vasco da Gama and the Linking of Europe and Asia* (Delhi: Oxford University Press, 2000), 76.

每天起床之後，首先要禱告和唱聖歌。每天早上，在水手長一聲令下，甲板人員要把滲進船底的水抽出來，把沾了鹽巴的甲板擦洗一遍，再把木製品擦拭乾淨。水手調整索具，維修船帆破損的地方，並且用磨損的繩索做新的釣魚線，砲兵把大砲擦乾淨，然後來幾個打靶練習。在發射之前，他們先把石彈裝進狹長的砲管，然後在圓柱形的金屬膛室塞進火藥，把膛室的開口端插進砲管後膛，接著在火門放入燒殘的繩索。根據蘇格蘭國王詹姆士二世（James II）在一四六〇年的親身經歷，大砲發射時最好保持距離：

這位親王或是國王陛下（這麼好奇，未免有失身分），在大砲發射時，確實站在砲兵身邊，結果大砲的結構沒做好，在發射時爆開，他的大腿骨被一塊塊碎片切成兩段，整個人撞到地面，很快就斷氣了。[4]

只要沒有意外，而且預先塞好夠多的膛室，可以隨時安裝，就可以保持緩慢而穩定的發射速度。大砲轟然作響時，僕人和艙房的雜工會把軍官的鋼盔甲擦乾淨，同時把他們的衣服洗淨補好。甲板下的倉管人員每天會例行檢查各項設備和補給品。廚房的雜工在甲板上用火箱炮製每天唯一的一餐熱食，做好之後裝在木盤裡，讓大家用手指或小折刀取食。上自船長，下至雜工，所有人每天分配的伙食都是一樣的：一磅半的海餅乾、兩品脫半的水，以及少許醋和橄欖油，加上一磅鹹牛肉或半磅豬肉，碰上了大齋日，就把肉食換成米飯和鱈魚或乳酪。像乾果這種精緻的食品，是專門給高層的人吃的，事實也證明這些乾果是他們保持健康的關鍵。[5]

軍官在後甲板（主桅後面的主甲板）下達指令，或是從梯子爬上艉樓頂上的甲板，以求登高望遠之效。同時領航員計算船隻的位置，並且校正航線。當時用的儀器很簡單，所以很花工夫。隨著船隊逐漸南行，北極星和地平線的角度愈來愈小，只要簡單算一算，就能確定船隻的緯度。計算北極星距離地面的角度，必須用一種演化了幾百年的天象觀察儀，不過領航員用的是小型簡化版。水手星盤是把銅圈吊在一枚小扣環上，這樣一來，即使甲板再怎麼搖晃，也能確保銅圈盡可能保持在垂直狀態。把照準儀（一枝以銅圈的圓心為支點的觀測桿）和北極星對齊之後，且假設恆星沒有被雲層遮蔽，只要看圓周上的刻度，就知道北極星的高度。這時水手星盤剛發明不久，以黃銅薄板製成，在強風吹襲下，很容易搖晃，要取得正確的讀數，實在是難上加難。

夜空裡的北極星一天天愈來愈低，最後到了赤道以北九度左右，北極星就會落下海面，消失在地平線上。對於初次在南半球過夜的新手而言，活像是世界突然翻轉。即使是縱橫四海的老水手，也會先楞住，然後才重新適應這幅令人不安的新天象。在歐洲各國當中，葡萄牙最早遭遇在赤道以南航行的問題，少了北極星的引導，他們已經懂得要在正午測量太陽的高度，藉此計算船隻的緯度。瞇著眼睛直視太陽（同樣是假設沒有雲層遮蔽）可是一件苦差事，由於當時尚未發展出準確的

4 Peter Padfield, *Tide of Empires: Decisive naval Campaigns in the Rise of the West, vol. 1, 1481-1654* (London: Routledge & Kegan Paul, 1979), 33. 對於這支艦隊攜帶的彈藥，帕德菲爾德有效地簡述了已知的少許史實。

5 每一次航行的份量各有不同，海餅乾少則不到半磅，多則將近兩磅。參見 Oliveira Marques, "Travelling with the Fifteenth-Century Discoveries," 32。船隊攜帶的糧食還有鹽漬或煙燻魚、麵粉、扁豆、洋蔥、大蒜、鹽巴、芥末、糖、杏仁和蜂蜜。

航海計時器，只能一再重複測量，來推測太陽的最高點，亦即日弧的頂點。再說，太陽不像北極星那麼靠得住。既然太陽黃道和天球赤道（也就是太陽在天空穿行的路徑和地球赤道投射在太空的線條）沒有對齊，從日弧頂點射入的光線與赤道形成的角度，自然日日不同。因此，領航員如果要透過觀測太陽來知道自己的緯度，就必須計入這個變數。在這方面的技術，葡萄牙同樣拔得頭籌。達伽馬的船隊帶了太陽定則，是國王約翰二世的數學家委員會在一四八四年制定的一系列長得不得了的圖表和詳細指示。圖表列出了每一天太陽赤緯（正午的太陽入射光和赤道之間的角度）的數字，並指示領航員如何把數字套用在他測量的數值上。面對這一系列令人傷透腦筋的苦差事，許多人寧願放棄天文航海，靠自己的直覺航行，但達伽馬堅持一定要照表操課。

上面說的是測量緯度的方法；在經度方面，當時還沒找出任何有效的方式來確定船隻的經度。領航員靠的是航位推算法，這是依照航行的速度，以及根據羅盤方位不斷調整的航行方向，來推算船隻的位置。最重要的儀器擺在艉樓下方的一個壁龕裡，靠近舵柄插出船尾甲板的位置。把磁化的指針釘在一張標出羅盤表面的紙卡上，安裝在一個圓盆中心的樞軸；這個儀器靠一盞小油燈照明，放在上蓋的木箱裡。另外把備用的指針和卡片，以及一塊塊用來重新磁化指針的硬石妥善收藏。當負責值班的高級船員大聲下令變更航向時，舵手一面使勁拉著厚重的舵柄，好轉動船舵，一面緊緊盯著旁邊的羅盤。由於被船帆和艏樓、水手和甲板的設備遮住視線，舵手往往得看羅盤，才知道自己行駛的方向。

不必值班的時候，有少數幾個人會看書，更多的人是拿骰子和紙牌來賭博。有些人用魚鉤、魚網和魚叉來捕魚，然後宰殺、切片，把剩下的用鹽巴醃漬。其他人哼哼小調，或唱起船歌；有幾個人養了狗或貓，負責捕殺在船上偷吃存糧的大小老鼠。許多人只是吃吃喝喝、四處閒晃、聊天、爭吵，偶爾打上一架，每人每天分配兩公升的酒來潤潤嗓子。船上每個人都會禱告。置身在未知的汪洋大海，死神隨時在地平線的盡頭虎視眈眈，他們心裡無時無刻不需要一個仁慈的神來指引方向。幹活兒的時候，他們會一個人祈禱，有時候也會由船長帶領大家集體禱告。他們在船上的神龕前面禱告、讀祈禱書和擦拭護身符，並且在節慶和紀念日誦讀冗長的祈禱文，舉辦慶祝活動。

每天睡前都要做禮拜，禮拜結束後開始值夜班，把一個個燈籠拉上桅杆。船長到艉樓的艙房歇息，高級船員睡的是甲板下面和艏樓艙房裡的臥鋪。剩下的人自己找地方睡，諸如船首和艉樓之間架高的走道板底下，或是艉樓底下的壁龕裡。在熱帶窒悶的夜晚，艙房有一股臭味，就睡在室外的艙口蓋上，是整艘船唯一平坦的地方，但總是供不應求。如果是體積小得多的卡拉維爾帆船，只有一間艙房，私密的空間更小，船員睡覺時更沒有地方翻身。

八月一天天過去，船員因為熾烈的熱氣而病倒。剩下的糧食快速腐壞。水開始發臭，船員喝水的時候都不敢吸氣。到處瀰漫著惡臭。在猛烈的陽光下拖拉船帆和船錨的人，一連好幾個月穿著同一套衣服幹活兒和睡覺。他們出海之後就沒理過髮，也很少洗頭（海水的鹽分太重，淡水又太珍貴），頭皮因而長滿了蝨子。上廁所的時候，就到艏樓頂上一個無蓋的箱子上蹲著，兩旁是纜索和船上的設備，不過能否瞄準，就要看海浪的意思，暴風一來，連一點點的禮節都顧不上，所有的排泄物一律被沖到甲板下方。後來一位搭葡萄牙船隻前往東方的乘客描繪在暴風最強勁的時候，待在船上有多麼悽慘：

我們陷入人世間最恐怖的騷動和混亂，因為船上到處有人嘔吐，把糞便弄到彼此身上。整艘船只聽見那些因為口渴、飢餓，還有疾病，以及其他不適而躺下的人不停地發出哀嚎與呻吟，還詛咒他們上船的時刻、他們的爸爸媽媽，還有作為罪魁禍首的自己。乍看之下以為他們發瘋了，像瘋子一樣。[6]

脫離了赤道附近的酷熱、暴風和無風區之後，這位不幸的水手遭遇新的災難。非洲海岸下起火熱的滂沱大雨，他抱怨說：

如果潮濕的東西沒有乾透，就會冒出蟲子。看到我的棉被濕了，而且爬滿了蟲子，不由得心驚膽跳。雨水的味道很臭，不只是身體，就連衣服、胸口、餐具和其他東西，全都會發黴和腐壞。加上沒有其他衣服可以替換，只得躺在被褥上，把衣服穿在身上晾乾。不過這個我還游刃有餘，因為高燒不退，我幾乎整趟航程都覺得想吐，好不容易才控制下來。

九月過去了，接著就是十月，船上沒什麼娛樂，頂多只看到一群鯨魚和大批數量驚人的海豹，猶如一塊塊鵝卵石似地在浪花上漂浮。不過，船隊在大西洋兜的這個大圈子，已經到了西南方的極點，在西風的推動下，船隊全速返回非洲。到了十一月一日，星期三，總算看到一叢叢馬尾藻漂過，表示陸地就快到了。

在那個星期六的天亮前兩小時，值夜班的人放下了鉛錘和繩索，測量水深是多少。依照船隻的緯度，他們推測好望角就在南方僅僅三十里格的位置。[7]

上午九點，值班的人看見陸地。整支船隊靠在一起，人人都穿上最好的衣裳。船員總算鬆了一口氣，分別升起旗幟和軍旗，砲兵鳴砲慶賀。

這趟航程非常辛苦。大夥兒足足有九十三天沒看見陸地，老是坐立難安，而且已經很久很久沒有嚐過新鮮的水和食物。[8]然而這次史無前例地在海上繞了一大圈，果然沒有白費心血，避開了逆向的海岸風和沿岸流，為船隊省下了幾個星期的寶貴時間。達伽馬剛剛當上指揮官，就發現了從歐洲航向好望角最快也最穩當的航線。

達伽馬決心把自己和船員逼到極限，以達成他虛幻的目標，在大西洋繞圈子，是他第一個大膽舉動。

✢

船隊搶風轉向，沿著海岸航行，但這裡的海岸線和迪亞士繪製的航海圖及航行指示完全兩樣。他們駛向外海，順風前進，三天後再轉向駛回陸地。

---

6 Jean Mocquet, *Travels and Voyages into Africa, Asia and America, the East and West Indies; Syria, Jerusalem, and the Holy Land*, trans. Nathaniel Pullen (London, 1696), 203.

7 聖海倫娜灣位於好望角北邊三十三里格，也就是一百英里左右，估計這個距離的聖加百列號領航員阿倫克爾誤差不到十英里。

8 據我們所知，達伽馬和他的船員看不見陸地的時間是空前的長，當然比哥倫布手下叛變的船員忍受的五星期長得多。

這一次他們來到一片遼闊的海灣，岸上是低矮的平原。以前跟過迪亞士的老水手也沒見過，探險人員將其命名為聖海倫娜灣（St. Helena Bay）。

在達伽馬一聲令下，首席領航員乘著小船出去打探，並且找一個安全下錨的地點。結果發現這片海灣是避風良港，而且海水清澈，第二天，也就是十一月八日，船隊在岸邊不遠處下錨。

航行了四個月，船隻殘破不堪。他們把船隻輪流開上淺灘，展開「傾船檢修」的艱苦作業。把補給品推向船艙的一面牆壁，眾人合力拉纜索，使船身傾斜。水手用梯子爬上外露的船殼，刮去覆蓋在木材表面的幾千個像迷你火山似的藤壺。他們把蟲子、蝸牛和水草刮乾淨，再用捻縫鑿把新的填絮塞進隙縫裡。在海灘生火，把滾燙的瀝青沿著縫隙澆灌。船身的另外一邊也如法炮製，然後把船身拉正，讓艄艉的吃水相等，再拖到海裡。現在的壓艙物泡在污濁的艙水裡，先前被沖下甲板的垃圾和排泄物發出陣陣惡臭，而且爬滿了老鼠、蟑螂、跳蚤和蝨子。把這些污穢的泥漿鏟個乾淨，倒入新的壓艙物。徹底擦洗甲板，修補船帆，拿備用品替換壞了的橫木和磨損的繩索。

在檢修作業如火如荼進行的同時，達伽馬派了一支登陸隊伍到岸上偵察，尋找淡水和蒐集木材。他們往東南方步行幾英里，看見一條河川蜿蜒穿過綠草如茵的平原，而且在附近遇到一群在地的居民。[9]

「當地居民的皮膚是黃褐色，」記錄者寫道，「他們只吃海豹、鯨魚和瞪羚的肉，以及香草的根部。他們身穿獸皮，而且用護套罩住男性生殖器。」[10]當地人手上拿著橄欖木做的長矛，矛尖是一小片經過耐火處理的羊角，同時不管到哪裡，都有狗群陪同。葡萄牙人發現這些狗的叫聲和老家的狗一模一樣，著實吃了一驚，而且這裡的鳥，諸如鸕鶿、海鷗、斑鳩、鳳頭百靈和其他許多種類，也和家鄉差不多。

船隊抵達的第二天，達伽馬就和幾名船員搭乘小船上岸。他在陸地架起一個大型的木星盤，這樣量出的緯度遠比海上的數值更精準，這時他的手下發現一幫正在採集蜂蜜的非洲人。海岸附近有些灌木，四周堆滿了沙子，蜜蜂就在沙堆上築巢，而當地人忙著用煙把蜜蜂燻出蜂巢。水手神不知鬼不覺地走上前去，正好看到一位身材矮小的男人，就連拖帶拉地抓上聖加百列號。這名男子顯然受了驚嚇，於是艦隊長請他坐在自己的桌前，叫船上的兩名雜工（其中一個是黑奴）坐在他旁邊，大口咀嚼桌上豐盛的食物。慢慢地，客人開始進食，等達伽馬回來的時候，他已經一點都不怕生了。他在船上過了一夜，第二天，達伽馬給他穿上一身華服，送他幾件小東西：幾個鈴鐺、水晶珠子和一頂帽子，就放他走了。

沒多久，一如達伽馬所希望的，他帶了十幾個夥伴回到海岸。艦隊長叫手下划船送他上海灘，上岸之後，他在這些非洲人面前擺出肉桂、丁香、米珠和黃金的小樣品。比出幾個手勢，意思是問他們有沒有類似的東西可賣。最後得知他們從來沒見過這種東西，他再拿出幾個鈴鐺和錫戒指，就回船上去了。

次日出現了另外一群人，接下來的這一天是星期日，有四、五十個本地人聚集在海岸。晚飯過後，葡萄牙人上岸，用幾枚小硬幣和非洲人交換他們當成耳環配戴的海螺，以及用狐尾草做成的扇

9 布須曼人（Bushmen）或薩恩人（San people），自石器時代晚期就住在非洲南部，以漁獵採集和畜牧為生。

10 *Journal*, 6.

子。記錄者想找個什麼留作紀念，就用一枚銅幣換了「一個罩著男性生殖器的護套，而且這似乎顯示銅在當地有很高的價值」。[11]

交易完成後，一個大嗓門的水手，叫費爾南・維洛佐（Fernão Velloso），問達伽馬能不能讓他和這些本地人一起到村子裡，看看他們的生活方式。誰也勸不住這位業餘人類學家，達伽馬禁不住哥哥的慫恿，也就答應了。上岸的人大多回到船上去，維洛佐則和非洲人一起離開，享用現烤的海豹，搭配炙熟的香草根。在此同時，保羅・達伽馬和尼古拉・科艾略及幾個人留下來，在岸邊搜集漂流木和龍蝦。他們抬起頭的時候，看見一群幼鯨從大船之間滑過，追逐淺水處的一群群小魚。保羅連忙和手下跳上小船，揮舞著固定用繩索綁在船頭的魚叉，全速追趕。水手瞄準了，把帶刺的尖頭刺進一隻鯨魚的背部。鯨魚一吃痛，全身不停扭動，潛入水中，不到幾秒鐘，就把繩索拉得緊繃。小船凌空一躍，翻進血腥的泡沫裡；幸好岸邊的水淺，鯨魚撞上海床，登時不再扭動，船員才不至於被拖進海裡。

過了一會兒，這些漁獵採集者正要回船上去，維洛佐卻從一座小丘往下飛奔，而和他共進晚餐的夥伴緊追在後。今晚他吃飽之後，這些非洲人比了幾個手勢，意思很明白，是非要帶他回去不可。他驚慌逃竄，然後向船隊大聲呼救。

達伽馬一直在等他回來，便示意小船回頭，搭救這個未來的民族誌學者，而且吩咐手下划船送他上岸，以防節外生枝。

維洛佐從海灘的另一頭啪達啪達地奔向小船，非洲人用矮樹叢作掩護，沒有繼續往前追。不過其他的水手並未加緊營救他們這位自大的夥伴。這四個月以來，他們已經受夠了他的自吹自擂，決定好好嚇嚇他。眾人只顧著繼續看笑話，這時有兩個武裝的非洲人直奔海灘而來。登時氣氛完全變了，不過救援的人還來不及爬上岸，其他的非洲人就從樹叢背後冒出來，向小船大量發射石塊、弓箭和矛。好幾個人受了傷，其中也包括達伽馬本人，他剛剛現身，腿上就中了一箭，登陸隊伍匆忙退回船隊。達伽馬在傷口敷了一種用尿液、橄欖油和解毒劑製成的藥膏[12]，並且下令旗下的石弓手朝岸上自由射擊。

艦隊長認為自己學到一個寶貴的教訓，在後來的航海生涯中，一直謹記在心。「會發生這種事情」，記錄者是這麼記載的，「是因為我們認為這些人的膽子很小，沒什麼本事施展暴力，所以我們沒有任何武裝，就直接登岸了。」[13]

✝

後來本地人再也沒有出現，葡萄牙人繼續逗留四天，完成船隻的維修作業。到了十一月十六日，船隊天一亮就駛離海灣，朝南南西的方向，離岸前行。兩天後，他們首次瞥見好望角，而且這一回準錯不了。遙遙望去，只見群山在夕陽下閃耀，這座里程碑和它所紀念的數十年航海歷程一樣雄偉壯闊。

---

11 Ibid., 7.

12 這是當時普遍的藥方。從初次和非洲撒哈拉沙漠以南的敵對武力交手，葡萄牙人一直就用蛇毒或致命的樹液來解毒。

13 *Journal*, 8.

親眼看見之後，才發現繞行好望角實在不簡單。南風沿著海岸呼嘯而來，連續四天，船隊逆勢前進，然後被吹回陸地。最後，到了十一月二十二日，風從船尾吹來，他們才繞過好望角。在此之前，只有一支船隊曾經駛過這片水域，而迪亞士是等到返回葡萄牙的路上，才看到這個著名的地標。此刻號角齊鳴，全體船員感謝上帝引導他們駛向安全地點。

接下來的三天，船隊緊緊挨著海岸行駛，經過茂密的樹林和無數小溪及河川的出海口，最後來到一片莫大的海灣，海口的深度和寬度各為六里格。迪亞士當年曾經在這裡和幾個牧人發生衝突，達伽馬出發前也得到了預警。

探險人員駛入海灣，途中經過沿岸擠滿海豹的一座小島，然後在海灘外下錨。這一次要停留很久。三艘主船上的補給品所剩無幾，必須從補給船搬過去。

過了一個星期，沒看到半個當地居民，只有一群肥牛在岸上徘徊，數量之多，令人費解。接著，到了十二月一日，差不多有九十個人從山上冒出來，有的是來海灘散步的。[14]當時大多數的船員都待在聖加百列號，非洲人一出現，他們馬上拿起武器，划著小船過去。靠近岸邊的時候，達伽馬拿了幾把鈴鐺，拋在沙子上，好奇的當地人便撿了起來。過了一會兒，他們直接走向小船，又從艦隊長手上拿了幾個鈴鐺。以前跟過迪亞士的老水手大惑不解，這些水手只能猜測，在上個月的衝突發生之前，他們已經聽說這些外地人沒有惡意，而且會送禮物。

箭傷未癒的達伽馬可沒有這麼樂觀。非洲人聚集的這塊地方野草蔓生，他吩咐手下離開，把小船划向空曠的海灘，那裡比較不容易遭遇奇襲。他做了一個手勢，當地人尾隨而來。

艦隊長和麾下的船長、士兵及石弓手一起登岸，示意要非洲人一個一個過來，最多只能一次來兩個人。收到他的鈴鐺和幾頂紅色睡帽之後，對方回贈他幾個精緻的象牙手鐲。一看就知道這裡有很多大象，隨處可見堆得高高的大象糞便。

第二天，兩百名本地人出現在海灘上，後面跟著十幾頭肥胖的公牛和母牛，還有四、五隻羊。有個男人騎著最肥的那隻公牛，坐在墊著一窩嫩枝的蘆葦鞍座上；其他幾頭牲畜的鼻孔裡插著小樹枝，後來才知道插了樹枝的牲畜是要賣的。嚼了幾個月的鹹肉乾，想到有烤牛肉吃，不禁令人口水直流。葡萄牙人紛紛靠岸，同時他們的東道主拿出幾件很像笛子的樂器，演奏一首曲子，並且跳起舞來。達伽馬現在興致高昂，叫號兵吹奏起來。葡萄牙人站在小船上跳舞，艦隊長也一起湊熱鬧。

探險人員用三個手鐲的低價買了一頭黑公牛，第二天的週日午餐吃得非常豐盛。「我們發現這頭牛很肥，而且美味的程度不遜於葡萄牙的牛肉。」[15]記錄者寫道。

歡樂的氣氛下，雙方開始放鬆心情。開始出現更多好奇的本地人，這一次還帶了女人和年幼的男孩，以及成群的公牛和母牛。女人留在海岸後面的小丘，男人則一群群聚集在海灘上舞蹈，並且演奏了更多曲子。葡萄牙人來了以後，年長的男人走上前去，也是拿狐尾草當扇子搧風，雙方設法靠比手劃腳溝通。氣氛似乎極為愉快，沒想到水手發現有部落的年輕男子蹲在樹叢裡，手上拿著武器。

14 這些是科伊科伊人（Khoikhoi），以畜牧為生，最晚在西元五世紀移民到非洲南部，和薩恩人混合，兩者並稱為伊科薩恩人。科伊科伊人原先被稱為何騰托人（Hottentot），現在被認為含有貶義。

15 *Journal*, 11.

達伽馬把他的非洲翻譯馬迪姆·阿方索（Martim Affonso）拉到旁邊，叫他設法再用幾隻手鐲多買一頭公牛。非洲人收下手鐲，把牛趕回樹叢，然後把阿方索拉到附近的水坑，先前葡萄牙人在這裡打了一桶又一桶的水。為什麼，他們氣沖沖地問道，這些陌生人要拿走他們寶貴的水？

艦隊長開始有不好的預感。他叫手下靠在一起，同時把阿方索叫過來。葡萄牙人退回小船上，沿著海岸划到他們初次登岸的空曠地點。本地人跟著過來，達伽馬下令士兵穿好胸甲，給石弓上弦，拿起長矛和戰矛，在海灘排成一行。表現戰力的招數似乎奏效，非洲人往後退了。

達伽馬命令士兵上船，往海裡划了一會兒。艦隊長惴惴不安，記錄者寫著：「生怕會錯殺無辜，不過為了證明我方的戰力，儘管不願意傷害對方，他還是下令從有槳帆船的船尾發射兩枚砲彈。」[16]非洲人此刻靜靜坐在海灘旁的樹叢前方。大砲發射的時候，砲彈嗖地一聲從他們頭頂上方飛過，他們連忙跳起來逃跑，驚慌中掉落了獸皮和武器。過一會兒，有兩個人跑出來撿拾散落的物件，然後所有人趕著牛，消失在小丘的另一頭。多日不見蹤影。

他們把補給船整個拆開，充作備用的零件和木材，作業結束後，達伽馬在拆得精光的船身上放一把火。連續幾天，船身不斷悶燒，產生陣陣黑煙，活像是對敵方的嚴厲警告。不過水手很快就忘了岸上的麻煩，那是艦隊長要擔心的事，比較有興趣來一點休閒活動。一幫人划船到海灣中央的小島，就近觀賞岸上的海豹群。海豹擠得密密麻麻，遠遠看去，小島本身就像一大堆平滑、左右移動的岩石。有些海豹壯碩如熊，吼聲如獅，攻擊人類的時候沒有絲毫畏懼；船上體格最健壯的水手擲出長矛，可惜只擦到海豹的表皮。其他的海豹身材嬌小多了，哭聲宛如山羊。記錄者和其他同行的觀光客數到三千隻就宣告放棄，然後向海豹發射砲彈取樂。島上還有一些樣貌怪異的鳥，刺耳的叫聲很像驢子，「體型和鴨子一樣大，但是翅膀沒有羽毛，所以飛不起來」。[17] 這些是黑腳企鵝，探險人員同樣大開殺戒，直到後來覺得無趣，才肯放手。

在他們駛入海灣的第十二天，剩下的三艘船差不多可以離開了，水手再次上岸，把水桶裝滿。一次上岸的時候，他們帶了一座發現碑，是他們一路從葡萄牙運來、刻有王家盾徽的石柱。達伽馬用補給船的後桅做了一個很大的十字架，在石柱豎起之後，安裝在柱頂。

次日，小船隊揚帆啟航的時候，非洲人終於從樹叢後面出來。他們一直監視著這些野蠻的陌生人，然後伺機報復。十幾個人跑出來，使勁把十字架和石柱砸碎，雖然船隻漸行漸遠，但船上的人看得一清二楚。

現在是十二月七日，船上的氣氛顯然是既緊張又興奮。當年迪亞士就在前方不遠處掉頭折返，瓦斯科·達伽馬的人眼看就要闖入大自然的神祕境地。許多人深信前面是一道跨不過的門檻，而他們最大的恐懼即將得到印證。

船隊剛駛出海灣，風就停了，船帆下垂，船隻整天動也不動。第二天早上（記錄者虔誠地記載這一天是聖母無玷始胎節），船隻開動了，不料卻陷入一場劇烈暴風。[18]

16 Ibid., 12.

17 Ibid., 13。經過幾個月艱苦的海上航行，水手照例把他們壓抑許久的暴力傾向發洩在毫無防備的動物身上。

18 根據十六世紀的史官科雷亞的描述，這時達伽馬遭全面的叛變，於是他藉口說要畫返航的航線，把各個頭目召集到旗艦上，然後關進牢房，把他們的領航設備丟進海裡。他發誓由上帝擔任他們的主子和領航員，至於他自己，除非找到此行尋找的目標，否則絕不放棄。科雷亞把達伽馬的前兩次航行說得天花亂墜，其他的史料都沒有提到此事，不過Jerome Osorio

捲起的海浪像一座又一座的峭壁。船隻衝向烏黑的雲層，然後墜入無底深淵。一陣刺骨的寒風吹向船尾，四周一片漆黑。在滿帆的情況下，巨浪淹沒船首，諸位船長趕忙下令拉下前桅的大帆。

冰冷的海水沖上甲板，泡濕了水手的毛料斗篷。甲板底下的所有人忙著抽水，但滲進來和沖下來的水太多，怎麼抽也來不及，導致船艙淹水。在風雨的咆哮下，根本聽不見領航員的命令，但即使有好幾個人抓著舵柄，也幾乎沒辦法控制船隻。在暴風雨的威力達到最高點時，尼古拉．科艾略的卡拉維爾帆船突然不見了，經驗最豐富的水手都認為他們踏上了黃泉路。他們一面哭，一面互相告解，拚命在十字架後面排成一列，祈求上帝顯現慈悲，讓他們逃過一劫。

最後，天氣放晴，到了日落時分，瞭望員發現貝里奧號位在地平線的盡頭，足足有五里格遠。兩艘船掛起了信號燈，並且就地停泊。到了午夜時分，第一班的值夜結束時，科艾略總算追了上來，但這一次的重逢純屬偶然。他是到了快要追上的時候，才看到另外兩艘船；因為碰上逆風，他別無選擇，才把船開到這裡來。

被吹到外海的船隊，再次駛向陸地。三天後，值班人員發現一連串地勢低矮的島嶼。阿倫克爾一眼就認出來，迪亞士豎立的最後一根石柱，就在前方五里格一處從海岸突出的岬角。19

第二天，也就是十二月十六日，三艘船通過了一處河口，當時迪亞士的船員就是在這裡抗命，逼他不得不掉頭返航。船隊此刻正航向從來沒有歐洲人（幾乎確定從來沒有任何人）曾經駛入的水域。當晚他們就地停泊，凡是半睡半醒的人，都在想像將來會遇到什麼恐怖的艱險危難。

次日，他們順著從後面吹來的西風輕快前行，不過到了晚上，海岸風一百八十度大轉向。船隊被迫再度遠離陸地，接下來的兩天，他們盡可能搶風航行。最後好不容易西風再起，他們才回到岸邊，尋找原先靠岸的地點。一個熟悉的景象迅速映入眼簾：迪亞士當年豎立十字架的島嶼，比他們估計的航行進度落後了六十里格。他們離開海灣將近兩週，卻遇到一股強勁的離岸流，把他們拖回半途中。

許多船員斬釘截鐵地說，他們碰上一道分隔東方與西方的隱形之牆。達伽馬對此充耳不聞，時間一天天過去，他的手下愈來愈清楚他那股鋼鐵般的決心。船隊繼續航行。

這回遇上一股猛烈的船尾風，連續吹了三、四天，船隊頂著海流緩緩前進。

「從此以後，」記錄者寫道，他和其他人一樣鬆了一口氣，「憑著慈悲上帝的旨意，我們順利向前推進！不再被迫倒退。願上帝保佑日後依然不變！」[20]

現在船隊經過一片茂密的樹林，他們愈往前進，發現岸上的樹木愈來愈高。這像是一個徵兆，而且不必懷疑，現在海岸顯然是朝東北方延伸。

經歷了數十年的探索和幾百年的夢想，總算有歐洲人駛入印度洋了。

曾經約略提到，在好望角附近發生叛變。參見Henry E. J. Stanley, trans. and ed., *The Voyages of Vasco da Gama, and His Viceroyalty* (London: Hakluyt Society, 1869), 56-64。

19 達伽馬行經一片海灣，先前迪亞士命名為岩石灣（Bahia da Roc），後來改名為阿果亞灣（Algoa Bay），迪亞士曾在最大的一塊岩石上舉行彌撒，並且命名為十字島（Cross Island）。低矮的群島，即迪亞士的弗拉特群島（Flat Islands）和十字島相差五里格，距離好望角一百二十五里格。迪亞士豎立石柱的岬角原先被稱為佛斯水灣（False Inlet），現在叫Kwaihoek；迪亞士在河口被迫返航，那條河叫大魚河（Great Fish River）或凱斯卡馬河（Keiskamma River）。

20 *Journal*, 16.

第九章　斯瓦希里海岸

一四九七年的聖誕節，就在船上的神龕前禱告度過。為了紀念這個日子，探險人員把他們經過的這片陸地取名叫納塔爾（Natal，葡語的聖誕節），但現在沒時間休息。這裡沒有航海圖可用，從現在起，必須靠他們把空白的海圖填滿。任何大小事都必須仔細留意和詳細記載，同時還有海上例行的考驗，諸如桅杆折斷、錨纜斷裂、逆風，進一步拖延航行進度。最慘的是淡水差不多喝光了，廚師只能用含鹽的海水煮鹹肉，讓人吃了直犯噁心。這下得趕緊登陸才行。

新年度的第十一天，值班的人看見一條小河的河口。艦隊長下令在海岸附近下錨，次日，一支登陸小隊划著小船出發，快上岸的時候，見到一大群男男女女盯著他們瞧。每個人的個子都很高，比葡萄牙人高多了。[1]

做事一向身先士卒的達伽馬吩咐馬迪姆．阿方索找個同伴一起上岸。非洲人對客人以禮相待。

1 班圖（Bantu）是非洲一大語族，包含眾多族裔，在西元四世紀左右遷入非洲南部，取代了許多原居人口，以農耕、放牧、金工為生。這條河大概是伊尼雅利梅河（Inharrime），位於莫三比克南部，達伽馬稱之為銅河（Rio do Cobre）。

其中有個人看起來像是首領，就阿方索判斷，他的意思好像是說，無論這些外地人需要什麼，儘管拿就是了。

達伽馬回贈首領一件紅外套、一條紅褲子、一頂摩爾人的紅帽子和一只銅手鐲。天黑之時，小船返回船隊，阿方索和他的同伴跟著非洲人到他們的村莊去。首領在途中穿上一身新衣。「看我收到什麼禮物！」[2]他見人就說，不知是驚奇還是高興。一行人到了村子裡，眾人鼓掌歡迎，首領繞著茅草屋大肆炫耀。首領夜裡回家休息，兩位訪客被帶到客房，吃了小米粥和雞肉。他們睡得很淺，主要是因為每次一睜開眼睛，就發現成群的村民低頭盯著他們看。

次日早晨，首領帶了兩個人來，要送兩名水手回船上去。他交給兩人幾隻雞，要送給他們的指揮官，接著補充表示會把他們送的禮物拿給大首領過目，葡萄牙人以為應該是當地的國王。等阿方索、他的同伴和他們的兩位嚮導啟程返回先前上岸的地點時，已經有兩百人尾隨在後。

葡萄牙人把這個地方命名為「善良人的土地」。看來此地人口密集，有多位首領，不過男女的比例是一比二。當地的戰士經常和鄰近的部落作戰，和男女比例的失衡絕對脫不了關係，他們的武器包括長弓和箭，鐵頭長矛，還有以白鑞為柄、象牙為鞘的匕首。男男女女的雙腿、手臂和編成辮子的頭髮，都戴著銅製的裝飾品。村莊附近有幾座池子，用曬乾、挖空的葫蘆裝盛海水，等水分蒸發之後取鹽。這些外來者忙不迭地推斷，不遠處就有更加開發的地方。即便如此，他們還是待了五天，下錨停泊，拿亞麻上衣換取大量的銅，並且補充淡水。這一次非洲人還幫忙把木桶搬上船，但還來不及完成運補，海岸就出現順風，召喚探險人員盡快出發。

經過九天的航行，濃密的樹林被河口一分為二，這條河[3]可比上回要大得多，幾座砂質的小島在海上守衛，島上長滿了一叢叢紅樹林。達伽馬決定冒險溯河，略做勘查，在他的一聲令下，貝里奧號駛入水道。一天之後，兩艘大船尾隨前進。

河川兩岸是平坦的沼澤平原，一簇簇高聳的樹木點綴其間，長出的果實模樣奇特，但可供食用。當地人的膚色黯黑，體格健壯，全身上下只纏了一條棉製的短腰布。葡萄牙人很快就發現年輕的女子十分貌美，儘管嘴唇打了洞，吊著各式螺旋狀的錫製品，令人不由得心驚肉跳。記錄者寫道，這些非洲人同樣熱情歡迎新來的陌生人。一批批划著獨木舟，奉上當地的農產品，並且毫不猶豫地爬上甲板，彷彿和這些人是多年老友。他們收下了鈴鐺和其他的小飾品，帶水手到他們村子裡，主動向船員表示，需要多少淡水儘管拿，不必客氣。

過幾天，有兩個人向船隊這裡划船過來，他們戴著綠色緞子和繡花絲料製成的帽子，顯然是當地的貴族，用行家的眼光打量著幾艘船。他們那裡有一個年輕人，兩人解釋說，是從很遠的地方來的，以前也見過這麼大的船。

「這些徵兆，」記錄者寫道，「令我們非常雀躍，因為看起來我們好像真的快要抵達目的地了。」[4]葡萄牙人獻上禮物時，發現兩人露出不屑一顧的表情，登時心裡一沉——這裡離印度還遠

2 *Journal*, 17.

3 指莫三比克的夸夸河（Qua Qua）。往上游十英里左右就是穆斯林的貿易聚落，叫克利馬內（Quelimane），這兩位貴客顯然是從這裡來的。其他的則和先前一樣是班圖人。

4 *Journal*, 20.

得很，居然已經受到這樣的嫌棄。儘管如此，這兩位眼高於頂的貴族人士已經派人在岸邊搭好營帳，在後續的七天，皆打發下人用染成淡紅色的布料，上船換取陌生人的小飾品，直到他們覺得悶了，才朝上游划船返航。

葡萄牙人在河邊逗留了三十二天。達伽馬認為經歷了種種考驗，應該讓手下好好休息，而且他們顯然很喜歡和當地迷人而親切的姑娘作伴。他們趁這段時間修好聖拉斐爾號的桅杆，同時又把三艘船檢修一次。

到目前為止，東非已經成了某種樂園，但在溫暖潮濕的空氣中卻潛藏著危險。許多船員病得很重。雙腳和雙手腫脹，腿上冒出幾百個小傷口。牙床腫得太厲害，牙齒根本無法咀嚼食物，而且口臭嚴重到令人難以忍受。他們的眼睛流血，臉頰凹陷，眼睛開始往外凸。離家七個月，可怕的壞血病爆發了。

保羅・達伽馬生性體貼、熱心，日夜都會探視病人，給予安慰，分送他自己的私房藥品。船上沒有大夫，雖然身兼理髮師的船醫多半和義大利旅行家彼得羅・德拉瓦勒遇到的那些差不多，「此人其貌不揚，就算我的身體健健康康，讓他把脈也會反胃」[5]，效果畢竟有限。病情最嚴重的時候，傷口化膿，肢體麻痺，牙齒脫落。大概死了三十個人，而其他僥倖活下來的人只能眼睜睜地看著同伴死去，茫然不解，束手無策。

最後瓦斯科・達伽馬下令繼續航行。在離開之前，他豎起第二根石柱，並且寫下船員給船隊的下錨地點取的名字：吉兆河。只不過他們遇到的徵兆顯然是吉凶參半。船隊還沒開過河裡的沙洲，旗艦就擱淺在砂岸上。正當所有人都準備放棄的時候，潮水及時上漲，讓船隻重新浮上水面。

二月二十四日，星期日，小艦隊又開回外海。到了夜裡，領航員朝東北方航行，遠離海岸，接下來這個星期，他們繼續朝東北方行駛，在夜裡就停船，避免錯過了什麼應該注意的地方，不過除了少數散落的島嶼，倒也沒見到什麼特別的景物。

三月一日，一處更大的群島在眼前出現，這一回，島嶼鄰近海岸。由於天色漸暗，船隊又開到外海下錨，等次日清晨再進行勘查。

破曉的天光照出一大片平坦的珊瑚，狀似菱形，珊瑚周邊綴著白砂，突出的尖端覆蓋著綠色植物，躺在大陸伸出的寬敞臂彎裡。達伽馬決定由卡拉維爾帆船先行靠岸，尼古拉·科艾略便升起船帆，緩緩駛入海灣。結果很快就發現他判斷失誤，把貝里奧號直接開上了沙洲。在他試圖調轉方向，離開沙洲時，只見一支小船隊從主島啟航。

現在另外兩艘帆船已經從後面跟上來，島民興奮地揮舞雙手，示意他們把船停下。達伽馬兄弟視若無睹，繼續開到位於大陸和島嶼之間避風的水域，既然迎賓的隊伍窮追不捨，他們便從善如流，下錨停船。七、八艘小船開過來，一支小型管弦樂團奏起樂曲。葡萄牙人發現他們筆直的長喇叭和北非摩爾人吹奏的樂器一模一樣。

5 Wilfrid Blunt, *Pietro's Pilgrimage: A Journey to Indian and Back at the Beginning of the Seventeenth Century* (London: James Barrie, 1953), 10.

小船上的其他人熱情地比手劃腳，意思是要新來的人跟著他們開進主島的港口。達伽馬邀請其中幾位登船，和船員盡情吃喝。

葡萄牙人很快聽出島民說的是阿拉伯語，顯示前景可期，但也令他們大惑不解。這些人無疑是穆斯林，但卻比探險人員以前遇過的穆斯林友善得多。

達伽馬決定務必要問清楚這是什麼地方，在當地居住的又是什麼樣的人。他再度命令尼古拉·科艾略把船開進港口，並且就地打聽一下，看另外兩艘較大的船是否也能一起入港。科艾略設法把船繞過島嶼，結果撞上了一處岩質岬角，船舵應聲斷裂，好不容易脫困之後，他的卡拉維爾帆船才蹣跚搖晃地開進港口深邃、清澈的水中。

貝里奧號才剛剛停下，當地的蘇丹[6]就把船開到旁邊，帶著大批隨從登上甲板。他穿著一件亞麻長衫、一件絲絨長外衣，頭上戴著用黃金飾邊的絲綢彩帽，腳上穿的是一雙絲綢鞋子，看上去一表人才。他的手下穿的是精緻的亞麻和棉布，不但製作精良，而且染成色彩鮮豔的條紋。他們頭頂的帽子綴有金線繡花的絲帶，皮帶裡插著阿拉伯劍和匕首。

雖然只能為蘇丹獻上一條紅頭巾，不過科艾略恭恭敬敬地接待這班貴客。蘇丹給船長的回禮是他禱告時掐捻的念珠，示意要船長把它視為一種善意的表徵，同時邀請幾位水手隨他一同上岸。

他們在一片帶狀的岩質海岸線登陸，每逢滿潮的時候，小船可以在這裡停靠。岸上有一整排的倉庫。附近正在打造幾艘扎實的船隻，船身的木板是以椰子的纖維縫合，船帆也是以這種用途多元的材料編織而成。海岸背後是一個相當大的城鎮，有小間的清真寺、精雕細琢的墓園，以及用珊瑚礁角礫岩和石塊建造的灰泥房屋。隨處可見一堆堆待售的椰子、甜瓜和黃瓜，街上還有婦女販賣酥炸的小魚，以及用炭火烘烤的穀粉餅。

蘇丹招手叫大夥兒到他家去，讓他們飽餐一頓，臨走的時候還給他們一罐「用受損的椰棗搭配丁香和小茴香的蜜餞，要送給尼古拉．科艾略」。[7]

這時另外兩艘船已經尾隨貝里奧號進港。蘇丹派人送來更多珍饈美饌，達伽馬連忙梳洗一番，準備迎接蘇丹造訪。經歷艱苦的航行之後，他手下的船員簡直上不了檯面，其中最像樣的，也是衣衫襤褸、蓬頭垢面，最慘的幾個人更是命懸一線。艦隊長下令老弱殘兵一律待在甲板下的船艙，然後把其他船上最健壯的人叫過來。他們在寬鬆的上衣外面套上皮背心，穿上靴子，把武器藏在衣服底下，升起旗幟，拉開遮篷，總算在最後關頭把這場戲打點妥當。

一切都很順利。蘇丹無比氣派地來到港口，隨行人員穿著華麗的絲綢衣裳，樂師不停吹奏象牙喇叭。達伽馬迎接蘇丹上船，請他坐在遮篷底下，請他享用船上最好的肉食和葡萄酒，致贈蘇丹幾頂帽子，外加幾件短袍、珊瑚珠子，和他櫃子裡的其他小玩意兒。蘇丹瞄了瞄這些禮物，顯然完全看不上眼，開口問這些外地人有沒有深紅色的布料。達伽馬只得透過擔任阿拉伯語翻譯的費爾南．馬丁斯表示沒有。訪客很快就走了，不過蘇丹因為好奇的關係，又回來好幾次，葡萄牙人也繼續贈

---

6 斯瓦希里海岸的蘇丹是國土的唯一統治者，他們控制貿易，對進出口貨物徵收稅金，提供倉庫、領航員和維修船隻的設施。這些蘇丹和內陸的貿易網有綿密的關係，往往是透過一夫多妻制的婚姻形成的，他們本身也是海岸最主要的商人。蘇丹位高權重，而且不習慣被外國人頤指氣使。參見Malyn Newitt, *A History of Mozambique* (London: Hurst, 1995), 4。

7 Journal, 28。街頭生活的細節出自Jean Mocquet, *Travels and V oyages into Africa, Asia and America, the East and West Indies; Syria, Jerusalem, and the Holy Land*, trans. Nathaniel Pullen (London, 1696) 215。

送手上僅有的禮品。

現在探險人員已經知道這個地方叫莫三比克（Mozambique）。那些衣著華麗的人是富商，和北邊來的阿拉伯人（葡萄牙人硬是把他們稱為白穆斯林）做生意。港口停了四艘阿拉伯船隻，裝載了大批「黃金、白銀、丁香、胡椒、薑和銀戒指，還有為數可觀的珍珠、珠寶和紅寶石，全都是本地居民要用的」。除了黃金以外，歐洲人的新朋友解釋說，其餘全數來自寶石、珍珠和香料唾手可得的富有城市，「連買都不必買，直接用籃子裝就行了」。[8]

外來的葡萄牙人不由得心跳加速。他們大老遠跑來，就是為了尋找傳說中的東方財寶，現在總算聽到了這些珍寶存在的證據。得知這整片海岸都被穆斯林所控制，固然令人不安，但他們也聽到了好消息（他們後來知道這裡是斯瓦希里海岸，是阿拉伯語的海岸居民之意）。商人告訴他們說，附近有一座極為富有的島嶼，島上半基督徒、半穆斯林的人口經常陷入戰火。聽到這裡，葡萄牙人受到些許激勵，便問起祭司王約翰的下落，得知他也住在附近，統治著眾多海岸城市，當地居民都是「大商人，名下擁有大型船隻」。[9]據說祭司王的宮廷位在遙遠的內陸，唯一的交通工具是駱駝，未免令他們大失所望，不過聽說阿拉伯人的船上有兩名基督徒，正是來自印度，多少緩和了他們失望的心情。另外他們也得知這兩個基督徒其實是阿拉伯人的俘虜，不過很快就被帶到聖加百列號。兩人一看見船頭的加百列船首像，即刻跪下來禱告。不管他們是不是俘虜，這無疑是葡萄牙人等待多年的證據，證明東方畢竟有許多基督徒。

「這個消息，」記錄者歡喜地寫道，「和我們聽到的其他許多事情，讓我們不由得喜極而泣，祈求上帝保佑我們身體健康，好親眼見到我們強烈渴望的景象。」[10]數百年來的希望與夢想近在咫尺，東方的基督教國王和他富不可擋的子民，以及珠寶和香料多到滿出來，隨便一舀就是的城市。

就在這些外地人興奮得臉紅心跳時，情況急轉直下。

有一次蘇丹登船作客時，詢問他們來自何方。蘇丹想知道這些外來客究竟是土耳其人，抑或來自另一個他不熟悉的穆斯林國度？他知道土耳其人也像他們這樣出色。如果他們真的是土耳其人，他接著說道，他很想親眼瞧瞧土耳其著名的弓，還有他們的古蘭經。

他們不是土耳其人，達伽馬盡量不露神色地回答，而是來自土耳其附近的一個王國。他很樂意讓他觀賞他們的武器，但可惜當初沒有帶經書出海。士兵拿出了他們的石弓，拉開、然後發射，蘇丹看起來既驚又喜。吃著滿桌的無花果、還有蜜餞和香料，達伽馬大膽表示他是受一位盛世明君所託，來尋找前往印度的航路，詢問能否雇用兩名熟悉印度洋的領航員，而蘇丹也答應了。兩人如期到船上報到，達伽馬給了每人一袋黃金和一件短袍。他透過費爾南·馬丁斯告訴他們，他唯一的條件是從現在開始，不管任何時候，都必須有一名領航員留在船上。

沒多久，這兩個領航員就惹出麻煩。這些外地人臉色蒼白，說著不知名的語言，船隻的外觀更是奇特，兩人早就對他們的行為起了疑心。他們似乎對這片海岸或在地的農產品一無所知，老是問東問西，而且不管問他們什麼問題，總是支吾其詞。最後兩人恍然大悟，招募他們的人不是什麼異

---

8 *Journal*, 23.

9 Ibid., 24.

10 Ibid., 25.

族穆斯林，而是基督徒，於是其中一名領航員藉故離去。葡萄牙人遲遲等不到他回來，得知他住在海灣對面相距一里格的外圍小島，便匆匆趕去。船隊在附近下錨，達伽馬和科艾略帶了另一個領航員，率領兩艘武裝的小船駛向海岸，馬上遭到從小島開出的六艘小型單桅帆船攔截。船上坐滿了持有弓、長箭和圓形盾牌的穆斯林，用手勢示意葡萄牙人回到城裡去。

達伽馬把領航員綁住，下令砲兵朝對方射擊。

砲彈轟地一聲衝出砲管，呼嘯劃過天空。

當基督徒和穆斯林刻意在印度洋面對面的這一刻，原先的和氣化為敵意。雙方的陳年宿怨轉移到新的水域。葡萄牙人開始發射砲彈的消息，持續流傳了好幾百年。

保羅．達伽馬和船隊在港口留守，隨時準備支援，聽見砲聲隆隆，他立刻採取行動。當貝里奧號向阿拉伯人的船隻逼近，他們飛快逃回主島，在保羅追上他們之前，就消失在城鎮裡。

葡萄牙人回到先前下錨的地方。和蘇丹的關係顯然無從修補。記錄者寫道，原先蘇丹以為他們是土耳其人的時候，對他們非常友善。「可是等到發現他們是基督徒，便設計陷害。後來我們帶走的領航員說，對方打算將我們一網成擒，殺之而後快，只可惜功敗垂成。」[11] 葡萄牙人自我安慰，認定這位領航員是受到全能的上主感召，才會全盤托出。

第二天是週日，船員把船開到一座小島舉行彌撒。他們發現一處偏僻的地方，樹木高聳，他們在樹蔭下搭起祭壇，排隊領聖體。彌撒禮成之後，他們立刻出發，尋找對陌生人比較友善的水域。

然而天公不作美。兩天後，船隊經過一處背靠高山的海角，風勢驟然減弱，航行戛然中止。第二天的晚上，一陣微風把他們吹向外海，船員一覺醒來之後，卻發現他們被一股強勁的離岸流往回拖，整支船隊退回了莫三比克島以南的位置。到了晚上，他們把船開到先前舉行彌撒的小島，但這時再度碰上逆風，只得下錨等待時機。對他們來說，這裡無疑是最危險的地方。

蘇丹收到消息，知道這班基督徒回來了，馬上派人到船隊遞出橄欖枝。他的特使是來自北方的阿拉伯人，堅稱自己是謝里夫（sharif），也就是先知穆罕默德的後裔。而且還喝得酩酊大醉。他對葡萄牙人說，在發生這場不幸的誤會之後，他家主人有意講和。達伽馬回答，他也是，但他要求蘇丹必須先交回他所雇用的領航員。這位謝里夫辭別之後便再也沒有回來。

沒多久，另一名阿拉伯人帶著幼子前來，請求允許他們登船。他是一名領航員，從麥加附近的一處港口來到莫三比克，現在想搭船北返。既然當地有許多阿拉伯船隻定期往返，這樣的要求實在不合常理，但達伽馬答應讓他上船，與其說是基於待客之道，不說是想從他身上套出更多消息。這位新乘客主動給了他們一個忠告：他宣稱蘇丹憎恨基督徒，他們最好隨時保持警戒。

耽擱將近一星期之後，達伽馬下令船隊返回港口。他是不得已的，天氣沒有好轉的跡象，船上的飲用水眼看就要告罄。

島上無法取得淡水，想鑽取地下水，卻只挖到微鹹、帶鹽的污水，凡是喝過的人全都嚴重腹瀉。所有的水源都來自大陸，探險人員聽說那裡有兩個部落正在作戰，戰士身上一絲不掛、布滿紋身，牙齒鋒利，吃的是他們獵殺的大象或逮捕的人類身上的肉。[12]

11 Ibid., 28.

12 荷蘭旅行家讓・哈伊根・范・林斯霍滕（Jan Huygen van Linschoten），出奇地了解這些讓白人把黑人扭曲成地獄來客的文儘管此事駭人聽聞，天黑之後，水手還是悄悄放下小船，並且裝滿了空水桶。到了午夜時分，達伽馬和尼古拉·科艾略帶了幾個人，神不知鬼不覺地划向大陸。達伽馬請蘇丹找來的那位領航員，主動告訴他們去哪裡取水，現在跟著一塊兒來了。他們很快就迷失在紅樹林沼澤，分不清東南西北，開始懷疑領航員只是想找機會逃走。[13]他們徹夜不眠地划船，返回船隊時筋疲力盡，怒氣沖天。

第二天晚上，沒等到天黑，他們再度冒險一試。這一次領航員很快就指出取水地點，但葡萄牙人把小船划過去的時候，看見海灘上有二十個人，便揮舞長矛，比手勢叫他們離開。

達伽馬無計可施，下令手下開砲。當砲彈從砲管射出，非洲人連忙躲進叢林。上岸之後，水手恣意補充淡水，直到發現聖拉斐爾號領航員約翰·德·科英布拉的一名非洲奴隸不知在什麼時候逃走之後，才覺得有些掃興。儘管已經受洗成為基督徒，這名奴隸卻改信伊斯蘭，葡萄牙人很快聽到消息，不免倍感憤怒。

第二天早上，又有一個阿拉伯人找上門來，傳了一段帶有威脅性的話。他冷笑著說，如果這些外地人想取水，大可以自己去找，可是說不定到時會被迫打退堂鼓。

艦隊長終於忍無可忍。他送的禮物被譏笑、一名領航員逃跑、現在對方又一次次派人來耍他。弄得他活像個大傻瓜，他決定好好教訓這些穆斯林，免得自己顏面盡失。他傳話給蘇丹，要求把奴隸和領航員送回來，對方很快就回話了。蘇丹勃然大怒。把守水源的守衛只不過勇於任事，就被基督徒取了性命。至於那兩個領航員，他們是異邦人，蘇丹對他們一無所知。這些外地人原先似乎誠實可信，如今看來，不過是一幫四處劫掠港口的惡棍罷了。

達伽馬和手下的船長很快開了個會。把小船全數裝載砲彈，向城鎮駛來。

島民早已有了作戰的準備。數百人在海灘擺開陣式，配備戰矛、匕首、弓，以及向駛近的小船投擲石塊的投石器。葡萄牙人以砲彈反擊，島民退到他們用一排排厚木板捆成的柵欄背後。雖然可以安全躲藏，卻無法再輕易攻擊敵軍，就這樣，葡萄牙人連續砲轟海岸三小時。

「後來我們覺得乏了，」記錄者記載著，裝出一副不把對方當一回事的口吻，「就回船上用餐。」[14]

島民開始逃亡，帶著隨身的物件，登上獨木舟，划向大陸。

用餐完畢，葡萄牙人再次出發，以全未竟之功。艦隊長打算抓幾個人，來交換逃跑的奴隸，以及被阿拉伯人俘虜的兩名「印度基督徒」。他哥哥追上了一艘由四個非洲人划的獨木舟，連人帶船拖到船隊那裡。另一群水手追上了一艘小船，船東是那位自稱是謝里夫的人，上面載滿他的私人財物，但槳手一到大陸就棄船逃跑。葡萄牙人發現另一艘棄置的獨木舟，運走了「精緻的棉織品、棕

化規範（反之亦然）。他指出，有些班圖人用鐵在臉上和身上烙印，讓皮膚看起來活像是凸起的錦緞，「他們對此倍感自豪，認為世界上沒有人比他們更好看，所以一旦看到用衣服遮蔽身體的白人，就會大聲嘲笑他們，認為我們是怪物和醜八怪。當他們製作任何魔鬼的形象或畫像時，就會依照白人穿衣服的形象來製作，由此可見，他們認為，也確實說服自己相信，他們的膚色才是人該有的顏色」。*The Voyage of J. H. van Linschoten to the East Indies*, ed. Arthur Coke Burnell and P. A. Tiele (London: Hakluyt Society, 1885), 1:271。

13 巴不得逃跑的領航員應該是本地人，而不是請求登船的麥加領航員，雖然資料來源並沒有指明究竟是誰。

14 *Journal*, 30。對島民人數的估計，最低是一百人，最高是巴羅斯說的兩千人。依照慣例，比較低的數字大概比較正確。

櫚葉編成的籃子、一只裝了些奶油的釉罐、附帶芳香水的小玻璃瓶、法律書籍、一個裝棉線的盒子、一張棉網、許多裝滿小米的小籃子」，是一位富商的家用品。達伽馬把這些東西全數分給水手，只把古蘭經收起來，要獻給葡萄牙國王。

第二天是星期日，海岸空無一人。葡萄牙人這一次通行無阻，順利把水桶裝滿。到了星期一，他們把小船重新武裝，再次前往城鎮。其餘的島民閉門不出。有幾個大聲咒罵他們這些外地人殘暴。達伽馬不想冒險登陸，既然逃跑的人應該是抓不回來了，為了挽回顏面，他下令砲兵發射砲彈。

既然已經表明來意，葡萄牙人起錨返回小島。他們要再等三天才會起風。

✛

在探險人員將要行經的海岸，流傳著駭人聽聞的傳說。有一個地方的旅人轉述說，「黑人捕撈一種叫作Pisce Mulier的魚，也就是女人魚」：

這種魚的長相酷似女子，私處的部分和女人一模一樣，左右兩側的魚鰭充作武器，掩護躲在下方的子女，經常登上陸地，然後兒女便離開母親，獨立生存。捕魚的黑人必須發誓絕對不碰這些女人魚。用大理石磨牠們的牙齒，把碎屑加水攪拌之後喝下，可以有效治療痔瘡、痢疾和高燒（這是我的親身經歷）。[15]

不管有沒有禁止，他補充說道，非洲人「對這些魚極為喜愛，和牠們交媾有壯陽之效」，只不過女人魚可不是什麼迷人的美人魚，牠們的臉極為難看，活像「豬鼻子」。在海岸棲息的人類長得更是醜陋。在比較內陸的地方，據說有一位偉大的國王，他統治的子民「每次殺死敵人之後，就把對方的生殖器割下，曬乾，給妻子戴在脖子上，她們視為莫大的驕傲。因為生殖器最多的人最受尊敬，原因在於這證明她們的丈夫比別人更加強壯而英勇」。擁有「一條男性生殖器製成的項鍊」，另一位旅人清楚地解釋說，相當於在歐洲被冊封為騎士，對東非的戰士而言，是一份極大的榮譽，「就像我們的金羊毛勳章，或是英國的嘉德勳章」。[16]

葡萄牙人堅苦卓絕，不屈不撓，到了三月二十九日，終於有一陣輕風把船隊往北吹送。他們逆著海流緩緩前進，不停費力地下錨和起錨，在船員的手上磨出許許多多的水泡。

四月一日，他們往北駛向一處龐大的熱帶群島，島嶼周邊長滿了紅樹林，還有一圈鮮豔的珊瑚礁在外環繞。[17]有船隻在島嶼和大陸之間往返，靠近海岸的地方還有相當大的貿易站。前一天晚

---

15 Jean Mocquet, *Travels and Voyages*, 233-35。尚・莫克記載，據說漁夫也會把人類的喉嚨割開，趁熱喝下他們的鮮血。國王是馬塔帕（Matapa）的統治者，這是卡蘭加人（Karanga），現在的紹納族（Shona）的國家，位於林波波河（Limpopo）和尚比西河（Zambezi）之間，在西元一二〇〇至一五〇〇年間，憑著黃金和象牙的貿易而繁榮發展。位於辛巴威高原的石造城市遺址大辛巴威（Great Zimbabwe）是王宮和貿易中心。葡萄牙人把這個王國稱為莫諾莫塔帕（Monomotapa），出自卡蘭加人的王室頭銜，Mwene Matapa意思是「土地的破壞者」，他們原本以為這是統治者個人的名字。雖然葡萄牙人來的時候，馬塔帕的國力已經衰敗，但葡萄牙人相信這是一個強權國家，並且想盡辦法滲透。

16 Linschoten, *Voyage*, 1:275.

17 指基林巴群島（Quirimbas Archipelago），沿著莫三比克北部的海岸延伸六十英里。由於大陸地勢低矮，在珊瑚礁外側航行時，其實看不到大陸。

上，葡萄牙人離群島太遠，還看不清地形的時候，阿拉伯領航員堅稱這些島嶼就是大陸。現在達伽馬已經相信每個人都想謀害他，並且下令把領航員狠很鞭打一頓。為了紀念此事，葡萄牙人把群島的第一座島嶼命名為「挨鞭之島」。

達伽馬決定繼續前行，三天後，他們又發現一處群島。這回兩位穆斯林領航員都認出來了。他們聲稱往回三里格的地方，有一座基督徒居住的群島，只不過船隊沒有靠岸，直接開了過去。艦隊長認定這兩個領航員是故意讓他把船開過頭，錯過一個友善的港口。船隊整天都在想辦法開回去，但卻遭遇強勁的逆風。結果反而因禍得福，或者照他們後來的解釋，全憑上帝帶來的奇蹟，因為基爾瓦島（Kilwa）住著這片海岸最強大的統治者，而他可不是基督徒。原來兩名領航員在無計可施之下，非但不是故意讓讓葡萄牙人錯過基爾瓦島，反而是處心積慮要讓他們自投羅網。

後來發現實在回不去，領航員改弦易轍。再往前航行四天，就會抵達一個叫蒙巴薩（Mombasa）的大城市，城裡也有勢力強大的基督徒。儘管天色已晚，但風勢強勁，船隊便改變航向，順風駛向北方。天黑之後，瞭望人員發現前方有一座大島，莫三比克的領航員宣稱這裡也是基督徒和穆斯林共居的地方。[18]達伽馬不予理會，只管繼續前進，因為順風的關係，航行極為順利，結果聖拉斐爾號突然撞上淺灘，擱淺了。

當時距離天亮還有兩小時，船隊和陸地相距數英里。船員扯開了嗓門，向另外兩艘船的人大叫，他們跟在後面，很容易在黑暗中撞上來。幸好聖加百列號和貝里奧號即時停下，放小船下水。

到了破曉時分，潮水退去，這才發現聖拉菲爾號坐落在淺灘上，周圍的海水退得一乾二淨。在背後的海岸上，有一片高聳的山脈，峰峰相連，十分雄偉，山腳則是一處聚落。看見可能有生意上門，當地人划著小艇，來到受困的帆船這裡，馬上就賣了一批柑橘，水手覺得比老家的水果好吃多了。達伽馬送他們幾件普通的小飾品，有兩個人繼續留在船上。

現在聖拉斐爾號已經把船錨全部放下。小船上的人使盡吃奶的力氣，把船錨逐一從淺灘拖到船首前方的水中，然後大聲叫船上的同僚放鬆纜索。稍晚潮水上漲，繩索繃緊，帆船便浮了起來，大夥兒總算鬆了一口氣，發出歡呼之聲。

船隊終於抵達蒙巴薩外海。

這一天是四月七日，星期天。前方有一座島嶼，樹林蒼翠，大陸從兩側緊緊環抱。在面海的岩質高地上，豎立著一座寨城。有燈塔照出前方的淺灘，還有一座堡壘，幾乎與海水平齊，用來保護沙洲。舉目可見位於島嶼北面的港口，葡萄牙人看得出港內有大量船隻停泊，紛紛掛滿旗幟，彷彿在舉辦慶祝活動。港口顯然收入豐盈，地位也不容小覷，由於不想被比下去，他們也升起自己的旗幟。儘管打扮得花枝招展，但其實船隊的處境堪憐。許多水手死於壞血病，許多人的病情依然嚴重，幾個星期以來，船隊一直人手拮据。唯有想到次日可以登岸望彌撒，這些倖存者才會感到喜悅。領航員跟他們說過，城裡的基督徒有自己專屬的區域，由自己的法官和君主統治。他們會隆重迎接新來的客人，他們向葡萄牙人保證，還會邀請他們到府作客。

值夜班的人上工了，其他的人窩在平常的角落睡覺，熱切等待清晨的來臨。

18 大概是馬菲亞島（Mafia Island），這裡同樣沒有任何基督徒。島嶼伸向大海，因此達伽馬沒發現位於北方一百英里的尚吉巴島（Zanzibar）。

大約午夜時分，守夜的人大聲呼叫。有一艘單桅帆船從城裡開過來，約莫載了一百個人，全數配有短彎刀和小圓盾。船隻向旗艦逼近，武裝的人試圖爬上去。達伽馬厲聲下令，麾下士兵馬上在甲板四周排開，不讓對方越雷池一步。最後他答應讓其中四名帶頭的人上船，但條件是對方必須先卸下武器。

達伽馬瞬間從軍人變成外交官。他拜託登船的人原諒他的謹慎，千萬別放在心上，一面補充說道，他是外地人，不懂他們城裡的規矩，他端上食物款待對方。四位賓客滿臉笑容，解釋說他們只是過來看看，因為船隊非常醒目。他們接著說，攜帶武器是他們的習慣，無論在戰爭或和平時期都一樣。蘇丹熱切期待異邦人前去拜訪，如果不是時間太晚，他一定親自登門求見。

雙方說話都小心翼翼，這場會談持續了兩小時，直到四名訪客離開的時候，葡萄牙人仍然堅信對方的用意是想看看能否搶走其中一艘船。畢竟他們是穆斯林，雖然他們也證實了島上的確住了許多基督徒。

星期天早上，蒙巴薩的蘇丹送了禮物：一頭綿羊，外加一箱箱的柑橘、檸檬和甘蔗。想必這些歐洲人在海岸已經小有名氣，因為訪客從早到晚川流不息。其中包括兩位特使，為達伽馬帶來蘇丹的戒指，藉此擔保客人的安全，並且保證只要船隊進港，不管他們需要什麼，都可以充分供應。特使的皮膚是白色的，而且自稱是基督徒；看他們說得煞有介事，葡萄牙人自然信以為真。達伽馬請他們帶一串珊瑚珠子回去獻給蘇丹（在滿是珊瑚礁的海岸，這件禮物實在不值一哂），並且轉告說他打算在次日進港。同時他派了船上的兩名罪犯親自去向蘇丹致意，同時勘查環境。

兩人登岸之後，馬上有一群人圍過來，尾隨他們穿過狹窄的街道，前往宮殿。前後要穿過四扇大門，才能進入覲見廳，每道門的守衛都拿著一把出鞘的短彎刀。蘇丹熱情款待這兩個異邦人，派人帶他們在城裡四處參觀。

一行人曲曲折折地穿過大街，街道兩側是三層樓的建築物。從窗戶看進去，可以瞥見室內精緻的灰泥天花板。女子身披絲綢，戴著亮晶晶的金飾和寶石，一排排銬著連鎖鐵鏈的奴隸，腳步沉重地走著。

大隊人馬在兩位商人的住家停下，蘇丹派出的嚮導說他們是基督徒。商人拿出一幅他們敬拜的聖像，像是被畫成白鴿的聖神。[19]幾位嚮導說，城裡還有許多基督徒，等他們的船進港，就能見到所有人。參觀完畢之後，他們回到宮殿，蘇丹再度現身，交給兩人一些丁香、胡椒和高粱。他說這些是大量銷售的產品，而且他會讓這些客人買滿三艘船。同時他的倉庫裡多得是白銀、黃金、琥珀、蠟、象牙和其他的貴重物品，他保證價格比別人更加優惠。

聽到蘇丹傳來的話，以及兩名探子對城裡的描述，達伽馬相當滿意。三位船長商量了一番。為了保險起見，他們決定入港，並且採購大批香料，以防將來在印度有什麼差錯。

船隊起錨出發，可是聖加百列號不聽使喚，而且漂上淺灘。第二艘船直接撞上去，結果三艘船再度下錨，設法脫困。

事後證明這片淺灘又是上帝對他們的眷顧。船上還有幾個非洲人和阿拉伯人，現在他們認定這些基督徒再也不會往岸邊靠近。他們互相打暗號，跑到船尾，跳上停在旁邊的單桅帆船。過了幾秒

19　卡斯達聶達說這兩個商人是印度人，理查・柏頓爵士（Sir Richard Burton）表示這是印度鴿神的畫像，*Journal*, 36。

鐘，兩名領航員跳下海，向帆船游去。

達伽馬開始懷疑自己遭到陰謀算計。那天晚上，他開始審問兩個來不及逃跑的莫三比克人。當時的人普遍相信只有嚴刑拷打才能問出可靠的答案，他把油燒滾，滴在他們的皮膚上。兩人痛得尖叫，上氣不接下氣地說了個大概。基督徒出現，並且攻打莫三比克的消息已經先一步傳到海岸，對方擬定計畫，等他們一進港口，就來個甕中捉鱉。

達伽馬下令澆上更多滾油，受審的人身上的皮膚有更多地方冒煙。其中一人掙脫了刑求者的控制，躍入海中，雙手仍然被牢牢綑綁。過了幾小時，另外一個人同樣來了個自殺式逃亡。葡萄牙人再度感謝上帝，讓他們逃離異教徒的魔掌。

大約午夜時分，兩艘獨木舟靜悄悄地划向船隊，在進入他們的視線範圍之前停下。船上的幾十個人無聲無息地潛入水中，向船隊游過去。有幾個人在貝里奧號的一旁浮出水面，拿出短刀，割斷了錨索。他們的皮膚和武器在月光下閃爍，但守夜的人以為是一群鮪魚。等貝里奧號開始漂移，水手終於發現情況不對，並且發出警報。這時已經有更多來自獨木舟的人爬上聖拉斐爾號，擠在後桅的索具周圍，正準備割斷繩索。當行跡敗露，他們悄悄跳進水裡游走了。

「這些卑鄙小人用這些和其他各種詭計對付我們，」記錄者記載著，「但因為他們是異教徒，上主沒有讓他們得逞。」[20]

葡萄牙人仍然相信蒙巴薩的人口有一半是基督徒，但怎麼也想不通為什麼好像沒有任何人伸出援手。最後他們斷定基督徒和穆斯林一定是在打仗，他們在城裡看到的奴隸，想必是被俘的基督徒士兵。總而言之，那兩個基督徒商人，他們說服自己相信，只是短期居民，所以一舉一動都得看蘇丹的臉色。

現在船員終於恢復了體力。恐怕是豐沛的柑橘類水果幫的忙，且葡萄牙人相信，更有可能是上帝的另一個神蹟。艦隊長又等了兩天，看會不會有基督徒找來新的領航員。後來到了四月十三日，他下令船隊啟航，還是不知道該怎麼橫越印度洋。

＋

次日破曉時分，值班的人發現海上有兩條小船，船隊即刻窮追不捨。達伽馬打定主意，要是請不到領航員，只得抓一個過來。

其中一條小船逃回大陸，不過將近黃昏時分，船隊追上另一艘小船。船上有十七個穆斯林、一些黃金白銀，以及大量的蜀黍[21]。其中有個老人相貌堂堂，年輕的妻子緊緊挨在他身邊。當船隊逼近，水手和乘客紛紛躍入海中，但葡萄牙人跳進自己的小船，把這些穆斯林打撈上來。

結果這些剛抓到的俘虜沒有一個是領航員，船隊只好繼續沿著海岸上行，令達伽馬十分惱火。

到了蒙巴薩以北三十里格的地方，葡萄牙人發現附近也有一個相當大的城鎮。日落時分，他們下錨過夜，就近監視有沒有人在岸邊玩什麼勾當。

---

20 Ibid., 37-38。照卡斯達聶達的說法，在接下來的兩天晚上，蒙巴薩人又試圖對他們不利。

21 譯者注：原文為 maize（玉蜀黍），由於玉米原產於美洲，不會出現在十五世紀的非洲，在查閱資料後改為蜀黍，蜀黍原產於非洲，是高粱的別名。

第二天是四月十五日，復活節，但他們只做了例行的早禱。探險人員小心翼翼地環顧四周，等著看誰會率先發難。

前方的海岸出現一道很長的弧線，遠遠的兩座岩石海岬分據左右，形成一片遼闊、波浪起伏的海灣。沙灘外側有大片的珊瑚礁，退潮的時候，碎浪打在礁石上，露出綿延在淺灘的粼粼小池和低矮岩石，表面覆蓋著斑駁的海藻。城鎮沿著海岸發展，夾在廣袤的棕櫚樹叢中間，兩側是一座座農場和果園。經過妥善維護的棕櫚草屋頂別墅，在澄藍的天空襯托下，顯得高挺白皙。有別於大多數牆壁單調的阿拉伯房舍，這些別墅開了許多窗戶，也有眺望海景的屋頂露台。這片景致讓葡萄牙人想起了阿爾科謝蒂（Alcochete），倚著里斯本北面的太加斯河口，是葡萄牙王室最愛的度假勝地，也是曼努埃爾一世的出生地。

從小船抓來的人對葡萄牙人說，船隊就停在馬林迪城（Malindi）正前方。他們自己剛從那裡出海，他們接著說，港口有四艘船是屬於來自印度的基督徒。只要這些外地人肯放人，他們願意提供基督徒領航員，外加水、木材，以及葡萄牙人提出來的其他任何補給品。

達伽馬急需協助，於是聽從他們的建議。他率領船隊駛向馬林迪，並且在半里格外的地方下錨。當地的居民不敢貿然接近，或許他們已經得到警告，說有異邦人到處追捕海上船隻，綁架船上的乘客和船員。

第二天早上，達伽馬派手下把那位年老的穆斯林划到馬林迪城正前方的一處沙洲。他們把人留下，他默默地站在原地，最後有一艘獨木舟從岸邊划過來接人。他年輕的妻子依然留在異邦人手裡，作為人質，他直奔王宮，為艦隊長傳話。他說道，新來的外地人來到此地，是奉一位盛世明君之命，這是蘇丹結盟的好對象。這回總算有人被這番外交辭令打動，蘇丹正在和鄰近的蒙巴薩作戰，非常渴望結交新盟友，尤其是統領海上雄兵的好戰分子。

晚餐過後，老人回來了，同行的是蘇丹手下的一名披甲戰士、一位謝里夫和三頭綿羊。三位訪客轉達蘇丹的意思，說他亟欲和這些外地人建立友好關係，而且隨時可以為他們提供領航員，或是他能力範圍內的其他任何協助。達伽馬回贈他們一件大衣、兩串珊瑚、三個盥洗盆、一頂帽子、幾個小鈴鐺、兩條條紋棉披肩，並轉告蘇丹他會在次日進港。

船隊緩緩靠近海岸，這時蘇丹派出的小船又送來六頭綿羊和一份禮品，包含丁香、小茴香、薑、肉豆蔻和胡椒。聞到香料的奢華氣息，水手不禁又興奮起來。

蘇丹又命送禮的人轉達：如果這些外地人的領袖想和蘇丹談話，他會乘坐自己的中桅帆船，和對方在半途會面。達伽馬同意了，第二天，過了晚飯時間之後，御用帆船從海岸出發。蘇丹帶了一隊喇叭手，其中兩人吹的巨型喇叭[22]，是以精心雕刻的象牙製作而成，和人一樣高，要從側面的洞裡吹氣。低音的喇叭和甜美的鈴聲，交織成和諧、令人迷醉的樂音。

蘇丹穿著一件綠緞鑲邊的深紅色大馬士革織錦長袍，包著華麗的頭巾。坐在一張堆滿了絲椅墊的銅製雙人椅上。頭頂上是一把深紅色的緞子陽傘，身邊是一名手握銀鞘長劍的老侍從。他的手下上身赤裸，但下半身裹著絲綢或精緻的棉布。頭巾有銀線和金線的刺繡，隨身攜帶的匕首和刀劍，

22 指西瓦（Siwa），又叫御用喇叭，由波斯人從夕拉茲（Shiraz）進口到東非，西元十一及十二世紀，波斯人定居在東非沿岸。西瓦以銅和象牙製成。

以色彩斑斕的絲線流蘇裝飾。王室人員奢華的氣派和尊貴的儀態，令歐洲人看得目不轉睛。

達伽馬穿上了他最好的騎士裝束，由十二名主要的高級船員陪同，小船上掛著旗幟和布條，當蘇丹靠近時，他的水手便划船送他過去。兩艘小船並肩停下。一邊比手劃腳，一邊透過翻譯轉達，兩人互相熱忱地問候，看到對方以君王之禮相待，達伽馬有些受寵若驚。

蘇丹邀請艦隊長到城裡走一趟，並在他的王宮小住，在多日的旅途勞頓之後，不妨到宮裡養精蓄銳一番。然後，蘇丹提議，他也會相應到船上一訪。儘管對方盛意拳拳，達伽馬還是回絕了。他已經打定主意，凡是有重兵把守的穆斯林城市，無論當地人看起來多麼友善，都不值得以身犯險。他回答說，由於王命難違，只得辜負蘇丹的好意；要是他抗旨不遵守，必然會遭人舉報。

蘇丹回答，如果外地人沒有做出善意的表示，他就登船造訪，他的百姓又會怎麼說他。再怎麼樣，也該說說他們國王叫什麼名字。

葡萄牙翻譯寫下曼努埃爾一世的名字。

蘇丹表示，如果這些外地人從印度返國途中要登門造訪，他會送信給這位曼努埃爾國王，或甚至派大使親自拜訪。

達伽馬對蘇丹周全的禮數表示感謝，答應重回此地，蘇丹對船隊的任務提出了一連串的問題，他也都一一答覆。蘇丹花了很多時間，詳細說明香料、紅海以及其他探險人員極欲了解的事情，也答應幫他們找一位領航員。

這次見面的收穫豐富，達伽馬派人把人質帶來，全數釋放。蘇丹堅稱，如果達伽馬能到城裡走一趟，會令他感到無比欣慰。由於心情大好，蘇丹在船隊周圍繞了一圈，對每一艘船嘖嘖稱奇，當然也在評估這樣的船隻能夠對他的鄰國帶來多少損失。艦隊長乘著自己的小船尾隨在後，命令砲兵施放禮炮。穆斯林嚇了一大跳，馬上要划槳逃離，達伽馬很快示意屬下停止發射。蘇丹恢復鎮定之後，表示他第一次見到這樣的精銳部隊，很希望重金禮聘其中幾位幫忙打仗。達伽馬表示，這不算什麼，如果蒙上帝不棄，讓他們順利發現印度，然後返回祖國，他的國王一定會派一整支艦隊來協助新盟友。

會面三小時後，蘇丹回宮，把兒子和一位謝里夫留在艦隊作為擔保。他仍然巴不得炫耀自己的宮殿，所以帶兩名水手一塊兒回去。既然艦隊長不上岸，他離去時說，次日他會再來海灘一趟。

第二天早上，達伽馬和尼古拉．科艾略率領兩艘武裝小船，沿著城市正前方划著。岸上聚集了不少群眾，觀看兩位騎兵決鬥。背景是寬廣的街道和四濺的噴泉。探險人員發現只有阿拉伯人（大約有四千人）住在城牆內側，非洲人則住在城牆外用泥土和枝條搭建的茅屋，其中不少是在農場工作的奴隸。非洲東岸有一個普遍現象，經過幾百年的通婚之後，這兩種人在外貌上難以區分，但不管屬於哪個族裔，穆斯林菁英一律自稱為阿拉伯人，並且把非伊斯蘭的人口稱為卡非人（kaffirs），也就是阿拉伯語所謂的異教徒。

蘇丹走出位於海濱的宮殿。上了肩輿（架在竿子上的遮頂轎子），被抬下一排石階梯，來到水邊。達伽馬的小船停在旁邊，隨著海水上下晃動，但這樣實在沒辦法好好說話，於是蘇丹再次懇求艦隊長移步上岸。就當是幫他個人一個忙，他補充說，他的父親年老體衰，很想見見這位不惜為國王千里奔波，多次死裡逃生的人。如有必要，他可以和兒子留在船上當人質。即便如此，達伽馬仍然沒有放鬆警戒，他說什麼也不肯下船，硬是坐在岸邊觀賞東道主為他安排的餘興節目。

在印度洋所有被阿拉伯人統治的城市中，葡萄牙人正好來到最可能提供援助的地方。先前有俘虜說港口有四艘來自印度的船，也絕非憑空捏造，很快就有一幫印度人乘船划向聖拉斐爾號，並且請求登船。瓦斯科正在船上和哥哥談話，便吩咐船員帶他們去看一件祭壇的裝飾品，呈現的是「聖母在十字架底下抱著耶穌基督，使徒在她身邊」。[23]因為沒見過印度人，水手睜大了眼睛，從頭到腳仔細打量，認定這些人一點也不像他們認識的基督徒。他們穿著白棉布直筒長袍，把長髮編成辮子，用頭巾包裹。除此之外，他們還說明自己是素食者，聽在一看到鮮肉就狼吞虎嚥的人耳中，實在非常可疑。可是他們一看到祭壇，就在甲板上拜倒，而且在船隊停在港口的這段時間，他們每天都來，在神龕前面禱告，帶少許丁香或胡椒作為祭品。

這當然是決定性的證據，證明印度到處都是基督徒。印度人在艦隊長划船經過他們船隻的時候施放禮砲，令葡萄牙人的心情更為激動。

「基督！基督！」他們高舉雙手，歡欣鼓舞地喊著，至少在歐洲人耳中是如此。

當天晚上，印度人請求蘇丹允許他們舉行宴會，歡迎這些外地人。當黑夜降臨，天空被煙火照得燦爛輝煌。印度人施放一枚又一枚的小型砲彈，用最高亢的嗓音，吟唱不知名的讚美詩。

經過足足一星期的慶祝活動、打鬥表演和期間穿插的音樂節目，達伽馬愈來愈心急。四月二十二日，蘇丹的參議官搭乘御用帆船前來，這是兩天來首次有人登船造訪，達伽馬把人抓起來，傳話到宮裡，要求蘇丹實踐諾言，提供一名領航員。蘇丹原本希望暫時轉移葡萄牙人的注意力，直到他們願意為他作戰，但他馬上派人過去，達伽馬也把人質給放了。

這位領航員似乎也是一名來自印度的基督徒，這讓歐洲人高興得很。[24]他打開一張印度海岸的詳細地圖，向船員說明海岸的地理特徵，並且解說了風勢和海流。顯然是一位經驗老到的領航員，而且對航海學也同樣瞭若指掌。在他眼中，船上的這些儀器實在稀鬆平常，他表示，紅海的領航員老早就用類似的裝置來測量太陽和恆星的高度，只不過他和其他印度同胞比較喜歡用另外一種裝置。[25]他現場示範之後，達伽馬的領航員決定由他負責主導。

四月二十四日，星期四，號角響起，升上船帆，船隊的旗幟飄揚，浩浩蕩蕩地離開馬林迪。據說蘇丹眼見新朋友離開，頓時傷心欲決，信誓旦旦地說，他會把葡萄牙這個名字「永遠記在心裡，至死方休」。[26]

天氣很好，航行非常順利。他們的領航員說正北方有一片極其遼闊的海灣，海灣盡頭是一道海

---

23 *Journal*, 44.

24 這位領航員經常被誤認是偉大的阿拉伯航海家，艾哈邁德．伊本．馬吉德，頗有浪漫色彩。唯一有可信度的證據是十六世紀中葉一位阿拉伯編年史家的一小段話，說「可惡的葡萄牙人」抵達印度是當時「最令人驚駭而非比尋常的事件」，同時順口說葡萄牙人是因為把馬吉德灌醉，才得以橫跨印度洋。卡斯達聶達、巴羅斯和戈伊什都說這位領航員是古吉拉特人。巴羅斯和戈伊什說他是穆斯林，不過探險人員當時弄不清楚印度的宗教。《航海日誌》的那句話，「我們很高興國王派給我們一名基督徒領航員」，可能是表示他是印度教徒。關於阿拉伯的編年史，參見Sanjay Subrahmanyam, *The Career and Legend of Vasco da Gama* (Cambridge: Cambridge University Press, 1997), 124。

25 指卡瑪爾（kamal），這是阿拉伯人的發明，葡萄牙人在十六世紀初發展成直角器。

26 Casper Correia, in Henry E. J. Stanley, trans. and ed., *The Three Voyages of Vasco da Gama, and His Viceroyalty* (London: Hkluyt Society, 1869), 143。科雷亞照例把達伽馬和馬林迪蘇丹之間的友誼和真摯的愛描繪得天花亂墜，甚至在離別之時，蘇丹「無法忍受，搭了自己的小船跟去，說了充滿感情的話語」。

峽：亞丁灣和曼德海峽（Bab el Mandeb），也就是通往紅海和麥加卡巴天房的門戶。他補充說道，附近有許多大城市，有基督教城市，也有穆斯林城市，另外光是已知的島嶼，就有足足六百個。歐洲人要學的東西還多得很。

兩天後，他們再也看不見非洲海岸。過了三個晚上，北極星重新出現在地平線上。探險人員再度跨越赤道，但這次是在歐洲人未曾涉足的海洋航行。他們一路往東北方航行，也就是印度的方位。回顧過往，他們製造的敵人比朋友多。他們對非洲頂多只有混沌的印象，至於此行的目的地，他們依然幾乎是一無所知。

第十章　乘著季風而行

兩千多年來，能否橫越印度洋的決定因素，是陸地溫度的升降比海水更快。

每年九月，由於地球自轉軸傾斜的關係，北半球朝太陽的反方向偏移。這時北半球大陸的空氣冷卻下沉，形成廣大的高壓帶。印度洋降溫的時間比陸地慢得多，由於暖空氣上升之後留下空隙，溫度較低的空氣往南湧向北印度平原，跨越海洋。到了年底，從印度出發的船隻被一種規律、可靠的東北風，吹到西南方的阿拉伯和非洲。

等夏季將至，太陽的高度上升，印度北部和中部沙漠、平原和高原的溫度快速飆高。熱氣形成的低壓帶吞噬了比較涼爽、潮濕的海洋空氣。[1]到了五月，海上吹起西南風，在六月疾速吹過印度次大陸，拖著累積已久的暴風雲，低垂在天空。當氣團先後衝向印度南部巍峨的西高止山脈，以及

1　印度大沙漠，也叫塔爾沙漠（Thar Desert），夏天氣溫高達攝氏五十度，海上的溫度維持在攝氏二十度的低溫。季風的日期和強度每年的變化很大，不過馬拉巴爾海岸永遠是第一個降下豪雨的地方。剩下的氣團流過孟加拉灣，吸收更多的水氣，以高達二十五英里的時速湧向喜馬拉雅山脈東部，然後轉向西邊，落在印度河—恆河平原。

東北部高聳的喜馬拉雅山脈，雲層被擠壓上升，水氣凝結，雨水降下，把乾焦的砂石和土壤化為充滿肥沃咖啡色泡沫的農田。三個月後風向逆轉，整個過程周而復始。

從亞歷山卓的市場到北歐的年度市集，冬季季風決定了全球許多地方的貿易日程（季風〔monsoon〕這個字出自阿拉伯語mawsim，意思是「季節」）。只不過一開始前往印度，則需要比較精密的計算。埃及或阿拉伯的商人如果想在最短時間內把貨物送到市場，就跟著西南季風的尾巴出海，然後在三、四個月後回來。然而夏末的季風也可能幫倒忙。一四四〇年代，一位名叫阿布杜拉·拉查各（Abd al-Razzaq）的波斯大使在荷莫茲耽擱了幾天，結果季風季過去了大半，想到阿拉伯船隻被暴風雨吹散，淪為海盜口中的肥羊，登時嚇得他全身麻痺：

> 我一聞到船的味道，想到大海有多麼恐怖，就整個人暈死過去，足足三天，幸好還會呼吸，否則就跟死了沒兩樣。後來我稍微清醒一點，那些和我情同兄弟的商人齊聲痛哭，說出海的時機已過，任何人在這個時候出海，死了也是自找的，因為是自己跑去冒險……看到無情的天氣有多麼凶猛，詭譎的命運表現得多麼狠心，我的心如玻璃般粉碎，靈魂也對生命感到乏味。[2]

除了及時暈倒之外，比較省事的辦法是早點出發，儘管這樣一來，由於夏季的暴雨導致印度西南部的港口關閉，必須等暴雨結束才能返航。達伽馬很走運，或者照葡萄牙人後來宣稱的，全靠上帝的協助，他從非洲出發得正是時候。

連續二十三天，船員舉目四望，只見蔚藍的海水規律地流動，到了五月十八日，瞭望人員看見陸地了。

達伽馬站在船尾甲板，凝望著印度。

在領航員的引導下，船隊直接開往伊萊山[3]，傳統上，印度洋的領航員都把這座醒目、巨大的山丘當作一個方位的標誌。十年之前，科維良同樣也是在這個地點上岸，達伽馬和這位足智多謀的密探一樣，直奔卡利卡特的香料商業中心。

到了夜裡，船隊再度啟程，朝南南西的方向，沿著海岸航行。第二天，他們又回到陸地，卻遭遇強烈的暴雨，使他們看不清船隻的位置。次日，一片高聳的山脈從墨黑的雲層間冒出頭來，領航員宣布，葡萄牙人和他們此行的目的地相距僅五里格。

達伽馬當場付清他的酬勞，並且召集全體成員禱告，「齊聲歡呼，並且衷心感謝上帝引導他們安全抵達多年來夢寐以求的地方。」[4]禱告了沒多久，大夥兒開始慶祝起來。如果要舉杯慶祝，現在就是最好的時候。

那天傍晚，在日落的前一刻，小船隊在離岸一個半里格的地方下錨，遠離一些貌似危險的岩

---

2 "Narrative of the Journey of Abd-er-Razzak," in R. H. Major, ed., *India in the Fifteenth Century: Being a Collection of Narratives of Voyages to India in the Century Preceding the Portuguese Discovery of the Cape of Good Hope* (London: Hakluyt Society, 1857), 7-8.

3 伊萊山（Mount Eli）又稱為德利山（Mount Dely），現在叫艾茲馬拉（Ezhimala）。這座山伸入海洋，目前正在興建一所海軍軍校，禁止民眾上山。

4 Castanheda, in Robert Kerr, *A General History and Collection of Voyages and Travels* (Edinburg: William Blackwood, 1811-1824), 2:344.

石。船員沿著舷牆排成一列，從索具爬上去看個仔細。正前方是一片半英里長的新月形沙灘，細緻的金沙在夕陽餘暉中閃爍，背後是一棵棵的椰子樹和樅樹。海灣的兩端各有一座岩石海岬，北邊的峭壁上佇立著一間古廟。這是一片海灘樂園，在海上航行了將近一年，這裡怎麼看都像是眾多旅行家的傳說故事所描繪的應許之地。[5]

過了一會兒，有四艘小船開過來，水手的皮膚是深棕色，全身上下只纏了一小塊腰布，向這些陌生人表示歡迎，問他們是哪裡人。其中幾個人是漁夫，便爬上船來，攤出他們的漁獲。達伽馬吩咐屬下，依照對方所開的價錢全數買下，漁夫疑神疑鬼地咬了一下銀幣，看是不是真的。艦隊長的慷慨沒有白費，漁夫告訴他說，離船隊停泊的地方不遠，有一個叫卡帕德（Kappad）的城鎮，先前被領航員誤認為是卡利卡特。

第二天，印度人跑回來，達伽馬派一個會說阿拉伯語的流放者跟他們去卡利卡特。

印度人帶這名囚犯去見兩名來自突尼斯的商人，自然是因為後者也來自遙遠的西方，而且當下大吃一驚，在此同時，船隊進港，停在城市正前方。達伽馬仔細打量，在這片遼闊海灘的背後，是高大的椰子樹，在季風的吹襲下，像蘆葦似地朝內陸彎曲。再往後是一系列聳立的山丘，卡利卡特在茂密的棕櫚樹叢間綿延數英里。

達伽馬的特使很快回來，而且帶了其中一名突尼斯商人。探險人員很快就管他叫孟塞得（Monçaide），是用葡萄牙語把他的阿拉伯名字唸錯的結果。

看見歐洲人出現在印度，孟塞得仍然十分震驚，而且他怎麼也沒想到會是這些歐洲人。

「為什麼，」他和另一位突尼斯商人請教這位不速之客，「卡斯提爾國王、法國國王或威尼斯政府沒有派人過來？」[6]

「葡萄牙國王，」他很盡職地回答，「不准他們來。」

「他這麼做是對的。」兩人回答時頗感詫異。

商人把這名囚犯帶到他們的住處吃點麵包和蜂蜜，然後孟塞得跟他出門，要親眼看看這幾艘船。

「你們沒有白白冒險，」他一踏上甲板，就用西班牙語驚呼道，「沒有白白冒險！這裡多得是紅寶石，多得是翡翠！你們應當好好感謝上帝，帶你們來到這麼富裕的國家！」

全體船員目瞪口呆。

「聽到他說話，我們都嚇呆了，」記錄者寫道，「因為我們做夢也沒想到，會在離葡萄牙這麼遠的地方，聽到我們的語言。」有幾名水手喜極而泣。「於是他們大夥兒一起謙卑而衷心地感謝萬能的上主，全靠主的眷顧和協助，他們才會遇到這樣天大的福氣和好運。」[7]

---

5 我最近一次去的時候，看到樂園散落著大量丟棄的涼鞋、藥膏管和藥瓶。淺灘的岩石看似詭譎，海浪在岩石的衝擊下，猛烈地沖向沙灘。海岸後面是一根不起眼的混凝土柱子，上面刻著：瓦斯科．達伽馬在此登陸／卡帕卡達伍／一四九八年。卡帕德位於卡利卡特北北西十英里處，葡萄牙人稱為卡普阿（Capua）或卡普凱特（Capocate），卡利卡特現在叫科澤科德（Kozhikode）。嚴格地說，達伽馬登陸的地點並非卡帕德；他先在班達里奎隆（Pantalayini Qollam）登岸，位於卡帕德北邊四英里，葡萄牙人稱為Pandarani。班達里奎隆後來被附近的城市奎蘭迪（Quilandy）取而代之，現在稱為庫伊拉恩德伊（Koyilandy）。

6 *Journal*, 48-49.

7 Castanheda, in Kerr, *General History*, 2:357.

達伽馬擁抱這位來自突尼斯的人，然後請他坐在自己身邊，帶著幾分希望，問他是不是基督徒。結果馬上聽到令他掃興的答案。孟塞得坦白解釋說自己來巴巴利海岸，經開羅和紅海來到卡利卡特。他在上一個落腳處遇過葡萄牙商人和水手，他解釋說，而且一直很喜歡他們。只要能力所及，他願意提供一切協助。

艦隊長精神抖擻，信心十足，除了向對方表示感謝，還答應給他豐厚的報酬。他很高興見到他，達伽馬接著表示，一定是上帝派他來推動這件偉大的任務。

這些話傳到卡利卡特和撒姆斯瑞（Samutiri）那裡，撒姆斯瑞是卡利卡特的統治者，葡萄牙人很快就稱呼他札莫林（Zamorin）。他為人正派，德高望重，突尼斯商人說，應該很高興接見一位異國國王派來的大使，如果對方有貴重的商品販賣，那更是不在話下。他補充說道，札莫林非常富有，而且他的收入全部來自對貿易徵收的關稅。

十

孟塞得的話一點也不誇張。卡利卡特是印度最繁忙的港口，兩百多年來，一直是國際香料貿易的中樞。內陸的大市集足足有一英里長，裡面的開放式商店生意興隆，直到深夜才打烊，而且葡萄牙人很快就發現店裡堆滿了「種種香料、藥物、肉豆蔻和其他的好東西，各式各樣的寶石、珍珠和米珠、麝香、檀香、沉香、精緻的陶盤、漆器、鍍金的屋頂鑲板，以及各種精緻的瓷器、黃金、琥珀、蠟、象牙、精細和粗糙的棉織品，除了白色，也染成其他許多顏色。此外還有許多生絲和捻絲線、絲綢和黃金製品、金布、薄絹、穀物、紅布、絲地毯、銅、水銀、硃砂、明礬、珊瑚、玫瑰水，外加各種口味的蜜餞」。[8]胡椒、薑和肉桂是內陸的作物，並且大量販賣，其他的香料和異國產品是靠船隊從各地運到印度東南部。一批批搬運工拖著沉重的步伐，在爆滿的倉庫之間來回穿梭，背上的麻袋重得他們直不起腰來，不時停下腳步，把麻袋暫時掛在裝了吊勾的長竿上。

每年的這個時候，港口都是空蕩蕩的，但很快就會停滿來自亞丁、荷莫茲和吉達的船隊，把印度的農產品運到阿拉伯半島和伊朗、埃及和歐洲。中國人原本也經常光顧，只不過後來中國實施海禁，獨善其身。來訪的商人看中的不只是卡利卡特的港口設施，事實上葡萄牙人已經發現岩質的海床幾乎抓不住船錨，船隻也無法躲避季風的吹襲，而且岸邊的水太淺，只能停放最小的船隻，商人是看中當地精心累積的誠實名聲。後來終於抵達印度的波斯大使拉查各公開表示，從各地港口不遠千里而來的商家，對卡利卡特的安全和公正深具信心，直接把貴重貨品運來銷售，連記帳的工夫都省了。「海關的官員，」他解釋說，「親自負責照料貨物，日夜看守。當買賣雙方完成交易，他們會對貨物課徵十四分之一的關稅；如果貨物沒有賣出去，海關一分錢也不收。」[9]

當地流傳一個說法，有一名阿拉伯商人在麥加買了黃金，行經此地的時候，船隻不堪黃金的重量，開始下沉。他停在港口，在札莫林的地下室建造了一個花崗岩地窖，裝滿了他的財寶。他回來

8 Ibid., 346-47。一三三〇年代，伊本・巴圖塔來到卡利卡特時，這裡已經是一個繁忙的港口，充斥著國際商人。一四二一和一四三一年，中國旅行家馬歡跟著鄭和的船隊一起來到卡利卡特和柯欽，他的《瀛涯勝覽》流傳甚廣，書中描寫當地貿易的盛況。該書英文版由J. V. G. Mills翻譯，Hakluyt Society在一九七〇年出版。

9 "Narrative of the Journey of Abd-er-Razzak," 14.

之後，打開地窖，發現每一樣東西都完好無損。他主動把一半的財物送給統治者作為酬謝，但對方不肯接受。從此這位商人再也不肯到其他地方做買賣，當地的市集也應運而生。另外還有一則傳說，描述有一天來了一名阿拉伯商人，把一箱醃菜交給統治者保管，藉此考驗對方。他用這種方式來測試每一位國王，其他人在打開箱子之後，都把藏在裡面的黃金納為己有，但札莫林追出來找他。「你拿錯箱子了，」他指出，「這一箱不是醃菜，而是黃金。」[10] 據說後來這位商人也在卡利卡特定居。

達伽馬派費爾南．馬丁斯和另一位使者，由孟塞得幫忙指點，前去拜見才德兼備的札莫林。在此同時，葡萄牙人利用這個機會進一步了解當地的百姓。

他們發現的第一件事，似乎證實了葡萄牙人數十年來的夢想。

「卡利卡特的居民是基督徒。」記錄者這麼寫著。[11]

沒錯，他們是非正統的基督徒。「他們的皮膚是黃褐色，」他觀察道，「有些人留著大鬍子和一頭長髮，另外也有人把頭髮剪短，或是剃光，只在頭頂保留一撮髮絲，表示自己是基督徒。他們也會留鬍鬚，穿耳洞，配戴沉甸甸的黃金耳環，上身赤裸，下半身裹著非常精緻的棉織品。但只有身分最尊貴的人才會這麼打扮，其他人只是量力而為。」

「該國的女子，」他很沒風度地補充說，「絕大多數都長得很醜，個子又矮小。她們脖子上戴了許多黃金首飾，手臂套著一圈又一圈的鐲子，腳上戴了鑲嵌寶石的趾環。這些人很友善，脾氣顯然也很溫和。乍看之下，會以為她們貪婪又無知。」

不過初來乍到的他們，駭然發現卡利卡特有眾多穆斯林。這些人身穿精緻的長大衣，頭上纏的是金線刺繡的絲巾，戴著銀柄和銀鞘的小刀，在狀似寶塔的優雅清真寺舉行禮拜。[12]有個旅人觀察發現，印度人多半毛髮濃密，胸口和身上的皮膚粗糙，卡利卡特的穆斯林可不一樣，他們「頭髮和皮膚都非常滑順，通常會用油膏塗得閃閃發亮」。而且他們，他接著說，「非常驕傲自大」。[13]

馬丁斯和同行的夥伴很快發現，札莫林居住的宮殿就在海岸不遠處。三人穿過滿地的落葉和四季常綠的樹林，對陌生的鳥類和果實嘖嘖稱奇，仔細留意有沒有老虎、豹子和蟒蛇冒出來。到了札莫林的宮殿，他們按照達伽馬的吩咐，宣稱大使帶來了葡萄牙偉大國王的書信。他們接著說，如果札莫林願意，大使願意親自前來晉見。

札莫林身為一國之君，一向避免喜形於色，當然也不知道葡萄牙是什麼東西或位在何處。在回答札莫林的問題時，馬丁斯解釋說他們是基督徒，從很遠的地方歷盡千辛萬苦來到此地。札莫林對這個答案似乎頗為滿意，三人回到卡利卡特時，帶了大批精緻的棉布和絲綢，並且向大使傳話。札莫林表示莫大的歡迎，而且大使不必大老遠跑過去，因為王室的人正準備到卡利卡特來。

---

10 K. V. Krishna Ayyar, *The Zamorins of Calicut* (Calicut: University of Calicut, 1999), 86.

11 *Journal*, 49-50.

12 這座美麗的清真寺至今依舊佇立在科澤科德市中心的庫提克拉水池（Kuttichira Pool）附近，米甚卡爾清真寺（Mishkal Mosque）在十四世紀由一名葉門貿易商兼船主建造，不過在一五一〇年被葡萄牙人焚燬之後重建。用清新的松綠色和藍色繪製的天窗、雕刻的花卉設計，加上多層的瓦片屋頂，和科澤科德古老的印度教寺廟頗為相似。

13 *The Voyage of J. H. van Linschoten to the East Indies*, ed. Arthur Coke Burnell and P. A. Tiele (London: Hakluyt Society, 1885), 1:278。林斯霍滕色迷心竅地補充說道：「印度人是整個東方最好色淫蕩的民族，所以七、八歲的女童幾乎沒幾個還是處女。」

達伽馬沒想到札莫林的口吻如此友善，更讓他高興的是，後來有一名領航員奉札莫林之命，指揮船隊到比較安全的地方停泊。領航員很有禮貌地說明，班達里（Pantalayini）港口位於卡利卡特北方四里格，不過大船通常在這裡停靠。這裡的水比較深，海邊的泥灘多少能阻擋季風掀起的海浪。

看著天氣不斷惡化，葡萄牙人一直膽戰心驚。在累積的風暴雲籠罩下，灰綠色的海洋波濤洶湧。突然間，強風肆虐海岸，大雨啪啦啪啦落在陸地上，在毫無預警的情況下，男男女女在毫無遮蔽的岸邊飽受狂風吹襲。船隻差點被吹跑，艦隊長馬上下令啟航，儘管對方似乎非常熱心，他仍然不敢大意。「我們沒有，」記錄者寫道，「完全照國王的領航員指示，在緊靠海岸的位置下錨。」[14]

船隊剛在新的位置下錨，就來了一名信差，宣告札莫林已經回到卡利卡特。接著馬上有一班高官顯貴出現，要護送訪客前往宮殿。帶頭的人是卡利卡特的 wali，也就是總督，身兼當地的治安首長，身邊帶了兩百名衛兵。這些士兵的身材高䠷、苗條，看得歐洲人目不轉睛。他們光著腳，上半身赤裸；下半身穿著兜迪（dhoti），這是一塊白布，從雙腿之間穿過，在後面打結。他們把長髮盤在腦後，不管到哪裡，都帶著趁手的武器：刀劍和小圓盾，弓與箭，或是長矛。

儘管對方的人數眾多，達伽馬還是認為時間太晚，不宜登岸。他這麼拖延，其實有另一個理由。當天晚上他召集主要船員開會，討論他該不該打破自己的規定，親自上岸一趟。

他的哥哥為人謹慎，立即強烈反對。雖然當地人是基督徒，保羅辯稱還是有不少穆斯林夾雜其中，他們可是瓦斯科的死敵，一定會想盡一切辦法置他於死地，無論札莫林看上去多麼友善，也不能讓他死而復生。再說，這些穆斯林是當地居民，他弟弟卻是百分之百的陌生人。札莫林說不定和他們是一夥的，要把他滅口或俘虜；到時他們功敗垂成，白白受了這麼多苦，最後卻命喪黃泉。

船員全部站在保羅這一邊，但達伽馬心意已決。他的任務是和札莫林締約結盟，同時取得香料，證明他們發現了真正的印度地方。如果別人代為晉見，可能讓札莫林顏面無光。他沒辦法向其他人一一說明，遇上哪些情況的時候要怎麼說、怎麼做。他要去的是一座基督徒的城市，而且不打算逗留多久。他發誓，就算賠上性命，也不能丟下自己的責任，或是讓其他人搶走他的功勞。

這是歷史賦予這位年輕指揮官的任務。他的哥哥不再反對。

第二天，也就是五月二十八日，達伽馬在腰間繫上鍍金的皮帶，把長劍插入鞘中。高統靴上綁著鍍金的馬刺，頭上戴的硬挺四方帽，和神職人員的四角帽差不多。盛裝打扮完成，他步出船艙，準備代表他的國王進行協商。保羅留下來指揮船隊；尼古拉・科艾略要搭一艘武裝精良的小船，在安全無虞的情況下，盡可能靠在岸邊日夜守候，直到代表團回來為止。

達伽馬挑選十三人隨行。其中包括迪亞哥・迪亞士，加百列號和拉斐爾號的辦事員約翰・德・薩，還有翻譯人員費爾南・馬丁斯。記錄者也被點名同行。他們穿上最體面的衣裳，在小船掛滿旗幟，在號兵響亮的樂聲下，划著小船前往海岸。

總督上前向艦隊長寒暄問候。現場聚集了一大群看熱鬧的人，這時全部擠過來，想看這些外地人一眼。「對方表現出熱情的歡迎，」記錄者寫道，「彷彿很高興見到我們，雖然一開始感覺很危險，因為他們手裡都握著出鞘的長劍。」[15]

14 *Journal*, 51.

15 Ibid., 51.

負責接待的特使團為達伽馬準備了轎子，他坐在鋪墊的座椅上。六名印度壯漢把竹竿架在肩頭，總督登上自己的轎子，護送隊伍踏上黃泥路，出發前往卡利卡特。

到了船隊最初下錨的小鎮卡帕德，轎夫在一棟大宅前面放下轎子，有一位地方上的名人在門口恭候大駕，示意他們進去用餐。對於眼前的美食，達伽馬一口也不吃。他的隨行人員不像他那麼小心，大口吃下了加了許多牛油的煮魚，以及樣貌奇特的水果。地上鋪了牛糞，部分原因是要阻擋到處爬行的螞蟻大隊，葡萄牙人自然覺得不可思議。「不管是什麼，都免不了被這些小動物摧毀，為了防患未然，他們還用木樁支撐碗櫥，插在一箱箱的水裡，如果螞蟻想爬上去，就會落水溺死。」[16]一名歐洲旅人觀察發現。

用過早餐之後，一行人重新上路。在離市區還有一段路的時候，他們來到一條大河，河川和海岸平行，最後轉彎入海。印度人扶著外地的訪客登上兩艘綁在一起的獨木舟，然後爬上周圍的幾十艘小船。兩岸樹林茂密，有更多好奇的本地人在岸上看熱鬧。當船隻駛進河道中央，葡萄牙人看見河水波光粼粼，朝內陸的方向綿延，大船被拉上河岸，滴水不沾。

大隊人馬在上游一里格處登岸，達伽馬又坐上轎子。土地一律被化分成寬廣的圍牆花園，透過高聳的樹木，勉強可以窺見園裡的大宅。婦女把孩子抱在懷裡，跑出來加入看熱鬧的行列。

過了幾小時，外賓終於到了卡利卡特郊外，首先映入眼簾的是一間教堂，令他們倍感欣慰。當然，這座教堂的外觀很奇特。

整個建築群古老而巨大，大小和修道院差不多。以鐵鏽色的紅土塊砌成，最上面是瓦片鋪成的斜坡屋頂，還有一座寶塔形的門廊。正面的青銅柱修長高聳，不遜於帆船的桅杆，柱頂雕了一隻鳥，看起來是一隻公雞，第二根柱子比較矮，與人同高。大門的牆上懸掛七枚小鐘。

達伽馬和屬下穿過大門，直通大廳，裡面點了幾百盞燈，帶有濃烈的薰香和煙霧的氣味。中央是一座正方形的聖堂，以岩石砌成，踏上石樓梯，便是聖堂的青銅門。

一整排的神職人員出面接待，他們上身赤裸，只在胸口搭了三條絲帶，和天主教副主祭的領帶差不多。四名神職人員步入聖堂，指著一個漆黑的聖龕，有一座雕像隱藏其中。

「瑪利亞，瑪利亞。」在葡萄牙人聽來，他們好像這麼吟頌著。

印度人拜倒在地上，外賓也跟著跪下，一同敬拜聖母瑪利亞。

神職人員為外賓灑聖水，遞給他們一種很像泥土的白色物質，記錄者寫道：「這個國家的基督徒習慣塗在額頭、胸口、脖子和前臂。」[17]達伽馬讓神職人員為他灑聖水，但卻把對方遞給他的白土（後來發現其中包含祭品燒成的灰燼）交給手下，用手勢表示他稍後再塗。

禱告完畢之後，探險人員往四周打量。他們把牆上色彩鮮豔的肖像當作聖徒，雖然這些人物的牙齒「向外突出一英寸，而且長了四、五隻胳臂」[18]，面目醜陋，猶如魔鬼，顯然是具有異國氣息的聖徒。

---

16 Jean Mocquet, *Travels and Voyages into Africa, Asia and America, the East and West Indies; Syria, Jerusalem, and the Holy Land*, trans. Nathaniel Pullen (London, 1696) 241-41v.

17 *Journal*, 54.

18 Ibid., 55.

典禮結束後，一行人步出聖堂，被太陽照得睜不開眼。室外的地面挖出一個偌大的磚槽，盛滿了水，水面漂著荷花，像這樣的荷花池，訪客在路上看了不少。他們停下腳步，狐疑這些荷花的用途為何，然後跟著東道主穿過一扇門，進入市中心。

後來他們又去參觀一座古老的教堂，裡面同樣有一座長方形的水池。[19]等達伽馬和他的手下步出教堂，舉目所及，筆直的街道擠滿了人，這群異邦人動彈不得，結果被推進一棟房子裡，等著總督的兄弟前來搭救。最後他總算來了，隨行的士兵鳴槍示警，樂隊一邊前進，一邊擊鼓、吹奏喇叭和風笛。

記錄者這麼寫著，探險人員的隨從，現在包含兩千名武裝士兵；有人算過，現場有五千人想和他們一起穿街過巷。[20]萬萬沒想到印度是這麼瘋狂的地方。

大隊人馬再次上路，更多本地人跟著一塊兒走，還有人站在屋頂和窗邊。等他們好不容易走到札莫林的宮殿附近，現場人山人海，根本猜不到有多少人。不過，儘管四周喧囂吵嚷，艦隊長受到極大的禮遇和尊重，令葡萄牙人留下深刻的印象，「西班牙對國王也沒這麼周到。」[21]記錄者寫道。

再過一小時就是落日時分。札莫林的宮殿是一處不規則蔓延的建築群，在大門外的廣場，王室的僕人分發椰子，從樹蔭下的餐桌拿起鍍金水壺，斟出淡水。又有一幫人從宮殿出來，個個相貌堂堂，上前迎接訪客，然後跟艦隊長身邊的高官顯貴同行。大夥兒拚命擠進一道大門，兩側有十名門衛駐守，手持鑲銀的棍棒。

「葡萄牙的人恐怕沒想到我們在這裡受到如此隆重的招待。」[22]達伽馬對屬下說，一向冷靜自持的他，也不禁露出一絲納罕。

裡面是一座廣大的庭院，枝葉茂盛，公署和住所散落在花床、果園、魚池和噴泉之間。[23]到達覲見廳之前，必須穿過四道門，因為推擠得太厲害，也顧不得禮數。葡萄牙人不得不「使勁把人推開」[24]，想辦法往前擠，同時有更多拿著棍子的門房圍在他們身邊。

撒姆斯瑞・瑟姆魯帕德（Samutiri Tirumulpad），高山與大海之王[25]，他的御座和羅馬皇帝一

---

19 這可能是塔里寺（Tali Temple），卡利卡特最重要的印度教聖堂，也是十四世紀城市網絡設計的焦點，不過這可能表示要繞路前往宮殿。寺廟的門廊宏偉，穿過庭院之後是一間大廳，牆上貼著磨光的銅。裡面的聖堂有一尊兩英尺高的濕婆林伽（shivalinga），是濕婆神的男性生殖器，以黃金製作，鑲有珠寶。

20 參見佛羅倫斯商人吉羅拉莫・塞爾尼基的書信，引文出自*Journal*, 126。塞爾尼基也對外表示，八十年前，由四桅帆船組成的巨型船隊定期前往卡利卡特，船上的水手是白皮膚的基督徒，和日耳曼人一樣留著長髮，只有嘴邊留著鬍鬚，消息被達伽馬的水手傳回葡萄牙。「如果他們是日耳曼人，」他推論說，「我想我們應該已經早就有他們的消息了」。其實這些是中國人。鄭和的寶船最後一次前往印度，比達伽馬早了六十年，顯然當地還有人清楚記得此事。如此熱烈歡迎葡萄牙人的印度人，可能一開始以為是中國人回來了。

21 *Journal*, 55.

22 Castanheda in Kerr, *General History*, 2:364.

23 除了《航海日誌》與編年史，我對宮殿和卡利卡特的描述基本上是出自先前和後來的諸位旅行家的著作，包括阿布杜拉・拉查各、杜阿爾特・巴爾博扎（Duarte Barbosa）和彼得羅・德拉瓦勒。德拉瓦勒把宮殿描述得特別詳細，還附上圖解。宮殿的遺址已經成了公園，叫曼南奇拉廣場（Mananchira Square），現在還看得到札莫林巨大的浴池。

24 *Journal*, 56.

25 葡萄牙語的札莫林（*Zamorin*）是Samuri的訛誤，Samuri是縮寫，全稱是Samutiri Tirumulpad。最多只能追溯到這裡。Samutiri可能是Svami（梵文的「主人」）的訛誤，作為敬語的Sri或tiri本身可能是敬語Tirumulpad的縮寫。除此之外，Samutiri也

樣，有一堆潔白的棉布椅墊。椅墊下方的精緻棉質白床單，裹著一塊厚實的床墊，擺放床墊的臥榻鋪著綠絲絨。地毯用的也是相同的絲絨，牆上掛著更貴重的布幔，色彩繽紛燦爛，臥榻正上方是一個華蓋，「非常潔白、精緻而氣派」。[26]札莫林穿著一件白色的棉布捨瓦尼（sherwani），是一種開襟的長外套，正面沒有鈕釦，腰間繫著一條類似沙龍的腰布，叫作拉吉（lunghi）。他的耳朵、腰帶、都配戴厚重的珠寶，加上手鐲和戒指，愈發襯托出服裝的低調奢華。[27]他右手邊是一個黃金架子，上面擺著一個鍋爐狀的黃金臉盆，堆滿了上等的御用藥物——檳榔，這是把檳榔籽切片，混合香料和牡蠣殼磨成的石灰，再用帶有苦味的蔞葉包裹的珍品。[28]有一名專門伺候札莫林吃檳榔的隨從，在旁邊製作這種刺激的混合物，札莫林嚼個不停。他左手邊是個很大的黃金痰盂，裝他吐出的檳榔渣，另外還有一名隨從，準備了一整排的水壺，隨時為他潤喉漱口。或許來訪的外賓曾經停下來想，歐洲有不少黃金白銀都到了這裡，被當成寶藏貯藏起來，製成精美的裝飾品，直到此刻才重見天日。

達伽馬朝札莫林走去。他低著頭，高舉雙手，將手掌合十，隨即握成兩個拳頭。他一直在練習當地的禮儀，然後仿效印度人，把整套動作重複一次。

他的手下跟著照做。

札莫林示意叫艦隊長上前。不過達伽馬已經知道，只有服侍札莫林吃檳榔的侍從才能靠近他。他決定不要冒犯對方，於是留在原地。

札莫林轉而打量葡萄牙代表團的其他成員，下令安排他們坐在他看得見的地方。架高的鋪石與宮殿等長，十三人坐在鋪石上。僕人端水讓他們洗手，並且把小香蕉和超大波羅蜜的皮剝好。這些外賓從沒受過這種待遇，因此睜大了眼睛，像小孩似地弄不清楚是怎麼回事。札莫林看著他們，只覺有些可笑，和製作檳榔的侍從挖苦了幾句，露出一口深橘紅色的牙齒和牙齦，想必是嚼了太多檳榔。他給這些異邦人出的下一道難題，是叫僕人遞給他們一只黃金水壺，然後用手勢告訴他們，喝水的時候嘴唇不能碰到水壺。有些人直接把水倒入喉嚨，嗆得直咳嗽，其他人不小心把水倒在臉上和衣服上。這下札莫林更是樂不可支。

達伽馬一直坐在面對御座的位子上，札莫林笑完之後，又轉頭請他對在場所有人講話。他說，

可能是Samu-dratiri的濃縮版，少了敬語tiri，意思是「以海為國界之人」，不過札莫林的另一個頭銜Kunnala-konaitri（同樣沒有敬語）的意思是「高山與大海之王」。K. V. Krishna Ayyar在*Zamorins of Calicut*, 24-26深入研究這個問題。

26 吉羅拉莫・塞爾尼基的信，引文出自*Journal*, 126。

27 大多數的資料都是這麼說的，不過有少數資料恣意放任其東方主義的幻想。「他配戴許許多多裝飾品，」葡萄牙編年史家迪亞哥・多・古托（Diogo do Couto）說，「手臂上套著大量鑲了珠寶的手環，從手肘彎曲的地方一直延伸到拇指，重到每隻手臂需要兩名小廝攙扶。他脖子上戴著一條價值連城的項圈。耳朵上戴著成分相同的珠寶，鑲了紅寶石和鑽石，重得讓耳朵垂到肩膀，因此他身上穿戴的東西確實價值不菲。他上半身赤裸，不過腰間綁了一塊黃金和絲綢的布料，打了許多褶子，一直垂到雙腿中央，頭上有一頂四指寬的小冠冕，鑲了許多寶石，值錢得很。」引文出自*The Voyage of François Pyrard of Laval to the East Indies, the Maldives, the Moluccas and Brazil*, trans. and ed. Albert Gray and H. C. P. Bell (London: Hkluyt Society, 1887-1890), 1:415。

28 波斯大使阿布杜拉・拉查各沉迷於嚼檳榔這種古老的習慣。「這種東西，」他寫道，「會讓臉色紅潤明亮，會產生一種類似喝酒的興奮感，撫平飢餓感，又能讓吃飽的人開胃；去除嘴裡的臭味，並強化牙齒。滋補身體和激發歡愉的效果，非言語所能形容。」Major, *India in the Fifteenth Century*, 32。

待會兒他的臣子會告訴他達伽馬說了什麼。

達伽馬不肯答應。他是偉大的葡萄牙國王的大使，他用手蓋著嘴，鄭重宣示（他已經學到說話時應有的禮節，這樣是避免口氣污濁了王室的空氣），他的話只轉達給札莫林一個人聽。

札莫林似乎同意了。一位侍從領著達伽馬和費爾南．馬丁斯進入一間內廳。札莫林隨後也進來了，帶著他的首席代表、大祭司，還有他的檳榔供應商，表示這幾位是他的心腹。從札莫林這位商業代表穿著的服裝，一眼就能看出他是穆斯林，但無論外賓如何疑慮，札莫林堅持要他留在現場。因為國王和大使所說的話，一方講的是當地的馬拉雅拉姆語（Malayalam），一方講的是葡萄牙語，必須透過阿拉伯語來翻譯。

葡萄牙代表團的其他成員留在外面，看著一個老人費了好大的勁兒，把御座移走，同時想辦法偷瞄從樓上的長廊往下窺視他們的公主。

進了內廳，札莫林同樣倚在臥榻上，這一張鋪了金線繡的布料，然後請艦隊長說明來意。

達伽馬說得鏗鏘有力，記錄者事後一一寫下。

他是葡萄牙國王派出的大使，達伽馬解釋說，國王統治許多國家，名下的財富絕非任何一位印度統治者所能企及。六十年來，國王的父祖不斷派船隊發掘前往印度的航線，因為他們知道那裡會有和他們一樣的基督教君王，以札莫林為首。歷任葡萄牙國王下令發現印度，純粹是基於這個原因，而不是為了尋找黃金或白銀，畢竟他們有得是金山銀山，用也用不完。前後幾位船長在海上航行整整一年，甚至兩年，直到糧盡援絕，才不得不兩手空空地返國。現任的國王叫曼努埃爾一世，命令他，瓦斯科．達伽馬，率領三艘船出海，而且務必要親眼見到印度的基督徒才能返航，否則就砍掉他的腦袋。國王也託他交給札莫林兩封信，但既然天色已晚，他會在次日將書信呈上。同時曼努埃爾國王請求札莫林指派大使前往葡萄牙，以示禮尚往來，這是基督教君王之間的慣例。達伽馬補充說道，要是沒有幾位來自卡利卡特的人同行，他萬萬不敢回去見他的君王和主子。最後，他在結尾時說道，他奉命要親自告知札莫林，葡萄牙國王渴望成為他的盟友和兄弟。

札莫林的回答更為簡潔，他歡迎艦隊長來到卡利卡特，也已將達伽馬視為良朋益友，很樂意派使節前去求見他的國王。

天色已晚，札莫林便詢問外賓（至少這是葡萄牙人的理解），希望在基督徒或穆斯林的地方度過一夜？

如果說札莫林仍舊疑惑這些賓客究竟來自何方，達伽馬也對差點命喪非洲的經歷念念不忘。「兩者皆非。」他很小心地回答，並且請求札莫林幫忙，安排他們單獨居住。這種要求顯然很不尋常，但札莫林叫他的代表負責打點這些外地人的所有需求。聽到這裡，達伽馬便向札莫林告辭，一開始交涉就這麼順利，他感到非常滿意。

現在已是晚上十點鐘。就在方才會談的時候，強勁的季風毫不留情地肆虐城區，街上大雨傾盆。達伽馬發現他的手下在一處露台避雨，旁邊是一盞巨大的鐵製路燈，火焰忽明忽暗。來不及等暴雨平息，他們由札莫林的代表帶路，趕往今晚的地點。

一陣陣轟隆隆的雷聲，嚇得人全身戰慄，一道道閃電劃破低矮的天空，猛烈的暴雨使街道驟然化為泥濘的小河。即便如此，仍有大批群眾在宮殿的大門外面亂竄，然後再度跟隨大隊人馬同行。

艦隊長坐上了轎子，由六名轎夫扛在肩上。其他的外賓在泥濘中苦苦前行。當暴雨加劇，民眾往中間擠，結果大夥兒在異國的深夜中迷了路，連個落腳的地方都沒有。

城市的範圍遼闊，而且相當分散，達伽馬要求的居住地點還遠得很。興奮了一整天，他現在筋疲力盡，這條路左彎右拐，怎麼走也走不完，於是他怒氣沖沖地詢問札莫林的代表，他們會不會整夜在外面吹風淋雨。

代表依言變更路線，把外賓帶到自己家裡。

葡萄牙人被領進一個大庭院，四周是寬闊的涼廊，附帶向外挑出的瓦片屋頂。地面鋪滿了地毯，有更多的大燈照亮每個角落。在船上住慣的水手舉目四望，固然覺得氣派非凡，但多少也有些不知所措。

當暴雨平息，代表叫人牽一匹馬來，讓艦隊長騎到住宿地點。沒想到印度人騎的是不套馬鞍的無鞍馬。萬一摔進泥巴裡，一定有損大使的尊嚴，達伽馬斷然拒絕上馬。雙方在大白天禮尚往來，到了晚上，很快變成一場鬧劇。

最後，葡萄牙人終於到了他們過夜的地方，發現自己這邊有些人先到了。他們從船上帶來好些東西，包含艦隊長迫切需要的床鋪。

這些水手也帶了預定要送給卡利卡特統治者的禮物。到了早上，達伽馬把禮物攤開，記錄者一一清點：

條紋布料十二塊、深紅色頭巾四條、帽子六頂、珊瑚四串、青銅洗手盆一箱六個、糖一箱、油兩桶、蜂蜜兩箱。

這些禮物一律要先由總督和代表過目，才能送到札莫林面前，達伽馬打發一個信差，向他們告知自己的心意。兩人前來端詳一番，不敢置信地大笑出來。

這些東西配不上一位偉大而富有的國王，兩人出口訓斥此刻面無表情的艦隊長。就連麥加或印度任何地方最窮的商人，也送不出這麼寒酸的禮物。只有黃金上得了檯面，這些不值錢的東西，國王根本不屑一顧。

兩人繼續嘲笑，達伽馬的臉垮下來。他當場編了幾個藉口，來遮掩當下的窘境。他說，他沒有帶黃金，他的身分是大使，不是商人。他的國王當初根本不知道他到不到得了印度，自然沒有交給他適合王家地位的禮物。這些東西是他自己要送給札莫林的，而且已經傾囊相送。要是將來曼努埃爾國王要他重返印度，自然會托他贈送豐厚的黃金、白銀，和其他更多的禮品。同時，若是札莫林不肯笑納，他就把東西送回船上。

這兩位官員無動於衷。他們堅決表示，依照習俗，任何有幸獲得國王召見的外地人，都要做出得體的進貢。

達伽馬又試了一次。他也同意外地人應該遵守當地的習俗，所以他很希望把禮物送給札莫林，他方才已經解釋過了，雖然看起來不值錢，卻是禮輕意重。兩人再次婉拒，不肯轉交這些欠缺體面的東西。

既然如此，艦隊長回答，他想親自向札莫林說明，然後回船上去。他冷冷地說，他這麼做是為了把實情一五一十地向札莫林稟報。

總督和代表至少沒有駁回他的請求。兩人說，只要稍等一會兒，他們會親自帶達伽馬進宮。由於他是外地人，要是一個人到處亂跑，札莫林一定不高興。此外，城裡有很多穆斯林，他千萬不能單獨行動。就這麼讓他枯等了好半天。

對他來說，這是莫大的羞辱，而且也暴露出葡萄牙整套東進計畫中的一個漏洞，這漏洞實在太大，很難相信事前完全沒有人想到。

第十一章　綁架

在探險人員抵達的時候，印度文明已經有了四千年的歷史。漫長的歲月，在這塊次大陸孕育出三大宗教、一套種姓制度、數不清的建築奇景，以及改變世界的知識文化。即使是疲倦不堪的旅行家，也能信手拈來，妙語如珠。

一四四〇年代，波斯大使阿布杜拉．拉查各從卡利卡特前往毗奢耶那伽羅，後者是印度南部主要帝國的國名。[1]途中有一座神廟，完全以實心青銅鑄造，只有端坐在大門正上方的人像是以黃金打造，眼睛是兩顆巨大的紅寶石，看得他瞠目結舌。就印度宏偉華麗的建築物而言，這只是一碟開胃小菜。毗奢耶那伽羅倚著一片陡峭的山脈，裡裡外外有三道城牆環繞，全長六十英里。穿過巨大的城門，兩側排滿華麗豪宅的大街，朝城市背後的高山延伸；拉查各特別鍾情一處幾乎看不到盡頭

1　毗奢耶那伽羅（Vijayanagar）這個名稱出自梵文的「勝利之城」。卡納塔克邦北部的亨比村（Hampi）就位在毗奢耶那伽羅壯觀的遺跡中；穆斯林軍隊在一五六五年征服毗奢耶那伽羅帝國，然後洗劫一空，從此無人居住。Robert Sewell, *A Forgotten Empire: Vijayanagar* (London: Sonnenschein, 1900) 收錄了十六世紀兩位葡萄牙旅行家對這個城市鮮明的敘述。

的妓女市集，這裡擺放著超大的動物雕像，還有燕瘦環肥、風姿萬千，在房間外面的寶座上搔首弄姿的銷魂女子。最樸素的工匠身上也戴著珍珠和寶石，而大太監走在街上，身邊跟著打陽傘的人、喇叭手和職業歌頌者，他們的任務是讓主子的耳朵充斥著更加美妙的讚頌。大約在同時來到毗奢耶那伽羅的威尼斯旅行家尼科洛．達．康提提到，國王「顯然比其他任何人更為尊貴，他有一萬兩千個妻室，不管走到哪裡，其中四千人必須徒步隨行，而且只能在廚房幹活兒。大約四千名比較有本事的就騎馬。剩下的坐轎子，這當中的兩三千人之所以被國王納為妻室，是因為她們自願焚身殉夫」。[2]

毗奢耶那伽羅帝國的創立，比達伽馬抵達印度早了一百年，一位印度教的僧侶登高一呼，讓印度南部那些乖戾難纏的統治者結合起來，對抗從北方入侵的伊斯蘭強權。葡萄牙人登陸之時，毗奢耶那伽羅帝國依然統治著南印度。儘管擁有輝煌燦爛的文化，卻是一個陸上帝國，而且沿岸地區各自為政。帝國名下的三百個港口，有不少是實質獨立的城邦，仰賴穆斯林商人致富。

伊斯蘭在西元七一二年傳入印度，但在西元十世紀末展開大規模的侵略。繼波斯和希臘之後，土耳其和阿富汗的軍隊也受到傳說中的財富所吸引，攻入次大陸燒殺搜刮，摧毀了印度教的政權，並把本身的文化逐漸融入印度錯綜複雜的豐盛文明中。唯有印度南部一直沒有被伊斯蘭帝國所吞噬，但即使如此，從伊斯蘭傳入初期，穆斯林商人就在當地蓬勃發展。[3]來自麥加、開羅、荷莫茲和亞丁的商人在馬拉巴爾海岸落腳，娶當地女子為妻；他們生下的子女被稱為馬比拉人（Mappilas），擔任阿拉伯船隊的船員。尤其是卡利卡特，有錢有勢的穆斯林在這裡定居的時間實在太久，連城市的起源都無從考據。阿拉伯有這麼一個傳說，表示最初是一個叫切爾魯瑪．柏魯瑪

（Cheruma Perumal）的印度教統治者（又有一說叫謝爾瑪努．柏瑪魯〔Shermanoo Permaloo〕）改信伊斯蘭，並前往麥加朝覲。出發之前，他把土地分給親戚，但他出發地點所在的那塊地，卻留給了一名單純的牧牛人。這塊地後來發展成卡利卡特，牧牛人就成為札莫林，這個海岸帝國的開國君主。比較可信的說法是卡利卡特開放市場的傳統吸引了阿拉伯商人，但無論如何，他們控制了這個王國的對外貿易，擁有專屬的埃米爾和法官，並且和歷任札莫林形成緊密的同盟關係。

對外貿易為札莫林帶來亮麗的政績。有人說札莫林麾下統領十萬名武裝戰士，那是一整個貴族戰士階級，稱為奈爾（Nair）。札莫林的生活是一場場永無休止的典禮、饗宴和節慶，從登基的那一天開始，直到他們的遺體在香氣瀰漫的檀香木和沉香木堆上火化，也不會停止。為了表示對已故札莫林的尊敬，全國男性把全身從頭到腳的毛剃光，只有眉毛和睫毛維持原狀；連續十四天，暫停一切公開活動，任何人在這段期間嚼檳榔，一律割去雙唇。由於札莫林那個階級的女性有莫大的性

---

2 引文出自*Travelers in Disguise: Narratives of Eastern Travel by Poggio Bracciolini and Ludovico de Varthema*, trans. John Winter Jones, rev. Lincoln Davis Hammond (Cambridge, MA: Harvard University Press, 1963), 9-10。康提解釋說，舉行妻子殉節儀式，是讓葬禮顯得更加盛大。除了進入妓女的市集和王室，毗奢耶那伽羅還可以擔任公僕、從商、當詩人和藝術家。

3 其中一個是德里蘇丹國（Delhi Sultanate），建於一二〇六年，由土耳其和阿富汗的王朝統治，成為印度新的權力中心，保護印度免於蒙古侵略。帝國的三十五任蘇丹，有十九任被暗殺，平安度過一次次的謀權篡位陰謀之後，終於在一三九八年得到報應，擋不住帖木兒的侵略。帖木兒旋風似地南征北討，力圖恢復蒙古帝國，或說是洗劫印度教這些異教徒的財產，讓他們皈依真正的信仰，並且強化伊斯蘭（葡萄牙人聽了他的話應該覺得耳熟）。帖木兒迅速穿過開伯爾山口（Khyber Pass），並且洗劫德里，在一天內殺死了十萬名戰俘，讓整個城市淪為廢墟。他火速向中國進軍，結果在酷寒的冬季死亡，蘇丹國從此一蹶不振，印度許多地方重新回到獨立的國王手中。

自由，而且依照習俗，札莫林要花錢請一位婆羅門（最高階級的祭司或學者）給妻子破處，因此王位是透過姊妹的世系來繼承，札莫林駕崩之後，通常是由他的外甥繼位。舉行登基大典時，首先在身上潑灑牛奶和水，並舉行隆重的浸禮，接著扣上鑲有珠寶的祖傳黃金圓柱腳鍊，戴上眼罩，用青草按摩。他的隨從在九個銀香爐裡注滿樹液和水，把印度酥油和白米投入火中，為代表九大行星的香爐加熱，然後倒在札莫林頭上。一邊聽著別人在他耳邊低聲唸著真言，一邊前往自己的私人廟宇，參拜他的守護女神和黃金的王朝寶劍，接著走向個人練武室，向二十七名守護神祇一一鞠躬，然後由世襲的兵器師父賜予國家寶劍。再來拜倒在大祭司面前，接受神明對帝王的三次祝福，「以山與海之王的身分統治，保護牛與婆羅門」，然後回到他的更衣室，戴上其餘的國家飾物。最後，他坐在一張白皮毯上，底下墊著一塊黑地毯，在幾百盞金燈照出的微光中，由婆羅門把白米和花朵灑在他頭上。他要為先王服喪一年，期間不能修剪指甲和頭髮，禁止更換衣服，而且一天只能吃一餐，直到終於親政為止。

在統治期間，札莫林每天起床後的第一件事，是向太陽禱告，然後用香膏按摩一小時。他在宮廷的水池沐浴，一旁的貴族為他擦拭身體，沐浴完畢之後，由侍從為他擦乾身體，再用更貴重的香油為他按摩。貼身男僕先拿以檀香木、沉香木，加上番紅花和玫瑰水搗成的糊狀物塗抹他的身體，撒上葉片和花朵，再把沾濕的祖先骨灰抹在他的額頭和胸口。在進行這些梳洗儀式的同時，全國模樣最標緻的十二名少女把新鮮的牛糞放進黃金大盆裡，加水混合，為數眾多的清潔婦從少女手中接下經過稀釋的牛糞，親手把宮廷上上下下抹個徹底，以達消毒之用。札莫林到私人廟宇參拜，接著到用膳廳歇息三小時，短暫處理國政之後，到覲見廳坐定。如果無人求見，他便和貴族、弄臣及江湖術士一塊兒打發時間，用骰子賭博，看士兵練拳或只是嚼嚼檳榔。

雖然次數不多，他外出時坐的是用竹竿架起的轎子，轎子以絲綢做內襯，竹竿鑲了珠寶；一旦必須走路，馬上有人在地上鋪一塊粗呢地毯。儀仗的最前方是銅管樂隊，然後是弓箭手、長矛手，還有表演精采劍術的擊劍手。四名隨從走在御轎前面，打著精緻棉布和絲繡製成的陽傘，札莫林的兩側各有幾個僕人搧扇子，而伺候他吃檳榔的侍從端著金杯和痰盂隨時待命。轎子後面也有一班侍從，拿著金色的國家寶劍，各式金銀水壺，還有一疊疊的毛巾。「當國王想伸手觸摸鼻子或眼睛或嘴巴，」一名目瞪口呆的葡萄牙人寫道，「侍從便將水壺裡的水淋在他手上，再由另一名侍從把捧在手上的毛巾遞過來，讓他把手擦乾。」[4]隊伍最後面是札莫林的外甥、總督和官員，同時周圍有雜技演員表演翻筋斗，小丑耍寶逗趣。如果儀仗在夜間出行，還會用大鐵燈和木頭火把照明。

葡萄牙人遇到的正是這樣一個古老、複雜而豐富的文明。他們從來沒聽過印度教徒，更別提佛教或耆那教徒了。在蒙巴薩的時候，達伽馬派出的特使把印度教的白鴿神誤認為聖神。在馬林迪，他的船員把印度教徒呼喊的「黑天」（Krishna）聽成了「基督」（Christ）。到了卡利卡特，登陸隊伍又把印度教的神廟當成基督教的教堂，聽見婆羅門呼喚當地的神祇，還以為是在朝拜聖母瑪利亞，看到神廟牆壁上的印度教雕像，就直接認定是帶有異國風情的基督教聖徒。神廟另外還擺滿了動物神祇和神的陽具，印度人對牛的信仰令人費解，可是葡萄牙人無論看見什麼，即使和自己預先的想法不符，也只是露出一副不以為然的表情。眾所周知，穆斯林極力反對崇拜人像，因此他們遇

4 *The Book of Duarte Barbosa*, trans. Mansel Longworth Dames (London: Hakluyt Society, 1921), 2:26.

見的大多數印度人絕不可能是穆斯林；既然在歐洲人非此即彼的世界觀裡，只有兩種宗教存在，那麼這些人必定是基督徒。在印度人的觀念裡，邀請外賓前往神廟，是代表一種尊敬，要是外賓自認為和他們的宗教系出同門，他們也不會反對。被稱為基督徒固然是一件怪事，但這或許是語言障礙造成的結果。不管怎麼說，由於卡利卡特的統治者不樂見百姓討論宗教，因此也犯不著深究。「討論、爭執或辯論這個話題，」一位歐洲的外賓說，「是嚴格禁止的，因此從來沒有出現這方面的爭議，在國王的眷顧和權威下，人人擁有充分的良心自由，在國王心目中，這是國家治理的最高宗旨，目的是為他的王國締造大量的財富和充分的交流。」[5]

歐洲人繞過半個地球來到此地，是出於無知，加上一些痴心妄想的念頭推波助瀾，葡萄牙這整套計畫的成功，仰賴的是以西方為中心的兩個根深柢固的假設。第一，印度住的都是基督徒，一定非常樂意和西方的弟兄團聚，打發穆斯林盟友離開。第二，雖然擁有無盡的財富，不過印度人生性單純，會把貴重的貨品低價出售。

過去登上馬拉巴爾海岸的歐洲人屈指可數，對卡利卡特的人而言，皮膚白皙、衣著笨重的歐洲人，是值得一看的奇珍異物。儘管外表怪異骯髒，當地人依舊以禮相待，他們也獻上禮物作為回報，只不過這些東西大概只有尋常的雜貨店主才拿得出手。簡單地說，他們出了洋相，更糟的是，和當地的穆斯林富商相比，他們著實寒酸。

達伽馬這下是丈二金剛摸不著頭腦，全然不知如何應付。

禮物遭到嫌棄之後，達伽馬等了一整天，看那兩位官員什麼時候回來。這兩個人一直沒出現，但他出洋相的消息顯然傳得很快。穆斯林商人絡繹不絕地來到他過夜的地方，誇張地譏笑札莫林拒絕收下的禮物。

這時，艦隊長惡狠狠地瞪著周圍的人。他埋怨道，原來印度人不但冷血，而且言而無信。他準備自行前往王宮，直到臨出發前，才決定先靜候時機。他的手下一如往常，不必再為了維持體面而全身緊繃。「至於我們其他人，」記錄者寫道，「就來點餘興節目，搭配號角的樂聲唱唱跳跳，樂不可支。」[6]

次日早晨，兩名官員終於現身，把一班葡萄牙人帶到王宮。

庭院四周站滿了武裝衛兵，達伽馬足足等了四個鐘頭。到了正午時分，烈日當空，等門房出來通報艦隊長他只能帶兩個人入內晉見時，周遭的氣溫驟然上升。

「我以為你昨天會來。」[7]看訪客走上前來，聽得見他說話，札莫林便出言指責。

達伽馬不想失了顏面，便客氣地回答說是因為長途跋涉，把他累壞了。

札莫林即刻回應，艦隊長曾說自己來自一個非常富有的王國，到海外建立邦誼。卻又兩手空

5 *The Voyage of François Pyrard of Laval to the East Indies, the Maldives, the Moluccas and Brazil*, trans. and ed. Albert Gray and H. C. P. Bell (London: Hkluyt Society, 1887-1890), 1:404-5。依照林斯霍滕的說法，印度的穆斯林同樣相信印度教徒和基督徒沒什麼分別。

6 *Journal*, 19.

7 Ibid., 62-63.

空，未免不合禮數。他打算怎麼結交什麼樣的盟友？此外他也說會呈上書信，結果也是空口說白話。「我之所以沒帶禮物，」達伽馬回答，完全不把對方的怠慢當一回事，「是因為此行純粹以發現為目的。」他又補充說道，他們事先無法確定能否以前所未有的方式抵達卡利卡特。等其他船隻在日後抵達，札莫林自然會知道他的國家多麼富裕。至於書信，他確實帶了一封信來，而且會立刻呈上。

札莫林不為所動。他問道，艦隊長不遠千里而來，究竟想發現什麼？是寶石，還是人？如果他的目的是找人？為什麼沒有攜帶禮物同行？或許禮物是帶了，但他想納為己有。札莫林已經得知，在葡萄牙船隊的其中一艘船上，有一尊金黃的聖母像。

達伽馬氣憤憤地回答，那尊雕像不是黃金做的，而是一尊鍍金的木雕像。就算是金的，他也不會送人。聖母引導他安全地渡海而來，也會帶領他返回自己的國家。

札莫林不再步步進逼，轉而開口說要看信。

首先，達伽馬拜託他，應該請一位會說阿拉伯語的基督徒；既然穆斯林想對他不利，自然會曲解信上的內容。

札莫林應允了，最後一位年輕的翻譯來了。

達伽馬在雙方繼續談話時提出說明，他帶了兩封信，一封是用他的母語寫的，一封寫的是阿拉伯語。他看得懂第一封信，知道信中沒有任何可能冒犯對方的內容；至於另外一封信，他看不懂，儘管內容也許毫無問題，卻可能帶有足以引起誤解的疏漏。他帶了費爾南．馬丁斯上殿，以為這位「基督徒」翻譯應該會用阿拉伯語和馬丁斯討論，確認信中的內容，然後才翻譯成馬拉雅拉姆語。

沒想到年輕的翻譯雖然會說阿拉伯語，卻一個字也不認識[8]，打破了他的精心計畫，最後達伽馬只得把手中的信交給四名穆斯林。他們四個人看過之後，用國王的語言大聲翻譯出來。

這封信極盡阿諛奉承之能事。依信中所言，當曼努埃爾一世得知札莫林不但是全印度最強大的國王，同時也是一位基督徒之後，便馬上派人前來建立邦誼和貿易。如果札莫林准許他們購買香料，日後他將致贈許多印度買不到的物品，要是札莫林看不上他的艦隊長所帶的樣品，他願意改送黃金和白銀。

想到有更多可徵稅的貨物湧入，為他帶來更多收入，札莫林的心情略微鬆弛。

「貴國有哪一種商品？」他問達伽馬。

「許多玉米。」艦隊長回答，「布料、鐵、青銅和其他許多東西。」

「你有帶來嗎？」札莫林問道。

「每種都帶了一點，」達伽馬回答，「當作樣本。」他接著說道，假若允許他回到船隊，他會下令把貨物送上岸；讓四、五個人留在他們借宿的地方，作為擔保。

結果札莫林一口回絕，令達伽馬憤憤不平。艦隊長現在就可以把手下全部帶走，他說他可以像普通的商人那樣，把船隻好好開進碼頭，卸貨，盡可能賣個好價錢。

達伽馬完全沒打算這麼做。他清楚得很，自己的交易貨品一文不值；他此行的任務是和札莫林

8　筆者懷疑達伽馬為什麼不能讓馬丁斯把葡萄牙文信件口譯成阿拉伯語；大概是他的阿拉伯語還不夠好。無論如何，這封阿拉伯語的信不該被帶來，而且需要檢查。

直接締結條約，而不是拿破銅爛鐵和穆斯林商人以物易物。他退出宮廷，召來他的手下，回到借宿的地方。當時天色已晚，他決定留下來過夜。

第二天早上，札莫林的代表又牽來一匹無鞍馬給他騎。無論對方是不是惡作劇，達伽馬拒絕繼續出醜，要求派一頂轎子來。特地繞路到一名富商家裡借了轎子之後，一行人終於踏上漫漫長路，要回船上去，同行的還有另一支為數眾多的軍隊，以及更多好奇的群眾。

其他的葡萄牙人徒步前進，沒多久就跟不上隊伍。當總督坐著轎子追過去的時候，他們正拚命在泥濘中蹣跚前行，但過不了多久，總督和主要的隊伍都不見蹤影。這些葡萄牙人迷了路，在遙遠的內陸茫然地徘徊，要不是總督派嚮導來搭救，他們只會離海岸愈來愈遠。最後，當天色昏暗，他們才好不容易找到路，抵達班達里港口。

通往港口的道路兩側有許多供旅客避雨的客棧，太陽下山之後，他們在其中一間客棧見到了達伽馬。他瞪了他們一眼，怒不可遏，厲聲表示要不是他們脫了隊，他早就回到船上了。

總督和他的大批手下也在客棧裡，達伽馬要求馬上派一艘小船。印度人建議他等到第二天早上再說。時間很晚了，他們解釋說，他可能在黑夜中迷路。

達伽馬沒心情聽。他堅決表示，要是總督不馬上派船給他，他就回到卡利卡特，向札莫林稟報說他的官員不肯護送外賓回到船上去。他們顯然有意阻止他，他接著說；既然彼此都是基督徒，這樣對他實在過分。

「他們看見船長神情慍怒，」記錄者轉述，「就說他可以馬上離開，如果有需要，他們會派三十艘小船給他。」[9]

在暗夜中，印度人帶葡萄牙人來到海灘。平常停在岸邊的船，彷彿和船主一塊兒失蹤了，總督派了幾個人四下尋找。達伽馬的疑心愈來愈重，認定總督是在哄騙他。於是他悄悄吩咐三名手下，沿著海灘尋找尼古拉·科艾略的小船，以防萬一；如果找到人，就叫他躲起來。三個探子什麼也沒找到，不過等他們回到原地，其他人已經不見了。

原來總督一發現少了三名水手，就把剩下的外賓送到一名穆斯林商人的大宅，要他們留在那裡，說他和手下的士兵要去尋找失蹤的人。夜深了，達伽馬要費爾南·馬丁斯向主人家買些食物。辛苦奔波了一整天，他們全都餓得發慌，一個個狼狽地跌坐在地，狼吞虎嚥地吃著一盤盤雞肉和米飯。

搜查的隊伍直到第二天早上才回來，這時達伽馬的心情比較好。畢竟這些印度人看來也是一片好意，他很高興地對手下說；勸他們不要在黑夜出海，自然是對的。不過這一回，葡萄牙水手可不像他們的指揮官這麼樂觀，滿腹猜疑地四下張望。

這一天是六月一日。三名探子仍然杳無蹤跡，達伽馬以為他們和科艾略一塊兒跑了。他再次請求總督派船，不過總督的人不但沒有答應，反而互相說起了悄悄話。最後他們表示，只要艦隊長下令叫船隊在離岸比較近的地方下錨，他們就提供小船。

這可棘手了，因為札莫林也曾提出相同的要求，但達伽馬說什麼也不肯把他的船隻和船員置於險境。要是他下達這種命令，他哥哥會以為他遭到俘虜，然後馬上啟程返航。

9 *Journal*, 64.

除非他照他們的意思向船隊下令，印度人反駁說，否則他的手下一個也不准離開。雙方的談判看似陷入僵局，達伽馬氣得臉紅脖子粗。既然如此，他很乾脆地說，他最好還是回卡利可特去。如果札莫林要他留下，拒絕讓他離開，他接著說，那是一回事，他恭敬不容從命。如若不然，札莫林一定很想知道有人公然抗命。

印度人的態度似乎軟化，但說時遲那時快，大批武裝人員衝進來，砰地一聲把門全部關上。沒有他個人的衛兵同行，誰也不許出去，就算要小解也不行。

印度的官員提出新的要求。如果船隊不打算靠岸，他們說，就得交出船帆和船舵。絕無可能，達伽馬反駁對方。印度人高興怎麼處置他都行，但他什麼也不會交出來。不過，他補充說，他的手下餓著肚子，如果一定要扣留他，應該可以放他的手下離開吧？

衛兵一動也不動。他們回答，葡萄牙人必須留下，餓死就餓死吧，他們毫不在意。

艦隊長和手下的船員開始有了最壞的打算，只是盡力擺出一副大無畏的表情。正在靜觀對方接下來會有什麼舉動時，原先失蹤的其中一名水手出現了。他稟報說，三名探子確實在前一晚找到了尼古拉．科艾略，但他沒有聽達伽馬的話躲起來，仍然停在岸邊等他們回去。

達伽馬悄悄叫一名手下偷跑出去，勒令科艾略務必要回到大船上，開到更安全的地方。水手溜了出去，沿著海灘狂奔，跳上其中一艘小船，科艾略率領幾艘小船駛向船隊。不過這時衛兵已經發現了他的行蹤，並且高聲呼叫。突然間，岸邊那些失蹤的印度小船全都冒了出來，衛兵把大批小船隊拖入水中，拚命地往前划，追趕逃跑的葡萄牙人，但他們很快發現根本追不上。於是掉頭回到岸邊，叫艦隊長寫信給哥哥，命令他把船隊開進港口。

達伽馬回答，就個人而言，他非常願意照辦，不過他先前已經解釋過，他哥哥絕對不會奉命行事。就算他肯，船上的水手不想賠上性命，說什麼也不會讓步。

印度人不相信他，他們駁斥他的話，他是指揮官，絕對沒有人會違抗他的命令吧？

葡萄牙人圍在一起商量該怎麼辦才好。達伽馬打定主意，無論如何也不能讓船隊進港，一旦開進港口，船上的長程大砲便派不上用場，船員很容易被一網成擒。他接著說，一旦船隊落入印度人的手裡，一定會馬上要了他的命，再把其他人全部幹掉。他的手下也這麼認為，他們已經做出相同的結論。

時間一分一秒過去，緊張的情勢不斷升高。那天晚上，一百名衛兵把人質團團包圍，輪流看守。他們配有刀劍、雙刃戰斧和弓箭，而且情緒漸漸煩躁。葡萄牙人認定他們會被一個一個推出去，少不了要挨一頓好打，只不過他們仍然設法用當地的食材再做一頓大餐。

次日早上，總督回來，建議雙方各退一步。既然艦隊長已經告訴札莫林說他打算把貨物運上岸，那就應該吩咐下面的人辦事。依照慣例，任何船隻一開進卡利卡特，就得立刻卸貨，在貨品賣完之前，船員和商家都得待在岸上。這一次他們願意破例行事，等商品一到，達伽馬和他的手下可以馬上回到船上。

這是總督單方面的想法，但現在形勢比人強，達伽馬只得坐下來，寫信給他哥哥，說明自己目前遭到扣留，只不過他也不忘表明自己受到相當的款待，並且要保羅把一些（不是全部）貨物運上岸。他接著寫道，要是他沒有很快回來，就表示他仍然受到扣押，而且印度人企圖劫持船隊。如此一來，保羅要馬上返回葡萄牙，向國王把事情的來龍去脈交代清楚。他繼續寫道，他相信曼努埃爾國王一定會派出一支大型的戰艦艦隊，讓他恢復自由之身。

保羅即刻叫人把一些商品搬上小船，只不過和信差你一言我一語地爭論之後，保羅回話說自己擔不起遺棄兄弟、獨自返鄉的恥辱。他補充說道，他相信在上帝的協助下，他們的小部隊也能救他出來。

小船到了岸邊，商品被搬進一間空倉庫。總督言而有信，釋放了達伽馬和他的手下。一行人回到船隊，只留下辦事員迪亞哥・迪亞士和一名助手打理貨物。「我們為此歡欣鼓舞，」記錄者寫道，「感謝上帝把我們從這些不比畜生聰明多少的人手裡救出來。」[10]

10 Ibid., 67.

第十二章　危險與歡愉

馬拉巴爾海岸的日落時分，一枚橙色的巨型火球沒入印度洋，一派莊嚴肅穆。天空像是布滿橙橘和檸檬，奶白與青藍的色帶。在海上，夕陽的餘暉往上射向一團團的積雲，彷彿照亮了天國底部凹凸不平的表面。在陸上，一縷縷的卷雲化為一種細緻而濃烈的紫羅蘭色，彷彿在棕櫚林梢一掃而過。浪花輕柔，把青銅色的漣波沖向海岸。一團團漂浮的海草，海面僅剩的幾艘小船，天邊將盡的暮光，映照出烏鴉的身影，在海岸群樹的枝椏之間飛來飛去。當天色昏暗，松綠、天藍、雪酪黃、鮭魚粉、棕土和沙石色的顏料在天空恣意噴灑。當雲朵的色調由淺轉深，然後化為一抹水彩，在蒼白之外，多了深深淺淺的藍與灰，卡利卡特的黑夜便隨之降臨。

就連最粗鄙的水手，也被印度的美所折服。然而，事實證明古人所言非虛，樂園裡確實潛伏著危險。在葡萄牙人看來，東方的胡椒園畢竟是有猛蛇把守。

達伽馬回到船上之後，陸續有三三兩兩的客人上門看貨，但就是沒人出價購買。穆斯林商人似乎純粹是來看他們笑話，過了幾天，達伽馬派一名信差到王宮，遞交一份正式的申訴，說他本人、他的手下和他的貨品如何受到怠慢。他挑明了說，在下就等札莫林一句話，只要札莫林一聲令下，他和他的船隊一定全力以赴。

信差很快回來，身邊多了一位奈爾貴族，要負責把守倉庫，同行的還有七、八個商人，要到倉庫看貨，如果有中意的就買下來。信差報告說，艦隊長遭人扣留，讓札莫林大為光火，這種做法違反基督徒的精神，他打算予以重懲。至於特地上門尋晦氣的穆斯林，他批准葡萄牙人只管見一個殺一個，不必擔心有人報復。目前還不清楚葡萄牙國王究竟有多麼厲害，札莫林決定暫時不要選邊站。

這幾個商人逗留了八天，但他們也不看好這些歐洲貨，最後什麼也沒買。穆斯林固然遠而避之，但氣氛已經變得非常惡劣。每次水手上岸，他們的競爭對手就會往地上吐口水。「葡萄牙，葡萄牙。」對方噓著聲音說，用他們國家的名字來譏笑他們。達伽馬叫手下別放在心上，但雙方的火氣很大。

事實擺在眼前，班達里沒有任何人會買一捆布料，達伽馬又派人送信給札莫林，請求允許他把貨物直接轉到卡利卡特。札莫林再次答應他的請求，吩咐總督安排一批搬運工來扛貨。他再三向艦隊長保證會自己支付這筆費用，這是他國內的開銷，絕不會讓葡萄牙國王掏腰包。

這一天是六月二十四日。一波波巨浪打得船隻上下搖晃，渾圓的雨滴劈哩啪啦打在甲板上，宛如一顆顆大理石。賣不出去的貨品利用船隻或人力運到卡利卡特，但幾乎沒有人指望能賺到多少錢。達伽馬斷定哥哥果然有先見之明，誓言從此不再踏上異國海岸。既然事已至此，他認為應該讓屬下用手中寥寥可數的財產換取香料，多少賺回一點成本。他告訴大夥兒，最安全的方法是每艘船一次派出一個人上岸。一來可以人人有份，二來也不會因為人數眾多而惹禍上身。

水手依序上岸，每次兩到三個人，踏上前往卡利卡特的漫漫長路，沿途經過一艘艘停在海灘的小船，還有漁夫的棚屋及小神廟，也看見一旁有孩童在雨中玩耍，手舞足蹈。他們瞥見一座座圓拱長亭，粉刷得藍藍綠綠，各自坐落在繁茂的花園和果園中，顯得格外清新，無所不在的灰猴子直起後腿，站了起來，咬牙切齒，神不知鬼不覺地溜進去，看得他們津津有味。無論氣派或簡約，每棟住宅都有一座偌大的門廊，這裡的木地板閃閃發光，擦得和桌子一樣乾淨，陌生人隨時可以坐下來吃喝一頓，歇息一會兒。雖然近來深受委屈，如今發現至少當地居民對教中弟兄依舊熱情款待，葡萄牙人寬心不少。記錄者寫道，水手們「沿途受到基督徒的歡迎，只要有葡萄牙人進門吃飯或睡覺，他們總是樂不可支，竭盡所能地款待這些水手，而且分文不取」。[1]

這一年來，整天和全船的臭男人擠在一起，這些探險人員旁若無人地盯著印度女子，看得兩眼發直。她們上身赤裸，脖子、雙腿和手臂、雙手和雙腳都戴了不少珠寶。在張開的耳洞裡配戴黃金和寶石，盡可能把耳垂往下拉長，顯然是當時最時尚的造型。有一位旅行家提到，札莫林的王后把耳朵拉長到乳頭的位置。水手很快就發現，高等和中等種姓的婚姻，大多不是什麼神聖的結合，自然是喜不自勝。夫妻未必要同住，還可以實施一妻多夫制，如果仰慕者眾多，女性至少可以擁有十個丈夫。妻子住在自己的地方，由幾個丈夫一起供養，丈夫到妻子家過夜時，就把武器搭在門外，示意其他的男人識趣離開。

印度女子同樣也瞪著葡萄牙人看，見到他們穿著一身笨重的衣服，在酷熱中像海綿似地直冒

1 *Journal*, 69.

汗，同樣感到大惑不解。其中有些或許會進一步了解對方，沒有的話，印度到處都有賣淫的「妓女」，有些已經嫁作人妻。浸淫在高級交際花、技術高超的妓女，以及香水和香膏的東方香氣中，歐洲男人彷彿找到了一種性愛樂園，這個發現一方面激起許多道德上的指責，另一方面也讓他們更肆無忌憚地放縱。只不過追求滿足是要付出代價的。尼科洛．達．康提看到許多女子經營的店鋪，賣的是一種稀奇古怪的東西，用金子、白銀和青銅製的小螺帽，會發出叮噹聲響。「男人，」他解釋說，「娶妻之前要先到店裡來（否則會被取消婚約），請女店主在他們生殖器的皮膚上割出許多隙縫，然後把這些螺帽套在皮膚和肌肉之間，最多可以套上十二圈（依照個人喜歡）。生殖器縫合之後，傷口過幾天就會癒合。這麼做是為了滿足女人強烈的性欲。生殖器變粗或腫脹之後，會讓女子在交媾時得到莫大的歡愉。有些男人把生殖器加長，吊在兩腿之間，這樣走路時就會叮噹作響，可能傳到別人耳中。」康提可不來這一套，這個義大利人雖然「被女人嘲笑生殖器小，大力鼓吹他予以矯正」，但他卻不願意把別人的快樂建築在自己的痛苦上。[2]

好奇心比較重的水手，觀察到更古怪的習俗。印度人把牛奉若神明，任由牠們四處晃蕩，還可以大喇喇地走進宮殿，所到之處，就連札莫林也得乖乖讓開。然而許多男男女女卻被當成痲瘋病人似的，誰也不敢靠近。婆羅門和奈爾走在街上，會大喊「走開！走開！」警告低種姓的人馬上讓路。無論多麼財大勢大，低種姓的人這時如果沒有馬上躲到路邊，低下頭，高種姓的人可以隨手把他一刀刺死，也不會有人多說半句。高種姓的人一旦被人碰觸（即使是葡萄牙人碰的），必須舉行浸禮，滌淨身體。他們解釋說，如果不事先提防，就得從早洗到晚。[3]

種姓制度最底層的人，完全禁止靠近市區。他們住在野外，吃的是田鼠乾和魚乾，萬一碰到種姓等級比較高的人，整個家族都得受人欺凌。可想而知，其中有許多人改信伊斯蘭。不過在札莫林羅病的時候，同樣被列為賤民的巫師和驅魔師就派上了用場。他們在宮殿門口紮營，身上塗抹七彩的顏料，戴上花草編成的冠冕，生起篝火。配合喇叭、銅鼓和鐃鈸的刺耳聲響，從帳棚跳出來，同時叫喊、做鬼臉、噴火球，然後在毫無遮蔽的火焰中蹦跳。兩三天之後，他們在地上畫圈圈，站在裡面旋轉身體，直到魔鬼附身，說出給札莫林治病的藥方為止。札莫林也會乖乖照辦，絕無例外。

即使在從小聽聖徒自我摧殘的故事長大的歐洲人眼中，更古怪的是印度人的宗教儀式。他們發現有人會在亢奮、恍惚的狀態下，跑去找祭司，打算自我犧牲：

> 他們把一個很寬的圓形鐵圈套在脖子上，鐵圈的前面是弧形的，後面非常尖銳。在前面繫上一條鏈子，垂在胸前。被獻祭的人把腳穿進鐵鏈，屁股坐在地上，把腿抬高，脖子往前彎

2 *Travelers in Disguise: Narratives of Eastern Travel by Poggio Bracciolini and Ludovico de Varthema*, trans. John Winter Jones, rev. Lincoln Davis Hammond (Cambridge, MA: Harvard University Press, 1963), 13-14.

3 *The Voyage of J. H. van Linschoten to the East Indies*, ed. Arthur Coke Burnell and P. A. Tiele (London: Hakluyt Society, 1885), 1:281。怎麼樣才叫污染，歐洲人完全弄不明白。如果高種姓印度教徒的僕人端上食物或飲料時，被非印度教徒碰到，要把食物丟在地上。如果非印度教徒進入高種姓人士的家裡，摸到任何東西，必須先舉行洗禮洗滌乾淨，否則沒有人會在那裡用餐。如果基督徒坐在婆羅門或奈爾旁邊，後者會馬上站起來；如果沒注意到基督徒坐下來，印度教徒會清洗全身。印度教徒習慣把東西拋給其他宗教的人，而不是用手遞給對方，要他們把水倒進嘴裡，而不是讓他們從水壺直接喝，也是因為害怕被污染。

曲。然後等司儀說出某些話，他們突然伸直了腿，把脖子一提，砍下腦袋，用生命向神像獻祭。這些都被視為聖人。[4]

信徒特別喜歡在喜慶節日的時候自殺祭神。在每年的某一天，由一列大象拉著車子，載著一尊神像遊街，兩旁站的是配戴珠寶、吟唱聖歌的女子。一名在路邊觀看的歐洲人記載說，為數眾多的印度人「陷入信仰的狂熱中，趴在車輪前的地上，希望自己被車子活活碾死，據說他們的神特別喜歡這種死法。其他人會在身體的兩側各劃一刀，把繩索穿進體內，然後像裝飾品一樣，把自己掛在馬車上，這樣半死不活地吊在半空中，陪伴著神像，他們認為用這種方式獻祭是最好的，也最能得到神明喜愛」。

然而對異邦人來說，無論是穆斯林或基督徒，他們最不能理解的是妻子殉節的儀式。有一位旅行家寫道，法律明文規定元配必須自焚殉夫，而其他幾位妻子在結婚時「就明確同意必須以死亡來讓葬禮顯得更加氣派，而且被公認為妻子莫大的光榮……當火焰燃起，盛裝打扮的妻子必須在大批民眾的陪同下，在喇叭、笛子的樂聲和眾人的歌聲中，一面歌唱；一面以歡樂的心情環繞火堆……然後縱身躍入。如果有人露出恐懼的表情（看到其他人在火焰中痛苦掙扎的慘狀，常常會把即將殉節的寡婦嚇呆），不管願不願意，都會被旁邊的人丟進火堆」。[5]西方人覺得這種盛大的場面帶有一種恐怖的魅力，「實在太神奇了，」另一名目擊者提到，「女人的身體油脂豐沛，一副女體身上的油份或油脂，足足能燒毀五、六個男人的軀體。」[6]

上過這門印度文化速成班之後，水手前往位在碼頭後面，人潮洶湧的市場廣場和市集，設法賣出身上僅有的財產，一只青銅或紅銅手鐲、一件新襯衫，或甚至是從身上脫下來的舊亞麻襯衫。他們也發現先前太過高估葡萄牙貨品在東方的價值，在葡萄牙看來非常精緻的衣裳，只能賣到家鄉一成的價格。他們索性來個跳樓大拍賣，把手上的東西換成一把丁香、一捆肉桂，或許是一兩顆石榴石、藍寶石或很小的紅寶石，充作紀念品。天黑之後，商人用木栓和厚重的鐵掛鎖把店鋪關好，札莫林的官員拉下商業區四周的柵欄，水手則趕回船上。

船員在城裡任意徜徉的同時，卡利卡特的居民也划著小船出海，登上達伽馬麾下的船隻，想用椰子、雞和魚來換取麵包、餅乾或錢幣。許多人帶兒子和小孩來見識外國的船隻。有人顯然飢腸轆轆，達伽馬吩咐手下給他們準備食物，他這麼做，不是出於慷慨，而是為了「建立和平友好的關係，讓當地人說我們的好話，而不是壞話」。[7]因為公關活動辦得非常好，經常有訪客到了深夜才

---

4 Travelers in Disguise, 32-33。康提親眼看見，他還轉述了他在毗奢耶那伽羅看到的那場致命慶典。林斯霍滕提過類似的寺廟慶典，信徒把身上的肉砍下來，丟到馬車前面；德拉瓦勒記載殉道者把鉤子插進背上，然後吊在一根橫梁上，只要用把控制桿一拉，橫梁就會旋轉。就算是比較沒那麼暴力的奉獻行為，也把歐洲人嚇壞了；莫克說他看到一個赤裸的印度教徒「蹲坐在牛糞燒起的火前面，弄得全身灑滿了灰燼，長髮及肩，宛如女子。這是我畢生所見過最恐怖而可怕的景象，因為他動也不動，一直盯著火焰，連頭都沒有轉動一下」。*Travels and Voyages into Africa, Asia and America, the East and West Indies; Syria, Jerusalem, and the Holy Land*, trans. Nathaniel Pullen (London, 1696), 244。

5 Niccolò de' Conti, in *Travelers in Disguise*, 28。康提是最早描述妻子殉節儀式的歐洲人之一，印度的穆斯林地區禁止這種做法。

6 Mocquet, *Travels and Voyages*, 242。莫克接著說起一個妓女的故事，她的客人「因為兩人太過激烈，他當場死亡，她為此痛苦不堪，在舉行火葬時，她認為他是因為愛她而死，於是也焚身殉葬，雖然她最多只是一個好友」。

7 *Journal*, 69.

離開，讓艦隊長信心大增。他決定把一名代表、一名辦事員和幾個幕僚留在卡利卡特，跳過商人，直接把東西賣給民眾。靠著友善的本地基督徒幫忙，他希望葡萄牙人終究有機會在印度扎根。

等到每個人都輪流上岸做了買賣，八月差不多過了一半，達伽馬急著啟程返航。在下達命令之前，他派辦事員迪亞哥．迪亞士通知札莫林，說船隊準備出發，請他派出先前承諾的大使。他也交代迪亞士為札莫林送上最後一件禮物：一個裝滿琥珀、珊瑚、圍巾、絲綢和其他精緻物品的箱子，並且請求他拿出大量的肉桂和丁香，加上其他各種香料的樣本，作為回禮。如果必須付費，留守當地的代表會負責籌錢。雖然機會渺茫，但達伽馬深知哥倫布返航的時候，沒有帶回任何明確的證據，來證明自己到過印度，他可不想犯同樣的錯誤。

迪亞士足足等了四天，才有人帶他進了覲見廳，札莫林滿不在乎地瞥了他一眼，對他的話感到很不耐煩。他看不上那些禮物，等迪亞士說完了，便開口警告他說葡萄牙人必須照規矩繳納離境稅，才能離開。

迪亞士請求告退，表示會代為傳話，但他一直沒有回到船隊。他一走出王宮就被跟蹤，等他到了葡萄牙的倉庫，馬上有一支武裝軍隊衝進來，把大門擋住。於此同時，官方向全城宣告，禁止任何船隻靠近這些異邦人的船隊，違者處死。

迪亞士、代表、辦事員和他們的助手都被軟禁在倉庫。其中有一個非洲男孩，是在船上當僕役的，他們叫他設法溜回船隊，說明他們現在的情況。男孩溜到漁船停泊的地方，賄賂一位船長送他出海。在黑夜的掩護下，漁夫把船划到船隊那裡，看著乘客上了船，再火速划回岸邊。

聽見事發經過，葡萄牙人感到前所未有的驚懼和困惑。

「聽到消息，我們非常難過，」記錄者寫道，「不僅僅是看到自己人有幾個落在敵人的手裡，也是因為這樣一來，我們就走不了了。我們也很傷心，一個我們全心相待的基督徒國王，竟然把我們視若寇讎。同時我們並非只憑表象，就把他當成罪魁禍首，因為我們很清楚當地的摩爾人對我們非常排斥，這群摩爾人是來自麥加和其他地方的商人，知道我們是何許人也。」[8]他們還是想不通，為什麼在這個歷史性的時刻，在其他基督教徒駛入東方這一刻，札莫林不像他們這麼興奮。

另一位登船的訪客很快解開他們的疑惑。來自突尼斯的商人孟塞得經常來船隊造訪，主要的原因是達伽馬花錢請他在岸上打聽消息。經過他的解說，葡萄牙人拼湊出一個合理的版本，猜到問題究竟出在哪裡。

孟塞得解釋說，這些異邦人沒有帶來適合札莫林身分的禮物，讓卡利卡特的穆斯林有機可乘。馬比拉人開始擔心葡萄牙人搶他們的飯碗，而且密謀要監禁達伽馬，沒收他的船隻，殺了他的手下。他們向札莫林的參議官暗示說艦隊長不是什麼大使，而是以打家劫舍為目的的海盜，並且把這番話告訴了總督。總督也適時向札莫林稟報，表示人人都說這些葡萄牙人是一支武裝民船隊，被自己的國家驅逐出境。他接著說道，號稱是葡萄牙國王親筆寫的那封信，無疑是捏造的，除非頭腦有問題，否則哪個國王會單單為了結交盟友，就派大使遠渡重洋？即便真有其事，締結邦交是為了相互溝通和協助，但在地理和文化方面，葡萄牙都和印度相差十萬八千里。此外，從這位據說非常了不起的國王送出的禮物，實在看不出他有什麼了不得。與其相信一幫從世界盡頭冒出來的人許下的

8 Ibid., 71.

承諾，他極力慫恿，札莫林還不如守住自己從穆斯林身上賺到的利潤。

照孟塞得的說法，札莫林聽了大吃一驚，對歐洲人的態度也強硬起來。同時那些商人賄賂總督，請他把達伽馬和他的手下扣押起來，以便暗中殺害。發現有水手逃跑之後，總督馬上出城追趕，後來札莫林改變主意，他才把扣押的人放走。孟塞得警告達伽馬和他的手下，如果不想白白送命，就千萬別再進城，現場的兩位印度訪客誇大了他的警語。「要是船長上岸，」兩人宣稱，「腦袋一定會被砍掉，任何人到印度來，如果沒有向國王獻上黃金，就是這個下場。」[9]

「當時的情況就是這樣。」記錄者絕望地寫下這些話。

葡萄牙人相信了。不過，達伽馬之所以遇上麻煩，背後的原因可能沒這麼複雜。依照慣例，大使必須向札莫林獻上豐富的禮物。法律明文規定，外來的商人受到他的款待和保護，必須繳納什一稅。達伽馬以大使和商人的身分自居，在這兩方面都有虧職守。

真相介於上述的兩種可能之間，但無論如何，現在亡羊補牢也來不及了。葡萄牙人來印度尋找同樣信仰基督教的盟友，或是找到取之不盡的香料，如今兩頭落空，他們只有一計可施：用蠻力。

✢

第二天，沒有任何人登船造訪，但又過了一天，有四名年輕人上船兜售珠寶。機警的艦隊長認定他們是穆斯林商人派來的探子，但卻給予熱情招待，希望能釣出更重要的人物。

四、五天之後，有二十五個人一起搭船過來，其中包含六位奈爾貴族。達伽馬展開誘騙行動，把這六個人扣起來，額外再抓十幾個人。剩下的幾個被推上一艘小船，準備划回碼頭，其中兩名印度人用馬拉雅拉姆語為達伽馬寫了一封信，交給札莫林的代表。大意是葡萄牙人建議雙方交換人質。消息迅速傳開。人質的親友聚集在葡萄牙倉庫，強迫守衛把人質放了，刻意送到代表家裡。這一天是八月二十三日，達伽馬決定佯裝要離開。季風的風勢依然強勁，船隊不小心被吹得太遠。第二天又被吹向陸地。兩天後，還是看不到他們的人，加上風勢也不見穩定，他們再次把船開走，直到幾乎看不見陸地為止。

第二天，一艘小船前來傳話。迪亞哥·迪亞士已經被帶到王宮。只要葡萄牙人釋放人質，就把迪亞士送回來。

達伽馬確定他的手下已經喪命，敵人此舉只是以拖待變。他知道阿拉伯船隊再過不到幾星期就要進港，認定卡利卡特的穆斯林正在武裝備戰，準備聯手攻擊基督徒。他威脅要向小船開火，警告信差必須把他的代表送回來，或至少替他傳話。他咆哮說，他們的動作最好快點，否則他會砍下手中人質的腦袋。

一陣強風吹起，船隊沿著海岸搶風航行。

在卡利卡特，達伽馬的這番操作似乎生效了。札莫林派人把迪亞士請來，這一次的態度顯然友善多了。他問說，為什麼艦隊長要帶他的臣民離開？

札莫林心知肚明，迪亞士語帶諷刺地回答，這下他總算出了一口惡氣。札莫林曾經囚禁艦隊長和他的手下，而且到現在還不准他們回船上去。

9 Ibid., 72.

札莫林故作驚訝。他宣稱艦隊長這麼做是對的，然後開口責備他的代表。「你難道不知道，」他語帶威脅地問道，「我最近剛殺了另一個代表，就是因為他向幾名入境的商人課徵貢金嗎？」

他回頭面向迪亞士。

「回船上去，」札莫林對迪亞士說，「你和你身邊的人都回去。叫船長把他抓的人送回來。我知道他說很想在岸上豎立石柱，告訴他說，讓送你回船上的人把石柱帶回來，我們會負責立起來，你也可以和你們的貨品一起留下。」

離開之前，札莫林要迪亞士用鐵筆在一片棕櫚葉上寫信，要交給葡萄牙國王。

「瓦斯科・達伽馬，」在交代完一般的細節之後，信上說道，「貴府的貴族子弟，來到我國，本人甚感欣慰。我國盛產肉桂、丁香、薑、胡椒和寶石。請閣下以黃金、白銀、珊瑚和深紅布料作為交換。」

札莫林吩咐辦事員迪亞士把信交給艦隊長，然後呈給國王。最後他還是決定不妨先看看這些異邦人會不會帶著更貴重的商品回來。

八月二十七日早上，七艘小船載著迪亞士和他的手下，開往葡萄牙船隊。印度人不願意太靠近達伽馬的船，經過一番爭論，他們小心翼翼地划向繫在聖加百列號船尾的大艇。被釋放的人質爬進去，小船稍稍後退，等待對方的回應。

印度人以為達伽馬的代表和他的手下還會回卡利卡特，因此沒有把葡萄牙貨品帶來。達伽馬可不是這麼想。既然他的人已經平安歸來，他不打算讓他們離開。他派人把石柱搬上小船，送了幾個人質回去，包括那六位奈爾貴族。但他仍然扣留了六個人，承諾如果次日把他要的貨品送回來，他就放人。

第二天早上，那位友善的突尼斯商人慌慌張張地跑來。孟塞得連忙登船，氣喘吁吁地請求庇護。他的財產被全數沒收，擔心性命不保。印度人看他和葡萄牙人關係好，就指控他是基督徒，是冒充商人的身分，奉命來查探他們的城市。他悲痛地說，他一向不走運，要是留下來，一定會送上性命。孟塞得打探消息確實很有一套，達伽馬便答應帶他去葡萄牙。

到了十點，又有七艘小船划過來。划手位子上擺了十二捆葡萄牙人的條紋布。札莫林的人堅決表示倉庫裡只有這些東西。

達伽馬很不客氣地叫他們馬上離開。他的翻譯大聲吼回去，他不在乎這些貨，而且要把人質帶回葡萄牙。確實有很多商品不知所終，但更重要的是，達伽馬需要幾個印度人來證明他的發現，而札莫林沒有實踐諾言，派大使隨船返航。臨走之前，他向小船上的人放話，要他們當心點。他發誓，要是運氣好，他很快就會回來，到時他們就會知道，當初不該聽信讒言，相信那些誣陷他和他的手下是盜賊的穆斯林。說完之後，他一聲令下，船隊大砲齊射，印度人趕忙划著小船逃跑。

現在是八月底。達伽馬和手下的船長商量，很快就做出決定。記錄者寫道：

> 既然已經發現此行所要尋找的國家，還有香料和寶石，而且看樣子不可能和當地人建立友好關係，那不如離開好了。同時也決定應該把扣留的人帶走，將來重返卡利卡特時，或許能透

10 Ibid., 74-5.

過他們建立友好的關係。於是我們啟航前往葡萄牙，很高興我們有幸能締造這麼了不起的發現。[11]

誰也無法裝作這趟印度之行發展得很順利。年輕的指揮官曾誇下海口，但卻無法和札莫林達成協議。他待得愈久，處境愈是難堪。前後歷經三個月，船艙幾乎空無一物。最慘的是，他們堅信同樣信仰基督的弟兄，竟然充滿敵意，令他們大感震驚。

探險人員犯下的錯，很快會成為他們難以擺脫的麻煩，但即便如此，達伽馬締造的驚人成就仍然不容置疑。在他開闢了前往印度的路線之後，有上萬人尾隨其後，上千萬人的生活就此改變，儘管未必變得更好。

現在他只剩下一個任務，回家。結果發現這才是最難的地方。

✝

回程的第一天就遇上麻煩。

船隊駛出卡利卡特才一里格，就進入無風地帶。在等候風起的時候，船員突然看見七十艘長划艇從岸邊衝過來，擠滿了配備重裝武器的馬比拉人，穿戴著裹了紅布的加厚胸甲和背甲。達伽馬的懷疑果然沒錯，穆斯林商人雖然沒有能力在大型阿拉伯船隻抵達之前，扣留這些不速之客，但他們早就著手籌組作戰船隊。

砲兵趕忙就位，等待艦隊長的信號。敵軍一進入射程，他就下令開火。只見一道閃光劃過，伴隨著一陣轟隆，砲彈從空中呼嘯而過，炸得小船周邊水花四濺。划船手依舊快速向前划，後來海風終於吹起，異邦人的船帆張滿，他們更是奮力划動船槳。他們尾隨逃離的船隊，追了將近一個半小時，最後全靠老天保佑，海上颳起暴風，把葡萄牙人吹向外海。

短暫驚慌之後，船隊一路向北航行。現在達伽馬已經知道，要返回家鄉，必須沿著海岸前進，靜待大陸吹起涼爽的冬季季風。等時候到了，東北季風會把他吹回非洲。不過現在離那個時候至少還有三個月，季風要到十一月才會出現。

船隊逐漸進入赤道無風帶，讓領航員的工作變得更加複雜。微風從陸地往這邊吹，從海上往那邊吹，然後漸漸停歇。暴風猛地襲來，毫無預警，隨後乍然陷入死寂。船隊沿著海岸，費力搶風航行，離開卡利卡特十二天，他們只航行了十二里格。

達伽馬一直在絞盡腦汁思索究竟發生了什麼事，然後他把一名瞎眼的人質送上岸，把一封信交給札莫林。信是孟塞得用阿拉伯文寫的，他在信中先為俘虜札莫林的六位子民作為人質致歉，並解釋說他的用意是要這幾個人為他的發現做個見證。他補充說，若非擔心遭到穆斯林的毒手，他原本打算留下自己的代表，他本人後來不再上岸，也是因為這個原因。他希望兩國終究能建立友好的關係，以臻雙方之互惠互利。既然很難指望靠一封信化敵為友，但聽到俘虜提供的訊息，坎納諾爾的科拉第里（Kolattiri of Cannanore）和卡利卡特的札莫林正在打仗，達伽馬想必心中竊喜。

到了九月十五日，船隊已經航行六十里格，在一個小島群附近下錨。其中最大一座島嶼的形狀

11 Ibid., 76.

狹長，南端是岩石地形，低矮的山丘北側是一片海灘，高聳的棕櫚樹冠就像一把把大傘，為島嶼中央遮蔽陽光。大陸和這裡距離兩里格，岸邊是一大片砂質的海灣，海灣背後是濃密的樹林。漁船從海灣開過來兜售漁獲，艦隊長拿出幾件襯衫，讓漁夫樂得開懷。

現在的氣氛比較友善，達伽馬的心情總算放鬆下來，詢問當地人願不願意讓他在島上豎立石柱。「他們表示，」記錄者登錄如下，「非常樂意，因為一旦島上立起石柱，就能證實我們和他們一樣是基督徒。」[12]至少葡萄牙人是這麼理解的。

葡萄牙人把石柱抬到預定地點，依照這根石柱所紀念的聖徒之名，把小島命名為聖瑪利亞島。此舉幾乎沒有任何戰略上的意義，但大夥兒都急著趕快回家。

當天晚上，陸上吹來陣陣輕風，船隊順風繼續北上。五天後，他們行經一系列美麗蒼翠的丘陵，看見前方還有五座島嶼，就在離岸不遠處。[13]他們在鄰近大陸的位置下錨，達伽馬派一艘小船上岸，尋找充足的淡水和木材，讓他們一路航行到非洲。

水手剛上岸，就遇見一個年輕人，帶他們到河邊兩座山丘當中的一處裂口，清澈的泉水不斷向上湧出，達伽馬送給這位嚮導一頂睡帽，表示謝意。他循例請教他是基督徒還是穆斯林。他是基督徒，年輕人回答；反正他不是穆斯林，於是就選了另一個答案。達伽馬對他說葡萄牙人也是基督徒，他聽了似乎非常高興。

沒多久，來了更多友善的印度人，主動說要帶客人去一處肉桂樹林。水手返回船隊時，懷裡抱著大量帶有肉桂氣味的樹枝[14]，同行的本地人帶了雞、好幾壺牛奶，還有葫蘆。經歷了重重險阻，現在似乎總算柳暗花明了。

次日清晨，他們正在等待潮水上漲，準備駛進河川，把水桶裝滿，這時看守員發現有兩艘船在幾里格外沿著海岸航行。達伽馬起初不以為意，船員也忙著砍木柴。然而過了一陣子，他懷疑會不會是因為距離太遠，才讓這兩艘船看起來比實際上小。吃過飯之後，他馬上叫幾個人划小船過去，弄清楚對方究竟是穆斯林還是基督徒。同時叫一名水手登上桅杆瞭望台，確保沒有任何閃失，瞭望人員高聲喊說六里格外有八艘船，因為無風的關係，被迫停在外海。

達伽馬決定謹慎應對。所有人離開甲板，然後他向砲兵下令，這幾艘船一進入射程範圍內，就馬上擊沉。

後來起風了，印度船隻繼續航行，很快駛進和葡萄牙人相距不到兩里格的範圍。達伽馬一聲令下，船隊的砲彈上膛，往前急駛而去。

印度人看到三艘陌生的船隻衝過來，即刻改變航向，順風開往海岸。倉促之下，弄斷了其中一艘船的方向舵，船員隨即從船尾放下一艘小艇，跳上去，然後划向陸地。這時尼古拉·科艾略的卡拉維爾帆船距離棄船最近，他的手下忙不迭地登上船，以為會在船艙發現豐富的戰利品。結果只找

---

12 Ibid., 80.

13 航海日誌誤植成六座島嶼。班赫迪瓦群島（Panchdiva Islands）位於果阿南方四十英里；葡萄牙人在其中最大的島嶼外海下錨，他們命名為安吉迪烏（Anjediva），現在稱為安賈迪普島，在講述地理新發現的葡萄牙史詩《路濟塔尼亞人之歌》（*Lusiads*）的第九篇，路易·德·賈梅士（Luís Vaz de Camões）把這座島嶼稱為愛之島，以豐富的細節把它描繪成一個迷你樂園；他說是維納斯把島嶼安排在旅人的航行途中，讓他們暫避令人疲憊的勞苦。

14 這些是桂皮的樹枝，曬乾的樹皮所產生的香料和肉桂相似，但品質不及肉桂。

到幾顆椰子、四罐棕櫚糖，還有大批的弓、箭、盾、劍和矛。底艙則只有沙子。

其他的印度船隻全都靠岸了。葡萄牙人不願意靠得太近，以致於失去大砲的優勢，於是直接從小船發射，嚇得印度船員連滾帶爬地逃往陸地。過了好一會兒，達伽馬的手下不再戀戰，拖著他們搶來的船隻，退回到安全距離。他們還是不知道這些船是哪裡冒出來的，不過第二天早上，七個當地人划船過來，告訴葡萄牙人說，這些逃跑的人自稱是奉札莫林之命來追捕葡萄牙人。他們的領袖叫狄摩吉（Timoja），是個惡名昭彰的海盜，只要有機會，一定會把他們殺得一乾二淨。[15]

如今顯然不可能重返大陸。船隊在次日早晨啟航，到其中一座小島附近下錨，葡萄牙人依照當地人的說法，稱之為安賈迪普島（Anjediva）。印度人說這個島上也有淡水，尼古拉．科艾略先把搶來的船隻擱淺，然後上岸勘查。

科艾略在一片原始沙灘登陸，然後鑽進一片茂密的椰子樹和熱帶常綠樹林深入探勘。驟然見到一片廢墟，像是山上的一座石砌大教堂。

有一間禮拜堂還沒倒塌，而且重新鋪上了稻草屋頂。科艾略探頭進去。正中央擺著三塊黑石，一些印度人面對石塊祈禱。葡萄牙人詢問時，他們解釋說小島是阿拉伯水手補充飲水和木材的地點，而且當地居民早就被趕出去。他們只是回來祭拜聖石的。

勘查小組在教堂附近發現一個大水槽，和教堂一樣，以粗琢石建造而成。裡面裝的是淡水，他們把幾個水桶裝滿。一行人在島上繼續勘查，在小島的最高點發現另一個水槽，比先前那個大得多，就把剩下的水桶也裝滿了。

到了這時候，三艘船全都傷痕累累，簡直難以航行。船員展開漫長的維修過程，把貝里奧號拖到教堂廢墟正前方的海灘，把船艙清空，船身傾側，進行檢修。

大夥兒正忙著幹活的時候，兩艘大型的小艇從大陸駛來。他們提醒葡萄牙人要留意海上的加利茲帆船（galliot），這是一種吃水淺的單桅小型槳帆船，船上的海盜來自巴巴利海岸，專門打劫經過的船隻。小艇的划手跟著鼓聲，把槳葉切入水中，除了鼓聲之外，還有宛如風笛的詭異聲響。繫在桅杆上的旗子和布條隨風擺動。葡萄牙人看到遠處還有五艘船，貼著海岸悄悄前進，彷彿在等著看好戲上演。

從卡利卡特抓來的印度人激動地警告葡萄牙人千萬別讓小艇的人上船。他們說這些人是海盜，專門在那一帶的水域犯案。對方會主動示好，然而一旦時機成熟，便迅速取出槍砲火器，把船隻洗劫一空，把人抓回去當奴隸。

達伽馬下令拉斐爾號和加百列號開火。

小艇上的人低頭閃避，同時向這幫外國人大喊。

Tambaram! Tambaram!「主啊！主啊！」他們這樣叫著。

葡萄牙人已經斷定這是印度人口中的上帝，推測這些人是想表明自己是基督徒。儘管如此，他們認定這又是對方的詭計，並且繼續發射砲彈。小艇的划手掉頭划回岸上，科艾略跳上小船緊追不捨，最後是達伽馬擔心再度惹上火端，才升起信號旗把人召回。

---

15 指印度私掠船船長狄—邁雅（Thi-maya），葡萄牙人稱為狄摩吉，後來為他們供應消息和提供必需品。他對占領果阿居功厥偉，也曾短暫擔任果阿印度人的總督。

第二天，貝里奧號的檢修作業還在進行，有兩艘小艇划過來，和前一天的船相比，體積小了些。船上的十二個人衣著光鮮，帶了一捆甘蔗，要送給艦隊長。他們把小艇拖上岸，穿過沙灘，上前請求艦隊長允許他們參觀外國人的船隻。

達伽馬沒心情招呼客人。現在看樣子葡萄牙人的事已經傳遍海岸，而他們對這片海岸幾乎一無所知。每天都會碰上新的危機，他確定這十二個人是有人派來刺探他的。他大喝幾聲，對方即刻退後，順便警告另外十二個同樣搭著兩艘小艇來的人不要上岸。

貝里奧號重新下水，船員繼續檢修聖加百列號。

儘管遭到不友善的對待，當地人還是不斷前來，有人還弄來魚、南瓜、黃瓜和一船帶有些許肉桂香氣的嫩枝，賣給葡萄牙人。達伽馬稍稍放下了戒心，這時有一個人穿過沙灘前來，揮舞著木頭十字架，外貌和身材都與眾不同。

這名剛來的訪客大約四十歲上下，操著流利的威尼斯語，還有阿拉伯語、希伯來語、敘利亞語和德語。他直接走到艦隊長面前，一把抱住了他。在緊緊擁抱其他幾位船長之後，他說明自己是西方的一名基督徒，年輕時來到印度，在一位強大的穆斯林君主身邊效命。逼於無奈，只好改信伊斯蘭，他坦誠告白，但直到今天，他心裡沒有一天不信仰基督。他在主公的宅邸聽見卡利卡特傳來的消息，說不知從哪裡冒出一群人，說著一種奇怪的語言，而且從頭到腳都用衣服包得緊緊的。他當下就明白這一定是歐洲人，並且向他的主公稟報，要是沒機會見上一面，他一定會傷心而死。

他接著說道，他的主公生性寬宏大量，叫他把這些外國人請到國內，不管需要什麼，香料、糧食，甚至船隻，都可以盡量置辦，要是喜歡他的國家，甚至還允許他們永久居住。

這位訪客溫文儒雅，令達伽馬十分賞識。他扯開嗓門，誠心感謝對方的好意，並且詢問他的主公統治的地方，得知當地的名稱是果阿（Goa）。反之，他這位口若懸河的客人只要了一塊乳酪，說是要拿給他留在大陸的一個夥伴，證明他真的和歐洲人見過面。達伽馬叫人拿出乳酪，外加兩塊剛烤好的麵包，但對方似乎不急著離開。記錄者指出，不管什麼雜七雜八的事情，他都能大氣不喘地說上好半天，有時還會前言不搭後語。

保羅．達伽馬開始起疑，決定去問問划船把這位貴客送來的水手。他們是印度人，和這位穆斯林顧客沒什麼交情。他們小聲地說，他是海盜，他的船就停在海岸附近，伺機發動攻擊。

保羅把消息傳出去，葡萄牙人把客人抓起來。船停在沙灘上，士兵使勁把他朝船身一推，一面嗖嗖地揮舞皮鞭，一面審問他。他仍然堅稱自己真的是基督徒，接著達伽馬把他綁起來，吊上帆桁，把他的雙臂和雙腿上下拉扯。好不容易被放下來，他才上氣不接下氣地說出一部分殘酷的真相。葡萄牙人的消息已經傳遍四方，他說舉國上下都要對他們不利。大批武裝部隊乘船出發，躲在沿岸的溪流裡，以免洩漏行跡。負責打先鋒的四十艘船正在進行武裝，只要船隊一到，立刻展開攻擊。

經過幾輪刑求之後，他的說法仍舊沒有改變。後來他的聲音愈來愈微弱，似乎是想告訴他們，他是來查探這些外地人是什麼來路，又帶了哪些武器，但已經聽不清楚了。達伽馬下令暫停審問，把他囚禁在其中一艘船上，再給他包紮傷口。他決定把人帶回葡萄牙，和其他俘虜一樣，為國王提供消息。

聖拉斐爾號尚未展開檢修，但他們不能再等了。從吉達、亞丁和荷莫茲開出的阿拉伯船隊，現在恐怕已經抵達印度，假若剛剛問到的新情報是真的，一場大規模攻擊即將來臨。他們離開之前要做的最後一件事，是把搶來船隻拆解，充作備用材料。原本的船長一直在大陸盯著瞧，希望等這些外國人離開，能拿回自己的船。看到他的船一點一點消失，他急忙衝過去，表示願意用一大筆錢贖船。這艘船不賣，達伽馬斷然回答。既然這艘船是敵人所有，他寧願放火燒了，而且說到做到。

十月五日星期五，船隊揚帆出發。等到船隊開得夠遠，絕無回頭的可能，被囚禁的俘虜終於和盤托出。或許他是受夠了，不想繼續被關在艏樓，每當鹹水沖到身上，船錨在他周圍起起落落，以及有人去解手的時候，俘虜難受的程度就暴增三倍。現在沒必要掩飾了，他宣稱他的確是果阿統治者的屬下，當消息傳來，說有外國人在海岸迷路，不知該怎麼回家時，他正好在宮裡。他的主公知道已經有許多船隻奉命要逮捕他們，他很不想讓這批戰利品落在他的對手手裡，便派出自己的手下，慫恿這些外地人到他的國家，從此任其宰割。他早就聽說這些基督徒驍勇善戰，他經年累月、永無休止地和周遭國家開戰，很需要這樣的人。

十

達伽馬身不由己，被迫匆匆離開印度，他的手下因此付出慘痛的代價。

溫和而穩定的冬季季風還沒吹到這個緯度，探險人員只能在海上蛙步龜行。船隊一次又一次被氣旋捲起，吹到平靜無波的無風地帶。從十月到十一月，十一月到十二月，舉目四望，仍然見不到陸地在哪裡。酷熱難耐、糧食短缺，貯存的水冒出臭味，也即將不敷使用。眾人聞之色變的壞血病再度爆發，摧殘水手枯瘦的身軀。後來有一位搭乘葡萄牙船隻的人，生動地描述病發的速度有多快，引起的恐慌又多麼強烈。依據他的記載，他的膝蓋嚴重萎縮，根本無法彎曲，小腿和大腿像壞疽似的發黑，他只能一再地刺穿皮膚，把糖蜜似的膿血擠出來。他每天用索具在船邊盪鞦韆，然後用一面小鏡子照著，拿刀割開已經腫到遮住牙齒，因而無法進食的腐敗牙床。把肉割開之後，他用尿液漱口，可是隔天早上照樣腫脹化膿。船上有幾十個人為此所苦，他覺得自己在一艘死亡之船上漂流：

> 每天都有大量的人死亡，整天只看到一具具屍體被丟下海，大多來不及求助，有些人死在櫃子後面，眼睛和腳底被老鼠啃噬。有人在放了血，手臂移動之後，血管沒有封口，血液流乾，最後死在床上。這多半是發生在領了配給之後，也許是一品脫左右的水，放在床邊給他們喝，一旦睡著了，或是往另一邊翻身，旁邊的同伴口渴，就把這些可憐的病人僅有的一點水搶去喝。有時在甲板下方的暗處，彼此看不見對方，萬一發現有人要偷他們的水，還會發生爭吵，互相毆打對方。所以船員的水經常被搶走，然後因為少了一小口水而慘死，沒有半個人主動伸出援手，即便是父子兄弟，也不肯幫上一丁點兒忙，人人焦渴不已，不惜下手劫掠同伴。[16]

痛苦不堪，加上遠離家園，幾十名單純、充滿熱誠的男子，在症狀出現不到幾天後，恐懼而孤獨地死去。死亡是一種解脫。身為基督的十字軍，他們被告戒要清清白白地死去，不能受到罪惡的玷污。炫目的強光照得他們睜不開眼睛，召喚他們去到一個沒有痛苦的地方，享受比較舒適的生

16 Mocquet, *Travels and Voyages*, 205-6.

活。船上的夥伴把他們的屍體丟下海，隨著倒下的人愈來愈多，禮數也就能省則省了。

就算大難不死，身體也孱弱不堪，在熱帶的高溫下，又爆發新的疾病。高燒造成顫抖和譫妄。被感染的皮膚長出膿瘡和腫瘤。麵包長出有毒的霉菌，吃了會上吐下瀉，然後出現痛性痙攣、幻覺和狂躁，最後是乾壞疽、水腫和死亡。[17]其中一種最恐怖的病症，一名水手描述，「出現在臀部，就像潰瘍，而且馬上長滿蟲子，一直往上噬咬到腹部，使人受盡痛苦折磨而死，」他接著說，「這種疾病的最佳療法非檸檬汁莫屬，用檸檬汁沖洗臀部，因為這樣可以防止蟲子繼續繁殖。」[18]船上本來就沒有隱私可言，現在連尊嚴也沒有了。

聖誕佳節將近，每艘船只剩七、八名水手有體力值班。幾乎沒有人相信他們還能存活多久，達伽馬原先嚴格執行的鋼鐵紀律徹底瓦解。眾人高聲呼喊聖徒，發誓只要大難不死，一定會改過遷善，懇求聖徒救他們一命。他們要求隊長返回卡利卡特，乖乖聽從上帝的意旨，而不是任由他們在汪洋大海上死去。達伽馬和其他幾位船長完全不知道自己身在何方，走投無路之下，他們終於答應，只要吹起順風，就馬上折返。

就在最後關頭，天氣驟變，使節團的命運也跟著起死回生。「蒙仁慈的上帝悅納，」記錄者如是說，「送來一陣風，讓我們在六天後看見陸地，我們為此歡天喜地，彷彿眼前的陸地就是葡萄牙。」[19]

當天是一四九九年，一月二日。再過幾天，最多幾個星期，就有三艘船被迫在無情的海上漂流。

這支筋疲力竭的船隊靠近非洲海岸時，天已經黑了。他們下錨停船，第二天早上上岸勘查，「看上主把我們帶到哪裡，因為船上沒有領航員，也沒有任何人能從航海圖指出我們究竟身在何處」。[20]目光所及之處，只見一條纖細的綠色植被，夾在遼闊的大海與天空之間，綿延不絕。眾人爭辯起來。有人斬釘截鐵地說他們位於莫三比克外海的幾個小島之間，離大陸還有三百里格。[21]他們在莫三比克俘虜的一名人質說過，這些小島非常不衛生，壞血病盛行，聽來確實很有道理。

就在大夥兒吵得不可開交的時候，值班人員望見一座城市。原來這裡是摩加迪休（Mogadishu）的索馬利亞古港（Somali），曾經是非洲東岸最主要的穆斯林港市。高大的住宅環繞著雄偉的宮殿，四座城堡負責保衛周圍的城牆。現在處境危險，探險人員不敢碰運氣，接連發射砲彈，表達態度之後，就繼續沿著海岸往南航行。

---

17 這種病叫聖安東尼之火（Saint Anthony's Fire），原因是聖安東尼修會的隱修士非常善於醫治這種疾病。現代的名詞是麥角中毒（ergotism）。黑麥角菌（Claviceps purpurea）生長在穀物上，尤其是裸麥，吃了以後會中毒。以前所謂巫術造成的集體痙攣，被認定是麥角中毒，不過仍有爭議；精神錯亂的效應類似麥角酸醯二乙酸的作用。

18 Mocquet, Travels and Voyages, 231-32.

19 *Journal*, 87.

20 Ibid., 88.

21 塞席爾（Seychelles）距離莫三比克大約三百里格，也就是九百英里；說馬達加斯加是「外海」比較合理，不過距離只有六十里格，亦即一百八十英里。

兩天後，船隊在無風帶漂流時，不知從哪兒颳起風暴，吹斷了聖拉斐爾號的繩索。更大的麻煩還在後面，正當僅存的幾個健壯的人忙著修理時，一名海盜發現這支殘破的船隊，從附近一座島嶼展開襲擊。[22]八艘載滿人的小船朝葡萄牙人逼近，但砲兵連忙就位，接連發射砲彈，把海盜趕回自己的巢穴。此刻海上無風，艦隊長沒有下令乘勝追擊，或許讓船員鬆了一口氣。

最後，到了一月七日，瞭望人員發現了熟悉的馬林迪海灣。即便處境如此不堪，達伽馬也不願冒險在港口停泊，船隊在馬林迪的外海下錨。蘇丹馬上派出人數眾多的歡迎委員會，除了送上綿羊，也傳達和平與友誼的訊息。非洲人和藹地說，他們已經等候艦隊長多時。

達伽馬指派行事一向可靠的費爾南・馬丁斯搭乘蘇丹的小船上岸，要求對方務必要盡量籌措柑橘。第二天，他們帶來各種不同的水果，和大量飲水。蘇丹命令當地的穆斯林商人前來拜訪這些異邦人，並提供雞和雞蛋。但對病情最重的人來說，一切為時已晚，許多病人死在馬林迪外海，在當地安葬。

旅途中的恐怖經歷讓達伽馬的性情變得柔和，在他和手下極需協助的時候，蘇丹所展現的仁慈令他動容。他送上一份禮物，並透過蘇丹的阿拉伯語翻譯，懇求他賞賜一根象牙，獻給葡萄牙國王。他也請求蘇丹允許他在海岸豎立一根支柱和十字架，作為兩國友誼的象徵，好讓雙方的敵國看得一清二楚。蘇丹回答說，基於對曼努埃爾國王的敬愛，達伽馬的任何要求，他都會辦到。他準備了一個豎立石柱的絕佳地點，位於市區正前方，也是他的宮殿隔壁，而且除了達伽馬要求的象牙，有個穆斯林男孩也被一併送來，他恭敬地表示自己畢生唯一的願望，就是到葡萄牙去。[23]

葡萄牙人在馬林迪待了五天，盡量享受蘇丹其他的款待，「同時充分休息」，記錄者寫道，「好好洗去一趟生死交關的旅途所經歷的艱辛。」[24]他們在一月十一日早上啟程，第二天，他們加足馬力，盡快駛過蒙巴薩。

直到蒙巴薩在眼前消失多時，他們才在海灣下錨，卸下聖拉斐爾號裝載的貨物，放火燒船。現在人手不足，開不了三艘船，而且不管怎麼說，拉斐爾號已經幾個月沒有維修，很快就要壽終正寢。整個過程耗時十五天，不少非洲人在這段時間跑來，用雞隻交換水手的最後幾件襯衫和手鐲。

重新啟航兩天之後，就在距離大陸六里格的地方，剩下的兩艘船經過了一座大島，是他們在前往印度途中沒發現的。[25]這是尚吉巴（Zanzibar），馬林迪的男孩解釋說，是斯瓦希里海岸最重要的貿易中心之一。探險人員從來沒聽過，還有很多探索的工夫要做。

二月一日，船隊在滂沱大雨中抵達莫三比克。他們避開市區，在一年前舉行彌撒的小島離岸處下錨。他們這回也舉行彌撒，達伽馬還決定再立一根石柱。雨下得很大，登陸小組沒辦法生火融化用來固定十字架的鉛，石柱頂端便少了十字架。

幾天後，這些劫後餘生的人離開東非，準備繞行好望角。儘管一直有人謠傳這裡住了大批基督

---

22 這個城鎮叫帕泰（Pate），同名的島嶼是拉穆群島（Lamu Archipelago）中最大的一個，位於肯亞北部外海。

23 在馬林迪城往南一點的海灣中央，有一個很小的岩石岬角，上面至今仍然豎立著一根石柱，頂上有一座十字架，石柱幾乎被潮水侵蝕殆盡。這不是原始的石柱，因為當地人看不順眼，那一根石柱不久就拆了，不過蘇丹小心收藏在宮殿裡，可能也把十字架保存下來。

24 *Journal*, 91.

25《航海日誌》把距離誤植為「整整十里格」

教信徒，但令人洩氣的是從來沒有人見過他們。祭司王約翰依舊杳無蹤跡。

一個月後，葡萄牙人抵達先前讓艦隊長的腿吃了一箭的海灣。他們逗留一個多星期，捕捉鯨魚、海豹和企鵝，用鹽巴醃漬，同時補充水分，以供大西洋航行所需。三月十二日，他們啟程返鄉，可是剛剛開了十二里格，就碰到一股強勁的西風，把他們一路顛顛簸簸地吹回海灣。風一停，他們立即重新上路，並且在三月二十日繞過好望角。現在，記錄者這樣寫著：「那些熬過來的人都很健康，也相當健壯，雖然有時在路上差點被寒風凍死。」[26]經歷了熱帶的高溫，南大西洋感覺就像發燒時打的寒顫。

連續二十七天，兩艘船順風行駛，現在距離維德角不到一百里格。他們回到家鄉的水域，但在經歷種種磨難之後，眼前熟悉的景象竟顯得格外不真實。

到頭來，一路順風終究是痴心妄想。最後還有一道難關要過。

在抵達群島之前，船隊又進入無風帶。些許的微風從前方吹來，他們盡力搶風前進。風暴沿著非洲海岸席捲而來，幫忙領航員確定船隊所在的位置，但頂上的天空不久就暗下來，強大的龍捲風捲起海水。雖然天空到處閃電，兩艘船還是看不見對方的蹤影。

貝里奧號依然由尼古拉．科艾略指揮。這一次沒有指定會合地點，他決定直接回國。一四九九年七月十日，他這艘破爛、漏水的卡拉維爾帆船一顛一簸地駛進位於里斯本南邊，向大西洋突出的卡斯凱什漁港（Cascais）。葡萄牙人早就認定船隊失蹤了，這時連忙衝到港口歡迎英雄歸來。

科艾略入宮晉見國王，報告船隊發現了航向印度的海上路線。這件重大任務持續了七百三十二天。船隊至少航行了兩萬四千英里。無論用時間或距離計算，都堪稱是人類有史以來最長的旅程。

又過了幾個星期，達伽馬的船才駛入港口，船縫裂開，全靠唧筒死命地抽水，船隻才不至於下沉。出發時大概是一百七十人，恐怕只有五十五個人活著回來。

但艦隊長沒有和他們一起回來。達伽馬的哥哥在回程途中得了肺結核，船隊失散的時候，保羅的病情明顯惡化。達伽馬等了一天，沒見到卡拉維爾帆船的蹤影，於是把船駛向聖地牙哥，船隊出發的時候，就是在這裡會合。他一到聖地牙哥，就叫原本在聖拉斐爾號擔任辦事員的約翰・德・薩負責替他維修旗艦，然後開回葡萄牙。

達伽馬租了一艘小型的快速卡拉維爾帆船，火速把奄奄一息的哥哥送回里斯本。出海不久，保羅的病情急轉直下，達伽馬臨時決定把船開到亞速群島的特塞拉島（Terceira）。

他們到達小島的第二天，保羅就撒手人寰。達伽馬在一間方濟會修道院的教堂為親愛的哥哥舉行葬禮，然後這位印度航線的發現者才慢吞吞、傷心欲絕地返回葡萄牙。

---

26 Ibid., 92-93.

第十三章　在里斯本的威尼斯人

一五〇一年八月二十日，威尼斯共和國新任的特命大使迅雷不及掩耳地來到葡萄牙王宮，舌粲蓮花、滔滔不絕地盛讚國王曼努埃爾一世。[1]

直到最近這段時間，La Serenissima（這是威尼斯人對共和國的稱呼，意思是「最尊貴的」）才罕見地紆尊降貴，稍稍瞥見了葡萄牙的存在。然而，兩年前寄到威尼斯的一封信，讓威尼斯人不得不放下顏面，威尼斯日記作家吉羅拉莫・普留利（Girolamo Priuli）記錄了以下內容：

> 六月從亞歷山卓寄來的信寫道，透過來自印度的人從開羅寄出的信，得知葡萄牙國王麾下的三艘卡拉維爾帆船抵達了印度的卡利卡特和亞丁這兩個大城市，他們的任務是尋找香料群島

1　威尼斯特使的故事出自Donald Weinstein的*Ambassador from Venice: Pietro Pasqualigo in Lisbon, 1501* (Minneapolis: University of Minnesota Press, 1960)，並參見George Modelski, "Enduring Rivalry in the Democratic Lineage: The Venice-Portugal Case," in *Great Power Rivalries*, ed. William R. Thompson (Columbia: University of South Carolina Press, 1999)。

所在地，指揮官是哥倫布。[2]

即使細節錯得離譜，帶來的衝擊卻非常清楚。在東方貿易的領域，威尼斯有了新的競爭者。

普留利和其他許多威尼斯人一樣，聽到這個消息，只是聳一聳肩，壓根沒當真。他承認，如果真有其事，自然是驚天動地，但他一個字也不信。落後的小國葡萄牙整天忙著追逐祭司王約翰和非洲那點黃金，根本沒工夫奢想要挑戰西方最大的貿易共和國。不過沒多久，在里斯本開業的同胞紛紛寄信到義大利商人的家裡，信的內容囉哩囉嗦，而且荒謬絕倫。一名叫吉多·德蒂（Guido Detti）的商人寫信回家鄉佛羅倫斯，說葡萄牙人「發現全世界所有的寶藏，以及所有的香料和寶石貿易」。他預言這對（埃及）蘇丹來說可是天大的壞消息，至於威尼斯人，一旦失去了東方的貿易，他們只能回歸捕魚的老本行，因為這條香料航線會把價格壓低，讓他們失去競爭力，想到對手的痛苦，不免有些得意。「這條航線的發現是一件好事，」他接著表示，「葡萄牙國王應該得到全體基督徒的衷心慶賀。當然，每一位國王和大領主，特別是那些領土靠海的，必然會追尋未知的事物，並擴大我們的知識，因為唯有如此，才能贏得榮譽和榮耀，聲望和財富。」[3]

威尼斯的最高議會，最高執政團（Signoria）反覆思索了好一段時間，最後派遣駐西班牙大使前去調查。他很快回報說葡萄牙人已經又派遣十三艘船到卡利卡特採購香料，另外一支船隊在港口待命，不日即將出發。在同一時間，有另一封信寄到威尼斯，寄件人的署名是：「曼努埃爾閣下，蒙神恩之此岸葡萄牙與阿爾加維暨彼岸非洲之國王，幾內亞暨衣索比亞、阿拉伯、波斯與印度的征服、航海與貿易之王。」儘管取了這麼浮誇的頭銜，實在很難看出曼努埃爾一世究竟征服了哪些地方，但他這封信很顯然是公然企圖翻轉威尼斯的整個生活方式。從今以後，國王以充滿挑釁的口吻提議，威尼斯人應該向葡萄牙買香料，而不是埃及。威尼斯致富的基礎，在於近乎全盤壟斷歐洲和伊斯蘭世界的貿易，現在有人要求分享利益，聽起來未免刺耳，但曼努埃爾一世決心要逼威尼斯和和葡萄牙平起平坐。

收到信三天後，威尼斯元老院投票任命首任葡萄牙大使。雀屏中選的是彼得羅・帕斯夸里哥（Pietro Pasqualigo），二十九歲，是威尼斯數百年文化教養下的產物。帕斯夸里哥在素負聲望的巴黎大學取得博士學位，他在葡萄牙宮廷的演說，以完美的拉丁文發表，刻意要博得在場人士的欣賞。現在需要的是阿諛奉承，他也毫不吝嗇地大灌迷湯。他宣稱，世世代代都會歌頌曼努埃爾國王的豐功偉績，將來歐洲人會承認，他對歐洲的貢獻超越古往今來的任何國王：

> 原本不為人知的人、島嶼及海岸，在您的軍事力量面前，不是伏首稱臣，就是嚇得魂飛魄散，已經主動乞求您的友誼。昔日的聖主明君及不敗之國，曾經理所當然地誇口自己將勢力擴張至海洋，但您，舉世無敵的國王，大可自豪地宣示已將勢力擴展到南半球及對蹠點。其中最了不起也最值得懷念的，是您將原本被大自然分隔的諸民族統合在您的麾下，並以貿易把兩個

2 Sanjay Subrahmanyam, *The Career and Legend of Vasco da Gama* (Cambridge: Cambridge University Press, 1997), 20.

3 Paul Teyssier and Paul Valentin, trans. and eds., *Voyages de Vasco de Gama: Relations des expeditions de 1497-1499 et 1502-03*, 2nd ed. (Paris: Chandeigne, 1998), 186-88.

不同的世界合而為一。」[4]

他一本正經地讚嘆曼努埃爾一世勝過埃及人、亞述人、迦太基人、希臘人、羅馬人，甚至亞歷山大個人一籌。如今世人皆知他人格偉岸，歐洲各地的人民和國家都感謝上帝賜給他們這樣一位國王，「以他的品德、智慧及福分，將來不但會保護疲憊不堪、搖搖欲墜的基督教共和體，甚至會擴大到四方各地」。

迷湯灌完了，帕斯夸里哥開始切入正題。航海是好事，他承認，「但遠遠比不上保衛世上最高貴的領土免於異教徒的凌虐，後者的成就更加輝煌，也更可能讓您名垂千古」。他說的自然不是樂園或耶路撒冷，而是威尼斯。共和國飽受「最凶猛的惡魔」，殘暴而強大的土耳其蘇丹威脅，毋庸置疑，對方此時此刻正在打造凶殘的新武器，用來殲滅基督教世界。「我不知道還有什麼功業比此事更傑出、更英勇，或是更高貴，」大使連哄帶騙，「一言以蔽之，更配得上您足以與神媲美的人格及卓越的才幹。」[5]

威尼斯確實深陷險境。海軍在抵抗法國入侵義大利時損失慘重，一四九九年，共和國還在休養生息，鄂圖曼卻派出一支將近三百艘船的艦隊，發動猛烈攻擊。威尼斯史無前例地承認國力虛弱，徵召本國國民應戰（例如帕斯夸里哥就有三個兄弟在海上對抗土耳其人），當情勢雪上加霜，眼看就要戰敗之際，威尼斯請求教宗宣告發動新的十字軍東征。但威尼斯這時突然化身為基督教世界的擁護者，未免太晚了，早在一四八三年，教廷就因為威尼斯拒絕取消和一位義大利公爵的戰爭，而把整個城市逐出教會（儘管這場戰爭是羅馬自己一手策劃的），但歐洲受到的威脅不容否認，於是教宗號召十字軍東征。回想曼努埃爾一世的先人多麼熱血地對抗土耳其人，這位年輕的外交使節把他的請求包裝成一場聖戰，為了基督教信仰對抗蘇丹，那個「屠殺基督教人民的惡徒……身上沾染了基督徒鮮血的野蠻人」。

曼努埃爾一世已經派了三十五艘重型武裝戰艦，和一支相當龐大的重騎兵部隊前往威尼斯馳援。如同伯父阿方索五世，他甚至想方設法讓教廷邀請他親自率領新的十字軍聖戰，只不過國王終究沒有御駕親征，而且艦隊到得太晚，幫不上什麼忙。在檯面上，帕斯夸里哥是來傳達共和國的感激之情，並敦促曼努埃爾一世做出更大的犧牲。在檯面下，他是來監視國王的印度事業，而且有一班經驗老到的間諜隨行，偽裝成外交代表團，隨時提供協助。

這位年輕大使的第一份公報傳達的消息，令人深感不安。在他抵達前兩個月，第二支駛向印度的葡萄牙船隊已經回來了。

「對威尼斯而言，這比土耳其戰爭或其他可能發生的任何戰事更加重要。」內疚的普留利在日記中寫道：

---

4 Weinstein, *Ambassador from Venice*, 45-46.

5 長達數十年的時間，當歐洲隨時可能被鄂圖曼征服，很多人和帕斯夸里哥一樣，認為到遠方發現新國度的新執念，讓他們的家鄉幾乎毫不設防。奧地利駐鄂圖曼帝國大使奧吉爾・吉斯林・德・布斯貝克（Ogier Ghiselin de Busbecq）寫道，許多基督徒已經放棄了中世紀憑著在戰場上捍衛信仰來爭取榮譽的那種勇氣，反而興致勃勃地「尋找印度地方和汪洋大海另一端的對蹠點，想挖到金礦。直到多年以後，才看清這些航行對全球的權力平衡有多大的影響」。Bernard Lewis, *Islam and the West* (New York: Oxford University Press, 1993), 15。

而今葡萄牙已經發現新航線，這位葡萄牙國王會把香料全數運往里斯本，曾經到威尼斯買香料的匈牙利人、日耳曼人、法蘭德斯人和法國人，以及來自三山五嶽的各方人士，現在都會跑到里斯本，因為距離他們的國家比較近，交通較為方便。還有一個原因是這樣的採購價格會比較便宜，這一點比什麼都重要。因為運到威尼斯的香料要經過敘利亞全境，以及這位蘇丹轄下的全國領土，每一站都要繳納稅金、關稅及貨物稅。因此，納入從蘇丹國到威尼斯城之間的種種稅金、關稅和貨物稅，原本一達克特（ducat）的東西，可能會增加到六十，或許是一百達克特……。

據此推斷，從里斯本到卡利卡特的航行要是持續下去，威尼斯大帆船運輸的香料必然短缺，而香料商人會像缺乏奶水和營養的嬰兒。我可以斬釘截鐵地說，威尼斯完了，因為少了往來的船隻，自然也少了締造威尼斯光榮與名聲的財源。6

這幾個威尼斯人在里斯本拚命施壓。有些印度使節已經跟著最新一支船隊回來，和葡萄牙建立外交關係，帕斯夸里哥的隨行官員偷偷和他們接觸。他們解釋說，葡萄牙國王破產了，他們是從威尼斯來提供援助的。威尼斯是基督教世界的強權國家，大小事都必須獲得威尼斯首肯，才能進行。此外，威尼斯只對貿易有興趣，葡萄牙卻是好戰分子，鐵了心要攻擊印度的穆斯林。印度人開始相信自己已經墮入可怕的陷阱，直到達伽馬帶他們參觀葡萄牙國庫，讓他們仔細瞧瞧愈堆愈高的黃金，才減輕他們的恐懼。

早在達伽馬返回葡萄牙之前，曼努埃爾一世已經下令在全國舉行盛大的慶祝遊行，「向我們的上主致上無盡的感謝」[7]，並且同樣爽快地揮筆寫信給卡斯提爾的斐迪南與伊莎貝拉，以絕佳的文筆敘述在這幾次的地理新發現當中，宗教與貿易如何錯綜複雜的糾結在一起。

「最尊貴而傑出的王子與公主，最強大的國王與女王！」這封信的開頭是這樣的：

兩位陛下業已得知，本王命令王室貴族瓦斯科．達伽馬暨其兄保羅．達伽馬，率領四艘船隻從事海上新發現，自兩人離開以後，匆匆兩年過去。從其中一位船長傳回本國的消息，本王得知他們確實抵達並發現了印度，暨其他相鄰的王國與領地。他們入境印度，並在該國的海洋航行，發現各大城市，雄偉的建物與河川，以及龐大的人口，互相從事香料及寶石貿易，由船隻（上述探險人員親眼所見並親自交手的船隻為數可觀，而且規模宏大）運往麥加，再送到開羅，從這裡分散到世界各地。他們大量採購，包括肉桂、丁香、薑、肉豆蔻及胡椒，和其他各種香料，外加這些香料的樹枝和葉片；同時還有許多各色寶石，例如紅寶石等等。他們還到了一個有金礦的國家，由於沒有攜帶商品，因此帶回來的黃金、香料和寶石數量有限。

---

6 Weinstein, *Ambassador from Venice*, 29-30.

7 曼努埃爾一世在一四九九年八月二十八日寫給保護樞機（Cardinal Protector）的信，出自 *Journal*, 115。

本王知道兩位陛下聽見這個消息，必然非常歡喜和滿意，因此認為務必予以告知。兩位陛下可以相信，這些探險人員找到了基督教民族，依照我們得到的消息，儘管信仰不算堅定，知識也不夠完整，一旦將來皈依基督，有了百分之百堅定的信仰，也可能盡心服侍上帝，並提升基督的神聖信仰。等日後他們有了堅定的信仰，自然有機會摧毀那些地方的摩爾人。再者，蒙上帝保佑，本王希望目前當地的摩爾人賴以致富、不受其他人或其他民族干預的大量貿易，經由本王的規範，將轉由到敝國的國民和船隻承攬，這樣從今以後，在歐洲這一帶的整個基督教世界便可自行供應大部分的香料和寶石。這是慈悲的上帝所下的命令，在他的保佑下，本王會更加熱誠地推動本王的謀劃和意圖，尤其將僇力與本王所征服之疆域的摩爾人作戰，這是兩位陛下矢志從事的任務，本王對此也有同等的熱忱。

有鑑於此番得到上帝多所眷顧，本王深深感激，請求兩位陛下對上帝做出應有的禮讚。8

曼努埃爾一世心知肚明，哥倫布在西班牙的光芒逐漸殞落。這位熱那亞探險家沒有發現香料、寶石，沒找到基督徒、也沒遇見中國的忽必烈汗。一四九八年，正當達伽馬駛進印度洋時，哥倫布終於抵達他追尋多年的大陸，但這次的經歷卻令人惶惶不安。沿著海岸南下途中，他的船隊搖搖晃晃地駛進奧里諾科河（Orinoco）洶湧的河水中，這位分不清方向的領航員認定，這樣巨大的洪流一定會從陡坡往下沖，據此推斷自己正沿著樂園聖山腳下的丘陵前進，在他的想像中，樂園的聖山從地球表面浩然竄起，宛如乳頭從乳房突出。由於他沒聽過有哪個人進了伊甸園還能活著出來，頓時心頭一驚，落荒而逃。哥倫布經常穿著一襲方濟會隱修士的簡單裝束，一直相信自己是上帝的選民，要來拯救人類的靈魂。近來他開始聽見上帝的聲音，認為自己的天命就是要實現古老的預言，找到新的塵世樂園。[9]只不過他的信心已經強烈動搖，還把手下幾名不服從命令的船員吊死。等船隊返回伊斯帕尼奧拉島，原本聽信他的保證，以為能賺到無盡財富的水手和殖民者[10]，指控他對屬下嚴刑拷打，而且管理不當。這位年屆五十三歲，罹患關節炎，又因為眼睛發炎而疼痛不已的探險家，被戴上手銬腳鐐，丟進牢房，一路綁回西班牙。

在大多數的人眼中，達伽馬顯然戰勝了他的頭號對手，哥倫布做出的承諾，在達伽馬手中實現。哥倫布順風西行，在三十六天後看見陸地，達伽馬在大西洋繞圈子，沿著非洲東岸航行，跨海前往印度，最後排除萬難平安返國。哥倫布和幾個部落成員談判，達伽馬遇到幾位心懷不軌的蘇丹，終於倖免於難，和多位勢力強大的國王協商，並且帶回香料、書信和人質作為證明。無論哥倫布有什麼發現（當時誰也看不出來），達伽馬已經開啟了航向東方的海上航線，並且親身示範如何繞過伊斯蘭世界。整個歐洲大吃一驚，葡萄牙國王更是把握這個大好機會，狠狠挖苦了岳父母一番。[11]

8 Ibid., 113-114.

9 哥倫布陳述過他在末世計畫裡的地位，在他的《預言書》（*Book of Prophecies*）裡，這個計畫會帶來世界的終結。他從一五〇一年開始撰寫，到過世前一年還在修改。

10 哥倫布用他們的論證來反駁他們。他抱怨說，殖民者來到此地，「以為這裡能收集一鏟又一鏟的黃金和香料，他們沒有想過，雖然有黃金，也是埋在礦坑裡，香料長在樹梢，黃金需要開採，香料需要收割和加工保存」。引文出自Felipe Fernández-Armesto, *Columbus* (Oxford: Oxford University Press, 1991), 134。

11 事實上，當時曼努埃爾不是天主教雙王的女婿，不過時間很短。雙王之女伊莎貝拉在一四九八年過世，一五〇一年，曼努辦完了這件愉快的差事，曼努埃爾一世寫信給教宗、樞機團和葡萄牙在羅馬的代言樞機，藉此鞏固他的地位。他指示他們公開舉行感恩祈禱，感謝上帝對葡萄牙國民的偏愛，還不忘提醒他們，依據一四九七年的一份教宗詔書（這是教廷介入敵對的兩強之間做出最新裁決），他和他的繼承人「非常充分地享有本王發現的所有疆域之主權暨統治權」。除此之外，他小心地補充表示，其實沒什麼需要，但他情深意切地懇求教廷「擬一份新的聲明，對如此新奇的事蹟，暨偉大而新近的功業表示滿意，以獲得教宗重新的肯定與宣告」。[12]

當千禧年的終點一天天靠近，曼努埃爾一世決心把自己捧上基督教世界首要君王的地位。曼努埃爾宣稱，他的發現不只對葡萄牙有好處，也是裨益每個基督教國家，「擺脫被異教徒蹂躪的命運」。[13]穆斯林很快會戰敗，基督徒將重新占領聖地，東方的基督徒會回到真正的天主教道路上。但儘管如此，他卻無意和敵對國家分享這份榮耀。想拿到葡萄牙的航海圖，可謂難如登天，威尼斯駐西班牙大使的祕書寫道：「因為國王頒布命令，將地圖送出國者，一律處以死刑。」[14]

在國內，這位救世主國王把里斯本剷平重建，其風格之奢華，與他遠大的雄心不相上下。除了莊嚴氣派的新宮殿，以及寬敞的倉庫，好存放可望從印度大量輸入的貨品，他還下令在貝倫，亦即航海家亨利的簡樸教堂所在地，建造巨大的教堂和修道院，讓信徒為征服者曼努埃爾及其偉大的先人禱告。為了尊崇前任國王，他決定以帝王之禮遷葬約翰二世的遺體。曼努埃爾攜棺遊行全國，隨行的包括一支由勳爵、主教和司鐸組成的隊伍，一個唱詩班、拿火炬的人，「還有喇叭、簧管、長號和鼓構成的一支刺耳的樂隊」。儀式結束後，他在深夜開啟棺木。據說，他「凝視鋪了石灰粉的屍體，然後吩咐隱修士用甘蔗管吹去粉末，他自己也動手幫忙，然後一次又一次親吻死者的手腳。

這是離世與在世的國王一次震撼性的相會，也是難得一見的情景」。[15]

歐洲早就流傳著一個預言，說最後一任皇帝會統一基督教世界、征服異教徒，並且率領最後一次十字軍東征，奪回聖地。接著全球諸民族將成為基督徒，新的耶路撒冷從天國降下，基督再次降臨，統治全世界。曼努埃爾一世還沒征服任何一塊土地，就表現出一副皇帝的氣勢，但他心目中的帝國不只是有形領土。他和哥倫布一樣，確信自己是人間的上帝之手，如同古代的十字軍，他堅信是上帝要他摧毀伊斯蘭，並率領他的子民向耶路撒冷光榮前進。

✠

國王的信念如此堅定，主要是因為聽到探險人員在印度發現了基督徒。祭司王約翰本人顯然仍舊不知所終，但是尼古拉．科艾略才一下船，就說卡利卡特「比里斯本更大，而且住的是信仰基督

埃爾改娶了她妹妹瑪利亞，為他生下了兒子兼繼承人約翰三世。

12 引文出自*Journal*, 115-16。曼努埃爾也寫信給神聖羅馬帝國皇帝馬克西米連一世（Maximilian I）。

13 一五〇〇年一月（？）的確認狀，引文出自Subrahmanyam, *Career and Legend*, 171。

14 多梅尼科．皮薩尼（Domenico Pisani）的祕書安吉羅．特雷維桑（Angelo Trevisan）寫信給編年史家多梅尼科．馬利皮耶羅（Domenico Malipiero）：引文出自Henry H. Hart, *Sea Road to the Indies* (London: William Hodge, 1952), 28。吉多．德蒂提出了類似的論點：他說曼努埃爾下令達伽馬和他的手下交出航海圖，違者處死，並沒收貨物，以防有人把他們的航海路線和情報洩漏給外國強權。「但我相信不管他們怎麼做，將來人人都會知道，也會有其他船隻前往印度。」他補充表示。參見Teyssier and Valentin, *Voyages de Vasco de Gama*, 188。

15 Hart, *Sea Road to the Indies*, 203.

教的印度人」。[16]誠然，教堂沒有正規的神職人員，也不舉行誦讀日課，不過卻有大鐘和某種領洗池。「這些基督徒，」一名叫吉羅拉莫·塞爾尼基（Girolamo Sernigi）的佛羅倫斯商人對他的同胞轉述，「相信耶穌基督是聖母瑪利亞所生，完全無罪，被猶太人釘上十字架，受難死亡，並且在耶路撒冷被埋葬。他們對羅馬教宗也略有所聞，但除此之外，對我們的信仰一無所知。」

過了幾個星期，聖加百列號在里斯本的碼頭靠岸，船上有一個從果阿來的人，會說威尼斯語。塞爾尼基好不容易逮到機會和他見面，然後馬上寫信到佛羅倫斯，更正他前一封信的內容。這位新來的資料提供者告訴來自佛羅倫斯的塞爾尼基，印度有許多偶像崇拜者，把牛奉若神明，而且只有少數基督徒。他接著說，所謂的教堂「其實是偶像崇拜者的廟宇，廟裡的畫像畫的是那些偶像，而非聖徒」。[17]

「與其說，」塞爾尼基寫信回鄉表示，「當地有基督徒，卻不舉行聖事，沒有神職人員，也沒有獻祭彌撒，我想這個說法更為可信。除了祭司王約翰帶領的信徒之外，我不認為有什麼基督徒。」

只不過這個提供資料的人很快就改變了說法。他被帶到國王面前，旋即發現如果要完成任務，就必須投其所好，而非說出對方不想聽的事實。他的第一個動作（在突尼斯商人孟塞得旁邊）是要求受洗。他給自己取名叫加斯帕爾·達伽馬，名字出自在星星的指引下前往伯利恆的東方三博士之一，姓氏則來自俘虜和刑求他的人，也是他現在的教父。原來加斯帕爾其實是猶太人[18]，後來才成為穆斯林，但如今加入了基督教，他鼓起如簧之舌，把印度的宗教描繪得天花亂墜。[19]他解釋說，印度的十四國都有基督徒居民，而且是其中十二國的全部或絕大多數人口。至少十國的國王信仰基督教，這些國家共有二十二萬三千名步兵，一萬五千多名騎兵和一萬兩千四百頭戰象，每頭大象背上的象輿可搭載十二人，象牙繫有往前凸出的刀劍，在衝鋒時攻擊敵軍。

曼努埃爾一世龍心大悅。他確定見多識廣的加斯帕爾是上帝派來幫助他完成大業之人。如果要和印度的基督教統治者結盟，免得對手搶得先機，那麼一刻也不能耽擱，他已經事先打點了四艘船和兩艘武裝精良的卡拉維爾帆船，準備在暗示意味強烈的一五〇〇年一月開往印度。這次任務的目的很快就從建立貿易基地，擴大為重擊非洲和印度海岸，船隊也擴編成十三艘船。負責指揮船隊的是佩德羅·阿爾瓦雷斯·卡布拉爾（Pedro Álvares Cabral），同樣是一名小貴族，也是基督騎士團

16 Letter of Girolamo Sernigi, n. d. [July 1499], quoted in *Journal* 125, 134-35。吉多·德蒂傳回同樣的消息。他解釋說，卡利卡特的人，「嚴格地說，不是基督徒，因為他們每三年舉行一次浸禮，來告解並滌淨他們的罪惡。但他們知道基督和聖母瑪利亞的存在。他們的教堂有鐘，只有兩個洗禮盆，一個裝聖水，一個裝乳香，沒有其他任何聖禮，沒有任何一種神職人員或隱修士」。他們堅信印度教是基督教的一種變形，或至少關係匪淺。「整個馬拉巴爾的人都和我們一樣，相信聖父、聖子與聖神三位一體，是獨一的神。從坎貝（Cambay）到孟加拉，所有人都這麼相信。」葡萄牙王室的藥劑師托梅·皮萊茲如此寫道，他被派到印度擔任「藥物代表」，並且在一五一二到一五一五年間，寫下對亞洲全面性的觀察。到了一五五二年，巴羅斯還把印度的梵天、濕婆和毗濕奴三一神稱為梵天三位一體。參見Teyssier and Valentin, *Voyages de Vasco de Gama*, 183;*The Suma Oriental of Tomé Pires*, trans. and ed. Armando Cortesão (London: Hakluyt Society, 1944), 1:66。

17 Second letter of Sernigi, n. d. [1499], quoted in *Journal*, 138.

18 Ibid., 137。塞爾尼基說加斯帕爾出生在亞歷山卓，曼努埃爾在他寫給保護樞機的信裡也這麼說。巴羅斯另外提到他父母在一四五〇年驅逐猶太人時，從波蘭的波茲南（Poznan）逃跑。卡斯達聶達說他的妻子是猶太人。他還有個兒子，後來取名叫巴爾塔薩（Balthasar）。

19 *Journal*, 96-102附上印度每個地區，還有「卡利卡特以南沿岸各王國」（其中有些其實在東南亞）的個別統計數字。

的成員，麾下有一千多人，其中包括五名神職人員。卡拉布爾奉命向穆斯林和印度洋的異教徒傳遞一個清楚明白的聖戰訊息——不皈依就得死：

在用實體及俗世的利劍攻打摩爾人和那些地方的偶像崇拜者之前，要先讓神職人員和隱修士運用他們的精神寶劍，以羅馬教會的告誡與命令，要求他們放棄偶像崇拜、惡魔的儀式和習俗，向他們宣告神的福音，說服他們皈依基督的信仰。既然我們是由同一位造物者所創，受到同一位救世主的救贖，也就是在降生前的數千年間，由先知所應許，牧首所盼望的耶穌基督，全人類便應該在宗教與仁慈的愛德中合而為一。為此，葡萄牙人帶來了教會法所處理的自然與法學論證。萬一他們負隅頑抗，不肯接受這信仰的律法，萬一他們抗拒為了人類之存續而應該共同維繫的和平律法，萬一他們禁止全人類據以贏得和獲得和平與愛的手段，亦即商業和交流……如此一來，便應該用砲火和利劍加以對付，對他們發動猛烈的戰爭。[20]

曼努埃爾一世傳給基督徒的訊息很不一樣。他要卡布拉爾把一封信交給卡利卡特的札莫林，在信中說明葡萄牙人前往印度，是受到上帝之手的指引，目的是為上帝效勞：

因為吾人應該相信，上帝，我們的主，允許我國締造此一航海壯舉，不只是為了促進你我之間的貿易和世俗利益，同時也是為了靈魂的精神利益與救贖，這才是我們更應該重視的。在耶穌降生後六百年，神聖的基督教信仰在各個民族之間不斷交流及結合，直到最後，如先知的

> 預言，由於人類的罪惡，出現了某些教派與互相矛盾的異端邪說……這些教派占據了貴國與我國之間的一大片土地，在上帝眼中，當基督教信仰如同那六百年間，在你我之間交流，才更能為祂效勞。[21]

上完這堂大眾史學課之後，卡布拉爾要私下傳遞另一個訊息，要求札莫林把國內的穆斯林悉數驅逐。從今以後，過去靠阿拉伯人帶來的商品，將由葡萄牙供應，不過品質更好，價格更低。曼努埃爾一世對他的指揮官下達最後一道極機密的命令：要是札莫林不乖乖同意今後只和葡萄牙貿易，卡布拉爾「就該對其發動殘暴的戰爭，報復他對達伽馬不利的行徑」。札莫林或許也是基督徒，但顯然受人蒙蔽，而且曼努埃爾心急得很。

曼努埃爾在達伽馬的建議下擬定的命令，也指示卡布拉爾和印度的其他基督教國家建立關係，並且竭盡所能，阻礙穆斯林的海上運輸。他麾下的船長包括發現好望角的迪亞士和達伽馬的親密戰友，尼古拉·科艾略。貝里奧號的領航員佩羅·艾斯科巴再次負責領航，約翰·德·薩和其他曾經隨達伽馬前往印度的人也加入船隊。加斯帕爾·達伽馬跟著去當翻譯，另外還有五名從卡利卡特帶回來的俘虜，以及馬林迪的蘇丹派出的少年特使。

---

20 巴羅斯這段簡述的引文出自Henry E. J. Stanley, trans. and ed., *The Three Voyages of Vasco da Gama, and His Viceroyalty* (London: Hakluyt Society, 1869), 186-87。

21 Castanheda, quoted in Subrahmanyam, *Career and Legend*, 162.

儘管匯集了眾人的經驗，這次的任務仍然急轉直下，成了一場災難。延宕多日之後，船隊終於在一五〇〇年三月九日啟航，出發沒多久，就有一艘船在維德角的外海失蹤。當卡布拉爾試圖仿效達伽馬，往西繞過大西洋，結果往西南方開得太遠，看見了陸地。他以為自己發現了新的島嶼，先舉行彌撒，在岸邊立起十字架，然後吩咐手下一名船長把這個意外的消息傳回家鄉。剩下的十一艘船在好望角外海遇到強烈暴風，船隊損失了四艘船，船上的水手無一生還，迪亞士和自己指揮的船隻一起葬身大海，再沒機會看見他暴風中的好望角。在前往印度途中，又有一艘船在惡劣天氣中失了蹤，整個船隊只剩六艘船。

時序已經邁入夏末，卡布拉爾遵照國王的命令，駐守在馬拉巴爾海岸的外海，攻擊即將從北方南下的阿拉伯貨船。船員辦了告解，領了聖餐，但預定的獵物遲遲沒有出現。卡布拉爾只好繼續駛向卡利卡特，他在九月中抵達目的地，旗幟飛揚，大砲齊鳴。

達伽馬離開不久之後，老札莫林薨逝，年輕的繼承人野心勃勃，強烈渴望和歐洲人展開貿易往來。當地的幾位達官顯貴直接登船拜訪，歡迎委員會、樂隊和札莫林本人隨後也大駕光臨。葡萄牙人這一次有備而來，船上有大批金銀製成的臉盆、大口水壺、短頸大肚酒壺，還有許多金色的家飾織品，包括椅墊、遮篷和地毯。卡布拉爾呈上曼努埃爾一世那封陳詞慷慨的書信，不過史料並未記載，札莫林在聽見葡萄牙國王表示非常高興能和另一位基督教國王合作時，究竟有什麼反應。札莫林賜給卡布拉爾一面刻有王室特許狀的鍍金牌匾，保證葡萄牙的貿易往來安全無虞。在交換人質的時候，雙方都心存忌憚，結果弄得不歡而散，不過短短兩個月內，葡萄牙人就在海岸後方的一棟大屋裡開設工廠，準備長久經營，王室的徽章在屋頂飄揚。

只不過，葡萄牙人很快就發現，在他們抵達當時，已經有阿拉伯船隊停在港口。上次讓達伽馬出醜的商人，發現眼前出現一支比上回大得多的葡萄牙船隊，著實大吃一驚。到了十二月，雙方的關係終於發展到白熱化的地步。葡萄牙人抓了一艘前往吉達的穆斯林商船，聲稱札莫林答應讓葡萄牙人優先裝載香料，而這艘屬於穆斯林所有的船隻違反他們和札莫林的協議。於是大批穆斯林商人攻擊葡萄牙人新建的工廠，以示報復。包括船上的神職人員在內，共有七十人被困在工廠裡。經過三小時的努力，他們試圖突破重圍，衝向岸邊的小船，幾乎所有人都被殺了。

一天過去，札莫林仍然無聲無息，卡布拉爾認定是他批准商人的攻擊行動，於是到碼頭的阿拉伯船上鬧事。

數百年來，印度洋的貿易鮮少發生衝突，也沒有海戰的傳統。以細繩縫合木板的船體不夠結實，無法安裝笨重的大砲，受到船隻的設計所限，無法應付這種全新的威脅。總而言之，雖然火砲源於中國，穆斯林軍隊也使用多年，卻只流傳到印度幾個零星的地方，這些絕無僅有的火砲，除了體型小，設計也很原始。而葡萄牙就像歐洲其他的航海國家，世世代代從事海戰，船載的火砲固然稱不上完美，但砲彈的火力依舊能使身處險境的敵人驚恐萬狀。火藥或許剝奪了戰爭的騎士精神，卻是葡萄牙在東方建立帝國的媒介。

卡布拉爾占領了十幾艘大船，把數以百計的人殺害、淹死、囚禁起來。他劫走了船上的香料和三頭大象，準備宰殺之後用鹽醃漬，並且放火燒船。到了晚上，他命令麾下的船長放下小艇，在不危及安全的情況下，盡可能把大船拖到岸邊。整支船隊面向卡利卡特排成一列，天一亮便開火射擊。砲彈擊中海邊的人群，同時炸穿了房舍和廟宇，又造成數百人死亡。根據轉述，「人人驚慌失措，札莫林嚇得逃出宮殿，他身邊一名重要的奈爾貴族，被旁邊掉落的砲彈炸死。甚至有部分的宮殿在砲火下化為廢墟」。[22]

面對這些新結交的盟友，札莫林很快改弦易轍。正當卡布拉爾準備離開時，地平線的盡頭冒出大批戰艦。在交戰之前，突然一陣暴風襲來，雙方只好各自下錨，靜待天明。第二天早上，卡布拉爾決定不再讓敵意加劇，火速駛向遠洋，卡利卡特派出的眾多小艇在後面緊追不捨，直到黃昏。這位葡萄牙指揮官遵照達伽馬的建議，在適當的時節駛向非洲，不過到了馬林迪附近，有一艘船被暴風沖到岸邊，由於船身失火，卡布拉爾被迫棄船，原本的十三艘船，只有五艘回到里斯本。

這一次的航行並非一敗塗地。靠著達伽馬提供的情報，卡布拉爾在非洲發現兩個重要港口，是他的前任指揮官遺漏的，一個是索法拉（Sofala，西非許多黃金的銷售管道），一個是基勒瓦（Kilwa，馬赫達里王朝的蘇丹定都於基勒瓦島，長期統治斯瓦希里海岸）。莫三比克的統治者受過教訓，對他張開雙臂表示歡迎，馬林迪的蘇丹則是一貫地好客。他已經接觸了兩個繁忙的印度港口，坎納諾爾和柯欽（Cochin），當地的國王和札莫林關係不睦。他在這兩座城市購買香料裝船，並在柯欽留下一幫人興建工廠。先前在印度洋失蹤的船終於又出現了，說他們無意間發現了馬達加斯加。尤其是卡布拉爾在出航途中發現的陸地，當時他以為是一座島嶼，結果是後來的巴西。此外，這片海岸位於托爾德西里亞斯分界線以東，而且相距甚遠。卡布拉爾歪打正著，成功創下了一項歷史紀錄：他的船隊登陸了四片大陸。

歐洲的眼界以令人目不暇給的速度擴張，但卡布拉爾沒有機會榮耀加身。他沒有找到基督教的盟友，也沒有說服任何人皈依。他損失了數百名經驗豐富的水手和半數船隊，讓卡利卡特的商人摧毀了葡萄牙人的工廠，雖然執行了血腥的報復，卻沒有成功鎮壓叛亂。總的來說，他的膽識和成就都不能讓國王滿意。卡布拉爾承擔的任務十分艱巨，這樣評價他未免過於苛刻，但他的後半輩子確實在恥辱中度過。

曼努埃爾一世盡量往好的一面想。他在宮殿舉辦盛宴，迎接船隊歸來，鐘聲響徹里斯本的每個角落，船隊成員在全國各地遊行，一封封得意洋洋的信接連送到西班牙。但國王把此行的成就說得天花亂墜，隨時可能被揭穿，他的許多參議官再度勸他見好就收，放棄這種危險的事業。此外，曼努埃爾已經派了許多船隻和土耳其人作戰，奉命攻打摩洛哥的戰艦則更多，但沒有一艘創下亮眼的戰績，更別提他還派了艦隊深入北大西洋，在托爾德西里亞斯分界線劃分出的葡萄牙領域，尋找有沒有更多土地。[23]國家過度擴張，已經犧牲了太多人命，民眾私下埋怨，天知道還要犧牲多少人，才能滿足曼努埃爾統治的瘋狂野心。

國王獨斷獨行。早在卡布拉爾返國之前，曼努埃爾又派出四艘船，由約翰・達・諾瓦（João da Nova）指揮，他是一名中級官員，在宮廷的人脈豐富。曼努埃爾原本以為卡布拉爾的船隊有強大的恫嚇力，可以讓印度人大舉皈依，不然也會嚇得他們乖乖臣服，於是下令諾瓦只要延續卡布拉爾

---

22 Castanheda in Robert Kerr, *A General History and Collection of Voyage and Travels* (Edinburgh: William Blackwood, 1811-1824), 2:418.

23 指揮官是加斯帕・克爾特—阿爾（Gaspar Corte-Real）。據說他在一五〇〇年抵達格陵蘭和紐芬蘭，然而為英國效命的義大利人約翰・卡博特（John Cabot）已經在一四九七年登陸。次年，克爾特—阿爾再度啟航，可能到了乞沙比克灣和新斯科細亞省，不過他和他的船都失蹤了。次年前去尋找他的弟弟米格爾也失蹤了。

的工作即可。

有一份報告指出，新船隊繞過好望角，發現一隻掛在樹枝上的舊鞋，裡面藏了卡布拉爾留下的話。得知卡利卡特發生的紛爭以後，諾瓦即刻橫越印度洋，把札莫林碼頭周遭的船隻一律燒毀或擊沉。他參觀了柯欽的工廠，並且在坎納諾爾再開一間，不過在等待季風，準備順風返航的這段時間，有幾十艘載滿武裝穆斯林的船隻，從卡利卡特疾駛而來。葡萄牙的大砲把小船炸個粉碎，後來夜幕低垂，風勢停歇，穆斯林掛出旗幟，表示有意談判。諾瓦懷疑其中有詐，於是繼續砲擊，但最後大砲因過熱而故障，他才用自己的旗幟回應對方。雙方同意停戰到第二天，當天晚上，敵人就在附近下錨，氣氛非常緊繃，葡萄牙人一時緊張，在暗夜中胡亂發射。諾瓦和卡布拉爾一樣，不打算繼續纏鬥，於是船隊在一五〇二年九月回到里斯本，帶了大量的香料和可觀的戰利品。

性急的國王覺得這樣還不夠。要讓師老兵疲的十字軍再次出征，顯然必須展示壯盛的軍容，而且要請出葡萄牙最英勇的騎士運籌帷幄。這件任務只有一個人能勝任。[24]

✠

一四九九年的夏末時分，達伽馬好不容易回到里斯本。他還在為哥哥的死哀悼，外在的情勢卻不容他傷心太久。[25]

先在教堂駐足，感謝上帝保佑他大難不死，他隨即傳話給國王，說自己已經到了。曼努埃爾派了一支貴族組成的隊伍領他進宮。百姓以為他早就死了，大批群眾蜂擁而來，一心想目睹這位新的民族英雄。他晉見國王時，編年史記載：「國王推崇他發現了印度地方，為上帝增添無比榮光，創造了葡萄牙國王的榮譽與利益，也讓葡萄牙名垂千古。」[26]

他要達伽馬開口說要什麼獎賞，由於父親曾在錫尼什擔任行政長官，他想受封為當地世襲的勳爵。他在十二月得償所願，但聖地牙哥騎士團拒絕放棄這塊封地的所有權，即使是本地的回頭浪子也不行。這位探險家親自出馬，後來整件事拖拖拉拉，懸而未決，他的僕人和行政長官的手下發生鬥毆。將近兩年後，事情還是沒有下文，後來國王撥給他一份豐厚的津貼，來彌補他該領而未領的收入。

同時，國王吩咐他的書吏草擬一份詳細的確認狀，正式稱許達伽馬的偉大功績。[27]這封確認狀的內容翔實，追溯從航海家亨利到達伽馬發現新領域的歷史，承認他所克服的危險遠超過幾任前輩，他哥哥和眾多手下也都因而喪命，表揚他立下最了不起的功勞，發現了「印度，所有描繪世界

---

24 事實上曼努埃爾一開始是請卡布拉爾擔任指揮官，當時朝廷還有人支持他。批評卡布拉爾的人（尤其是達伽馬的舅舅維森特・索德雷）公然抨擊他沒有能力，也成功地讓形勢對他不利。後來國王賜給達伽馬終生指揮任何航向印度之艦隊的權利，才解決了問題。

25 巴羅斯、戈伊士和雷森德寫的日期是八月二十九日，卡斯達聶達寫的是九月八日，其他資料記載是九月十八日。可能就像巴羅斯說的，達伽馬前幾天獨自待在家裡，後來才公開進城。

26 Castanheda, in Kerr, *General History*, 2:394.

27 引文出自*Journal*, 230-32。傳統上，這封信的日期被認定是一五〇二年一月十日，但很可能是在一五〇〇年一月發的。參見Subrahmanyam, *Career and Legend*, 169-70。

的人，都認為印度的財富超乎其他任何一個國家，從古至今，世上的皇帝與國王無不垂涎，這個王國為此支付大筆花費，眾多船長等人因此犧牲性命」。這份確認狀預言了這次發現帶來的種種巨大利益，「不但裨益我們王國，也令整個基督教世界受惠，使至今仍然享受印度提供之種種利益的異教徒受害。印度有些人已經受到上主神聖信仰的教導，既然他們很容易學習神聖信仰，如今更是希望能讓全印度的人集結在上主四周」。

曼努埃爾一世接著說，王公貴族應該慷慨大方，隨後詳細交代：允許達伽馬、他的家人及後代子孫在姓氏前面加上Dom的尊稱，相當於英國的「爵士」。任命這位探險家為王室委員會的成員，另外賜予一份豐厚的年度津貼，由他的繼承人世世代代永久領取，他還有權利每年寄款到印度購買香料，並且免稅輸入。最後，他被任命為印度艦隊司令，「暨該職務應附帶之所有頭銜、特權、特許、權力、管轄權、收入、免役租及義務」。[28]西班牙有海洋艦隊司令哥倫布，現在葡萄牙有印度艦隊司令達伽馬。這種頭銜壓根不把印度人自己的意見當一回事，不過它針對的是老家周邊的人，而且用意甚明，哥倫布還忙著駕船在大西洋繞來繞去，達伽馬卻已經拿下雙方追求的大獎。

國王把問題處理得很漂亮，同樣在宮廷任職的貴族子弟尼古拉．科艾略得到的賞賜約莫是十分之一。此外，達伽馬從印度滿載而歸的消息傳得沸沸揚揚，他帶回利潤豐厚的胡椒、薑、肉桂、丁香、肉豆蔻、紫膠，以及他用私人的銀器換來的寶石。

不過就像那個年代所有胸懷壯志的人，他知道擁有土地和頭銜，才能掌握真正的權力。他不斷要求國王賞賜他先前答應的莊園，同時對人脈豐沛的凱特琳娜．德．阿泰德（Catarina de Ataíde）夫人展開追求。兩人結婚時，達伽馬的家世又更上一層樓。凱特琳娜和當時大多數的女性一樣，在歷史上幾乎沒有任何記載，只不過她後來生了一大堆孩子，顯示兩人的結合不完全是政治婚姻。

達伽馬是個野心勃勃的男人。現在有機會統領一支新的大型艦隊，他很難不藉機讓自己的聲望倍增。

正所謂富貴險中求。只要成功征服印度，就更能討到國王的歡心。一旦失敗，說不定會跟倒楣的卡布拉爾一樣，終生失去名譽和聖寵。他經過盤算，決定賭一把。

一五〇二年一月三十日，達伽馬在里斯本大教堂被正式任命為印度艦隊司令。在現場聚集的高官顯要中，有一個叫阿爾貝托．坎迪諾（Alberto Cantino）的，是費拉拉（Ferrara）公爵的特使，坎迪諾向他的雇主仔細轉述了這個重要場合的情景：

> 首先，在場所有人參加了一場盛大的彌撒，彌撒結束後，前面提到的瓦斯科爵士披著以白貂毛襯裡的深紅色法式緞子斗篷，搭配相稱的帽子和緊身上衣，配戴金色的鍊子，一步步走到國王面前，在滿朝文武當中，有一個人舉步向前，朗誦了一段演說，讚美國王的才幹與品德，甚至稱讚他各方面的表現都比亞歷山大大帝更加耀眼。然後，他轉向艦隊司令，長篇大論地誇獎他，以及已故的諸位航海先驅，說明他如何憑著自己不懈的努力和充沛的精力，發現了印度。當演說結束，一名傳令官走出來，拿著一本書，請前面提到的瓦斯科爵士發誓永遠忠於國

28 Subrahmanyam, *Career and Legend*, 172.

王及其後裔，發完誓之後，他跪在國王面前，國王從手中拿出一枚戒指，交給他。[29]

國王把王家旗幟交給舉行典禮的主教，主教鄭重賜福之後，再交還國王。曼努埃爾一世抽出寶劍，放在艦隊司令的右手，把旗幟放在他的左手，達伽馬起立，親吻國王的手。在場其他的騎士與勳爵魚貫前進，一一行禮。「典禮結束後，磅礡的樂聲響起」。

瓦斯科．達伽馬爵士，印度艦隊司令，在響亮的號角聲中步出大教堂，如今的他儀表堂堂，和四年多前揚帆啟航的那個年輕冒險家，早已不可同日而語。

✝

在當天向他列隊致敬的達官貴人，有一位來自威尼斯的年輕大使。彼得羅．帕斯夸里哥和葡萄牙國王私交甚篤。曼努埃爾一世策封他為騎士，甚至請他擔任自己兒子的教父。儘管兩人的友誼親厚，葡萄牙執意進軍東方，確實令威尼斯的恐懼與日俱增。威尼斯在達伽馬出發的那個月送給曼努埃爾的那艘船艙垂著金穗、船身黑得發亮的貢多拉（gondola），也掩飾不了自身的恐慌。[30]威尼斯共和國依舊極力慫恿國王攻打地中海的穆斯林，而不要航行到世界另一端，打擊威尼斯賴以為生的貿易動脈。

兩個月後，威尼斯改變策略，並且召回大使。最高執政團成立了一個特別委員會，由十五名社會賢達組成，專門處理葡萄牙的威脅。

既然說服不成，兩國合作無望，唯一的辦法是從中破壞。

同月，特別委員會派了一名祕密代表前往開羅，叫貝內代托．薩努多（Benedetto Sanuto）。薩努多的任務是說服開羅的蘇丹，相信葡萄牙不但威脅到威尼斯的生存，也對穆斯林不利。他奉命提出兩個策略來做出反制。首先是要蘇丹降低關稅，好讓威尼斯和葡萄牙競爭。儘管威尼斯明知機會渺茫。第二個策略是「找出快速而祕密的解決之道」[31]，阻止葡萄牙人航向印度。威尼斯人羞於開口請穆斯林盟友用武力對付同屬基督教的競爭者，但他們究竟站在哪一邊，確實再清楚不過。薩努多預言，只要葡萄牙人在印度遭到各方一致反抗，他們很快就會改變想法。或許蘇丹可以和卡利卡特的札莫林商量，「鼓勵他依據自己的智慧與力量行事」。他這句話的意思，也是再清楚不過了。

29 Ibid., 194-95.
30 在里斯本的海軍博物館仍然看得到這艘華麗耀眼的船。
31 Weinstein, *Ambassador from Venice*, 77-78.

第三部

十字軍東征

CRUSADE

噢，諸位同袍，諸位兄弟，在今天這個日子，我們必須記住耶穌受難，他為了赦免我們的罪，受了多少痛苦。

就在今天，我們所有的罪惡都將一筆勾銷。所以我懇求大家，下定決心，全力對抗這些鼠輩。

——洛倫索

第十四章 印度海軍司令

海餅乾烤好，一桶桶的葡萄酒從跳板推上船，國旗、軍旗和十字旗在冬天的微風中飄揚。他們循例禱告，砲聲齊鳴，向同胞和親友告別。一五〇二年二月十日，瓦斯科·達伽馬率領艦隊駛出里斯本。[1]

---

1 關於達伽馬的第二次印度之行，有好幾份第一手見證留下來。最完整的是托梅·洛佩斯留下的紀錄，他是一名葡萄牙籍的辦事員，他那艘船的船東是魯伊·曼德斯·德·布里托，船長是喬凡尼·博納格拉齊亞，屬於埃斯特旺·達伽馬指揮的船隊，在一五〇二年從里斯本出發。洛佩斯的紀錄只有義大利譯本，寄到佛羅倫斯，一五五〇年代由喬凡尼·巴蒂斯塔·拉穆西奧出版；參見"Navigazione verso le Indie orientali scritta per Tomé Lopez," in Ramusio, *Navigaioni e viaggi*, ed. Marica Milanesi (Turin: Einaudi, 1978-1988), 1:687-738。第二份紀錄由達伽馬主艦隊的一名水手以葡萄牙文書寫，對艦隊的第一段旅程描述得特別詳細，但後來就比較片段。手稿收藏在維也納的奧地利國家圖書館，再版於Leonor Freire Costa, ed., "Relação anónima da segunda viagem de Vasco da Gama à Índia," in *Cidadania e histnda viagem de Vasco da Gama à Índia*,(Lisbon: Livraria Sá da Costa Editora, 1985), 141-99。第三份資料來源是一名叫馬提歐·達·貝加莫的義大利人寫的兩封信，他搭乘的船屬於埃斯特旺·達伽馬的船隊；雖然長度和細節有所差異，兩封信都是一五〇三年四月十八日在莫三比克寫的，而且基於安全考量，由不同的船隻送給他的雇主，一名在里斯本經商的克雷莫納人，叫吉安弗朗科·菲特迪。威

整個艦隊總共有二十艘船，不過只有十五艘及時打點妥當。達伽馬以堅固的聖熱羅尼莫號為旗艦。他的舅舅，隸屬基督騎士團的維森特．索德雷（Vicente Sodré）坐鎮埃斯梅拉達號，指揮由五艘船構成的分艦隊。同行的船長還包括達伽馬的另一個舅舅，布朗斯．索德雷（Brás Sodré），以及達伽馬的妻舅，阿爾瓦羅．德．阿泰德（Álvaro de Ataíde）[2]。艦隊司令的那位高齡教子，加斯帕爾．達伽馬，再度成為艦隊的重要人員。來不及出發的五艘船預定在四月初啟航，由瓦斯科的大堂弟埃斯特旺．達伽馬（Estêvão da Gama）率領，他乘坐全新打造的大型戰艦，海上之花號。瓦斯科會非常懷念保羅．達伽馬的支持和冷靜的聲音，但比起第一次的印度之行，這件新任務的家族色彩更加強烈。

同時這也是全歐洲的大事。里斯本充斥著外國的金融家、商人和水手，張口閉口都是印度和香料。每天都有英格蘭人、法國人、日耳曼人、熱那亞人、西班牙人、法蘭德斯人、佛羅倫斯人，甚至是幾個叛國的威尼斯人跑來，想到東方碰運氣。新的艦隊規模太大，在人員和經費上，都不是葡萄牙可以獨力支應的，於是有大批外國人報名參加。

達伽馬發給諸位船長的航行指示極具野心，雖然比起國王交代給卡布拉爾的那種天啟式任務（不皈依基督教就得死），至少比較明確一些。艦隊會合之後，必須鞏固風雨飄搖的葡萄牙工廠、強迫非洲和印度各個城市答應對他們有利的貿易條件，並且和卡利卡特蠻橫的札莫林打交道。在印度洋各國屈服之後，艦隊將一分為二。達伽馬率領主力艦隊，把寶貴的香料運回葡萄牙。在此同時，維森特．索德雷擁有強大武裝的分艦隊，升高對抗伊斯蘭的戰爭。除了保護葡萄牙的利益，也要永久阻絕阿拉伯的海上運輸，不讓任何香料流入紅海，扼殺埃及的經濟命脈。如果一切順利，要不了多久，他們就會往北駛入紅海，和葡萄牙從摩洛哥橫越非洲東行的大軍會合，向耶路撒冷進發。

前十五艘船照例先開到第一站的維德角群島，由神職人員主持彌撒。船員當中有不少新手，在達伽馬的主力艦隊中，有一艘船叫新利托亞號，船上有個法蘭德斯水手一直盯著島上的居民看。「當地人全身一絲不掛，」他在日記中脫口而出，「不分男女，皮膚是黑色的。而且他們不知廉恥，

尼斯的聖馬可國家圖書館收藏了兩份謄寫本；兩個版本都是法文譯文，收錄在Paul Teyssier and Paul Valentin, trans. and eds., *Voyages de Vasco de Gama: Relations des expeditions de 1497-1499 et 1502-03*, 2nd ed. (Paris: Chandeigne, 1998), 319-40。另外留下了幾份比較短的紀錄，不過對於描述普通水手的經驗很有幫助，尤其是那些對非洲和印度的風俗瞠目結舌的新人。首先是在新利托亞號跟著主艦隊航行一個法蘭德斯人寫的，在一五〇四年已經問世。附帶英文翻譯的臨摹本收錄在*Calcoen: A Dutch Narrative of the Second Voyage of Vasco da Gama to Calicut*, trans. J. P. Berjeau (London: B. M. Pickering, 1874)。第二份是以德文書寫，在維也納那份手稿的葡萄牙文紀錄之後問世；作者也是搭乘達伽馬艦隊的船隻，但留下的紀錄不完整，而且經常混亂不明，應該是在艦隊回程途中用筆記和日記拼湊而成。首先和葡萄牙文的手稿一起收錄於Rohr, ed., *Neue quellen zur zweiten Indienfahrt Vasco da Gamas* (Leipzig: K. F. Koehler, 1939)。還有一個版本，大致上是這份德文紀錄的縮減版，大概出自拉撒路·紐倫堡（Lazarus Nürnberger）筆下，他是一名商業代表，活躍於里斯本和塞維亞，一九六〇年代，這份紀錄出現在布拉提斯拉瓦（Bratislava）的演講廳圖書館（現在收藏在斯洛伐克科學院的中央圖書館），附帶英文翻譯，和其他有關早期海上探險之旅的片段手稿一起出版，收錄於Miloslav Krása, Josef Poli[š] enskyâ, and Peter Ratko[š] , eds. *European Expansion (1494-1519): The Voyages of Discovery in the Bratislava Manuscript Lyc. 515/8 (Codex Bratislavensis)* (Prague: Charles University, 1986)。這些不同的紀錄在許多細節方面都有出入或矛盾，但我照例避免對我自己的演繹做出冗長的說明。除了上面注明有英文版的資料以外，其他都是我自己翻譯的。

2 編按：這位就是達伽馬回葡萄牙後，娶的妻子凱特琳娜的兄弟。請見本書頁三五二。

因為全身光溜溜的，婦女像猴子似地和男人說話，此外也無法分辨善惡。」[3]

和正常的情況比起來，這次繞行大西洋更是一次對膽識的考驗。三月六日，艦隊順風駛離開維德角，但很快進入無風帶。接連幾天，大夥兒無事可做，只能釣魚打發時間，一名水手寫道，這些大魚的模樣奇特而恐怖，重量和菲士蘭母牛（Frisian cows）差不多。起風之後，連續六個星期的天氣詭譎多變，而且海浪洶湧，狂風大作，冰雹從四面八方襲來。到了三月底，大熊座和北極星自夜空消失，四月二日當天，日正當中，見光不見影，一片白茫茫。就連晚上都極為悶熱，船上的人全都熱出病來。

不久，船隻越過赤道，正午的太陽落在背後，南十字座出現在夜空中，在纖細的雲朵間顯得清晰明亮。因為怕無聊，他們觀賞大群飛魚集體躍出海面，同時成群的灰身白頭軍艦鳥隨伺在側，不時鼓動巨大的翅膀俯衝下來，用細長的鳥喙攫取漁獲。萬一有更大的掠食動物聞風而來，魚群會使勁躍向空中，每次總有十幾二十條魚落入小船。然後連續幾天，魚和鳥不見蹤影，海上一片死寂。只有一些普通的小災禍，打破這種令人惶惶不安的寂靜：桅杆斷裂，或是有船隻遭到另一艘船猛烈碰撞，花了好幾個鐘頭才把兩邊分開。

到了四月二十三日的聖喬治節，艦隊終於遇見順風，速度也恢復正常。達伽馬詢問手下的船長，看他們認為艦隊離好望角有多遠，然後往東南東的方向航行。結果再度碰上逆風，把他們往西吹向巴西。到了五月底，他們再度回到預定的航線，這時艦隊的位置距離赤道甚遠，短短前後不過八小時，就從秋末進入隆冬，在翻天覆地的豪雨、冰雹、大雪、雷暴和閃電中，被西風吹過了好望角。[4]

令人窒息的酷熱已成過去，一名日耳曼水手如此記載：「連日耳曼也不會這麼冷。太陽偏向北方，因而寒風刺骨，我們很多人都凍死了。暴風不止，海象惡劣，不禁令人瞠目結舌。」[5]他用濕透的斗篷緊緊包裹身軀，可是聽到有四艘船在不到兩年前的失事地點再度遭殃，其中包括迪亞士指揮的那艘船，他全身哆嗦地更是厲害。接連幾天，艦隊收起船帆，在巨浪和暴雨中匍匐前進，後來艦隊長指出海上一群白天捕魚，夜間回陸地休眠的鳥，這時他們的神經已經極度緊張；這個徵兆再清楚不過，他保證，陸地已經不遠。諸位船長把船帆縮短，拚命向前航行，最後終於在五月三十日發現陸地，下錨停泊。水手總算鬆了一口氣，正在額手稱慶的時候，領航員凝望陸地，和手上的航海圖比較，推斷這時已經過了好望角一百里格之遠。

風雨依舊強勁。「然後我們起錨，繼續航行，」日耳曼水手接著寫道，「到了海上，突然吹起一陣強烈的暴風，誰也沒見過這樣的驚濤駭浪。巨浪打向船身，沖上甲板，連續三天三夜，大夥兒忙著對抗湧浪、海流和狂風，就連經驗老到的水手都認定此生了矣。就在最悽慘的時刻，一隻巨型海豚衝出海面，差點越過桅杆，一向迷信的水手霎時驚慌失措。沒多久，冒出一隻座頭鯨，鰭肢像船帆那麼高，繞著艦隊游了很久，發出巨大的聲響，水手預感有厄運將至，不由得瑟縮起來。結果發現海豚和座頭鯨都是吉祥之兆，他們才總算放了心。暴風停歇，海上吹起一股順風，船員紛紛把浸

---

3 *Calcoen*, 22.

4 Ibid., 23.

5 Krása, Poli[š] enskyâ, and Ratko[š], *European Expansion*, 78.

濕的衣服攤開來，在微弱的陽光下曬一曬。」

船隊駛入印度洋不久，艦隊司令便召集全體十五位船長開會。他們決定兵分兩路，維森特・索德雷的五艘船直接前往莫三比克，剩下的船隻開到著名的黃金集散地索法拉的外海。[6]預備在索法拉出售的貨物全數移到達伽馬指揮的船隻，過了一星期，主力艦隊在索法拉的外海下錨，遠離岸邊低矮的流沙。

依照西方的民間傳說，索法拉是聖經裡富可敵國的俄斐港、所羅門王的寶藏所在地、示巴女王的首都，或是三者皆然。日耳曼水手指出：「我們船長說，以前本地的國王帶著黃金到伯利恆，獻給主耶穌基督，但現任的國王是異教徒。」他所謂的異教徒當然是穆斯林。這座城市的位置會跟著沙子變動，葡萄牙艦隊抵達當時，索法拉位於河口的一座島嶼，坐落在大大小小棕櫚園之間。大陸環抱島嶼，形成寬闊的馬蹄形海灣，小船沿河下行，輸送從內地採到的黃金。

達伽馬再度召開船長會議。他詢問在座所有人，應該做何準備，以防遭遇敵對行動，又不會顯得太過激進，以免對方先發制人。與會人士決定，每位船長要全面武裝手下的小船和人員，但務必將武器隱藏起來。

天一亮，小船出發。海灘擠滿了人，歐洲人靠近的時候，有十五到二十個人把一艘獨木舟拖進水裡。五、六個阿拉伯人登上獨木舟，準備跟這些陌生人會面。當獨木舟靠近，達伽馬的發言人很有氣派地宣告，他是代表葡萄牙的艦隊司令來傳話。阿拉伯人向蘇丹回報，然後帶回了香蕉、椰子和甘蔗等禮物。他們回說，蘇丹表示歡迎，而且正在等葡萄牙人的回話。

達伽馬不願冒任何風險，要求對方提供人質，他才願意讓自己的人上岸。兩名看似位高權重的阿拉伯人迅速抵達，然後有兩名葡萄牙人前往王宮。兩人回來的時候，帶回更加熱情的訊息，外加更多的香蕉、椰子和一頭牛。他們派出一艘小船到水深有限，但可供航行的碼頭探測，然後把旗艦和另外三艘船隻駛入海灣，展開十到十二天的貿易活動，在這段時間，歐洲人用簡單的玻璃珠、銅戒指、毛織品和小鏡子換到大批黃金裝船，達伽馬悄悄勘查周圍的地區，尋找構築要塞的最佳地點。

在金錢上，這次的任務算是旗開得勝，不過艦隊的好運隨即化為烏有，因為有一艘載滿黃金的船隻在離港時觸礁，然後沒入海中，差點來不及疏散。剩下的艦隊繼續前往莫三比克，一星期後，和索德雷的分艦隊會合。

這一回，莫三比克的蘇丹笑容滿面，而且充分配合。在暴風中失散的三艘船，有兩艘也在港口避難，索德雷則忙著用他們從葡萄牙帶來的材料，建造一艘武裝的卡拉維爾帆船，繼續留在非洲海岸巡航。艦隊補充了淡水和木材，並且用更多玻璃珠換取黃金，等到一切準備妥當，艦隊司令口述了一封信，大致擬定他想走的航線。他把信送到城裡，吩咐要交給第二批葡萄牙船隻，然後率領十三艘船前往下一個碇泊港。

6　雖然基督徒心目中的索法拉是出於幻想，根據穆斯林作家的描述，早在西元十世紀，此地就是黃金的重要來源。自從達伽馬抵達之後，索法拉的幾經變遷，曾經繁華的港口早就被大海所吞噬。*Calcoen*的作者誇張地宣稱，當地居民拒絕和葡萄牙人做生意，是因為害怕他們可能溯河上行，進入位於內陸、除了河流以外完全被城牆包圍的祭司王約翰的國度。他還說索法拉的蘇丹正在跟祭司王約翰的百姓打仗，從他們抓來的奴隸口中，葡萄牙人得知他們的國家充斥著白銀、黃金和寶石。這些謠言無疑是來自水手的閒談。

達伽馬首次前往印度時，就對基爾瓦這個島嶼久聞大名，南起索法拉與莫三比克，北至蒙巴薩和馬林迪，長達數百年的時間，東非勢力最強大的蘇丹，非洲東岸的阿拉伯霸主，都在基爾瓦建都。[7]三年前，王朝國運衰微，雄偉的王宮淪為廢墟，包含成套的大庭院、洗浴池和覲見廳，在俯瞰印度洋的海岬上凋零敗落，最後一任蘇丹被自己的埃米爾所殺，王朝就此滅絕。然而這座島嶼依舊非常富足。索法拉和莫三比克的緯度太高，從印度和阿拉伯開出的船隻，很難隨著季風的轉換往返，於是就由基爾瓦重量級的穆斯林商人擔任中間人，經手兩地的黃金和象牙貿易。他們也從內陸輸送在辛巴威遼闊的花崗岩高原開採的黃金，外加白銀、琥珀、麝香和珍珠。市區宏偉的宅邸採用塗上灰泥的石塊，蓋得十分氣派，精緻的花園和果園以精雕細琢的壁龕點綴。大清真寺有混凝土圓頂構成的蛋盒狀屋頂，以及量多成林的珊瑚色圓柱，宛如迷你版的哥多華清真寺。基爾瓦的輝煌歲月也許已成過去，但仍然是一件令人垂涎的戰利品。

兩年前，在達伽馬的建議下，卡布拉爾來到基爾瓦，提議締結條約，建立雙方的貿易與邦誼。弒君篡位的埃米爾易卜拉欣（Ibrahim）起初表現得興致勃勃，但很快就認定葡萄牙人一副尚武好戰的模樣，生怕引狼入室，便掉頭返回宮殿，深鎖宮門，派出武裝衛兵重重守衛。一如既往，葡萄牙確信穆斯林是鐵了心不肯和基督徒做生意，達伽馬奉君之命，非要挫挫基爾瓦的銳氣不可。

七月十二日，船隊在小島的外海下錨，達伽馬四下打量。只見碼頭上豎立著密密麻麻的桅杆，另外還有船隻被拖上海灘。不分男女，島民每天都會走路穿過沙子和紅樹林根，泡個海水浴。黑皮膚的奴隸和比較貧窮的男子幾乎赤身露體；阿拉伯人穿著絲綢和棉布長袍。「體型健美，」一名歐洲人指出，「一臉大鬍子，看了很嚇人。」[8]

達伽馬明知不會受到熱情接待，並且發射砲火，用巨大的砲聲宣告自己駕臨小島。很快有一艘小船駛來，卻發現船上只有卡布拉爾先前沒有帶走的一名流亡分子。這名罪犯拿出約翰・達・諾瓦在返航途中交給他的一封信，除了向後續前往印度的人交代卡利卡特的紛爭有什麼新發展，以及在坎納諾爾建廠的進度如何，約翰還警告說基爾瓦的統治者是敬酒不吃吃罰酒的人。

達伽馬叫這名信差向埃米爾回報，宣布葡萄牙的艦隊司令奉國王之命，前來和基爾瓦和談，而且有許多貨物出售。

埃米爾聞言，立即稱病不起。

達伽馬召集全體船長到他的船上開會。易卜拉欣顯然存心避不見面，他請在場所有人提出建議。與會人員共同決定了一項戰略，次日早晨，達伽馬麾下的船長把小船全副武裝，部署士兵，向海岸直衝而去。大隊在宮殿前方停下，達伽馬在自己的小船上發號施令，向埃米爾發出一份新的勒令。特使宣稱，假如不乖乖和艦隊司令見面，艦隊便會朝他的宮殿開火。

多番往返之後，埃米爾的病體康復，在日耳曼水手估計有兩千多人的群眾陪伴下，來到岸邊。四名男子抱著臉色蒼白的易卜拉欣，送到艦隊司令的小船上。

---

7 基爾瓦的廢墟至今依舊壯觀，不過現在只有涉水穿過淺灘才能登島。關於基爾瓦的精采歷史，參見H. Neville Chittick, *Kilwa: An Islamic Trading City on the East Africa Coast* (Nairobi: British Institute in Eastern Africa, 1974)。想知道近當代的觀點，參見Hans Mayr, "Account of the Voyage of D. Francisco de Almeida, Viceroy of India, along with the East Coast of Africa," in Malyn Newitt, ed., *East Africa* (Aldershot, UK: Ashgate, 2002)。

8 Hans Mayr, *East Africa*, 14.

在毯上坐定之後，達伽馬向他表示，自己帶了葡萄牙國王的親筆信，由於時間不多，他直接把要點告訴他。如果想得到葡萄牙的保護，就必須上繳巨額的黃金，並以在地價格供應他們需要的所有商品。為了表示自己忠心臣服，埃米爾每年必須向葡萄牙王后進貢十顆明珠，並在宮殿升起葡萄牙國旗。要是拒不從命，達伽馬就把他扔進船艙，用壓條封住艙口。

很少有人對埃米爾這樣說話，他在顫抖中詢問艦隊司令是來求和還是求戰。要和就和，要戰就戰，達伽馬回答，全在他一念之間。達伽馬接著說道，如果換作是他，一定知道應該走哪一條路。

埃米爾選擇和平，但努力做困獸之鬥。他遺憾地表示，他沒有足夠的錢繳納貢金，不過會盡量想辦法。達伽馬堅持討價還價是沒有用的，但易卜拉欣把協商愈拖愈長，最後終於讓他答應大幅縮減貢金。畢竟重要的是原則，而非小節。

埃米爾交出三名權貴當作人質，再由人抱回岸上。[9]知道戰禍得以避免，眾人大聲鼓掌，群起歡呼，衝到弒君篡位者面前，把細嫩的樹枝灑在他腳邊。歐洲人回到船上，很快就有小船駛來，裝著滿滿的山羊、雞和牛等祭品。

不到三天，保護費送到，在場的婦女呼喊著「葡萄牙！葡萄牙！」刻意做出一副喜不自勝的模樣。葡萄牙人收到保護費之後，給埃米爾送來了人質、幾件鮮紅色的斗篷、十四塊深紅色的絲絨，以國王名義發出的公開信，優雅地承認埃米爾是曼努埃爾國王的附庸，並承諾保衛他的領土，同時還有一面絲綢軍旗，用金線繡著王家的盾徽。軍旗繫於長矛，由儀仗隊護送上岸，同時砲聲齊鳴，樂隊奏起喇叭、響板和鼓。務實的易卜拉欣以敬禮之姿，收下這份貴重的標誌。他已經決定盡全力表示忠誠，於是讓軍旗繞行全城，沿途有更多人喊著「葡萄牙！葡萄牙！」然後鄭重其事地把旗幟升上最高的塔樓。

正當前面提到的法蘭德斯水手垂涎地望著半裸的本地女子，對島上的肥尾羊和巨型洋蔥嘖嘖稱奇時，達伽馬吩咐他的辦事員擬定一份備忘錄，交代給隨後抵達的艦隊。他宣稱，埃米爾原本對他非常無禮，「因此我帶了麾下所有兵力，決心將其殲滅，然後乘船來到他的官邸前方，把船頭開上乾燥的陸地，派人命他前來會面。我的語氣粗暴，相較於他先前的無禮，自然有過之而無不及，他同意了，也說到做到。我和他議和結盟，條件是他要進貢給國王，我主」。[10]既然埃米爾如今是葡萄牙的附庸，達伽馬命令後續前來的船長，只要埃米爾信守諾言，就要維持雙方的和平。他補上一份詳細的綱要，列出自己預定的航行路線，交代遲來的人日夜趕路，早日與艦隊會合，然後在信上署名「達伽馬艦隊司令」。

船隻全部檢修、刷洗完畢，並重新填隙，準備離開。艦隊足足花了兩天時間才開到外海，達伽馬已在信中預警，由於潮汐使然，船隻很難離開港口。[11]儘管一直無法順利出港，見到埃斯特旺·

9 照卡斯達聶達和科雷亞的記載（他們的說法難得一致），埃米爾交出他的死敵作為人質，而且拒絕繳貢金，希望達伽馬殺了他；最後錢是人質自己出的。雙方談妥條件之後，達伽馬親切地詢問他的新附庸有什麼敵人要他幫忙處理；埃米爾想死馬當活馬醫，就說他們非常害怕蒙巴薩的基督徒（他的主要敵人），如果達伽馬開口，他們一定會支付一大筆貢金。

10 Letter dated Quiloa [Kilwa], July 20, 1502. Biblioteca Nacional de Lisboa, Reservados, Mss. 244, No. 2。引文出自Sanjay Subrahmanyam, *The Career and Legend of Vasco da Gama* (Cambridge: Cambridge University Press, 1997), 202。

11 他寫道：「如果在進港之前收到這封信，那就不要進來，因為船隻很難駛出港口，反而要繼續航行，並且遵照上述的所有指示。」

達伽馬乘坐海上之花號前來，船員登時轉怒為喜。他在五月離開里斯本，不過在好望角再度遭遇暴風，麾下的兩艘船失蹤了，達伽馬留了話，希望他們盡快趕上。

會合之後，艦隊的十六艘船一同朝馬林迪北上。蘇丹固然以熱情好客著稱，如果期待受到款待，這一次注定要失望。這時季風已經吹起，大雨傾盆而下，硬是把船隻吹到位於馬林迪北方五里格的位置。他們在一處小海灣下錨，眾人出發尋找淡水。同時，達伽馬命令手下的船長列出他們想運回去的香料，以及他們帶了多少金錢和貨物。他解釋說，趁橫渡大洋期間，他想弄清楚究竟得在印度做什麼生意。此外，他有個不為人知的任務，艦隊有幾艘船是由私家商人出資，他說什麼也不能讓他們互相（或是和國王的代表）爭奪寶貴的香料。「我們一致認為應該通知他，我們手上有多少貨物和資金，以及我們想購買什麼，這樣才可能依照實際的數量和價格，增減香料採購的數量」。[12]馬提歐．達．貝加莫（Matteo da Bergamo）寫道，他是一名義大利商人的代表。

馬林迪的蘇丹看到艦隊經過，便派人送信給艦隊司令。為了躲開夜裡在岸邊徘徊的野獸，信差從深及腰部的海中涉水而來，達伽馬在回信時向蘇丹親切問候，並再度留話，吩咐艦隊剩下的船隻切勿耽擱時日。非洲這裡的任務執行得還算順利，達伽馬決定直接前往印度。只停留短短兩天，艦隊就在七月二十九日星期五出發。

但季風不肯配合。艦隊差點被暴風吹到阿拉伯，好不容易抵達印度，卻發現這裡是穆斯林控制的領土，距離南邊的卡利卡特還遠得很。船隊沿著海岸南行，途中經過一座城市，依據法蘭德斯水手記載，當地的蘇丹至少擁有八千匹馬和七百頭戰象。他接著表示，因為歐洲人搶了四百艘船，「我們（穆斯林）把人殺了，將船隻付之一炬」。[13]

如此駭人聽聞的屠殺，無論是否真有其事（就算有，也幾乎保證絕對沒有這麼大陣仗），印度艦隊司令也決心把阿拉伯人一舉逐出阿拉伯海。這是國王的命令。發生在卡利卡特的屠殺，以及葡萄牙艦隊遭到的攻擊，使驅逐穆斯林的行動變得更加急迫。達伽馬準備盡他身為基督徒的義務，當初受到札莫林的算計，想到可以藉機公報私仇，他變得心如鐵石。

幾天後，艦隊抵達安賈迪普島，也就是首次印度行途中，逮捕加斯帕爾．達伽馬的地方。現在有數百名水手罹患壞血病，他們被送到岸上，安置在臨時搭建的收容所。這種不知名的怪病把船上的新手嚇壞了，不過法蘭德斯水手為了讓自己分神，跑去獵殺一隻五英尺長的蜥蜴。友善的島民帶來大批食物，包括生魚和熟魚、黃瓜和香蕉，嗜蕉如命的葡萄牙人管它叫「印度無花果」，但船上已有六十到七十人回天乏術。

一天早上，地平線的盡頭揚起一片船帆，艦隊司令派出三艘船和兩艘卡拉維爾帆船前去攔截。

---

12 參見 Teyssier and Valentin, trans. and eds., *Voyages de Vasco de Gama*, 328。在幾位編年史家當中，巴羅斯說艦隊停在馬林迪南方八里格的一處海灣；卡斯達聶達說達伽馬有短暫造訪馬林迪；科雷亞詳細描述了達伽馬和蘇丹的會面，蘇丹再次把他當親兄弟一樣熱情擁抱。這些都和第一手的記錄有出入。

13 Calcoen, 26。法蘭德斯水手說，艦隊順著季風，往東北方前進，在八月二十一日抵達「一個叫 Combaen 的大城外海」。這個城市是康貝（Cambay），長達六百年，一直是很重要的古吉拉特港口；現在被稱為坎貝（Khambhat），港口早已淤積。他說，沿著海岸南下，艦隊抵達了一個叫 Oan 的城市（可能是果阿）；他宣稱艦隊在那裡擄獲並焚燒了四百艘船。這個攻擊行動沒有得到其他幾份紀錄的證實。貝加莫說暴風把他們吹到孟買（Dhabul）；洛佩斯也描述了類似的地方，不過名稱叫 Calinul。

開到附近的時候，對方舉起國旗和軍旗，頓時歡聲雷動。五月才出發的船，有兩艘在好望角被耽擱了，眼前正是其中一艘。船東是一名富有的新基督徒，叫魯伊・曼德斯・德・布里托（Rui Mendes de Brito）[14]，船長是佛羅倫斯人喬凡尼・博納格拉齊亞（Giovanni Buonagrazia）。船上還有文書人員托梅・洛佩斯，（Tomé Lopes）他主動把這次航行做了完整紀錄。和艦隊會合之後，其他幾艘船的水手紛紛跳上船，想聽聽葡萄牙的消息，也問他們有沒有代轉家書。這艘船曾經停靠馬林迪，為漸漸復原的病人帶來蘇丹贈送的雞和柳橙。

不久之後，和五月出發的支艦隊失聯的第二艘船出現了，陣容龐大的艦隊浩浩蕩蕩地駛向坎納諾爾，是馬拉巴爾海岸三大港最北邊的港口。歐洲人沿途搶了幾艘船，把船上的米糧、蜂蜜和牛油洗劫一空。而船上的人，如果是來自和葡萄牙親善的領土，便獲得自由；否則即淪為奴隸，船隻則被放火燒毀。

✣

艦隊司令沒有直接駛進坎納諾爾港從事商業交易，反而下令所有船長在海上等候。他們停在伊萊山對面，這是當初阿拉伯領航員航行時參照的地標，也是達伽馬本人初次抵達印度的地點。

現在人人都知道達伽馬在盤算什麼。法蘭德斯水手盡量輕描淡寫。他們要暗中埋伏，等待從阿拉伯航向卡利卡特的商人船隊，「船上載著運到我們國內的香料，我們希望把船隊殲滅，以後印度香料就是葡萄牙國王的獨門生意」。[15]

每隔幾小時，就派一艘船去偵察航路，依次輪流。連續接力偵察了幾天，始終收穫有限。一位名叫費爾南・羅倫佐（Fernão Lourenço）的船長想登上一艘人員眾多的巨型阿拉伯四桅帆船，可惜發射了五、六枚石彈之後，砲兵的彈藥耗盡，天黑之後，就找不到目標了。魯伊・曼德斯・德・布里托名下的船隻搶下一艘波斯灣採珠船，這是一種小型的阿拉伯帆船[16]，卻發現船上幾乎只有填絮線和薯蕷，而且船隻正開往和葡萄牙友好的坎納諾爾。達伽馬把船上的二十四名穆斯林水手嚴密看管了幾天，考慮該怎麼處理。最後，對盟友的需求戰勝了信仰的鼓動，達伽馬把人交給了一名隨艦隊返回印度的坎納諾爾大使。

這二十四個人很快發現，他們差點就命喪黃泉。

艦隊繼續保持待命狀態，砲彈上膛、軍官穿上胸甲準備作戰，同時不斷激勵士氣。到了九月底的最後兩天，順著末期的季風，從吉達和亞丁出發的船隻終於一一抵達印度洋，成了艦隊伏擊的理想目標。

---

14 這位船東可能出自一個「新基督徒」家族，是葡萄牙的大珠寶商和銀行家。有資料提到魯伊・曼德斯從一五〇四到一五〇八年在安特衛普當艦隊的金主，當時安特衛普已經逐漸成為葡萄牙香料的歐洲主要集散地。一五一二年，一個叫迪亞哥・曼德斯（Diogo Mendes，可能是同個家族的成員）的人搬到安特衛普長住，成為家財萬貫的香料巨頭；到了十六世紀中葉，王朝經營主要的香料貿易，並且控制好幾個股票市場。參見 Marianna D. Birnbaum, *The Long Journey of Gracia Mendes* (Budapest: Central European University Press, 2003), 15-22。

15 *Calceon*, 27.

16 不同的阿拉伯單桅帆船是以龍骨的設計來區分，而非變化多端的用途或體積。就連龍骨的設計也隨著時代演變：波斯灣採珠船屬於最頂尖的單桅帆船，後來受到葡萄牙的影響，船尾變成正方形。

布里托船上的文書人員托梅．洛佩斯日後完整記載了接下來這幾天發生的慘劇。[17]

聖加百列號執行偵察任務的時候，一艘阿拉伯巨輪出現在地平線的盡頭。瞭望員大聲通報，砲兵馬上採取行動，射出的石彈越過巨輪的船首，以示警告。

說也奇怪，歐洲人明明看到船上有武器，對方卻把船停下，並且降下旗幟。聖加百列號靠上前去，士兵順利登船，沒有遭遇任何反抗。

這艘阿拉伯船隻叫米里號，目的地是卡利卡特，讓葡萄牙人正中下懷。船上擠了兩百四十人，其中有五十多名婦孺。[18]大多是去麥加朝覲之後，乘船返鄉的朝聖者，但船上還有十幾名卡利卡特最有錢的富商。他們經常在馬拉巴爾海岸被海盜攻擊，他們決定不要挺身抵抗，乾脆用船上的一部分財寶買回自己的自由。

其中最有地位的商人叫朱哈爾．法基（Jauhar al-Faqih）[19]，歐洲人發現他正是麥加的蘇丹在卡利卡特的代表。米里號是他名下私人船隊的一員，由他負責向葡萄牙人協商。

按照法基的要求，印度艦隊司令親自和他會面。這位穆斯林顯貴開了高價，而且為了怕丟臉，他照阿拉伯人慣用的方式，表示要和對方做生意，其實是公然賄賂。他解釋說，他的桅杆斷了，可以拿出數額可觀的黃金來買一根新桅杆。除此之外，他個人可以擔保讓葡萄牙艦隊每一艘船的船艙裝滿香料。

達伽馬拒絕了。五年前，卡利卡特的穆斯林說他是海盜，使他大發雷霆。這一次被當成海盜，理由卻很充分。然而，現在的情勢和當年大不相同。達伽馬第一次遠征印度，是由三艘小船執行的探險任務。第二趟印度之行有一支旌旗密布的艦隊支持。當年的他是探路者。現在卻是一名十字軍，他的盤算非常陰險，不只是敲詐勒索那麼簡單。

法基提出更好的條件。只要把他、他的姪子和他的一名妻子放走，他保證自掏腰包，讓艦隊最大的四艘船載滿香料。他本人願意留在旗艦當人質，艦隊長只要讓他的姪子上岸打點即可。如果大約十五到二十天，香料沒有運到，要殺要剮悉聽尊便，米里號珍貴的貨物也任憑他們處置。除此之外，他願意居中交涉，務必讓札莫林交還葡萄牙倉庫裡的貨物，並且讓雙方化敵為友。

艦隊司令二話不說，直接要這名商人回他的船上，轉告其他的穆斯林，把船上值錢的東西全數奉上。

這個粗野的歐洲人顯然怎麼也說不通，法基的自尊深受打擊。

「如果這艘船歸我指揮，」他回答，「他們會聽我的話，現在歸你指揮了，你去告訴他們！」[20]

儘管如此，他還是回到米里號，經過一番激烈爭辯，船上的商人送了一些黃金給葡萄牙艦隊。達伽馬收下了，然後派小船過去，向阿拉伯人搶劫更多財物。他手下的一名船員在搬運搶到的貨物時失足落海。因為水流的關係，兩艘船意外相撞，把夾在中間的水手撞得粉身碎骨。讓艦隊司令更

17 我對這場戰爭的描述是根據托梅．洛佩斯一五一十的轉述，額外的細節來自其他第一手記錄和編年史。

18 這個數字是可靠的洛佩斯提出的，不過估計出來的數字各有不同。貝加莫和不知名的葡萄牙作者估計大約兩百人，法蘭德斯水手則說三百八十人，日耳曼水手說有六百人。巴羅斯說兩百六十人，外加五十幾名婦孺；科雷亞照例誇大，說有七百人。

19 Lopes's "Ioar Afanquy."

20 Lopes, "Navigazione verso le Indie orientali," 701.

是憤恨難平。

在海上搶劫船隻是軍事事件。歐洲商人的代表隔海觀望，不清楚究竟發生了什麼事，達伽馬則和眾位船長開起了閉門會議。馬提歐・達・貝加莫聽說士兵從米里號搶來大量黃金和銀幣，以及土耳其的絲絨、水銀、銅器和鴉片。「對於這次的搶劫，我們甚至提都不准提，」他如是記載，「尤其是因為我們沒有參與。他們說完全不關我們的事。」[21]

雙方對峙了將近五天。「一五〇二年十月三日，那天是星期一，」托梅・洛佩斯寫道，「一個我日日夜夜難以忘記的日子。」[22]

達伽馬的士兵現在已經把這艘阿拉伯船能找到的武器全部帶走。米里號成了活靶子，艦隊司令命令手下登上小船。他們的任務很簡單。把米里號拖到外海，和葡萄牙艦隊保持安全距離。然後放火，連人帶船燒得一乾二淨。

士兵登上米里號，在甲板四處點火，然後跳回小船，這時火焰快速蔓延，煙霧翻騰。幾個穆斯林趕忙滅火，把火焰一一撲滅。另外有人拖出幾尊先前沒讓搜索隊伍找到的射石砲，連忙架設妥當。朝聖者和商人把所有能充作彈藥的東西全部拿來，包括拳頭大小的石塊，原本是堆在船底的壓艙物。他們顯然絕不可能投降，反而立志要決一死戰，不願意被活活燒死。

小船上的士兵看到火焰熄滅，馬上再划船回去點火。小船靠近時，阿拉伯船上的男男女女聯手發射石砲和丟擲石塊。砲彈如冰雹落下，歐洲人退縮了，只能火速撤退。他們從遠處發射砲彈，想把米里號擊沉，但小船裝載的砲不夠大，只能傷到對方的皮毛。

穆斯林婦女脫下珠寶，手上抓著黃金、白銀和寶石，向小船上的人揮舞，對著攻擊者大喊，要拿儘管拿。他們把嬰兒和幼童舉起來，拚命哀求基督徒可憐無辜的孩子。商人最後一次高聲大喊，同時比手劃腳，表示只要能保住性命，他們願意付出大筆贖金。

達伽馬沒有現身，透過旗艦側面的一個觀測孔，他清楚地目睹了這一切。洛佩斯震驚莫名，他萬萬沒想到艦隊司令硬是不肯發發慈悲，也很詫異達伽馬居然願意放棄這麼豐厚的財物。達伽馬一定很清楚，這筆贖金不但足以為每一個囚禁在摩洛哥的基督徒贖身，還能向國王獻上大批寶藏。貝加莫和其他的代表自然開始狐疑，達伽馬究竟讓他們的多少利潤化為烏有。然而船員當中有不少狂熱的基督徒，他們和早期的十字軍一樣，對殺害和平的商人與朝聖者毫不手軟。凡是在信仰上與他們為敵的，就不是真正的人，這種去人性化的觀念已經根深柢固，難以動搖。如同從前或往後的聖戰戰士，他們殺人的時候盡量不去直視對方的雙眼，好繼續執行神聖的大業。

米里號仍未沉沒。走投無路的穆斯林把床墊和覆蓋貨物的墊子拖到甲板中央，繼續從臨時拼湊的掩體背後發射漫天的石彈。洛佩斯駐守的船隻距離最近，他和其他船員看到小船上的同袍揮舞旗幟，要他們趕去救援。他們把船開過去，半數的士兵上了他的船，另外一半登上了他們先前搶來，順便一起拖過去的阿拉伯帆船。砲兵把一尊大砲瞄準了米里號，砲彈射中桅杆底部，桅杆碎裂。他們以為自己勝券在握，便直接朝敵方的船隻衝過去。

21 參見Teyssier and Valentin, trans. and eds., *Voyages de Vasco de Gama*, 330。「這件事還有更多內幕是此時此刻不宜透露的。」貝加莫悲觀地補充表示。

22 Lopes, "Navigazione verso le Indie orientali," 703.

比起洛佩斯那艘船，米里號顯然高大許多，基督徒把船隻倒轉一百八十度，用艉樓的頂端撞擊阿拉伯船的船腰。穆斯林即刻反擊。他們用繩索一拋，隨即套住洛佩斯的船，水手根本來不及反應，他們從米里號縱身躍下，緊緊抓住用來阻絕他人登船的繩網，然後順著索具往上爬，把繩索往回拋。米里號的人抓住繩索的末端，使勁一拉，讓兩艘船貼在一起。

突然間，基督徒的麻煩大了。現在距離太近，大砲根本派不上用場。船上的四十幾名水手寡不敵眾，每次探出頭來，就有石塊像冰雹似的砸過來。幾名士兵爬上瞭望台，用少得可憐的長矛和弓箭反擊，但卻被穆斯林撿起來，使勁扔回甲板。洛佩斯和他的同袍只好躲起來，只有一名士兵拿著石弓，阻止米里號的人湧上船。

洛佩斯後來寫道，這是今年最漫長的一天，然而當天色終於暗下來，戰事卻沒有舒緩的跡象。穆斯林依舊「以令人折服的勇氣」作戰，「有不少人受傷或死亡，卻彷彿一個人也沒死，對身上的傷口也渾然不覺」。[23]他們中箭之後，馬上拔出來，反過來拋向攻擊者，而且沒有絲毫停歇，隨即繼續作戰。有十四、十五名穆斯林跳上葡萄牙的船，彷彿受了莫大的冤屈，以超人的力氣衝向艉樓。受害者成了復仇者，他們對插進胸口的長矛視而不見，把門推開。原先躲在裡面的軍官和士兵狼狽地爬下梯子，溜到主甲板去，身上不是瘀青就是流血。這時只剩洛佩斯和船長喬凡尼・博納格拉齊亞還在作戰，船長先前穿上的鐵甲，在連續不停的石塊攻擊下，已經凹陷破洞，他站在艉樓，突然皮帶斷裂，胸甲應聲墜落。他望向身邊忠實的友人。

「噢，本船的文書托梅・洛佩斯，」他說，「其他人都走了，我們留下來幹什麼？」

他們也離開了艉樓，雙雙身負重傷。穆斯林衝進來，發出勝利的呼喊。米里號的男人精神大振，衝向葡萄牙船隻的甲板。不過大多數的歐洲人都受了傷，有幾個已經死了。剩下的人躲在船帆背後，這是他們唯一的掩護了。

因為逆風的關係，艦隊的其他船隻束手無策，但總算有幾艘船開了過來。他們沒辦法開火，以免擊中自己人，只能袖手旁觀，這時他們的幾個同袍在萬念俱灰之下投海自盡。米里號有幾個人受了傷，想拖著筋疲力盡的身軀回到自己船上，結果也掉進海裡，可是有一波波新的攻擊者取而代之。

最後，微風吹來，一艘比較大的葡萄牙船隻順風開向米里號。穆斯林匆匆趕回自己的甲板，割斷繩索，掉頭走人。茹利亞號比它飽受攻擊的姊妹船更大，但敵軍此時氣勢大振，船上的人看了一眼，決定就此打住，米里號開走了。

直到此時，達伽馬才搭乘里昂納達號抵達現場。主要的戰艦緊跟在後，開始追逐逃跑的目標。海上狂風陣陣，巨浪滔天，他們被風浪打得起伏顛簸，時而領先米里號甚遠，時而落後一大截。儘管天搖地動，只要進入射程範圍，他們就發射幾枚砲彈，然後再次轉向。這場恐怖的追逐持續了四天四夜，米里號負傷的男男女女俯臥在甲板上，請求先知保佑他們逃離基督徒的魔掌。

事情的結局和這整場行動一樣不堪。一名年輕的穆斯林從米里號跳下，在洶湧的大海中，游到距離最近的一艘葡萄牙船上。他向船長脫口表示，只要保證給他一條活路，他願意交出讓這艘阿拉伯船隻沉沒的祕訣。他把繩索綁在船舵上，既然米里號動彈不得，他們也就不必在海上苦苦追趕。

這名叛徒執行任務，達伽馬下令開砲。「於是，」洛佩斯記載說，「雙方幾番交戰之後，艦隊司

23 Ibid., 704.

令下令連船帶人一起燒個精光，非常殘酷，沒有一絲惻隱之心。」[24]悽慘的叫聲撕裂天空。有些穆斯林拿著斧頭躍入海中，向小船游去，可是還來不及劈向船底或爬上小船，便在水中滅頂。其他所有人，男女合計共三百人，全部淹死。[25]

看到這個駭人的畫面，年輕的叛徒心生愧疚，忍不住略施報復。他告訴基督徒，米里號還有大批寶藏，他們一直都沒找到。油桶和蜂蜜桶藏有黃金、白銀和珠寶，商人知道自己只有死路一條，便盡數拋入海中。

葡萄牙人表現出少許慈悲，也是他們實際的一面。把米里號炸沉之前，他們帶走了十七個孩童，強迫他們受洗，認定這是拯救他們的靈魂。[26]他們同時抓走了米里號駝背的領航員，他在印度洋航行的經驗能幫上不少忙，而且眼前就有差事交辦。

帶著一種令人毛骨悚然的滿足感，達伽馬口述一封信給卡利卡特的札莫林，要領航員交給他。信中說明，在米里號的全體船員和旅客當中，艦隊司令只放過了一些孩童和現在負責送信的人。達伽馬宣稱，整船的人命喪黃泉，是為了替當初死在卡利卡特的葡萄牙人報仇，此外當時摩爾人把一名葡萄牙男孩帶去麥加成為穆斯林，所以他們也讓船上的孩童受洗成為基督徒。他接著說道，這麼做「是為了展示葡萄牙人打算怎麼彌補自身受到的損害，他希望很快就能抵達卡利卡特，在當地把所有恩怨做個了結」。[27]

達伽馬重返印度乃是奉國王之命，曼努埃爾一世夢想要開啟普世基督教的時代。但夢想愈偉大，夢想家的比例原則就愈容易失衡，而統治世界和公平競爭是毫無交集的。就算艦隊司令有任何自然正義的觀念，也在聖戰的號召下被迫犧牲。

24 Ibid., 705.

25 第一批船隻返回里斯本時，佛羅倫斯商人弗朗切斯科．科比內利（Francesco Corbinelli）得知達伽馬把米里號連帶船上的黃金燒得一乾二淨，卻救出了所有的穆斯林商人。除非他完全搞錯了，否則至少有一個人不齒達伽馬的作為。Letter dated Lisbon, August 22, 1503; see Teyssier and Valentin, trans. and eds., *Voyages de Vasco de Gama*, 354。

26 這個數字來自不知名的葡萄牙水手。貝加莫說是二十個。至少其中有些被送到貝倫的修道院當見習修道士。

27 João de Barros, quoted in Subrahmanyam, *Career and Legend*, 208.

第十五章 震撼與威懾

十字軍的旗幟劈啪作響，在歐洲艦隊的桅杆和瞭望台隨風勁揚。大老遠就看到張滿的船帆畫著十字軍東征的深紅十字架。十字架的用途不是裝飾，也不純粹代表信仰的虔誠，或是祈求上帝保佑。被招募上船的人，未必知道曼努埃爾一世想殲滅伊斯蘭，任命自己為世界皇帝的瘋狂野心，但就算真的有人相信這是一趟和平的經貿之旅，恐怕也是屈指可數。

瓦斯科．達伽馬的手下，絕大多數都很清楚他們跟誰站在同一陣線。在水手和士兵的心目中，艦隊司令是貨真價實的領袖，對他的忠心不會有絲毫動搖。在眾位船長眼裡，他是為上帝執行任務的十字軍。百姓飽受戰爭摧殘，總是用拙劣的手法把敵對民族醜化到近乎非人的地步，一旦相信自己是為信仰而戰，往往會快速激化戰爭毫無人性的殘暴。在一個征服者動不動就屠城的時代，無論是追隨者或反對者，都認為他對米里號的攻擊是理所當然的。只有少數認真思考的人，像辦事員托梅．洛佩斯，會被聖戰帶來的人間慘劇所震驚。

基於各自不同的理由，商人的代表寧願謹慎行事。艦隊的許多船隻是由他們的雇主出資贊助，然而馬提歐．達．貝加莫私下指出，艦隊司令似乎決心以十字軍東征為主，貿易為輔。瓦斯科爵士早就說得很清楚，他只會讓少數幾位代表下船，而且挑明了告訴他們，必須在他安排的地方，以他指定的價格購買香料。他們別無選擇。如貝加莫所言：「我們知道他的意思，而且不想和他唱反調。所以大家都喜孜孜地答應了。」[1]不過，萬一再發生類似攻擊米里號這種殘暴的行為，他們懷疑最後會不會兩手空空地回家。

發動聖戰或許對經商不利，但達伽馬的眼光看得更遠。當日冷靜精明的船長，已經成了鐵腕風格的艦隊司令。現在害怕他的人比愛戴他的人多，他絲毫不以為忤，只要有人阻礙葡萄牙的東征大業，他一律痛下殺手，毫不遲疑。儘管不久之後，他再度發現，大自然根本不把艦隊司令和國王的鴻鵠之志放在眼裡。

不到幾天，又有四艘大型的阿拉伯四桅帆船出現在地平線的盡頭，聖保羅號上前追趕。幾艘阿拉伯船隻逃向陸地，其中三艘溯河而上，不見蹤跡。第四艘船在倉促中撞上淺灘，聖保羅號開到一旁，把阿拉伯帆船鉤住，同時放船錨下海，和淺灘保持距離。一支登船隊上了甲板，許多穆斯林跳進海裡。然而基督徒才剛剛登船，被俘的船隻發出驚天巨響，往側面翻倒。聖保羅號也跟著傾斜，船員迫不得已，只得把兩艘船分開。傾倒的船被海浪淹沒，落海的人看見東西就抓，浮在海面等待救援。歐洲人派出小船，但湧浪強勁，船槳派不上用場。材質輕巧的阿拉伯帆船被海浪打得四分五裂，還來不及拯救登船隊的人，帆船就嚴重進水，沉入海中。船上裝載的貨物被衝向岸邊，其中包括大批的盾牌和刀劍，結果岸上冒出一群當地人，把殘餘的殘骸撿走了。

十月十三日，在好望角失聯的三艘艦隊船隻的最後一艘出現了。因為失蹤了太久，人人都以為船已經沉了，原本沮喪的船員頓時歡聲雷動，海上生涯多半如此。

艦隊追捕阿拉伯船隻足足一個月，除了米里號以外，再也沒有任何斬獲。在這段期間，艦隊司令不斷收到坎納諾爾的科拉第里送來的信，再三保證將為達伽馬效勞，還會照他開的價錢，出售島上所有香料。裝船的時間快不夠了，達伽馬得勉強下令艦隊出發。十月十八日，十九艘船繞過一處岩石海岬，經過一個突出的岬角，坎納諾爾的港口地處偏僻，他們把船停在碼頭可見之處。

在葡萄牙前兩次的印度行中，科拉第里對他們非常友善。如今得知先前派到葡萄牙的大使和二十四名在波斯灣採珠船被捕的人乘船返鄉，心情更是愉悅。他們親耳聽到艦隊的人和米里號近距離作戰（他們被囚禁的那艘小船和托梅．洛佩斯駐守的船綁在一起，艙門釘上木條），到家的時候，聽見號角齊鳴，總算鬆了一口氣。

很快有幾名特使帶著禮物問候基督徒艦隊。幾人鞠躬說道，他們為葡萄牙國王效命，並接著表示科拉第里亟欲馬上跟艦隊司令會面。達伽馬同樣急著和這位印度國王見上一面，但他拒絕上岸。他打定主意不相信任何人，可能是發現自己最近的所作所為也不容易令人相信。

既然達伽馬不離開他的海上國度，科拉第里也不會踏出自己的王國。為了解決難題，雙方精心擬定了一項妥協方案。大象拖著幾十根樹幹來到岸邊，一班木匠動手幹活兒，打造一個堅固的突堤碼頭。不久便深入海中。

次日，艦隊司令指揮一艘卡拉維爾帆船。在艉樓甲板架起了深紅和綠色的絲絨遮篷，擺上一張

1 Paul Teyssier and Paul Valentin, trans. and eds., *Voyages de Vasco de Gama: Relations des expeditions de 1497-1499 et 1502-03*, 2nd ed. (Paris: Chandeigne, 1998), 329.

精雕細琢的寶座，達伽馬端坐在精緻的椅墊上，穿著一身絲綢長袍，戴著兩條厚重的金鏈，一條繞著脖子，一條吊在胸前。隨行的二十六艘小船一律掛上基督騎士團的軍旗，擺出全套武器。侍童用喇叭、鼓和響板奏起莊嚴的曲調，水手跳起了吉格舞（jig），整批小船隊浩浩蕩蕩地向臨時搭建的碼頭出發。

科拉第里出現在陸地上，有四百名奈爾貴族出身的軍人陪同（絕不可能是葡萄牙史官宣稱的一萬人），還有各式各樣的異國動物，來自法蘭德斯的水手一個也認不出來，看得目瞪口呆。見到包括國王在內的達官貴人全部赤裸著上半身，初到印度的人全都十分詫異。

工人在突堤碼頭的兩端各搭起一座亭子，鋪上彩繪的織品。軍人在靠岸的亭子前方止步，科拉第里和自己的三十名隨從一塊兒進去，過了好一陣子才出來。陽光猛烈，科拉第里高齡七十歲，一行人早已氣喘吁吁。

當艦隊司令的卡拉維爾帆船開到靠海的亭子旁邊，科拉第里沿著突堤碼頭前行，有兩個人走在他前面，揮舞著以牛頭裝飾的厚重木棍，還有兩名男子在他身邊跳著棍舞，棍子上畫的是白色的松雀鷹。托梅．洛佩斯語帶諷刺地說，他們活像一對葡萄牙姑娘。

科拉第里下了轎子，斜倚在一張裝飾氣派的長椅上。達伽馬還是不肯下船，國王大惑不解，只得彎下身子，隔著海水和他握手。在場的其他人便請雙方的翻譯在碼頭和艉樓甲板之間高聲說著考究的外交辭令。

既然科拉第里表現得如此隨和，達伽馬便親手奉上裝滿了番紅花與玫瑰水的一套奢華鍍金銀盤（這已是外交上的破例之舉，引起眾人議論紛紛），科拉第里則是讓僕人代勞，把一批極大的寶石送給艦隊司令。較小顆的寶石就送給諸位船長和軍官，他表示這只是小小意思。

達伽馬立刻說起正事，他打算定出購買香料的關稅，卻被對方嚴正拒絕了。國王回答說，葡萄牙人來得太早，香料還沒運到。且不管怎麼說，他本人不管這種事。他會命令商人前來拜訪，但生意的事由他們自己去談。

兩小時後，科拉第里表示累了，便打道回府。他掉頭離開突堤碼頭時，葡萄牙人鳴砲恭送，達伽馬回到艦隊，隨即通知諸位商人的代表，說雙方已經達成完整的協議。馬提歐・達・貝加莫的紀錄指出，科拉第里會達成葡萄牙國王及其艦隊司令的所有要求，包括對卡利卡特的札莫林開戰，並強迫國內的商人以艦隊司令定下的價格販賣香料。達伽馬決心主導大局，為他的國王爭取到最好的條件，但事實上，科拉第里壓根沒做出這種承諾。

第二天，坎納諾爾的商人前來，達伽馬發現他們全是穆斯林，不免感到沮喪。他們照例對歐洲貨品嗤之以鼻（但葡萄牙人認定這是他們壓價的策略），不過更糟的是，他們要求的價格比之前高出許多。雙方不斷討價還價，結果鬧得不歡而散，達伽馬開始察覺其中必有陰謀。[2]

艦隊司令極可能顏面盡失，於是他的職業病犯了，對不肯乖乖聽話的外國人大發雷霆。他把商人轟下船，然後馬上派人警告科拉第里。他厲聲斥責國王顯然不是真心和葡萄牙交朋友，否則絕不

2　葡萄牙人代理老是埋怨穆斯林商人故意對他們抬高價格。事實上，他們常常缺少強勢貨幣，交易商品的需求很低，而且他們總是不肯支付市場價格。

他可能派穆斯林商人來見他們，「明知道穆斯林自古就和基督徒結下深仇大恨，是我們的死敵。」[3]他語帶威脅地補充表示，會把已經裝船的少量香料送回，同時讓號角齊鳴，禮砲大作。

當緊張的情勢逐漸升高，前一批艦隊留下的葡萄牙代表慌慌張張地跑來。帕約．羅德里奎茲（Paio Rodrigues）和他的手下在坎納諾爾待了將近一年，他向艦隊司令再三保證，當地的國王和百姓極為親切有禮。達伽馬叫帕約留在船上，氣沖沖地說，他跟科拉第里鬧翻了。帕約不是達伽馬的下屬，故而斷然拒絕，他堅稱自己一定要回去，不管艦隊司令高不高興。

達伽馬先是勃然大怒，然後稍稍退讓。他要帕約重新傳話給科拉第里。他宣稱整支艦隊會馬上離開，到更加友善的港口採買香料，但他境內的穆斯林千萬別以為往後可以高枕無憂。除此之外，要是留下來的基督徒受到任何肉體或名譽上的傷害，他的子民一定會付出代價。

抵達不過短短四天，艦隊便在十月二十二日天亮前啟程離去。他們沿著海岸航行，中途攔截了一艘小型的阿拉伯帆船，抓了二十個人，搶走一批椰子果纖維。不久便看到一個小港口，岸邊有三艘大船停泊，達伽馬親自率領兩艘卡拉維爾帆船和整整八艘小船的部隊開過去。當石砲發射，歐洲人漸漸逼近時，大船有好幾個人跳下水，逃向陸地。有個人火速衝下海灘，跳上小船，使盡吃奶的力氣划槳，好避開砲彈。他是科拉第里的下屬，他向艦隊司令高喊，附近一帶都屬於坎納諾爾的疆域範圍。他是來和葡萄牙人講和的，因為以前曾經吃過虧。這人曾經拒絕把他們剛才攻擊的幾艘船租給卡利卡特，讓札莫林用來跟基督徒作戰。基於這個原因，他本人也在跟卡利卡特打仗。他接著說，如果艦隊司令不相信的話，大可留下他的手下作人質，證明他的話是否屬實。

達伽馬勉為其難地放他一馬。

深夜時分，帕約的手下匆匆划船趕來，為科拉第里送信。這是回覆達伽馬傳給他的口信，從科拉第里的字裡行間，看得出他的克制與尊貴。如果艦隊司令意圖誅殺或劫持他的百姓，那就儘管去吧，因為他絕不會抵擋他的葡萄牙盟友。即使達伽馬真的動手，他也不會派出一兵一卒，因為和葡萄牙國王締結的和平關係，才是他最在乎的。不過他一定會把事情一五一十地告知曼努埃爾國王。至於他城裡的基督徒，無論艦隊司令怎麼攻擊他，他都不會傷害或羞辱這些人。

羅德里奎茲也附上一封信，意思和科拉第里差不多。

達伽馬一臉不悅。顯然是葡萄牙人帕約在背後指點，教科拉第里把艦隊司令視為叛徒，並且威脅要向他的頂頭上司告狀。葡萄牙野心勃勃，非要印度的統治者把他們的西方貿易全盤轉移不可，還要他們把境內的每一個穆斯林悉數逐出。如果指望他們自願聽命行事，可能性似乎愈來愈低。現在的達伽馬比過去更加堅決地相信，必須使出雷霆手段，才能讓他們乖乖聽話。他復仇的心意已定，便率領艦隊駛向卡利卡特。

艦隊在經過班達里，也就是達伽馬首次在印度登岸的城鎮時，又攔截了一艘小型的阿拉伯帆船，照例把船上的水手抓起來，他們從米里號救下的孩童注意到其中兩個人。孩子們嚇得魂飛魄散，連忙配合新主人行事，指控這批人質參與了攻擊卡利卡特工廠的行動。有個男孩說，其中一名水手曾經到他家裡作客，誇口說自己殺了兩名基督徒，至於第二個水手，另一個男孩說他砍掉了一

3 "Navigazione verso le Indie orientali scritta per Tomé Lopez," in Ramusio, *Navigaioni e viaggi ed. Marica Milanesi* (Turin: Einaudi, 1978-1988), 707.

名基督徒的手臂。達伽馬宣布要把這兩名水手處死，以彰顯正義，然後把他們升上桅杆吊死了。他們不是第一個在小孩的恐懼下送命的人，好幾天以前，達伽馬已經下令用長矛刺死一名穆斯林，因為孩子們指控他偷竊葡萄牙倉庫裡的貨品。

+

這支強大的歐洲艦隊才剛到印度，消息就馬上傳到札莫林耳中。

與其坐以待斃，他決定乾脆先發制人。艦隊還待在坎納諾爾的時候，達伽馬就聽說札莫林寫信給柯欽的國王，在馬拉巴爾最富庶的三大港中，柯欽坐落在最南端。札莫林早就預言，葡萄牙人會對全印度造成莫大的傷害，如果想對付他們，全印度的統治者必須團結一致，拒絕把異邦人覬覦的香料賣給他們。他主張，只要結合眾人之力，基督徒就無計可施，只能灰溜溜地滾回家去；否則的話，他們最後都會淪為葡萄牙國王的臣民。

柯欽的國王拒絕了。他和坎納諾爾的科拉第里一樣，跟生性傲慢、國力強大的札莫林不合，回信表示他已經和葡萄牙簽訂了非常令人滿意的條約。他把札莫林的書信和自己的回信拿給葡萄牙的代表過目，後者抄錄了一份，轉寄給艦隊司令。

計畫受阻之後，札莫林反而派大使去拜訪達伽馬本人。這位特使宣稱，他的國王但求雙方維持和平與邦誼，雖然先前的糾紛是葡萄牙代表惹出來的，他們的死是咎由自取，不過他當然會償還基督徒留在他城裡的所有貨物。誠然，其中有些已經上繳，折抵他們積欠的稅金，有些則交給了卡布拉爾燒毀的那艘船的船東，不過可以任命法官裁定到底誰欠了誰什麼東西。至於死去的人，他接著表示，無論如何也不能復生，雖然如果把箇中恩怨一筆一筆算清楚的話，基督徒還占了便宜。

艦隊靠近卡利卡特的時候，開始有人在艦隊司令和札莫林之間快速來回傳話，倒是前所未見的。達伽馬一直等到艦隊抵達班達里，才派人回信。他最後透過從坎納諾爾隨船同行的一位奈爾貴族軍人傳話，如果札莫林想和他建立良好關係，首先必須歸還所有遭竊的商品。札莫林有一天的時間考慮。

一天過去了，毫無回音。

艦隊在十月二十九日開到卡利卡特的正前方，在地平線的盡頭列隊，看來凶多吉少。不久，一名新的特使乘小船前來，手中揮舞著休戰旗。他穿著方濟會修道士的裝束，一邊登船，一邊高喊「感謝上帝！」結果三兩下就被拆穿他其實是一名穆斯林，他連忙道歉，說自己喬裝打扮只是為了能獲准登船。他向艦隊司令敬禮，並且投其所好，說卡利卡特多麼歡迎達伽馬，然後把札莫林第一次派人傳話時開出的條件重複一遍。他補充表示，葡萄牙人不只把米里號炸沉，淹死了數百名男女，現在甚至吊死札莫林的子民。他們的損失不但得到了補償，甚至還占了便宜吧？

不管怎麼算，他們都占了便宜，但達伽馬已經沒興趣追討賠償了。他決心徹底斬斷這些民族和國家長達數百年的關係。他回答說，如果要想跟他締結條約，條件是把所有的阿拉伯人全數逐出卡利卡特，無論是旅客或居民，「因為自開天闢地以來，摩爾人即與基督徒為敵，基督徒也與摩爾人作對，雙方長年互相征伐交戰，故此，即便你我達成協議，也將形同廢紙」。[4]他最後指出，若札

4 Ibid., 712.

莫林有意求和，那就絕不能再讓任何一艘阿拉伯船隻進港。

聽到達伽馬蠻橫無理的要求，札莫林派人遞交他慎重的回信。他指出，他境內有四千多戶阿拉伯人，其中許多是財大勢大的商人，連帶抬高了他的王國的地位。他的祖先世世代代都對他們熱誠歡迎，而且事實證明他們一向誠實可靠。他和先人一樣，從阿拉伯商人那裡受惠不少，就說其中一樣好了，他們常常借錢讓王國防衛邊界。如果非要恩將仇報，把他們流放異地，只怕會被世人斥為卑鄙下流。他絕不會做這種背信忘義的事，艦隊司令也不該慫恿他這麼做。不過只要光明正大，他可以答應葡萄牙人的任何要求，也派遣大使表達他對和平的強烈渴望。

達伽馬把信往地上一摔。「這是侮辱！」他厲聲咆哮，然後命人把信差關起來。

當雙方陷入外交爭議的同時，葡萄牙人忙著在前不著村、後不著店的地方抓漁夫、劫漁船。這些異邦人的行為無異於殺人不眨眼的海盜，卻偏偏狗眼看人低，身為堂堂一國之君的札莫林受夠了，便再派一名特使傳話，這一次的語氣可沒那麼委婉了。他宣稱，如果葡萄牙人真心追求和平，就不能有任何附帶條件，如果他們想拿回自己的貨物，就必須賠償他的城市所喪失的人命和財物。首先，他們必須歸還從米里號搶走的所有財物，這是他子民的財產。他提醒他們，卡利卡特是自由的港口，他不能阻止任何人來做生意，也不會把任何一個穆斯林趕走。如果艦隊長同意，雙方可以達成協議，但他不會給他們任何擔保。君無戲言，這些異邦人不相信的話，應該馬上離開他的港口，以後永遠不在印度出現。

達伽馬這下豁出去了，叫信差回去向札莫林宣戰。他威嚇道，如果對方沒有讓他百分之百滿意的答覆，他會在次日正午向卡利卡特開火。如果不說出賠償的金額，札莫林也不必再派人傳話。他只是偉大的葡萄牙國王手下的一名騎士，也能把這個印度統治者給比下去。「就算讓一棵棕櫚樹當國王，」他爆怒道，「也不比他差。」[5] 除此之外，他還對札莫林嚼檳榔的習慣嘲笑了幾句。

✢

那天是星期日，到了晚上，歐洲人升起前帆，十五艘船一字排開，船首一律朝向海岸，只有最大的四艘船押後。他們看得出札莫林嚴陣以待。他移植了水濱一排排的棕櫚樹，臨時搭起柵欄，好阻止他們登陸，或是讓砲彈偏離目標。

砲兵把重型大砲搬上前面的甲板時，看到海岸上亮起數百個燈籠，彷彿墜落的星星。就著燈籠的光，開始有人在海灘四處匍匐，挖掘洞穴，然後把鐵製的大砲拖來，裝進沙地上的砲台，只見砲管向上突出。

天亮以後，達伽馬下令前排的船隻盡可能靠近岸邊。正在全體人員就戰鬥位置的同時，一排排的守軍從棕櫚樹背後冒出來。在前一天夜裡，誰也沒想到會有這麼多人。

十一月十一日正午，期限到了，對方毫無回音。

艦隊司令採取行動。他一聲令下，艦隊四周的小船把前幾天陸續抓到的穆斯林俘虜逐一分配。每艘船分到兩三個人，並且接到命令，要留意掛在利托亞號中桅的旗幟。[6]

5 Ibid., 714.

6 照日耳曼水手的記載，達伽馬透過一名在葡萄牙受洗的荷蘭猶太人詢問俘虜是想以基督徒的身分死去，還是保有自己的信正午後一小時，旗幟升起。每艘船都用繩索套住人質的脖子，然後把繩子的末端拋上帆桁。人質一面掙扎，一面被拉上桅杆頂端，讓全城的人看見他們活活被吊死。托梅・洛佩斯看到三十四具軀體在索具之間抽搐；馬提歐・達・貝加莫算出有三十八個人。

岸上聚集的群眾愈來愈多，個個看得膽戰心驚。達伽馬的旗艦和一艘卡拉維爾帆船各自朝群眾發射一枚砲彈，眾人連忙撲倒。剩餘的船隻跟著開火，石砲在四周轟隆作響，印度人抱頭鼠竄，不是跳進坑洞，就是匍匐離開海灘。看到他們拚命逃跑，歐洲人扯開嗓門奚落一番。躲在沙坑掩體裡的人開砲反擊，但他們只有幾座老舊的射石砲，命中率差，又浪費不少寶貴的時間重新裝填石砲。海上的船隻轉移目標，向他們集中射擊，於是他們一個一個爬出沙坑，逃回市區。補充的援兵四肢著地，緩緩向前爬行，但不到一小時就紛紛棄守。

艦隊對市區展開激烈轟炸。砲彈在空中轟然越過，靠近海岸的房子被擊中土牆和茅草屋頂。光禿的棕櫚樹一一斷裂、發出嘎吱聲響，隨即應聲倒塌。眾多男女老幼一命嗚呼，數千人逃之夭夭。

當夜幕低垂，達伽馬的手段變得更加駭人。艦隊以接力的方式高聲轉達他的命令，割下掛在索具上的屍體。把頭部和四肢砍下，運到旗艦。達伽馬叫人把殘肢堆在他們搶來的一艘小船。用繩索和旗艦的一艘小艇綁在一起，由一名水手拖出去，讓它隨著潮水漂向海岸。

這堆血腥的屍塊上插著一支箭，箭身上綁著艦隊司令所寫的信。[7]內容以馬拉雅拉姆語書寫，達伽馬勸札莫林仔細看清楚，這些人根本沒有參與攻擊葡萄牙工廠的行動，甚至不是本地的居民，只是他們的親戚，就得蒙受這樣的懲罰。而真正行凶的人，他鄭重聲明，會死得更加慘烈。他接著表示，基督徒的友誼已經漲價了，現在札莫林不只要償還搶走的貨物，為了讓他恢復理智，葡萄牙人耗費了不少火藥和砲彈，也要由他一併償還。

葡萄牙人把砍去頭部和手腳的屍體拋入海中，被上漲的潮水沖刷上岸。當小船漂到海濱，城裡有幾個人跑過來，看到船上恐怖的屍塊，不由得瞠目結舌。在皎潔的月光下，歐洲人可以清楚看見這幅景象，達伽馬下令停止射擊。夜已經深了，但很快有大批群眾湧向海岸。他們在噁心、困惑和驚恐中轉過頭去，拖著疲憊的身軀回家，其中有些人把親戚的頭顱抱在懷裡。喪親的家屬為往生者守靈，甚至不敢點一盞蠟燭或燈籠來表達哀淒之情，以免葡萄牙人放火

仰。他堅稱大多俘虜都要求受洗，不是因為這樣能保住一命，而是因為這樣才能在斷氣之前信仰全能的上帝。不知名的葡萄牙水手記載有三十二個人被吊死。

7 巴羅斯轉述了第一部分，洛佩斯記載了第二部分。科雷亞則一如既往，把事情說得更加恐怖。他說，冒牌修道士被丟進一艘小船，他的耳朵、鼻子和雙手被串成一圈，戴在脖子上，而且刻意讓札莫林知道他把這些都做成了咖哩。剩下還沒死的人質也被切除同樣的身體部位，丟進小船；然後達伽馬「下令把他們的雙腳綁在一起，反正他們現在沒有手可以解開：為了不讓他們用牙齒咬斷繩索，他吩咐手下用棍棒敲打他們的牙齒，結果把牙齒敲下喉嚨。然後人質被丟下小船，一個一個堆起來，和他們身上流出的血混在一起。他再吩咐把墊子和枯葉鋪在他們身上，準備讓船飄到岸邊，然後放火燒船」。科雷亞宣稱死了八百多名穆斯林，還有更多人被頭下腳上地吊起來，給葡萄牙人當靶子。其中有三個人哀求說要受洗，和神職人員一起禱告之後，達伽馬很仁慈地把他們勒死，「這樣他們可能感覺不到身體被箭射中。石弓手射出的箭刺穿其他人的身體，但打到他們身上的箭卻刺不進去，也沒有留下任何痕跡，就直接落地」。科雷亞的說法沒有得到證實，而且幾乎確定是虛構的。但儘管如此，我們必須從時代的脈絡來看待達伽馬的殘暴行為，在那個時代，這些說法不是要指控艦隊司令，而是要讚美他和他的十字軍。Henry E. J. Stanley, trans. and ed., *The Three Voyages of Vasco da Gama, and His Viceroyalty* (London: Hakluyt Society, 1869), 331-34.

燒毀他們的家。直到黎明時分，輓歌和哭泣聲隨著清風傳到葡萄牙艦隊，喚醒沉睡中的水手，讓他們惡夢連連。

既然給了札莫林一夜的時間考慮，達伽馬早早起床，做出致命的一擊。黎明時分，他下令砲兵給艦隊的頭號重型大砲裝上砲彈。海岸附近那些普通的房舍已經化為廢墟，現在砲彈擊中後面地勢較高的大宅。然後，達伽馬無疑是興味盎然地吩咐手下瞄準札莫林的宮殿。連續轟炸了幾個小時，照托梅・洛佩斯的計算，十八艘船的射石砲一共發射了四百多枚炸彈。

正午時分，達伽馬下令停火，等著札莫林自動投降。第一線的船隻撤退，但岸上的人還是沒有回音。

艦隊司令劫持了一艘阿拉伯帆船，把一桶桶美味的蜂蜜和堅果搬光，分配給艦隊的各艘船隻。然後把船停在海岸附近，放火燃燒。正當歐洲人開始吃晚餐，示警的烽火熊熊燃燒時，有十幾艘船從海灘駛出，切斷繩索，把帆船拖走。達伽馬的手下把盤子一推，爬進小船，快速往前划，追趕返回海岸的印度人。眼看就要追上的時候，岸邊聚集了一群人，顯然不是好惹的。他們考慮再三，決定不再繼續靠近，隨後返回艦隊。

現在天已經黑了。帆船還在繼續悶燒，達伽馬決定就此打住。實際上他也不能再怎麼樣了。只要他留在海上，己方的火力遙遙領先，加上對手缺乏經驗，自然是占了上風。基於宗教理由，以勇猛著稱的奈爾貴族軍人不能在海上用餐，所以幾乎不太上船。穆斯林部隊不受這種禁令所限，但他們是商人和水手，不是打仗的料。不過要是在岸上進行肉搏戰，奈爾貴族應該會把達伽馬的手下打個落花流水。印度艦隊司令和卡利卡特的札莫林之間的僵局，在前者的操弄下，升高為一場全面性的戰爭，不過舉凡發動侵略的部隊，在行動前總會猶豫再三，他但願自己已經施加了足夠的壓力，讓敵方從內部瓦解。

十一月三日，達伽馬下令離開這個毀壞了一半的城市。他讓維森特．索德雷留下來，率領六艘大船和一艘卡拉維爾帆船封鎖港口，自己則沿著海岸南下，駛向柯欽。

+

柯欽是馬拉巴爾海岸各港市當中的後起之秀。只有短短一百五十年歷史，而且建港的功臣並非人類，而是季風。對於發生在一三四一年的強烈季風季，在地人至今依然津津樂道，季風讓古港穆奇里（Muchiri，無論是羅馬人，還是在羅馬大軍摧毀耶路撒冷時逃走的猶太人，都對這個繁榮的港市知之甚詳）附近的死水發生劇烈變化，重新形成一片布滿島嶼和湖泊的水鄉澤國。舊港口泥沙淤積，附近一個小國的國君利用新的地景，讓前往首都的船隻改道行駛。

柯欽城的形狀像一根拇指，位於岸邊一座曲折蜿蜒的半島末端。位於拇指正對面的北邊，是三根茂林密布的手指，第四根手指向內陸彎曲。最西邊的手指，維賓島（Vypeen），差點擦過柯欽城的頂端，留下一條狹窄的通道，匯集七條主要河川，形成一連串平靜的潟湖和水路。顯然是馬拉巴爾海岸的最佳天然良港，而且很快就繁榮起來。柯欽最典型的景象，是中國人旅居數十年的遺跡，用巨大的木製轉軸，從岸上拉起和下放猶如蜘蛛網一般的大魚網。當地還有大批猶太商人，住在自己的城區，效忠自己的君主。

柯欽的王室滿懷雄心，立志超越比他們更加富庶而古老的周邊鄰國，特別渴望壓倒目中無人的卡利卡特的札莫林。作為馬拉巴爾海岸最重要的統治者，歷任札莫林都享有特權，可以到柯欽去指指點點，盛氣凌人地判定國王是否適任。葡萄牙人突然冒出來，自然是天賜良機，柯欽國王烏尼・格達・維爾瑪（Unni Goda Varma）熱情歡迎這些異邦人。如果說印度有什麼地方會對艦隊司令熱情相迎，應該就是柯欽。

艦隊在十一月七日抵達，歡迎委員會立刻前來歡迎司令，其中包括卡布拉爾先前留下的兩位代表。城裡的穆斯林商人也知道歐洲人要來的消息。卡利卡特的親戚已經寫信過來，詳細敘述葡萄牙人如何殺人毀城，拜託他們幫忙解除封鎖。他們忿忿不平地訴苦，基督徒甚至禁止他們捕魚，他們眼看就要活活餓死了。代表告訴達伽馬，當地人絕對不會給他好臉色看。

除此之外，還有其他的好消息和壞消息。代表也收到風聲，說有一支大型艦隊正在集結，準備和基督徒作戰。據說札莫林租借和徵收了兩百多艘船，出海尋找葡萄牙人。其中一艘最大的船在柯欽的海岸擱淺，根據船員的說法，這支大型艦隊碰上一場強烈暴風，其他船隻都失蹤了。代表很得意地向他報告，國王把船上的人全數逮捕，一毛也不肯還給札莫林。每次碰上對自己有利、對敵軍不利的天氣，葡萄牙人一如往常，推斷又是神降下的奇蹟，感謝上帝解救他們。

同一天，國王的一個兒子前來，向艦隊司令致意。他解釋說，自己是專程來謝謝達伽馬，在海岸一路燒殺擄掠的時候，放過了柯欽的船。他轉達了父王的感激之情，謝謝達伽馬看在他的份上，對他的百姓手下留情。在香料交易方面，他保證父親會親自擬定最有利的協議，讓艦隊滿載而歸，以示報答。

達伽馬漸漸放鬆心情。他的手下動手維修船隻，特地騰出地方，要堆放他們期待的大量貨品。

三天過去，國王派人傳話，說當天不是黃道吉日，不適合裝貨，碼頭冒出一堆堆小山似的胡椒。不過價格沒談好，商人隨即拂袖而去。四天後，達伽馬只得求見國王。他的船艙空空如也，而且幾乎沒地方做生意。

雙方約定在十四日見面，也就是艦隊抵達的一星期後。艦隊司令搭乘卡拉維爾帆船出發，照例帶了號角、射石砲和旗幟，率領麾下的船長駛進海港的入口。國王坐著轎子來到海岸，身邊隨行的有六頭戰象和足足一萬人（這是根據一名葡萄牙水手所言）。僕人用扇子給他搧風，侍衛用鎚矛擋住群眾，國王的轎子停下。王家的號兵舉起樂器，吹奏一首曲子，同時發射幾枚砲彈致敬。葡萄牙人報以齊鳴的號角和轟隆的禮砲。特使來回穿梭，確定外交上的細節，可是就在雙方即將見面時，狂風吹起，雷聲大作，烏雲密布的天空下起大雨。國王派人傳話說這是不祥之兆，把會面的時間改到兩天後。

當達伽馬再度來到港口，國王已經到了，坐在一艘巨筏上，這是把四艘阿拉伯帆船綁在一起，蓋上木板拼湊而成。托梅．洛佩斯寫道，群眾沒興趣再來看熱鬧，不然就是沒人召集他們來，國王身邊只有四、五個衛兵。

艦隊司令的卡拉維爾帆船一靠岸，國王高高興興地上了船。坎納諾爾那一幕在這裡重新上演，達伽馬親手奉上更多的銀盤、水壺，以及看起來活像純金的鍍金鹽瓶，加上一張綴上銀飾的御用寶座、一百克魯札多、一塊絲絨，還有兩個華麗的織錦椅墊。國王送給艦隊司令和他麾下的軍官更多珠寶。雙方相談甚歡，彷彿有說不完的話，他同意達伽馬的條件，正式批准了達伽馬開出的價格，艦隊司令親自護送他的巨筏回到宮殿的碼頭。

商人埋怨價格太低，但賣家成群來到海岸。葡萄牙人開始夜以繼日地把船艙填滿來自東方的奇珍異寶：胡椒、薑、荳蔻、訶子、阿勃勒、莪逑、野生肉桂、丁香、安息香和明礬。

沒多久，維森特・索德雷率領先前留在卡利卡特的其中三艘船靠近柯欽。原來他們是在千鈞一髮之際逃了出來。札莫林神不知鬼不覺地湊齊了二十艘大型阿拉伯帆船，組了另一支大型艦隊，要攻擊基督徒。部署完成之後，以一支小型漁船隊做餌，把基督徒引進達伽馬第一次前往印度時，船隊浩浩蕩蕩橫越的河口。艦隊躲在棕櫚樹林守株待兔，印度人迅速將歐洲船隻團團包圍，萬箭齊發。水手遇險負傷，一時之間嚇得驚慌失措。後來能夠逃過一劫，是因為一名砲兵想對其中一艘漁船開砲，然而瞄準的目標太高，砲彈誤擊艦隊船長乘坐的帆船，導致船隻翻覆，印度人忙著救援，葡萄牙人才有機會脫身。

有一位來自坎納諾爾的特使和索德雷同行，他到卡利卡特之後，就要求索德雷帶他去見艦隊司令。特使對達伽馬說，他的國王派他來傳話，不管歐洲人在其他地方問到什麼價格，他都願意照價出售，必要時會自己掏腰包來補足差額。除此之外，也願意照他們開出的價格，買下他們帶來的任何歐洲貨。

達伽馬派索德雷去查證，隨後把貨物搬到國王的船上。他這一把賭得很大，幸好在緊要關頭發揮了效果，與其讓採購香料的歐洲商人互相競價，不如讓馬拉巴爾海岸諸國的國王來搶他們這筆生意。儘管如此，馬提歐・達・貝加莫和其他的商人繼續埋怨柯欽的環境不佳。胡椒的搬運停滯，歐洲商品還留在船艙裡。柯欽的商人不斷要求加價，或是找其他理由拒絕裝貨，不止一次違反國王的命令，完全拒絕交易。有好幾次，達伽馬不得不把他的代表找來，向國王大呼小叫，抱怨穆斯林卑劣的行為：有一天，他悄悄溜到宮殿發射石砲，假裝是為國王慶祝，國王也在露台上擠出愉悅的笑容。這些都無法滿足馬提歐和他那些一心想賺錢的同業。「我們不斷自問，」這位義大利商人表示，「這一趟究竟能不能把貨艙裝到半滿。」坎納諾爾的提議已經打動不了他們。「艦隊司令派出三艘王家的船隻，」他接著說，「聽說胡椒數量不足，肉桂的品質又差，所以我們沒有一個人想去。」[8]

儘管國王堅定站在葡萄牙這一邊，穆斯林商人卻策劃了一個計謀。有三個農夫找上了停在港口，準備裝載香料的茹利亞號，賣給了水手一頭牛。事情自然傳到了信仰印度教的國王耳中，他向艦隊司令大表不滿。他和札莫林一樣，在繼承王位之時，宣誓首先要保護牛隻，其次才是婆羅門。達伽馬即刻公開宣告，他的手下一律禁止購買牛隻，違反者要被毒打一頓，同時只要有人膽敢販賣任何和牛有一丁點兒關係的東西，便立刻逮捕，押送到他面前。那三個人又牽了一頭牛來賣，於是馬上被拖到艦隊司令面前，他連人帶牛交給國王。三人未經審判，隨即被處以刺刑，托梅．洛佩斯記載：「這種刑罰是用一根木樁刺穿腰部和胸腔，把臉部撐起來，然後插在地上，和長矛一樣高，雙臂和雙腿張開，綁在四根柱子上，木樁有一塊橫木把四根柱子固定，所以不會被拉扯下來。對於販賣牛隻的人，是罪有應得。」[9]

雙方對這一回的跨文化合作都很滿意，然而就在此時，一批印度人跑來，宣稱他們是基督徒。

8 Teyssier and Valentin, trans. and eds., *Voyages de Vasco de Gama*, 332-33.
9 Lopes, "Navigazione verso le Indie orientali," 720.

這些突然冒出來的印度人告訴瓦斯科爵士，他們是代表三萬名基督徒前來。這三萬人住在更南方的海岸，他們娓娓道出，是使徒多馬（Apostle Thomas）的安息地，他們是多馬的追隨者。托梅．洛佩斯轉述，他們「的外觀極為體面」，也帶來了綿羊、雞和水果等禮物。

達伽馬的兩次印度之行，讓歐洲的地圖徹底重畫，但聖經地理學家的推測仍然深深影響西方人的世界圖像。聽到耶穌有個門徒跑到印度，他們一點也不覺得驚奇。這些剛來的印度人說，從柯欽繼續往南走，有一個叫奎隆[10]的貿易大城，附近有一塊陸地朝向大海綿延伸展，使徒在去世之前行奇蹟，建造了一座大教堂。據說聖多馬[11]衣衫襤褸地來到奎隆，在他傳教之後，最低種姓的印度人皈依了新宗教。有一天，一塊巨大的木頭漂進港口，卡在岸邊不動。國王派了許多人和大象，要把木頭拖上內陸，但木頭始終沒有絲毫動靜。這位衣衫襤褸的使徒發誓說自己搬得動，條件是國王要給他一塊地，好興建一座教堂來供奉他的上主。他把自己能找的木匠全都找來，然後動手鋸木頭，最後鋸出了教堂的構架和覆面。到了中午，多馬拿一支杓子，在裡面裝滿沙粒，沙粒化為米粒，把工人餵飽。完工之後，他把木屑變成銀錢付給工人。不久，使徒變成一隻孔雀，被獵人射中。化身鳥類飛天的他，墜落地面又恢復人形。埋葬之後，他的右手怎麼也不肯留在地下。每次有人推回土裡，第二天又再冒出來。最後挖墳的人放棄了，任由它從墳墓伸出，朝聖者從四方各地蜂擁而來，見證奇蹟。有些中國遊客想把手砍下，帶回國去，可是當大刀一砍，那隻手最終還是縮回墓穴。

接下來的情節比較平淡無奇，來人解釋說聖徒的追隨者派了五個人到外地，設法和其他的基督徒聯繫。他們最後到了波斯，當地有一個基督教團體，在基督教世界以外的地方獨立發展了幾百年，信徒眾多，他們說的是古代的敘利亞語，和耶穌所說的亞拉姆語差不多。從此以後，就由波斯教會派出主教，牧養印度的信徒。[12]

尋找祭司王約翰多年未果，在印度發現找到無數基督徒，又赫然發覺他們信仰的完全是另外一種宗教，到了此時此刻，他們終於見到了真正的印度基督徒。誠然，這些信徒和他們的波斯牧者一樣，屬於聶斯脫里派教會（Nestorian Church），強調肉體凡胎的耶穌與神之子的區別，因此嚴格說來，其實是異教徒。誠然，他們的司鐸戴著頭巾，光著雙腳，而且照這位日耳曼水手的記載，他們膚色黝黑，和其他印度人無異。但是他們有六名主教，在祭壇前面向十字架舉行彌撒，還在彌撒中領聖體，只不過是用泡軟的葡萄乾取代葡萄酒。這總是個開始。

達伽馬滿心喜悅地歡迎來客，又拿絲綢作為贈禮。他們問起歐洲的教會與神職人員，以及水手的家鄉和習慣，聽見他們來自那麼遠的地方，覺得萬分訝異。他們主動向葡萄牙國王臣服，為了表示忠誠，把一支鑲了銀杖頭、綴有小鈴鐺的曲柄杖交給艦隊司令，還有一封他們領袖的親筆信。雖

---

10 舊名 Quilon，現在叫 Kollam，不過根據經外傳說，聖多馬的安息地是清奈南部的麥拉坡（Mylapore）。

11 這些傳說收錄在 *The Book of Duarte Barbosa, trans. Mansel Longworth Dames* (London: Hakluyt Society, 1921), 2:97-99, 127-29，有各種不同的版本。孔雀殉道的情節可能衍生自印度教或佛教的故事。

12 應該是波斯人先到印度。波斯教會或東方教會（西元五世紀的基督論爭議產生的幾個敘利亞基督教派之一）的傳教士，在西元六世紀抵達馬拉巴爾海岸和中國。到了西元九世紀，許多敘利亞基督教徒遷移到印度南部。十四世紀末，帖木兒剷除了波斯基督教，這個印度的團體是少數存活下來的教徒，只不過已經分裂成兩個群體，奉行不同的敘利亞儀式。到了西元十七世紀，有些聖多馬基督徒在葡萄牙的壓力下加入羅馬的教派，也有人背叛葡萄牙，和羅馬分裂，創立西敘利亞聖多馬基督教、東敘利亞聖多馬基督教、西敘利亞羅馬天主教、東敘利亞羅馬天主教、非敘利亞羅馬天主教、兩個東方敘利亞教派和其他一直延續至今的教派，導致印度的基督徒進一步分裂。

然人數不多，他們顯然很願意支持同屬基督教的葡萄牙人，對抗信仰印度教的統治者，以及在這些城市一言九鼎的穆斯林。假如葡萄牙國王在他們居住的地方建立要塞，他們大膽提議，就可以主宰整個印度。

消息傳回基督教信眾那裡，十二月中，奎隆的第二個代表團抵達柯欽。他們告訴艦隊司令，他們的城市有大量香料，達伽馬派出三艘船隻，沿著海岸南下。法蘭德斯的水手也在船上，他轉述說奎隆有「將近兩萬五千名基督徒」，分屬「將近三百間基督教堂，全部以使徒和其他聖徒的名字命名」。[13]他造訪聖多馬教堂時，發現教堂孤懸海上，附近小鎮的建築大多殘敗毀損，基督徒靠著每年納貢，才得以在此居住。儘管如此，歐洲人買到了大量的胡椒和一些肉桂及丁香，用現金、銅器，以及他們從米里號搶來的鴉片付帳。

回到柯欽，新收成的胡椒總算運到了。馬提歐・達・貝加莫依舊抱怨自己被迫把貨物虧本出售，柯欽的藥物和寶石貨源短缺，商人又短少斤兩，不過船艙很快就裝滿了。在此同時，一艘從坎納諾爾回來的卡拉維爾帆船向達伽馬報告，維森特・索德雷不只買到大批香料，還在海上捕獲及洗劫了三艘大船。其中一艘船上有一百多名男子，大多都被俘虜或殺害了。如果明買明賣不足以達成目標，隨時可以靠搶劫來彌補不足。

13 *Calcoen: A Dutch Narrative of the Second Voyage of Vasco da Gama to Calicut*, trans. J. P. Berjeau (London: B. M. Pickering, 1874), 29.

第十六章　海上的對峙

柯欽和奎隆的歐洲人興高采烈地度過聖誕佳節。只不過在十二月二十九日，發生一件有點掃興的事，聖安東尼號突然劇烈搖晃，驚醒了船上熟睡的水手，發現錨繩斷裂，船隻撞上海岸，海水以驚人的速度湧進來。他們開了兩砲，馬上有小船划過來馳援，但船隻擱淺了一整晚，直到天亮以後，才拖去緊急維修。

一五〇三年初，就連達伽馬在卡利卡特人面前展現的殘忍暴行，似乎也發揮了效果。札莫林原先派了兩艘採珠船來盯梢；葡萄牙人奪走船隻，當下把船員全數處決。不過這時來了一個大使團，呈上札莫林剛寫好的書信，重申雙方友誼永固。只要艦隊司令肯回去，札莫林保證賠償他們被沒收的貨品。為了確保安全，達伽馬可以隨意扣留一名人質，等他完全滿意了，再把人放走。

送信的是一位婆羅門，由他的兒子和兩位奈爾貴族陪同。「這位婆羅門，」洛佩斯記載，「類似主教和隱修士，地位崇高。」[1]他接著說，凡是屬於婆羅門這個階級的人，即使在戰地，也能毫髮

---

1 參見“Navigazione verso le Indie orientali scritta per Tomé Lopez,” in Ramusio, *Navigaioni e viaggi ed. Marica Milanesi* (Turin:

無傷地隨意出入，因為凡是傷害婆羅門的人，會馬上被逐出印度，終生不得赦免。前來傳話的婆羅門宣布他想跟著艦隊前往葡萄牙，葡萄牙人更是洋洋得意。他說他帶來的珠寶，足以支付路上的開支，如果獲准同行，他會買些肉桂來做點生意。他甚至詢問能不能讓自己的兒子和姪兒一塊兒去，學習拉丁文，同時了解基督教的信仰。

聽了這番話，達伽馬心中竊喜，一時間得意忘形，放下平時應有的疑心。他心想，札莫林顯然是在他連番轟炸之下，腦子清醒過來，於是他決定親自和大使一塊兒回去。當手下的船長紛紛抗議，他斷然回答說，要是札莫林說話不算話，他就把婆羅門和同行的信差吊死。他不是白白冒險，只要能收服卡利卡特，使其接受葡萄牙的統治，他就能衣錦還鄉。

艦隊司令把這位貴客帶來的珠寶和香料在旗艦妥善收藏，登上他堂弟埃斯特旺的海上之花號，只有一艘卡拉維爾帆船同行，啟程前往卡利卡特。

柯欽的商人盯著艦隊司令離去，隨即把秤往旁邊一放。即使國王說得天花亂墜，他們也充耳不聞，這些商人埋怨：這個基督徒三心二意，跑回卡利卡特去買香料。達伽馬把柯欽的艦隊交給路易·庫迪尼奧（Luís Coutinho）指揮，他是里昂納達號的船長，也是一名富有的貴族。他去找商人理論，直到凌晨兩點，仍然無法和對方達成協議，於是指派喬凡尼·博納格拉齊亞帶著信去追趕艦隊司令，在信中請他下令如何應對。博納格拉齊亞的同袍托梅·洛佩斯也在船上，再度描述了事發經過。

由於風力微弱，這位義大利船長在海上航行了三天。抵達卡利卡特時，他慢慢開到距離海岸不到半里格的位置，卻連海上之花號的影子也沒看見。他直接駛向坎納諾爾，以為艦隊司令已經和札莫林講和，跑去跟他舅舅索德雷會合了，但由於東北風強勁，船隻根本無法靠近港口，於是他又返回卡利卡特，依舊認定一切都很順利。幸好風向再度拒絕配合，他只得回到坎納諾爾，終於看到先前失蹤的船隻安裝了全套作戰設施，「彷彿要和一千艘船開戰」。[2]船長升起了國旗和軍旗，船員互相訴說這幾天的經歷。

洛佩斯聽說，達伽馬剛到卡利卡特外海，就打發卡拉維爾帆船去坎納諾爾接他舅舅。現在只剩十幾個水手負責保護他，達伽馬向婆羅門懇切陳詞，請他一字不漏地向札莫林轉述。他說，敵對的雙方往往會結成好友，基督徒也會把札莫林當朋友。從此刻開始，雙方可以像兄弟一樣做生意。

婆羅門答應在天黑之前回來，結果上船的卻是另外一名信差。他宣布，艦隊司令要的錢和香料都準備好了，只要他派一位具有貴族身分的人進城，把他們的舊帳算清楚。

達伽馬開始懷疑自己被耍了。他氣沖沖地回答，就算是船上地位最卑微的小廝，也別指望他派去。這是他不知道第幾次對札莫林說，把虧欠他們的東西還清，不然就一拍兩散。

信差建議達伽馬至少再留一天，信差說他很清楚札莫林和他子民的意願。信差接著表示，事情很快就會明朗化，而且他保證會給達伽馬一個答案。

當天晚上，在天亮前的最後一刻鐘，瞭望員發現一艘採珠船從岸邊出發。接著仔細一看，才發

Einaudi, 1978-1988), 725。科雷亞宣稱達伽馬用燃燒的灰燼刑求婆羅門，然後砍下他的嘴唇和耳朵，然後把狗的耳朵縫上，這些話聳人聽聞，而且無疑是憑空捏造地宣稱。對於信差的人數、身分、他的任務和命運，不同的資料來源有不同的說法。

2 Ibid., 726.

現方才見到的船隻不是一艘，而是綁在一起的兩艘採珠船，正朝他們的船隻筆直開來。

艦隊司令被船上的高級船員叫醒。匆匆穿上衣服，趕到甲板上，以為札莫林終於送來他們等待已久的貨物。結果卻發現另外還有七、八十艘採珠船，默默從岸邊划過來。他認定這些一定是捕魚的船隊，在清晨出海打撈。

前面帶頭的兩艘船，毫無預警就開砲射擊。鐵製的砲彈掠過海面，擊中海上之花號。艦隊的其他船隻尾隨而至，任意發射。一有基督徒現身，大量的弓箭便從月色瀰漫的夜空紛紛落下，猶如黑雨。由於現在敵人距離太近，射石砲完全派不上用場，歐洲人只好爬上桅杆，丟石塊反擊。

從柯欽前來的路上，達伽馬劫持了一艘採珠船，綁在海上之花號的船尾。印度人在船上堆滿木柴和火藥，放火一燒。火焰很快躍上尾柱，船員連忙把繩索切斷。在千鈞一髮之際，火焰熊熊的採珠船隨著海流飄走。

當微光從地平線的盡頭射出，更多小船從岸邊出發。很快就有兩百艘船把落單的葡萄牙船隻團團包圍，只要一進入射程範圍，便開始射擊。[3]他們的槍砲雖小，但一心想報復的札莫林，顯然已經竭盡全力，把他能找到的武器全都弄來。

海上之花號危在旦夕。把船錨拉上來要花不少時間，會讓船員暴露在致命的砲火下，只能在倉促間把纜索砍斷。

船帆張開，但船隻不動如山。前一天晚上，達伽馬悄悄下令拋下一個特製的船錨，以防札莫林的人把其他船錨砍斷。最後這個船錨用好幾條鐵鏈綁著。頂著漫天飛來的弓箭，雖然嚇得直打哆嗦，也只能把鐵鏈一條條砍斷。

過了大半天，船隻才終於開動，敵軍的艦隊全速追趕。葡萄牙船隻剛剛啟航，風勢馬上停歇，船帆垂下，小船划槳前進，再度把他們團團包圍。

說時遲那時快，維森特・索德雷指揮的船隻和兩艘卡拉維爾帆船映入眼簾。看到這番光景，他們抽出船槳，拚命滑向印度艦隊。等距離夠近了，便發射大砲，印度人各自散開，退回城裡。

印度艦隊司令的顏面蕩然無存。他禁不住那個婆羅門的逢迎諂媚，二話不說就跳入陷阱。他負了傷，有個葡萄牙水手說他身上有十一個傷口。他誤判了對手的膽識，而且差點因此賠上性命。

達伽馬把剩下的幾名使節，包括婆羅門的兒子，吊死在卡拉維爾帆船的桅杆上，下令所有船隻盡量靠近卡利卡特，反覆來回展示。大批人群跑出來邊看邊罵，葡萄牙人開砲攻擊。等印度人看夠了這個驚悚的演出之後，艦隊司令把屍體放下來，丟進他搶來的一艘小船裡。把船送到岸邊，附上給札莫林的最後一封信。

「你這個卑鄙小人！」信上寫著，「你派人來請我，我應約前來。你已經黔驢技窮，否則的話，不會只有這些把戲。你會得到應有的懲罰，他日我重回此地，必會讓你償還對我的虧欠，而且我要的不是錢。」[4]

這些威脅嚇不了人，而且達伽馬沒有足夠的兵力證明他所言非虛。他倉皇退回坎納諾爾，和托梅・洛佩斯的船會合。他們停留了幾天，把香料裝船，然後返回柯欽，和卡利卡特保持距離，以策

3 貝加莫提出的數字。根據佛羅倫斯商人科比內利的記載，等到艦隊返國時，敵軍船隻的數字已經膨脹到四百或甚至五百艘。

4 Lopes, "Navigazione verso le Indie orientali," 728.

安全。

十

和卡利卡特無休無止的衝突，很可能讓瓦斯科・達伽馬肩負的重任毀於一旦，但柯欽再度成為他的安全避風港。艦隊重新集結，水手互相訴說彼此的經歷，艦隊司令兩度晉見國王。最後雙方達成協議，在柯欽成立一家長期經營的葡萄牙工廠，有三十名工作人員，但這可不是普通的工廠。從今以後，葡萄牙國王的主要代表有權管轄柯欽所有的葡萄牙人，以及全印度的基督徒。為了彰顯國王與歐洲人的友誼多麼堅固，或是達伽馬對他的信仰多有信心，這位代表得到公開授權，任何基督徒一旦叛教，改信伊斯蘭，都由他全權處理。這不是單純的貿易條約，歐洲的第一個印度殖民地就此成立，至少在形式上，印度的基督徒必須臣服於葡萄牙國王。對柯欽的國王而言，只要寫幾個字，就能讓歐洲人心甘情願地為他擴張勢力，簡直是無本生意。結果很快就發現他付出的代價一點也不小，這份協議侵犯了鄰國統治者的權利，隨時可能釀成災禍。

到了二月十日，準備謁見曼努埃爾一世的使節帶著書信登船，達伽馬在柯欽的事情辦完了，打算再回坎納諾爾一趟，然後啟程回國。他推測只要能和科拉第里達成類似的協議，就可以圍堵冥頑不靈的札莫林，且必要的話，不惜讓他的新盟友互相猜忌。不過在出發之前，又有更多令人不安的消息傳來。札莫林已經成功重新集結，組織了一支全新的作戰艦隊，令人聞風喪膽，這一次他矢志要將殘暴的葡萄牙人一舉殲滅。

達伽馬強壓心中的怒火，立定決心迎接最後一戰。他打算在敵軍做好萬全準備之前，先引蛇出洞，用激將法逼對方開戰。艦隊司令和他的舅舅維森特把船帆張滿，駛離港口，全速前進，而路易・庫迪尼奧爵士搭乘小船，到艦隊的其他船隻那裡繞了一圈，交代眾位船長稍安勿躁，只要遠遠地跟著就好。

兩天後，庫迪尼奧的護航船隊慢慢開進卡利卡特離岸不到四、五里格的範圍內，瞭望員看見一支龐大的阿拉伯帆船艦隊從北方迎面駛來。洛佩斯數出有三十二艘船，法蘭德斯水手數出三十五艘，一名葡萄牙水手數出三十六艘，馬提歐則數出三十八艘。每艘船的兵力多達五百人，絕非上一次攻擊歐洲人的小船所能比擬，且體積也遠遠勝過最大的幾艘葡萄牙船隻。達伽馬成功地引蛇出洞，但對方似乎是有備而來。

基督徒逆風而行，速度十分緩慢。穆斯林順風前進，船帆張滿。眼見對方快速逼近，正當歐洲人就戰鬥位置時，偌大的阿拉伯響板如戰鼓一般，敲打著不祥的節奏，隨著微風聲聲傳來。

葡萄牙的船隻又發出一聲驚叫。大批採珠船和細長的划艇從城區駛來，全副武裝，同時已經發動砲火攻擊。達伽馬的人趕忙回擊，但小船源源不絕。印度人已經知道要不斷逼近，才能避開歐洲大砲的射程範圍，如此一來雙方近身肉搏，他們才能發揮人數上的優勢。輕巧、快速的小艇來到艦隊所在位置，瞄準裡裡外外，射出大批弓箭。

葡萄牙船隻的負載沉重，而且船身破舊。舵手使盡力氣轉動舵柄，船隻才慢吞吞地轉向，各自漂向陸地和大海。另外有兩艘柯欽的商船和他們同行，把情勢變得更為複雜。這兩艘船的速度更慢，因此成為札莫林的小艇鎖定的目標，試圖先把它們擊沉。兩艘船的船東都是穆斯林，但達伽馬不打算拿他們當犧牲品，以免危及他剛剛和他們國王簽訂的條約。看到他發出的緊急信號，艦隊的船隻慢慢在商船周圍集結。

此刻的情勢凶險，但歐洲人占了一個莫大的優勢，他們大砲的火力仍然比敵軍的武器強大得多。這時阿拉伯艦隊已經進入射程範圍，最靠近外海的那艘葡萄牙船隻發射砲彈。幾枚砲彈正中目標之後，阿拉伯帆船連忙向卡利卡特撤退。這時風勢瞬間停歇，使歐洲人無法乘勝追擊。

達伽馬扯開嗓子，再次下令。在印度人不斷開火的同時，船員放下小艇，綁在船首，拚了命地划槳，沿著海岸一路拖著整個艦隊前進。辛苦了老半天，終於划到了卡利卡特海岸，逼近敵軍。大小船隻砲彈齊射，發出驚天巨響，連續幾輪下來，阿拉伯帆船的船身布滿坑洞，朝城區的方向四散奔逃。

兩艘卡拉維爾帆船抽出長槳，上前追趕阿拉伯旗艦。突然一陣強風吹來，把船身輕巧、剛上過焦油的帆船吹到岸邊，負載沉重的卡拉維爾帆船苦苦追趕，不停開火射擊。旗艦拒絕投降，卡拉維爾帆船不得不保持距離。兩艘船加起來只有幾十個人，無疑是敵眾我寡。

最後，一艘偌大的葡萄牙船隻拖著笨重的身軀駛進，和一艘阿拉伯船隻打得正起勁時，敵軍的另一艘船隻從側面撞過來。穆斯林水手紛紛跳船，游向陸地。基督徒划著小船追趕，擲出長矛，把他們活活刺死在海裡。根據托梅．洛佩斯的記載，在數百人當中，只有一個人大難不死，成功逃脫。

歐洲人登上兩艘阿拉伯帆船，發現一名少年窩在角落裡打哆嗦。達伽馬立刻下令把他吊死，接著又改變主意，對他仔細盤問。少年對俘虜他的人說，札莫林損失慘重，要求穆斯林商人挺身而出，自己和敵人作戰，否則的話，「就讓他們和他們的女人全部人頭落地」。[5] 凡是他能買到、求到和借到的每一門大砲，全部搬到穆斯林的船上，而且每天對他們大發雷霆，說自己都是為了他們才和基督徒開戰。多達七千人加入艦隊，並且誓言擊敗葡萄牙人，否則寧死不歸，不過到頭來，札莫林還得拿出棍棒伺候，才好不容易逼他們上船。由於準備不足，自然潰不成軍，雙方剛開始交戰，幾枚石砲從岸上飛來，就被神經過敏的船長認定是撤退的信號。

兩艘被捕獲的船上，幾乎找不到任何戰利品，僅有一些堅果、白米和飲水，七、八座矮胖、破舊的射石砲，一些盾牌和刀劍，外加許多弓與箭。[6]在搜查過程中，葡萄牙人又發現兩名穆斯林躲在船上，隨即一刀斃命，甚至不給他們禱告的機會。完事之後，便放火燒船。

歐洲人血脈賁張。剩下的艦隊加速追擊，直到船頭衝上岸邊，但其他三十幾艘阿拉伯帆船上的人已經上了岸，逃之夭夭。就連托梅．洛佩斯也不解艦隊司令為什麼不下令焚城。他酸味十足地表示，札莫林唯一占便宜的地方，是「海風徹夜怒嚎，把死屍全數吹到岸上，讓他們慢慢數個夠」。[7]

考量到船上裝滿香料，返國的時間又迫在眉睫，達伽馬偃旗息鼓，率隊駛向坎納諾爾，半信半疑地盼望他所做的一切，已經足以壓制狂暴的札莫林。

十九艘船在二月十五日的正午抵達，一船船的穆斯林商人馬上來恭迎大駕。這些商人已經收到卡利卡特傳來的消息，其中有些駭人聽聞的地方。札莫林派出的作戰艦隊總共有一萬六千人，他們

5 Ibid., 730.

6 卡斯達聶達說有很多戰利品，包括許多瓷器、白銀，和一座金色的偶像，眼睛鑲的是翡翠，胸口有一顆很大的紅寶石。科雷亞補充說，水手在甲板下發現許多女子，其中有幾個美女，達伽馬留著獻給王后。兩種說法都不可信。

7 Lopes, "Navigazione verso le Indie orientali," 730.

說，葡萄牙人殺了足足一千人。光是他們捕獲的那兩艘船，就死了七百人。而奉派到旗艦的五百人，有一半被砲彈炸死，另一半是斷了手腳。旗艦本身被炸得粉碎，差點在上岸之前滅頂。

商人接著表示，札莫林從山上一棟房子的角樓目睹整場戰役，聽得達伽馬心花怒放。更讓他得意的是，有幾個向他通報消息的人，正是料到札莫林必敗無疑，才帶著老婆孩子跑到坎納諾爾。卡利卡特的人飢貧交迫，他們說糧食的價格漲了兩倍，靠城裡面的資源，頂多只能再撐幾個月。他們繼續說道，許多財大勢大的商人，因為航運中斷，已經棄城而去。札莫林氣瘋了，發誓要把第一批落在他手上的基督徒活活燒死。

整體而言，這些穆斯林商人不但沒有怪罪異邦人，反而對他們的勝利表示滿意。科拉第里龍心大悅。他不但歡迎從卡利卡特逃過來的難民，出錢讓他們雇用船員，而且正準備派出船隻馳援歐洲人。達伽馬毫不留情地攻擊他的對手，終於讓他毫無懸念地站在基督徒這一邊。

達伽馬斷定坎納諾爾的統治者終究是可信之人。他著手安排，在一棟寬敞的房子裡設立一家常設性的工廠，留下二十個人負責經營，並且向他的同胞擔保每年都會回來。科拉第里宣誓會保護他們，並且供應香料，而艦隊司令答應保衛他的王國不受侵略。離開之前，達伽馬向國王獻上幾件華麗耀眼的金色和深紅色長袍，正是他四個多月前從米里號偷來的土耳其絲絨。

船艙裡的香料堆得很高，儲藏庫放滿了水、魚和白米。二月二十二日，完成了最後的準備工作，達伽馬再度離開印度。他的兩位舅舅，維森特和布朗斯則率領他們的三艘船和兩艘卡拉維爾帆船，留下來維持印度洋的治安，這是歐洲第一批長期派駐在東方水域的軍艦。

艦隊司令決定試行一條橫越印度洋的新航路，直接開往莫三比克島。這條航線跳過了馬林迪，以及忠心耿耿、為達伽馬登陸印度立下汗馬功勞的蘇丹，不過應該可以在回程途中省下不少寶貴的時間。

當時的歐洲人對全球許多水域聞所未聞。在橫越印度洋的過程中，他們數度行經一連串不知名的島嶼[8]，把船開到淺灘邊仔細張望。有一座島上的居民生起一大堆篝火來吸引他們，不過達伽馬不放心船上寶貴的貨物，所以決定繼續航行。

連續七個星期，船隊在暴風中逆勢前進，在無風帶張滿船帆，緩緩漂流。船隻的速度慢如牛步，而且漏水嚴重，水手開始祈禱，希望在船隻沉沒之前抵達陸地。兩艘比較輕巧的船隻先行離去，到了四月十日的黎明之前，他們總算能拿出鉛錘來測水深，然後發射石砲。第二天早上，水手認出了非洲海岸那片熟悉的帶狀綠地，到了四月十二日晚上，就在莫三比克的外海下錨。

旅途漫長、負載沉重、加上連番征戰，對歐洲的航海技術是莫大的考驗。在十四艘船隻當中，許多已經不堪使用，於是再次卸下貨物，傾船檢修。船體滿是蟲蛀的破洞，活像是用洞洞板拼起來的，唯一的辦法是睜大眼睛盯著木材，把每個洞用小木棍塞住，洛佩斯估計總共補了五、六千個

8　指拉克沙群島（Laccadives）和馬爾地夫群島（Maldives）。在比較靠近非洲的地方，艦隊穿過了塞席爾群島、葛摩群島（Comoros）和阿米蘭特群島（Amirante Islands）。最後一處群島是印度艦隊司令達伽馬命名的。

洞。然後把檢修好的船重新捻縫、下水、裝貨、補給飲水和木材。達伽馬挑出狀況比較好的聖加百列號和聖安東尼奧號，要他們先行出發，把消息回報給曼努埃爾一世。這兩艘船都帶了一份馬提歐・達・貝加莫寫給雇主的報告。這個頑固的義大利人花了幾天的工夫，把他的書信做最後修飾，想必也希望不會有人偷偷打開來看。印度人和阿拉伯人都不是等閒之輩，沒有葡萄牙人以為的那麼好對付：

當初在里斯本，有人說我們的船比他們的好，我認為這是謬誤之見，我們從經驗中得知，事實正好相反。我認為只要一天不和卡利卡特議和，他們必定會保持戰備，如此一來，假使我們要自我防衛，而非棄械逃跑，自然需要龐大、武裝精良的船隻。因為今年卡利卡特、坎納諾爾和柯欽共計有一百六十幾艘船被暴風摧毀，船上的人無一生還，若非他們損失慘重，我們恐怕（應該說是絕對）沒有任何人能留在那裡，不然就是八成買不到貨。但如果至少有十二到十五艘載重兩百噸以上、武裝和設備精良的船隻來到這個區域，他們應該可以相當安全地裝船，而且也買得到貨。這是我的想法。[9]

他接著寫道，瓦斯科・達伽馬本人一再堅稱國王絕對不會讓商人自行武裝，但卻又建議他的雇主不要讓葡萄牙和印度人傷害自己的利益。他抱怨說，達伽馬拒絕讓他和他的同事協商自己的貿易條件，命令他們把賣不完的貨交給國王的代表，等回到里斯本再付款，否則就丟進海裡，而且不管劫持了多少船隻，一律把搜刮來的戰利品留給葡萄牙國王。這位義大利人極力主張，商人應該審查自己的協議條款，就艦隊司令造成的損失提出賠償。

兩艘船在四月十九日離開莫三比克。[10]艦隊司令本人率領八艘船在十天後啟程，最後五艘船則是又等了兩天才揚帆出發。

最後一支小船隊才剛剛離港，瞭望員就看到達伽馬的艦隊回頭朝他們開過來。他率領的其中兩艘船，海上之花號和里昂納達號嚴重進水，幾乎無可挽救，於是艦隊長下令十三艘船全數返回莫三比克，展開進一步的維修工作。

五月四日，達伽馬又挑了兩艘船先行出發，以防最早離開的兩艘船碰上麻煩。這是明智之舉。五月二十日，船員已經盡力把船體上的蛀洞補好，剩下的十一艘船再次出海，結果不到幾天又回來了。托梅．洛佩斯搭乘的正是其中一艘船，並且轉述了事發經過。

9 參見Paul Teyssier and Paul Valentin, trans. and eds., *Voyages de Vasco de Gama: Relations des expeditions de 1497-1499 et 1502-03*, 2nd ed. (Paris: Chandeigne, 1998), 338。不知道因為什麼原因，在這裡和整封信中，這位義大利商人都用「君士坦丁堡」代替「里斯本」。

10 洛佩斯說有十五艘船離開莫三比克。如果他的數字是對的，在莫三比克建造的卡拉維爾帆船可能已經取代了在索法拉外海沉沒的船隻。關於返航的出發日期和其他細節，每一份紀錄都有些出入。我主要是根據洛佩斯的記載，不過也用不同船隻上的第一手資料加以補充。洛佩斯和日耳曼水手在六月十六日離開，雖然後來日期模糊了，法蘭德斯水手幾乎確定是跟同一批人離開的。葡萄牙水手和達伽馬及最後一支船隊在六月二十二日出發。貝加莫在四月十八日把他寫的信做了最後潤飾，他以一貫的自信，向雇主保證他預期不到六天就會啟程返航，並且會超前其他比較不適合航海的船。他第二天把信送出去，他的第一手見證也就寫到這裡，不過他的耐心無疑受到最後一次嚴酷的考驗。

航行的前七天一切順利。然後到了第八天，在毫無預警的情況下，海上颳起一場暴風雨，海浪不住地翻騰，巨浪滔天。天黑之後，里昂納達號直接撞向洛佩斯那艘船，船上的人連忙向上帝祈禱。船隻的艄樓有部分損毀，舷側裂開。兩艘船的桅牽索纏在一起，由於海浪洶湧，試圖解開索具的人反而被繩索纏身，劇烈搖晃。洛佩斯的船好不容易擺脫糾纏，里昂納達號又衝過來，撞入船首附近。船身冒出一個巨大的裂口，桅牽索、木板、鐵鏈和船帆紛紛倒塌。水手深信此時大難臨頭，只要再傳出破裂和撞擊的聲音，他們的心就禁不住撲通亂跳。多半只好認命、跪倒在地、向神禱告。最後總算有幾個體型比較矮胖的人設法割斷索具，把兩艘船分開。水手接力舀出上湧的海水，有人用唧筒，有人就近拿手邊的容器來用。另外有幾個人提著燈籠涉水進入大艙，發現船身的底部完全沒有漏水。但儘管如此，許多人都相信船沉在即，有十三個人棄船，跳到里昂納達號去。

洛佩斯和其餘留在船上的人確信，若非上帝出手，他們必定命喪黃泉。碰上這樣的天災，這名辦事員記載，根本不可能活下來，所以他們個個都發誓一回國就去朝聖。無論是不是奇蹟，他們尚未脫離險境。他們試圖轉往艦隊司令指定的航向，結果海水立刻又湧進來，船隻朝破裂的一邊嚴重傾斜。由於浪高依舊驚人，高級船員決定冒險在甲板生起篝火，向其他船隻發出信號。

達伽馬的船隻率先趕到，他高聲喊叫，問他們要不要棄船。靠上帝保佑，船上的人大聲回答，他們還能撐到早上。接著海上之花號來到現場，並且主動派出小船救援。船員努力向同袍勸說，海象如此凶險，他們一定會沉進水裡，但洛佩斯和手下的人堅信他們受到超自然力的保護。

五月三十一日，艦隊又開回陸地，領航員發現他們從莫三比克航行了不過短短十里格，經過一試再試，直到第三次才順利領船入港，第二天，洛佩斯的船歪歪斜斜地開回來。里昂納達號同樣嚴重漏水，需要維修，艦隊重新展開了檢修工作。

在海上航行許久，糧食的補給嚴重短缺。麵包和葡萄酒的配給都縮減了。這是他們第三次在莫三比克靠岸，四天後，米糧吃光了，他們就吃非洲小米，接著小米也吃光了。最後別無他法，只好把筒底的餅乾屑，至少是老鼠沒吃完的部分弄來吃。現在油和蜂蜜都一滴不剩，只好用水煮來吃。洛佩斯記載，煮出來的東西，「完全不需要調味，反正聞起來活像臭死狗，不過因為飢餓難耐，我們照樣吃下去」。[11]

到了六月十五日，他們的處境惡劣不堪，達伽馬下令三艘船即刻返國。他們在次日清晨出發，後來三艘船被暴風雪打散，幾乎滅頂，幸而逃過一劫，最後終於見到了好望角。卻沒想到會在這裡遇見兩艘新近出發、準備開往印度的葡萄牙船隻，彷彿要讓他們見識一下，自從達伽馬初次踏入印度洋，五年以來，情勢有了多大的變遷。他們發射禮砲，放下小船。除了報告國王喜獲麟兒的消息，也送上一袋袋的麵包。返國的船員繼續航行，在好望角周圍觀賞鯨群游水，用砲彈射擊巨大、滑溜的鮪魚，然後在一座小島靠岸，設下陷阱，把一群群不識人類的飛鳥抓來燒烤。依照法蘭德斯水手的記載，受害的不只是鳥。到了七月中，糧食再度耗盡，七月十三日，他若無其事地轉述：「我們發現一座島嶼，至少在島上殺了三百人，也活逮了不少，並且在那裡取水。」[12]誠然，這照例

11 Lopes, "Navigazione verso le Indie orientali," 736.

12 *Calcoen: A Dutch Narrative of the Second Voyage of Vasco da Gama to Calicut*, trans. J. P. Berjeau (London: B. M. Pickering, 1874), 32.

是他的誇大之詞，不過洛佩斯對此事隻字未提，卻十分反常。

小船隊繼續朝維德角航行。在距離群島不算太近的地方，遭遇一場強烈暴風，只好在顛簸搖晃的海上下錨。每個人都病了，而且二十天沒有麵包下肚。日耳曼水手也在其中。就在緊要關頭，他轉述說，又有一艘葡萄牙船經過，「送了我們麵粉、烤好的糕餅和煮熟的麥片粥，還讓我們狠狠飽餐一頓。每兩三天就有一個人斷氣，剩下的人也因為環境的改變而感到更加難受和沮喪」。[13] 最後這三艘船來到亞速群島，把大批魚製品裝船，順風西行，前往里斯本。

至於留在莫三比克的船，每次兩艘或三艘，只要完成補給便即刻馬上出發。印度艦隊司令負責殿後，直到六月二十二日才啟程。其中兩艘船在一個漆黑的暴風夜失了蹤，根據一名葡萄牙水手的記載，他們的船隻進水，一路心驚膽跳，搖搖晃晃地駛向返鄉之路。在開往亞速群島途中，全員病倒，無人掌舵。船上只有發霉的海餅乾可吃，上面還爬滿蛆蟲，原本帶上船來吃老鼠的兩隻狗和兩隻貓，全都進了病人的五臟廟。

✝

船還在海上，香料的氣味便已飄進港內。一千七百噸的胡椒、肉桂、丁香、薑、豆蔻、蘇木、沉香木、油柑子、阿勃勒、莪朮、安息香、樟腦、酸豆、麝香和明礬的香氣瀰漫船艙，遮掩了出海將近兩年的人身上的臭味。

最早返航的船隻在八月底抵達里斯本，他們帶回的消息確立了達伽馬的威名。「凡所到之處，」馬提歐的老闆吉安弗朗科．艾菲塔迪（Gianfranco Affaitati）對當時人在西班牙的彼得羅．帕斯夸里哥轉述，「無論透過友誼或武力，他總是有辦法達到目的。」[14]

十月十日，印度艦隊司令的船隻風風光光地開進里斯本。到了月底，至少有十三艘船平安返航。有一艘船在剛出發的時候，就在索法拉外海擱淺，另外有一艘全艦隊最老舊、嬌小的船，在返國當天遇上劇烈暴風，只得在五英里外下錨。「由於風勢強勁，」一位目擊者轉述，「錨纜全數斷裂，在海浪的沖擊下，船隻四分五裂，船員抓住木板自救，因此最多只有四個人溺斃。」[15] 除此之外，艦隊算是全數平安返國。

他的偉大功業，和他重要對手的厄運形成鮮明的對比。印度艦隊司令二度出海的三個月後，海洋艦隊司令就從西班牙出發，這是他第四度前往新大陸，也是最後一次。哥倫布抵達伊斯帕尼奧拉時，向總督提出預警，說颶風即將來襲，總督置若罔聞，拒絕讓他進入港口。過了兩天，第一支西班牙尋寶艦隊從這個殖民地出發，便遭遇迎面襲來的熱帶暴風。艦隊由三十艘船隻組成，其中二十艘翻覆，大批的黃金和五百名人員，包括總督自己就這樣沉入海底。哥倫布的四艘破船躲在河口避

13 Miloslav Krása, Josef Poli[š] enskyâ, and Peter Ratko[š], eds. *European Expansion* (1494-1519): *The Voyages of Discovery in the Bratislava Manuscript Lyc. 515/8* (Codex Bratislavensis) (Prague: Charles University, 1986), 80-81.

14 Letter dated Lisbon, August 20, 1503, quoted in Sanjay Subrahmanyam, *The Career and Legend of Vasco da Gama* (Cambridge: Cambridge University Press, 1997), 225.

15 Krása, Poli[š] enskyâ, and Ratko[š], *European Expansion*, 81。日耳曼水手說有一艘船在八月十九日返航，一艘在八月二十七日，一艘是十月七日，九艘是十月十日，一艘是十月十四日。老舊的船隻二十四日在里斯本外海撞毀。「有一艘小船還沒回來，」日耳曼人補充說，「有人擔心這艘船也撞毀了。」不過根據其他的資料，到了一月還有船隻抵達里斯本。

難，暴風過境時，他到上一次出海時發現的大陸勘查。到了巴拿馬，他發現在距離幾天腳程的地方，是一片全新的海洋，他確信自己很快就會發現可以直接航向印度的海峽。

他一直沒有這個機會。避開颶風之後，他的船隊遭遇更加猛烈的暴風。一艘船隻受損，受困河中，在附近一個部落的攻擊下，他被迫棄船。剩下的三艘船隻布滿蛀洞，快速進水，他們剛準備返航，就不得不再拋棄一艘船。最後兩艘船開往古巴途中，又遇上一場暴風雨，哥倫布只好把船拖上牙買加海岸，免遭滅頂之災。牙買加一個西班牙人也沒有，他們孤立無援。他手下的一名船長向當地的酋長買了一艘獨木舟，划回伊斯帕尼奧拉，結果馬上被新任的總督關進大牢，蹲了七個月。哥倫布仍然被困在牙買加，設法鎮壓半數船員發起的叛變，另外憑著精準預測月食，嚇得島民連忙把這些難民餵飽，在此同時，瓦斯科．達伽馬載譽歸國。

滿朝文武都到岸邊來迎接瓦斯科爵士，陪他一起進宮。走在里斯本的大街小巷，鼓聲震天，號角齊鳴，走在他前面的是一名工友，懷裡抱著巨大的銀盆，裝滿基爾瓦獻上的黃金。抵達王宮時，他把滿盆黃金獻給曼努埃爾一世。

這是第一次有人從東方著名的大城帶回貴重的貢品。第一次有穆斯林統治者自願成為葡萄牙國王的附庸。曼努埃爾第一次在印度擁有成千上萬的基督徒子民。卡布拉爾宣教失敗所引發的懷疑，從此一掃而空。

曼努埃爾極盡誇張地稱讚他的艦隊司令，等於誇獎自己有識人之明。達伽馬立下前所未有的不世之功，他激動地說，「他攻打了來自麥加的摩爾人，我們神聖天主教信仰的敵人。」他和兩位印度國王締結了正式的條約，並且率領艦隊平安返國，「載回滿滿的財寶」。[16]至於基爾瓦進貢的黃金，曼努埃爾命人熔化，製成燦爛耀眼的聖體光座，供應正在貝倫興建的修道院大教堂使用，教堂繁複的細節包含琳琅滿目的非洲雕刻和東方奇景，這座高聳的石造建築證明了葡萄牙全新的勢力，以及香料帶來的豐厚利潤。

16 Grant letter of February 1504, quoted in Subrahmanyam, *The Career and Legend*, 227.

第十七章　海洋帝國

短短幾年前，里斯本還是世界邊緣的一個城市。如今卻搖身一變，成為足以與東方最富庶的轉口港媲美的商業中樞。港口擠滿來自三大洲的船。倉庫堆滿一袋袋鼓脹的胡椒。平紋細布、錦緞、麝香和龍涎香、乳香和沒藥、丁香和肉豆蔻層層堆疊，馬車轆轆，穿過後街小巷。地板鋪著波斯地毯，牆上掛著東方織錦。

放蕩不羈的人，在這個新擴展的世界裡找到無比的自由，自然心花怒放。可以見識新國度、認識新民族，帶回第一手的陳述、令人驚艷的紀念品，甚至是異國的寵物，這樣的機會令歐洲的冒險家難以抗拒，一個個現代馬可孛羅遠離家鄉，源源不絕地展開漫長的東方之行。就像盧多維可．德．瓦特瑪（Lodovico de Varthema），為了對冒險、名氣，以及和異國女子豔遇的強烈渴望，毅然決然在一五〇二年離開波隆那（Bologna）。照瓦特瑪的《遊記》所述，他在敘利亞喬裝成一名馬穆魯克的士兵，為了保護一支駱駝商隊，同時和五萬名阿拉伯人交手，溜進麥加的卡巴天房內院，再鑽進麥地那的穆罕默德陵墓，和亞丁蘇丹的一名妻子有魚水之歡，最後被封為穆斯林聖徒，然後才搭一艘葡萄牙船隻返回歐洲。[1]

勇敢的葡萄牙人打開通往東方的航路，可不是為了讓少數不知死活的傢伙尋歡作樂。這個小國一心想達成震天撼地之功，而且任務才剛剛開始。

里斯本的一位義大利銀行家宣稱，瓦斯科．達伽馬的東方之行，目的顯然是要「征服印度全境」[2]，納為他主子的足下之臣。憑著自己堅定不移的意志，他打算用幾十年的時間浴血奮戰，把印度納入統治範圍。然而，現在的印度不再是一個概念，一個歐洲人想像出來的空中樓閣。這是一塊遼闊的次大陸，內部紛爭不休，充斥著種種糾結難解的複雜問題，對於在沿海一帶騷擾的異邦人，竟然可以完全不以為意。葡萄牙人才剛剛把海岸線摸清楚，內陸仍然是一團解不開的謎，這是海戰的局限所在。

憑良心說，這位銀行家很有先見之明。在達伽馬和他手下的心目中，征服印度是手段，而非目的。他的目的是讓曼努埃爾一世遂行其勃勃野心，登上耶路撒冷國王的寶座，這場聖戰的第一步不是征服印度，而是驅逐穆斯林商人。為了達成任務，達伽馬賭上了身家性命，但他的天敵仍然好端端地住在卡利卡特王宮裡，商人照樣繼續從事貿易活動。至於未來，葡萄牙人沒找到準備將麾下大軍交由他們指揮的祭司王約翰，而他們遇見的少數基督徒，根本無力響應他們的號召。目前尚未阻止香料流向埃及，他們心目中那條可以直達聖地的水道，紅海，更在千里之外。若非極易被信仰蒙蔽之人，其實都心裡有數，要完成曼努埃爾一世的宏圖大業，必須投入龐大的時間、人力和財富，如此一來，葡萄牙勢必在東方愈陷愈深。

國王的意志堅決。信仰，加上砲彈，堪稱所向無敵。然而印度遠在世界的另一端，如果找不到適合的人選掌管，一旦有人以國王之名倒行逆施，曼努埃爾國王也是鞭長莫及。

這些害群之馬不是別人，正是達伽馬的親戚。

維森特和布朗斯・索德雷兩兄弟留守印度，他們的職務範圍很廣，除了保護葡萄牙的工廠，也要掠奪穆斯林的貨運。他們那位治軍嚴厲的外甥前腳剛走，他們就認定第二項任務比較有利可圖，然後出海劫掠把香料和絲綢運送到紅海的貨船。此舉惹得他們的手下怒火中燒，不是因為義憤填膺，而是這兩兄弟想把戰利品整碗捧去。一位船長在盛怒之下，提筆向曼努埃爾國王本人參奏這兩兄弟。他寫道，布朗斯把各式貨品納為己用，「沒有登錄在陛下的帳本上，他一向看上什麼就拿什麼，劣跡斑斑，由於兄長縱容他為所欲為，因此誰也不敢得罪他」。[3]這對狂妄的兄弟不久便遭到

---

1 雖然打扮成朝聖者，瓦特瑪拿葡萄牙東行印度的影響來取笑一名穆斯林商人：「我開始對他說，如果這裡是舉世知名的麥加城，珠寶和香料在哪裡，據說被運到這裡來的林林總總的商品在哪裡……當他對我說他們是受葡萄牙國王所害時，我假裝非常難過，還說國王的壞話，完全是為了不想讓他認為我很高興基督徒居然跑到印度去。」*Travelers in Disguise: Narratives of Eastern Travel by Poggio Bracciolini and Ludovico de Varthema*, trans. John Winter Jones, rev. Lincoln Davis Hammond (Cambridge, MA: Harvard University Press, 1963), 82。

2 Sanjay Subrahmanyam, *The Career and Legend of Vasco da Gama* (Cambridge: Cambridge University Press, 1997), 227。這位銀行家是巴爾托洛梅奧・馬奇奧尼，據說是里斯本最有錢的人。這時葡萄牙已經有為數可觀的佛羅倫斯人，從事銀行和貨運業，馬奇奧尼是最主要的佛羅倫斯商人，和王室往來頻繁。當初就是這位富豪開信用狀給科維良。

3 Letter from P ro de Ataíde to Manuel I, dated Mozambique, Fubruary 20, 1504, quoted in ibid., 230。不久之後，布朗斯・索德雷離奇死亡，卡斯達聶達和戈伊什堅稱這兩兄弟是因為拋下柯欽國王不管而受到上帝的詛咒。阿泰德把剩下的船帶回印度，並且寫信請曼努埃爾獎賞，不過他隔年死在莫三比克的時候，這封信還沒有下文。

報應，有幾名貝都因牧羊人預言狂風將至，提醒他們改道航行，兩人卻一笑置之，上面提到的船長自以為是地將後果報告國王：

「於是，陛下，到了第二天，狂風吹襲，海象凶險，維森特的船被吹到岸上，撞得四分五裂，而布朗斯．索德雷船上的桅杆斷裂，也步上哥哥的後塵，這兩艘船的船頭都有六根纜索。」維森特當場喪命，作惡多端的布朗斯倉皇爬上海岸，一劍刺死了一名領航員，是他在海上劫掠船隻時抓來的，然後又刺死了從米里號抓來的駝背領航員。艦隊司令曾親口交代他這兩位舅舅，要好好運用這個駝背佬的專業能力。向曼努埃爾國王告密的船長接著說，他是全印度最好的領航員，「也是陛下最用得著的人」。

此刻艦隊潰不成軍，札莫林把握機會，拿通敵背叛的柯欽國王出氣，並且率領大軍越過邊界（柯欽國王至今仍然堅持不肯撕毀和基督徒訂立的條約）。柯欽淪為廢墟，國王和葡萄牙的代表、辦事員及守衛被迫棄城而去，躲在附近的一座小島。後來下一支葡萄牙艦隊抵達，發現他們還躲在島上，國王復位之後，柯欽建立了印度第一座歐洲堡壘，是一座倉促打造而就的木建築，命名為曼努埃爾堡。

當局很快發現，唯有長期的軍事占領行動，才有可能達到曼努埃爾一世的目標，把穆斯林的貿易徹底逐出印度洋一帶。既然如此，便需要一位可以就地決定大小事的指揮官，一五〇五年，曼努埃爾一世任命了第一任印度副王。如同國王為他自己和手下的艦隊司令所炮製的頭銜，這個稱號只是彰顯他個人的意圖，而非事實的陳述，不過就從此刻開始，曼努埃爾一世的使命轉移，葡萄牙義無反顧地從海洋轉向陸地。而副王一職，由弗朗西斯科．德．阿爾梅達（Francisco de Almeida）爵士雀屏中選，此人身經百戰、備受信任，曾經打過一四九二年格拉納達的圍城之戰，這位沙場老將獲得充分授權，除了可以締結條約、發動戰爭、主持正義，曼努埃爾一世還命令他在印度洋沿岸各地建造一系列的堡壘。

阿爾梅達的第一站是基爾瓦。他的部隊登陸之後，直接前往篡位的總督所在的宮殿，大發慈悲地「放過了沿途沒有出手挑釁的摩爾人」。[4]一名朝臣從窗口拚命揮舞達伽馬留下的旗幟，大聲喊著「葡萄牙！葡萄牙！」葡萄牙的軍隊置若罔聞，撞開宮殿大門，胡亂劈砍，大肆搶奪，同時有一名祭司和一群方濟會修士高舉十字架，唱著《感恩頌歌》。總督逃之夭夭，阿爾梅達指定一名傀儡繼任。他徵用了海邊最堅固的一棟房子，把周圍的建築物徹底拆毀，改裝成一座重武裝的堡壘，由一位船長和八十名士兵駐守。

歐洲人繼續向蒙巴薩進軍。當地的蘇丹早有準備，並且從港口的稜堡發射砲彈。葡萄牙人開砲反擊，直到稜堡的火藥庫起火，整棟建築物陷入火海之後，他們才在大砲的掩護下駛進港口。大批士兵上岸，在漫天的石塊和弓箭下往前推進，放火焚燒市區的木造房屋。牆壁和茅草屋頂燒了起來，蔓延到鄰近的石造建築。一名隨遠征軍前來的日耳曼水手漢斯・邁爾（Hans Mayr）轉述說，蒙巴薩「全城陷入火海，幾乎燒了一整夜」。[5]劫後餘生的居民逃到城外的棕櫚林，次日早餐過後，入侵者在悶燒的廢墟裡到處搜索，用斧頭和攻城槌撞破大門，不時停下來用石弓瞄準最後殘留

4 Hans Mayr, in Malyn Newitt, ed., *East Africa* (Aldershot, UK: Ashgate, 2002), 12.

5 Ibid., 15.

的守城者，把他們從屋頂射下來。抵達宮殿時，他們把一間間氣派的廳堂搗毀，同時一名葡萄牙船長爬上屋頂，升上王家的軍旗。他們從宮裡運走大批財寶，其中一塊有豪華地毯，後來獻給了曼努埃爾國王。照上述日耳曼水手的說法，大戰結束後，總共有一千五百名穆斯林男子和婦孺喪命，卻只有五名基督徒陣亡，雙方的死亡人數天差地遠，他認為全靠神恩庇佑，而非葡萄牙人戰技了得。

艦隊前往印度，在坎納諾爾的城堡完工之後，葡萄牙人揚帆啟航，準備和札莫林展開每年一度的海上對峙。

一五〇六年三月，總共有兩百零六艘船，其中八十四艘是大船，從卡利卡特出發，攻擊由十一艘船組成的葡萄牙戰艦。波隆那的冒險家盧多維可·德·瓦特瑪當時正好路過，並親身投入戰火。札莫林終於設法弄到了有效的火砲（這些大砲是義大利製造的，對瓦特瑪來說未免諷刺），情勢對歐洲人極為不利。這場戰役的指揮官是阿爾梅達的兒子洛倫索，他召集全體官兵，以唯有真正的十字軍戰士才說得出口的話語，要大家抱定犧牲的決心：

「噢，諸位同袍，諸位兄弟，在今天這個日子，我們必須記住耶穌受難，他為了赦免我們的罪，受了多少痛苦。就在今天，我們所有的罪惡都將一筆勾銷。所以我懇求大家，下定決心，全力對抗這些鼠輩。因為我希望上帝會保佑我們取得勝利，而非選擇讓祂的信仰一敗塗地。」然後一位祭司手持十字苦像，為眾人講道，語氣慷慨激昂，並大赦全軍。「他的口才非常傑出，」瓦特瑪後來回憶說，「一半以上的人忍不住流淚，祈求上帝讓我們戰死沙場。」6

戰鼓擂、砲聲響，然後瓦特瑪寫道：「雙方殺得昏天暗地，血流成河。」兩軍激戰到第二天。「眼前的景象令人難忘，」這個義大利人回憶道，「我見到一位非常英勇的船長，率領一艘槳帆船，奮不顧身，殺死無數的摩爾人，此情此景，已非言語所能形容。」另一位船長跳上了敵軍的小艇。「耶穌基督，賜給我們勝利！庇佑你的信仰！」他高聲嘶吼，然後又砍下幾顆腦袋。面對殘酷凌厲的攻擊，印度人落荒而逃，歐洲人毫不手軟，非要一網打盡不可。後來回到作戰現場，年輕的指揮官派手下清點屍體。瓦特瑪把結果記下了：「他們計算之後，發現在岸邊及海上喪命者，連同在船上被炸死的人，共三千六百具屍體。別忘了，還有很多人是在逃亡的時候跳海遇難。」原本準備殉難的葡萄牙將士，如今只得勉強接受勝利的戰果，因為根據瓦特瑪的記載，儘管面對義大利火砲的攻擊，卻沒有一名基督徒送命。

當勝利者還在為美好的戰果歡欣鼓舞時，一位不比洛倫索的父親年輕幾歲的葡萄牙船長正忙著搶鋒頭。

阿方索·德·阿爾布開克（Afonso de Albuquerque）一直到五十歲，才首度踏上印度洋。此人屬於中等身材，皮膚紅潤，鼻子很大，「他把過腰的長鬚打了個結，顯得德高望重」。[7] 貴族出身的他是王室的遠親，受過良好教育，以措辭典雅著稱。同時他也是一位信仰堅定的十字軍戰士，年輕時在摩洛哥作戰十年。他是聖地牙哥騎士團的指揮官，也就是少年瓦斯科·達伽馬當年加入的騎士團，專門誅殺摩洛哥人，阿爾布開克斷定葡萄牙的未來在東方。他堅定的眼神和達伽馬頗有幾分相似，但如果說他個人的勇氣和及格的感染力和前任指揮官不相上下，那論起殺人不眨眼的狠勁，年

6 Travelers in Disguise, 214-19.

7 Manuel de Faria e Sousa, *The Portuguese Asia*, trans. Captain John Stevens (London: C. Brome, 1694-1695), 1:207-8.

輕的洛倫索怎麼也比不上這位長輩，也不像他那樣樂意拿手下當出氣筒。

一五〇六年，阿爾布開克率領一支六艘船組成的小艦隊出發，準備切斷埃及、阿拉伯和伊朗的供應鏈。他很快搶下了紅海口附近一個岩質小島，並且建造堡壘。從這個新基地派人在淚之門（曼德海峽）一帶洗劫，掃除所有前往亞丁和吉達的船隻。次年，他前往阿拉伯半島的另一邊，封鎖波斯灣。[8]他的攻擊艦隊停在馬斯喀特的馬蹄形港口（Muscat，位於波斯灣出入口的一個古老港口），然後砲彈齊射，給對方一個下馬威。士兵翻過這座歷史名城的土牆，在城裡燒殺擄掠。他們一路過關斬將，勝利手到擒來，而劫後餘生的男男女女，則被割下了耳朵和鼻子。然後他們拿了一把斧頭去城裡的大清真寺，「一座非常宏偉而美麗的建築物，主要以精緻雕刻的木材建造，較高的部分則是以灰泥砌成」。[9]然後放一把火。阿爾布開克繼續以這種恐怖手段征服鄰近的一連串港口和城鎮，然後前往他的主要目標，荷莫茲。抵達目的地之後，他威脅要用當地居民的骨頭來建造堡壘，然後把他們的耳朵釘在門上，先是把人嚇得魂飛魄散，然後施展出精湛的航海技術及優越的火力，把荷莫茲的艦隊徹底殲滅。荷莫茲的娃娃國王成為曼努埃爾一世的附庸，以勝利聖母為名、以石材而非人骨建造的葡萄牙堡壘，在這座著名的城市拔地而起。[10]

阿爾布開克一步步關閉了伊斯蘭東方貿易的海洋轉運站。愈來愈多的香料被搬上葡萄牙船隻的貨艙，亞歷山卓的市場空空如也。埃及人再也不願意袖手旁觀，眼睜睜看著他們的獨門生意消失，他們的盟友威尼斯也有志一同。

一五〇〇年，開羅郊外的一處香脂樹花園突然一夕枯萎。[11]

此事原本沒什麼好大驚小怪，只不過照料香脂樹的科普特教隱修士宣稱，園子裡的第一株樹苗是幼年的耶穌所種。他曾在這裡施展神蹟，讓泉水從地下湧出，聖母瑪利亞用泉水為他洗衣，擰出來的水包含了耶穌汗水的精華，據說正是這種寶貴香料的種子。[12]數百年來，在蘇丹手下的嚴密監視下，隱修士從樹幹抽取脂狀的樹膠。把樹膠注入油中，熬成的藥汁可以治療百病，是一種寶貴的萬靈丹。香脂的銷售受到謹慎的控制，威尼斯人自然是優先的顧客，歐洲人不惜耗費巨資，購買一

---

8 或是阿拉伯灣，這個命名是伊朗和阿拉伯諸國的爭議點。

9 Waltr de Gray Birch, ed., *The Commentaries of the Great A. Dalboquerque, Second Viceroy of India* (London: Hakluyt Society, 1875-1894), 1:81.

10 後來阿爾布開克手下的幾個船長不肯在酷熱中從事建造堡壘的繁重工作，偷偷跑回印度，荷莫茲很快又失守。直到一五一五年才被阿爾布開克正式奪回，不過當時他手下的軍隊比先前大得多。荷莫茲讓葡萄牙成為波斯灣和阿拉伯東部各港口的霸主，這座島嶼一直在葡萄牙的統治之下，直到十七世紀被波斯—英國聯軍奪走。

11 Stefan Halikowski Smith, "Meanings Behind Myths: The Multiple Manifestations of the Tree of the Virgin at Matarea," *Mediterranean Historical Review* 23, no. 2 (December 2008): 101-28; Marcus Milwright, The Balsam of Matariyya: An Exploration of a Medieval Panacea," in *Bulletin of the School of Oriental and African Studies* 66, no. 2 (2003): 193-209.

12 關於瑪利亞為耶穌洗衣的故事，參見William Schneemelcher, ed., *New Testament Apocrypha, vol. 1, Gospels and Related Writings* (Louisville, KY: Westminster John Knox Press, 2003), 460。在另外一個版本中，耶穌折斷了約瑟手裡的杖，埋進土裡，從他親手挖出的井舀水澆灌，於是立刻長成香脂樹的樹苗。參見Otto F. A. Meinrdus, *Two Thousand Years of Coptic Christianity* (Cairo: American University in Cairo Press, 1999), 21。

小瓶一小瓶的聖油。然而，古樹在一夜之間死光，彷彿從來不曾存在過，埃及舉國上下，不分信仰，無不黯然神傷。

說也奇怪，達伽馬一手摧毀香料航線，似乎應驗了這個不祥之兆。將近千年，印度洋的貿易一直由穆斯林主導。突然之間，葡萄牙人打破了舊秩序。伊斯蘭世界的許多地方面臨經濟衰退，對他們的尊嚴也是一次迅雷不及掩耳的重擊。就像那座香脂樹園，一個古老、穩定的生活方式，赫然被一陣寒風席捲，不知如何是好。

一五〇四年夏季，一名方濟會的修士來到教廷，轉交埃及蘇丹的最後通牒。[13]修士是耶路撒冷錫安山修道院的管理人員，當時聖地仍然是埃及領土。蘇丹出言威脅，他向教宗示警，要是葡萄牙人不馬上離開印度洋，他就摧毀聖地的基督教朝聖地點。教宗雙手一攤，打發修士去見曼努埃爾一世，並且轉交一封信，問他該如何因應。曼努埃爾一世回覆說，假使聖地受到侵犯，他會發動新的十字軍東征，派出千軍萬馬保衛聖地。他提醒教宗，不要忘記他的家族征服伊斯蘭的輝煌戰績，並鄭重宣誓，不殲滅異教徒絕不罷休。他已經一次次克服了艱巨的障礙，他接著表示，這番宏圖大業無疑得到了的祝福。

前去拜見教宗的路上，修士在威尼斯短暫逗留。威尼斯共和國正式要求埃及不要貿然行動，然後派出另外一名密探前往開羅。這位特使叫弗朗切斯科．泰爾迪（Francesco Teldi），他喬裝成一名珠寶商人上路，直到和蘇丹祕密會面，才透露出自己的身分。他向埃及統治者擔保，歐洲諸強權各自為政，不可能聯手收復聖地。葡萄牙威脅到威尼斯和埃及的生計，蘇丹必須先下手為強，以免養虎為患。

威尼斯和開羅是一對難兄難弟。一四九八年，瓦斯科．達伽馬首度橫越印度洋，那年運到亞歷山卓的香料堆得滿坑滿谷，就連威尼斯人也沒有足夠的資金全部買下。一五〇二年，達伽馬重返印度，他們船上的貨艙只裝了半滿。威尼斯的商船有四分之三備而不用，剩下的船隻雖然可以出海，但每四趟就有三次是白跑。

威尼斯索性跟葡萄牙撕破臉，和埃及結成命運共同體。威尼斯共和國派出更多間諜到里斯本去，其中一個人的身分暴露，被曼努埃爾一世關進地牢。[14]有一段時間，威尼斯人甚至冷飯熱炒，計畫以蘇伊士為起點，挖一條貫通地中海與紅海的運河。最後還沒向蘇丹提議，就把計畫束之高閣，反而著手為蘇丹建造一支海軍。

葡萄牙的計畫經過多年籌謀，威尼斯則是反其道而行，準備派穆斯林船隻前往紅海，摧毀基督徒的貿易。

---

13 這位修士是毛羅修士，蘇丹是坎蘇．高里（Qansuh al-Ghuri）。長期統治埃及的魁特貝（Qaitbay）死後爆發了王位繼承鬥爭，快速處死了四任蘇丹，後來坎蘇．高里在一五〇一年即位。參見Donald Weinstein, *Ambassador from Venice: Pietro Pasqualigo in Lisbon, 1501* (Minneapolis: University of Minnesota Press, 1960), 78-79。

14 這個密探叫卡馬瑟，他偽裝成商人，小心地將報告加密發給威尼斯駐西班牙大使。不過他還沒到里斯本，就被佛羅倫斯銀行家巴爾托洛梅奧．馬奇奧尼的姪子揭穿身分，但曼努埃爾最後放了他。他在報告中準確預測葡萄牙將會主宰印度周圍的水域，但沒辦法征服麥加、封鎖阿拉伯所有航運，或是永久獨占香料貿易。他的情報激勵威尼斯和他們的穆斯林合作夥伴共同進退，設計報復土耳其。參見Robert Finlay, "Crisis and Crusade and the Cape Route to India, 1498-1509," in *Studi Veneziani* n.s. 28 (1994): 45-90。

眼睜睜看著手上的東方貿易逐漸溜走，伊斯坦堡的鄂圖曼人同樣驚慌失措。土耳其蘇丹和威尼斯的關係雖然不好，和埃及蘇丹的關係卻更加惡劣，不過這三個飽受威脅的強權竟然結為聯盟，不免令人吃驚。伊斯坦堡提供埃及打造作戰艦隊的材料，外加駐守戰艦的軍官和砲兵，而威尼斯技術精良的造船專家到現場監工。威尼斯人親自盯著大小組件運抵亞歷山卓，裝到駱駝背上，運到沙漠的另一頭，然後在紅海的岸邊組裝。

以橡木和松木打造的十二艘氣派的威尼斯式槳帆戰船在蘇伊士的鷹架上逐漸升起。在船頭和船尾架設實心青銅打造的土耳其大砲（但船體的兩側沒有，因為船槳和划槳手占據太多空間），然後艦隊向印度進發。

在延宕多時之後，艦隊總算在一五〇八年初抵達印度，並在第烏港（Diu）下錨，第烏是古吉拉特的一個港口，位於印度西北部的印度河三角洲出口，極具戰略價值。儘管不久前剛吃過敗仗，卡利卡特的札莫林再次重整旗鼓，計畫和埃及艦隊來個大會師，然後往南航行，把葡萄牙在海岸興建的堡壘及工廠一一摧毀。不過埃及人沒有及時抵達，札莫林的艦隊撲了個空，只好先行離去。埃及轉而和第烏的穆斯林統治者提供的一支小艦隊聯手，在朱爾（Chaul）擊潰了葡萄牙的一支小艦隊。阿爾梅達的兒子，在卡利卡特一役立下大功的洛倫索，也不幸喪命。

這是葡萄牙艦隊首度在印度洋落敗，勝利的鼓聲在開羅足足響了三天。然而埃及人沒有乘勝追擊。艦隊返回第烏，一直待到冬季季風結束，船體殘破，船員逃跑。次年，十八艘葡萄牙戰艦逼近港口，阿爾梅達搭乘老舊的海上之花號帶頭進攻。[15]身經百戰的歐洲人不到幾小時便大獲全勝，一心想為子復仇的副王沿著海岸航行，用大砲近距離射擊人質，使他們的頭顱和手腳墜入沿途經過的城鎮。札莫林終於求和，葡萄牙在卡利卡特興建堡壘。

威尼斯搬出新的外交攻勢，務求說服伊斯坦堡贊助埃及再組艦隊，結果對方置若罔聞。在第烏之役爆發的七年之後，土耳其的大砲打垮了劍術高超的埃及騎兵，建國兩百六十七年以來始終動蕩不安的馬穆魯克王朝就此終結。歐洲再度成為鄂圖曼關注的焦點，直到三十年後，才再度派遣大型艦隊與葡萄牙作戰。在這段期間，教廷與法國及西班牙結盟，讓威尼斯元氣大傷。[16]威尼斯共和國失去了百年來攻占的領土，儘管日後恢復國力，卻再也不是昔日的強權大國了。

如同第一次東征的十字軍，葡萄牙占盡天時之利。威尼斯偏安一隅，其盟友埃及也被打得一敗塗地。葡萄牙在印度洋的海上霸權就此確立，全面掌握了通往亞洲其他區域的海路。

副王阿爾梅達固然懷著滿腔激憤為兒子報仇，但對曼努埃爾一世充滿救世主情懷的目標，並不十分投入。除了商人的遊說，一批批靠劫掠阿拉伯船隻發財的貴族，也發揮了不少影響力，阿爾梅達堅決相信，在陸地上打仗，只會把葡萄牙在海上累積的財富揮霍殆盡。與其如此，他向國王進

---

15 這艘大帆船是地理大發現時代最著名的船隻之一。隨達伽馬返回里斯本後，又在一五〇五年與阿爾梅達回到東方，除了在第烏打了勝仗之外，也參與了征服荷莫茲、果阿和麻六甲的戰役。這艘舊船從麻六甲運送大批寶藏返回途中，在暴風中沉沒，許多船員死亡，當時在船上的阿爾布開克不得不用臨時製作的筏子划到安全地點。儘管尋寶獵人拚命尋找，殘骸至今不知所終。

16 這三個強權組成了康布雷同盟（League of Cambrai），雙方決定性的交戰是一五〇九年的阿尼亞德洛戰役（Battle of Agnadello）。同盟迅速瓦解，威尼斯雖然沒有完全挽回顏面，至少收復了許多失地。到頭來是葡萄牙帶動的全球貿易革命導致威尼斯和它的鄂圖曼盟友一樣慢慢衰退。

言，不如運用海軍的威力恫嚇印度的統治者，擴大經營利潤豐厚的組織性海盜事業。後來坎納諾爾的科拉第里在昔日的敵人，卡利卡特的札莫林協助下，攻擊坎納諾爾境內的葡萄牙城堡，使阿爾梅達的說法變得更有說服力。當初和達伽馬達成協議的科拉第里已經辭世，新任的統治者誓言要以牙還牙，血債血償，因為葡萄牙某一次擊沉一艘印度船，然後把船員綁在一張張船帆上，活生生丟進海裡，令人聞之喪膽。大軍圍困城堡長達四個月，若非有龍蝦隨著一波浪潮自動送上門，隨即又有援軍趕到，他們只怕早就餓死了。

正當阿爾梅達力勸曼努埃爾一世降低野心的同時，宗教迫害的烈火已經開始席捲葡萄牙。一五〇六年，一個被懷疑是瑪拉諾（marrano，私下保留昔日信仰的「新基督徒」或受洗的猶太教徒）[17]的人，大膽指出，看似從十字苦像射出的一道微光，恐怕不能歸功於神的奇蹟。一群婦女把這名懷疑者拖出教堂，活活打死，司鐸講道時慷慨激昂，鼓動信徒剷除內部的敵人。另外兩名司鐸揮舞著十字苦像，在街上遊行，當地的暴民和港口下船的水手到處滋事。在短短兩天裡，有兩千名男女遭到屠殺，其中包括看起來有點像猶太人的天主教徒。聖戰的狂熱一旦爆發，就很難控制得住。

曼努埃爾處決了鬧事的禍首，包括上述的幾名司鐸。然而他的信念卻更加堅定，深信他的歷史任務就讓東方回歸基督教的信仰，然後撤換了對東征意興闌珊的阿爾梅達，由阿爾布開克取而代之。[18]

十字軍東征的步伐突飛猛進。阿爾布開克和他的國王有志一同，夢想要建立一個龐大的亞洲帝國，統一信仰普世的基督教，屆時位於帝國境內的伊斯蘭就會自然衰退。為了支付天文數字的建國成本，葡萄牙對香料貿易的管制必須變為專權，這讓香料成為國王的壟斷事業，完全無視利益受損的商人極力抗議。王家代表再也不必在印度的碼頭前面為了一袋袋胡椒討價還價。現在的目標是找出最貴重的香料究竟源自何方，建立更多堡壘，把這些芳香的寶藏運到葡萄牙人手上，另外還必須建造一支海上倉庫船隊，在小型作戰艦隊的護送下，把香料運回國內。

阿爾布開克有時會被滿腔的熱誠沖昏頭。他曾經想過要把尼羅河改道，讓埃及的水源枯竭。還有一次，他計畫偷走先知穆罕默德的遺體，藉此勒索穆斯林交出耶路撒冷的聖墓教堂。[19] 每次只要

---

17 許多新基督徒或受洗的猶太教徒（conversos）都被懷疑私底下仍然信奉猶太教，被貼上瑪拉諾的標籤，也就是西班牙語的「豬」。有些人確實私下繼續信仰猶太教，不過也有許多人是完全自願皈依天主教。在社會劇變的時代，人們愈來愈偏執。在里斯本大屠殺（Lisbon Massacre）發生前不久，當地爆發了瘟疫，被懷疑的瑪拉諾成了代罪羔羊。除了處決禍首，曼努埃爾還把對新基督徒的宗教調查延長二十年。估計死亡人數高達四千人。

18 阿爾布開克在一五〇八年得到任命，但卸任的副王拒絕接受任命，把繼任者關進大牢。精明的阿爾布開克耐心等待，終於在一五〇九年十一月就職。阿爾梅達返鄉途中，因為手下很不聰明地在好望角附近偷牛而喪命。

19 關於阿爾布開克的計畫，參見Birch, *Commentaries of the Great A. Dalboquerque*, 4:36-37。阿爾布開克不是第一個思考竊取穆罕默德遺體的十字軍。早在第二次十字軍東征時，有一個腦袋混沌的法國人，沙蒂永的雷納德（Reynaud de Châtillon）就啟動一個可怕的計畫，要入侵紅海。雷納德是外約旦（Transjordan）一位領主的女婿，外約旦是耶路撒冷王國一個荒涼的小地方，往南朝阿卡巴灣延伸，跨越從敘利亞到阿拉伯和埃及的朝聖及貿易路線。他不可思議地預測到威尼斯後來在蘇伊士的作為，就預先打造了一支槳帆船艦隊的組件，用駱駝運到阿卡巴灣的伊拉特港，組裝之後駛入紅海。除了攔截來自印度和非洲的商船，雷納德還計畫找出穆罕默德的墳墓，挖出屍體，帶回去重新埋在自家後院。他預測這樣一來，信徒就要改到外約旦朝聖，讓他大發利市。一支十字軍分遣隊在阿拉伯半島登陸，開始劫掠及強暴朝聖者；到他們山窮水盡之時，距離麥地那只有幾英里。震怒的薩拉丁下令把十字軍殺得一乾二淨，最重要的是不讓他們把紅海貿易的祕密外洩。四年後，薩拉丁在哈丁角實現了誓言，把殘暴的法軍斬首。雷納德把薩拉丁引出來，讓整個十字軍東征的行動毀於一旦。

發現哪個人不聽話，可能危及他的聖戰大業，他當下就把手下吊在船帆的橫桁上，砍掉他們的鼻子、耳朵和雙手。然而這個宗教狂熱分子同時也是一名天賦異稟的海上戰略專家。他很快就發現，光靠船隻建立的帝國，尤其是沒有妥善維修，船員又訓練不足的船隊，很快就會崩潰。現在有大量生手從葡萄牙湧入，但其中不少是單純的農場工人，得從頭開始訓練。必須成立一支後備部隊，頂替掛病號的員額。船隻需要維修、改裝，以及可靠的補給。阿爾布開克需要的是一個安全的海軍基地，而且很快就找到理想地點。

果阿島和大陸以潮溝相隔，易守難攻，形成一個很好的防護港。船隻進出頻繁，是印度排名僅次於卡利卡特的港口，擁有大量的造船專家。是阿拉伯馬匹的交易重鎮，由於次大陸的空氣濕熱，沒辦法養馬，這些從荷莫茲進口的馬匹深受印度各邦的君主青睞。這座城市古老、遼闊、而且富裕，盧多維可．德．瓦特瑪說這裡連國王的僕人，腳背上都穿戴著紅寶石和鑽石，形容得多姿多采。而果阿和北印度的其他地方一樣，掌握在穆斯林手裡。在印度教徒狄摩吉這位胸懷大志的海盜協助下（當初札莫林正是派他出海追捕達伽馬），阿爾布開克從英明的蘇丹手中奪下了果阿。不到幾星期，一支龐大的穆斯林軍隊兵臨城下，他只得暫時撤退，但三個月後，他帶領一支新的作戰艦隊進行反攻。他的手下在岸邊屠殺守城者，一路追進市區，然後四處打家劫舍。在這個血腥的掠奪過程中，許多果阿人游泳渡河，試圖保全自由之身，結果不是溺斃，就是被鱷魚咬死。共有六千名男女和兒童被屠殺，阿爾布開克心滿意足地寫信稟報國王，而葡萄牙軍隊只死了五十個人。

如今一個秉持擴張主義的殖民強權以果阿為總部，在西印度洋各地建立基地，鄰近各國派出大使，向這位好戰的新統治者致賀。為了鞏固這個殖民地，阿爾布開克用土地、房屋和官職來賄賂手下，要他們和信仰印度教的當地女子聯姻。這種異國婚姻從一開始就有問題，一位史官記載：

> 有一天晚上，是好幾對新人的大喜之日，新娘全部混在一起，分不清誰是誰，導致當晚有些新郎是和別人的妻子洞房；等到第二天早上發現弄錯了，才分別把自己的老婆帶回家，如果計較名譽的話，大夥兒各不相欠。有人藉機嘲笑阿爾布開克的做法，但他堅定不移地繼續執行他的計畫，並且成功把果阿建設成葡萄牙勢力在印度的首府或中心。[20]

葡萄牙艦隊從果阿出發，前往東南亞探索。他們早先已經抵達錫蘭，這裡生產全球頂尖的肉桂，一五一一年，阿爾布開克往東航向馬來半島。他的目的地是一個國際港市，麻六甲海峽是印度洋和太平洋之間一條繁忙的航道，此地正好位於海峽的咽喉點。這座城市也叫麻六甲，影響的範圍不容小覷。「任何人統治了麻六甲，就掐住了威尼斯的喉嚨」。[21] 一位葡萄牙代表誇張地表示。他這句話並非故作驚人之語，麻六甲是中國水手西行的終點站，上萬名中國水手住在專屬的地區，叫三保山（Chinese Hill），來自印度、波斯和阿拉伯的商人渡海到此地購買絲綢和瓷器。麻六甲和周遭

---

20 Manuel de Faria e Sousa in Robert Kerr, *A General History and Collection of Voyages and Travels* (Edinburg: William Blackwood, 1811-1824), 6: 137.

21 *The Suma Oriental of Tomé Pires, trans. and ed. Armando Cortesão* (London: Hakluyt Society, 1944), 2: 287。麻六甲海峽的財富要歸功於帖木兒，他在一四〇二年摧毀了絲路的城市，使中國轉而從海路出口。

的大片疆域，由穆斯林蘇丹所統治，儘管他的勢力非同小可，看在基督徒眼裡，卻是個不容錯過的目標。

阿爾布開克的艦隊駛進港口，國旗揮舞，砲聲連連，燒毀了數十艘船隻。他的部隊登岸，經過一番肉搏戰，過程中幾支長矛正中目標，讓敵軍的戰象暴跳起來，把部隊摔在地上，最後一任蘇丹逃之夭夭。葡萄牙人又蓋了一座堡壘，然後以麻六甲為起點，分別往南北兩地航行。

往北邊，暹羅國王早就覬覦富有的麻六甲。阿爾布開克先派大使協商結盟一事，後來搭乘一艘中國舢舨尋路，成了史上第一位造訪泰國的歐洲人。一五一三年，一支遠征軍從麻六甲向東航行，來到中國的廣州市，葡萄牙人稱之為Canton。雙方剛接觸不久，就弄得兵戎相見，中國擊沉了兩艘葡萄牙船隻，同行的特使因為同胞的行為不端（中國認定他們吃人肉），而被判處死刑。其中一名下獄者叫托梅．皮萊茲（Tomé Pires），來自里斯本，原本是一名藥劑師。他在獄中提筆寫作，兼且自我安慰，只要能把神聖天主教信仰的聖戰向前推進，對抗卑劣的冒牌貨穆罕默德所創立的虛假邪教，就算付出生命也是值得的。[22]最後葡萄牙在附近的澳門建立了永久基地，開始從事中國的海外貿易，期間有三名商人遭遇強風吹襲，歪打正著地到了日本，在長崎建立了另一個貿易站，獲利可觀。[23]

往南邊和東邊，葡萄牙人航向印尼和香料群島。靠馬來領航員帶路，幾支小艦隊繞過蘇門答臘和爪哇，駛入小巽他群島（Lesser Sunda Islands）之間，然後繼續前往摩鹿加群島（Moluccas）。在這幾座錐狀的火山小島上，他們終於找到了全球丁香、肉豆蔻和肉豆蔻乾皮的原產地。當印度教和佛教皆已式微，伊斯蘭竟然能在這種地方生根發芽，不過基督徒找到足夠的盟友，建立了一個灘頭堡，德那第（Ternate）的蘇丹也是聯盟的成員之一，他和鄰近的城市蒂多雷（Tidore）的蘇丹是死敵，兩人掌握了全球的主要丁香產地。

從地圖上看，葡萄牙的領土都是芝麻綠豆大的小地方，但全部連接起來，儼然是一個海上大帝國的輪廓。殖民地、要塞和附屬地從非洲的西岸延伸到東岸，橫越到波斯灣，沿著印度西海岸南下，然後深入東南亞。令人震驚的是，從達伽馬首次踏上東方至今，不過短短十四年。「在我看來，」盧多維可・德・瓦特瑪在暢遊東南亞多年之後斷定，「如果蒙上帝保佑，葡萄牙國王一直保持迄今居高不下的戰績，他將成為世上最富有的國王。這一切都是他應得的報酬，因為在印度，尤其是柯欽，每個瞻禮日都有十到十二名異教徒受洗，皈依基督教信仰。拜國王所賜，每天皈依的人愈來愈多，從這一點來看，我們或許可以相信是上帝讓他連戰皆捷，也會保佑他一輩子榮華富貴。」[24]

曼努埃爾一世毫不吝惜在瞠目結舌的歐洲人面前炫耀他的新氣派，一五一四年，他派了一個聲勢浩大的外交代表團，拜見羅馬的教宗。代表團最大的亮點，是有一百四十名身穿印度服裝的隨從陪伴同行的一頭大象，以及各式各樣的異國動物，包括一頭來自荷莫茲的獵豹。尷尬的是曼努埃爾

22 Ibid., 1:2.

23 葡萄牙商人在一五四二年底到達日本，一五五七年獲准在澳門建立永久的聚落。日本和澳門之間的航路是這個貿易圈賺取暴利的關鍵。商人從果阿把象牙和黑檀木運到澳門，在當地採購絲綢和瓷器。由於中國禁止直接對日貿易，他們就前往長崎，用這些珍貴貨品換取不少白銀。因為白銀在中國的價值比日本高得多，他們返航途中在澳門停留，購買大量的中國奢侈品，繼續運到歐洲。

24 *Travelers in Disguise*, 230.

一世苛扣大使的費用，代表團只好借一大筆錢來維持風光排場。教宗出身梅迪奇（Medici）家族，根本不看在眼裡，儘管如此，他仍然再簽一份詔書，致贈豐厚的回禮。曼努埃爾一世硬是要把教宗比下去，次日派遣一艘滿載的香料船和一頭犀牛到羅馬，回報教宗的好意，只不過運送犀牛的船來不及到羅馬，就在熱那亞外海沉沒了。

沉浸在東方的顯赫名聲中，這位葡萄牙國王準備做出最後一擊，意圖攻下耶路撒冷，得到永遠的榮耀。

聖戰的狂熱使他意志堅決，加上抗拒不了對香料的渴望，這位葡萄牙國王以驚人的速度打破了穆斯林壟斷的局面，搶下全球最富有的貿易路線。然而曼努埃爾一世雖然不自量力，妄想從東西兩邊攻進聖地，卻一直沒有實際的策略或妥善的手段可以配合。他始終相信上帝會為了他的子民介入，幫助他們實現他至高無上的計畫。

還來不及弄清楚怎麼回事，這個計畫便露出敗象。

✢

一五一五年，一萬名葡萄牙大軍登陸摩洛哥，結果面臨穆斯林大砲伺候，無異於羊入虎口。[25]他們從前在此地興建的木造堡壘被炸得四分五裂，他們大多數的船隻也落得相同的下場，驚慌之下，十字軍紛紛逃回老家。曼努埃爾一世讓四千人白白送死，而他橫越非洲的計畫也化為泡影。

同年，阿布爾開克的眾多政敵終於聯合起來，設計解除他的指揮權，而阿爾布開克貿然要求國王封他為果阿公爵，反而助了他的政敵一臂之力。這位六十三歲的帝國建造者，在二度征服荷莫茲之後返回屬於他的都城，乍然聽見這個噩耗，整個人意志消沉。他提筆寫信給國王，詳細解釋他的做法，不料手抖得太厲害，只得由他的辦事員代筆，最後在船隻橫越沙洲時辭世。入殮的時候，他穿著全副十字軍盔甲，和他的地位相當，畢竟除了達伽馬之外，他是十字軍橫越東方的最大功臣。

如今戰士歸天，無能、貪婪的小人趁虛而入。

一五一七年，葡萄牙艦隊大軍集結，載著三千多名士兵和水手從印度出發，計畫拿下紅海的控制權。這項侵略行動經過多年的籌備，但眼前這個時機再好不過。鄂圖曼土耳其的蘇丹，「冷酷者」塞利姆一世（Selim I）剛剛征服埃及暨其附屬國敘利亞和阿拉伯，但舊馬穆魯克王朝的領土依然動盪不安。從蘇伊士到聖城耶路撒冷只需要幾天的時間，霎時之間，曼努埃爾一世的終極目標彷彿近在咫尺。

艦隊抵達亞丁，十字軍意外地受到熱烈歡迎。[26]鄂圖曼軍隊凌虐阿拉伯人是出了名的，面對土耳其人的侵犯，亞丁人陷入集體恐慌。根據日耳曼商人拉撒路·紐倫堡（Lazarus Nürnberger）的轉述，葡萄牙只要開口說要占領這座城市，對方一定雙手奉上。然而，指揮官猶豫不決，白白放棄了

25 他們的目標是在馬莫拉（Mamora），現在叫梅迪亞（Mehdia），建立一座堡壘，好控制從塞布河（Sebu）前往費茲的路線。儘管在非洲遭遇重重挫敗，曼努埃爾仍然希望穿越摩洛哥南部，向埃及和巴勒斯坦進軍。

26 一五一三年，在這場阿爾布開克總督任內唯一的重大失敗中，他的軍隊根本無法攻破亞丁高聳的城牆；守城者知道一旦戰敗，聖城麥加和麥地那馬上面臨威脅，因此作戰意志堅定。這一次的戰敗只是讓四年後的誤判顯得更加難堪，一五三八年，亞丁落入鄂圖曼人手中。葡萄牙沒有完全掌握亞丁—荷莫茲—卡利卡特組成的貿易三角，因而一直無法完全阻擋香料流入穆斯林世界。

這把打開紅海的鑰匙，繼續前往吉達。他們下錨、開會，認定這個通往麥加的門戶有重兵把守，不值得冒險進攻。反而又回到亞丁，但這時當地的總督已經對三心二意的基督徒失去信心，結果艦隊兜兜轉轉地返回原地。抵達印度時，大多數的人不是棄職潛逃，就是在遭遇強烈暴風後不知去向。

貪腐與謀私橫行，新崛起的帝國不知為何而戰，在這個時候，葡萄牙和西班牙之間的敵對關係再次浮現。一五一六年，在摯愛的伊莎貝拉女王入土十二年之後，卡斯提爾與亞拉岡的斐迪南國王薨逝。王位傳給他們的女兒瘋女胡安娜（Juana la Loca，因為丈夫美男子腓力生性風流倜儻，激起她強烈的嫉妒心，因而有了這個外號），和胡安娜的兒子查理。除了亞拉岡，他們也一併繼承了西西里、薩丁尼亞和那不勒斯的王位。查理從出身哈布斯堡家族的父親那裡繼承了勃艮地和尼德蘭留下的大批家族領地。一五一九年，祖父過世，他繼承了奧地利大公國，並獲選成為神聖羅馬帝國的皇帝。對葡萄牙的利益而言，恐怕沒有比這個更大的威脅了。

西班牙的查理一世（同時也是神聖羅馬帝國的查理五世）前腳剛踏進塞維亞，後腳就有一名葡萄牙水手找上門來，提出一個驚天動地的建議。

斐迪南・麥哲倫（Ferdinand Magellan）在印度洋待了八年，為他的祖國探險和作戰。他參與過阿爾布開克征服果阿與麻六甲的戰役，返國之後，又到摩洛哥投身十字軍東征之戰。他認為以自己的表現，很應該加官晉爵，然而儘管他極力爭取船長之職，卻被葡萄牙朝廷當作耳邊風。在氣餒之下，他仿效當年的哥倫布，憑著自己多年累積的經驗，向西班牙毛遂自薦。

麥哲倫對他的未來金主提出了一個令人震懾的計畫。他表示，假如陛下把西、葡兩國在托爾德西里亞斯畫定的邊界線延伸到地球的東半部，根據他的計算，陛下會發現香料群島位在西班牙這一邊。當然這條界線根本不存在，二十三年前，誰也沒想到歐洲人會爭奪地球另一端的所有權，但要是西班牙踏入東南亞，雙方就不得不面對這個問題。

現在只有一個問題：葡萄牙壟斷了從好望角航向東方的路線。這不只是實際執行上的問題。由於歐洲在海外開疆闢土，主要是仰賴航海家的技術，因此他們發現的海路普遍被視為一種智慧財產，屬於出資的國家所有。西班牙必須另闢蹊徑——一條西行的航路。

一五〇六年，哥倫布過世，不到兩年前，他才終於從牙買加回國，堅信自己到達了亞洲。哥倫布過世之前，亞美利哥・韋斯普奇（Amerigo Vespucci，為葡萄牙效命的另一名義大利人）已經登上巴西海岸探索，並且斷定這片大陸不斷往南方綿延，遠超過哥倫布的想像。次年，一片新大陸首次出現在世界地圖上，根據韋斯普奇的名字，命名為亞美利加（America）。

此時的亞美利加本身並非航行的目的地，反而依然被視為一道屏障，是船隻航向東方的阻礙，當時西班牙不清楚可以從好望角繞行非洲，也不知道可以在亞美利加比照辦理。[27]然而麥哲倫大膽保證可以接續哥倫布的未竟之功——從西邊航向東方。他放棄了葡萄牙國籍，和查理一世簽了一紙契約，被封為聖地牙哥騎士團團長。一五一九年九月，他率領一支由五艘船組成的艦隊啟航，尋找

27 在查理一世統治期間，科提斯（Cortés）和皮薩羅（Pizarro）消滅了阿茲特克和印加帝國，開始把基督教輸出到南美洲。儘管如此，他們當時仍舊對東方充滿渴望。一五二六年，科提斯覺得必須因為沒有找到前往香料群島的西行路線而向西班牙君主道歉，一五四一年，皮薩羅的弟弟岡薩羅（Gonzalo）展開了一趟悲慘的遠征，橫跨厄瓜多爾，要尋找著名的肉桂之鄉。科提斯將阿茲特克的城市比作穆斯林的格拉納達，把他們的寺廟稱為清真寺；西班牙征服者發動猛烈攻擊，儘管伊斯蘭從未存在於新大陸，卻出現了伊比利半島的收復失地行動激發的那種對穆斯林的神聖復仇。

往南繞行亞美利加的路線，暴跳如雷的曼努埃爾一世則派了一支小艦隊拚命追趕。

三年後，只有一艘船搖搖晃晃地開回西班牙。暴風、船難、叛變和戰爭，奪走了兩百多名水手的性命，麥哲倫也是其中之一，他在菲律賓介入當地酋長之間的紛爭，結果被一刀刺死。生還者只有寥寥十八人，卻是環球航行的先鋒。葡萄牙一心一意要前進東方，已經促使其多年宿敵繞行美洲，並且橫越浩瀚的太平洋。短短三十年前，誰也猜不到地球上竟然存在著這片大陸和這片海洋。沒多久，西班牙大帆船載著中國的絲綢和瓷器橫越太平洋，前往墨西哥和祕魯，然後把剛開採的白銀堆成一座座小山運回老家。

這時查理一世也認定自己是上帝欽定的人選，要他殲滅伊斯蘭，締造新的基督教世界。國王派出一支作戰艦隊，循著麥哲倫的航線，占領香料群島，主張這些島嶼的所有權。葡萄牙和西班牙的代表團又跑到一個不為人知的地方，躲起來瓜分世界，這一次的地點是西班牙邊界的小鎮巴達霍斯（Badajoz）。葡萄牙的天文學家夙夜匪懈，要確定香料群島的位置，而且為了保險起見，製圖師在倉促之間竄改航海圖。西班牙則在葡萄牙代表團安插了一名位居要職的告密者，不過雙方照樣吵得不可開交，最後不歡而散。伊比利半島這兩個鄰國在地球另一端發生了好幾年的零星衝突，最後葡萄牙付給西班牙一筆天文數字的黃金，換取查理一世承認葡萄牙的權利，雙方的爭議才得以解決。[28]過了很久之後，才發現麥哲倫搞錯了，事實上以那條虛擬線條為界，摩鹿加群島終究是在葡萄牙這一邊。

這時幸運者曼努埃爾一世早已過世。這位富有遠見的國王始終堅信上帝交辦給他的任務，一五二一年十二月，里斯本爆發流行病，曼努埃爾不幸死亡，在他薨逝前幾個月，上帝似乎終於應允了他的祈禱。那年春天有消息傳來，一支葡萄牙遠征軍登陸衣索比亞，並且來到王宮，隨即匆匆修書一封，「稟報國王陛下，找到了祭司王約翰」，曼努埃爾做了他人生最後一場春秋大夢。甚至和祭司王約翰結為盟邦，他在信中告知教宗：麥加、先知的陵墓，以及「馬胡德（基督徒對穆罕默德的蔑稱）的邪惡教派」不久將被斬草除根。[29]後來他發現衣索比亞的君王根本不是基督徒數百年來祈禱所等待的答案，原本興奮不已的曼努埃爾不免感到萬念俱灰。

曼努埃爾的船隊從幅員狹小的葡萄牙出海，建立了一個歐洲帝國。從巴西到中國，都是他們探索的範圍。這些船隊改變了歐洲眼中的世界，也突破了歐洲勢力的界限。然而，對照他的萬丈雄心，曼努埃爾仍是一敗塗地。他穿越非洲，取道紅海北上，擊潰土耳其人和埃及人，重新奪回耶路撒冷的計畫，終究淪為一場夢幻泡影。儘管誇口要率領最後一次十字軍東征，曼努埃爾終生不曾踏出國門一步。

和曼努埃爾素來不合的兒子約翰在十九歲繼任國王之位，約翰三世的登基大典固然風光，但他繼承的帝國宛如一艘無舵之舟，不知何去何從。他迫切需要一位不世之才，在遙遠的疆域為他建功立威。

這是瓦斯科．達伽馬最後一次奉命出征。

---

28 除了把摩鹿加群島讓給葡萄牙，薩拉戈薩條約（Treaty of Zaragoza, 1529）確認西班牙對菲律賓的權利。後來也發現菲律賓其實位於葡萄牙的半球裡。

29 Subrahmanyam, *The Career and Legend*, 283，曼努埃爾仍然和一般人一樣，誤以為穆罕默德葬在麥加。

第十八章 國王的副手

二十一年來，瓦斯科·達伽馬爵士一直忙著囤積他的威名帶來的果實。

艦隊司令從印度返國時，已經是家財萬貫。他帶回一箱又一箱滿滿的奢侈品，謠傳其中有一批貴重的珍珠。國王給他的賞賜更加豐厚，允許達伽馬派自己的人到東方保護他的利益，並特許他們全家不必繳稅。瓦斯科爵士甚至獲准在王家森林打獵，並向盜獵者收取罰款。

這樣還不夠。地位比什麼都重要，他僅僅是朝廷的一名貴族子弟。他最渴望的榮譽，也就是他父親的家鄉錫尼什的領主，依然遙不可及。家裡的成員愈來愈多，他本性不改，總之先把全家人搬過去，然後著手建造一座氣派的宅邸。聖地牙哥騎士團的大團長在國王面前參奏這位專橫跋扈的騎士，國王別無選擇，只好處以「欺君犯上之罪」[1]，下令瓦斯科爵士連同妻子兒女在三十天內遷出錫尼什，今生今世不得返鄉。達伽馬再也沒有回到他希望留給子孫代代世襲的城鎮，並且退出聖地

1 Royal order dated Tomar, March 21, 1507; see A. C. Teixeira de Aragão, *Vasco da Gama e a Vidigueira: Estudo Histórico*, 2nd ed. (Lisbon: Imprensa Nacional, 1898), 250-52.

牙哥騎士團，加入基督騎士團。

在許多貴族看來，這位探險家未免太過自以為是。憑他的出身，如今得以平步青雲，居然還貪心不足，被外界斥責是不守本分、不知好歹、而且不可理喻。儘管如此，達伽馬仍舊鍥而不捨。一五一八年，也就是麥哲倫叛逃到西班牙的第二年，他威脅要離開葡萄牙，為他國效力，使情況急轉直下。被競爭對手搶走兩個航海家是一回事，艦隊司令另投他主，那就非同小可了。國王不肯放人，要他先冷靜幾個月，「本王希望到時你會領悟到自己所犯的錯，並決定再度為本王效勞，而非採取你所提議的極端做法」。[2]瓦斯科爵士留了下來，次年，也就是他被粗暴逐出錫尼什的十二年後，國王賜封他為維迪蓋拉（Vidigueira）伯爵。通報消息的王室信件是這麼寫的，此番晉升「是獎勵其功勞，尤其是發現印度及連帶產生的印度殖民，並且就我們神聖天主教信仰的發揚而言，不但對我們王國和領地的君王及君權大有幫助，更普遍裨益了這些地方的居民和整個基督教世界」。[3]達伽馬參贊中樞，在政壇一直非常活躍，葡萄牙的高級貴族不過十九人，如今達伽馬不但名列其中，還是儀式活動的重要人物。

剛登基的年輕國王極力勸說這位五十五歲的功臣回到當年發跡的老地方，他決定豁出去。這個帝國是他留給後世的遺產，如今有機會依照自己的形象加以改造，根本由不得他拒絕。

一五二四年四月九日，瓦斯科．達伽馬第三度，也是最後一次前往印度。[4]同行的還有他的兩個兒子埃斯特旺和保羅，前者在十九歲的小小年紀就要擔任印度洋的艦隊長，後者的年紀更小。[5]出發之前，達伽馬要國王親自保證，一旦他撒手人寰，安全留在老家的長子弗朗西斯科將直接繼承他的爵位和財產。

首次前往東方時，達伽馬的身分只是一名艦隊長。此番出航，掛在他身上的幾個頭銜，活像刀槍不入的金鐘罩。除了印度艦隊司令和維迪蓋拉伯爵之外，又多了印度副王的身分。新任的副王在出發前不久接受任命，並且三度在國王面前鄭重其事地宣誓效忠（在阿爾梅達卸任之後，直到達伽馬抵達印度，才出現第二任副王）。

不管從哪方面來看，這項任務事關重大。不但在法蘭德斯取得最先進的武器，並且專程建造了幾艘大船。達伽馬的旗艦西奈山的聖凱特琳娜號的船首雕像，正是凱特琳娜這位亞歷山卓的殉道者，她被羅馬判以礫輪處死，據說五百年後出土時，她一頭耀眼的秀髮還在繼續生長。艦隊共有十

2 Letter of Manuel I to Gama dated August 1518; see ibid., 257-58.

3 Letter of Manuel I to Gama dated December 17, 1519, quoted in Sanjay Subrahmanyam, *The Career and Legend of Vasco da Gama* (Cambridge: Cambridge University Press, 1997), 281。蘇布拉曼楊指出，當時葡萄牙只能召集「兩位公爵、兩位侯爵、一位伯爵主教和另外十二位伯爵」。

4 把達伽馬前兩次印度之行寫得天馬行空的史官科雷亞在第三次比較可靠。到了一五二四年，他已經在印度待了十幾年；他初次抵達印度時只有十六歲，是一名士兵，不過後來轉任阿爾布開克的祕書，讓他鬆了一口氣。筆者循例用官方編年史和當代文獻來填補缺漏之處。

5 保羅一五三四年在麻六甲外海一場海戰中陣亡。埃斯特旺在一五四〇年成為印度總督，一五四一年，他率領海軍遠征紅海，攻擊鄂圖曼的艦隊，可是抵達蘇伊士的時候，發現對方早有準備，於是只好撤退。他的弟弟克里斯多夫上岸率領十字軍在衣索比亞作戰，當地被一支穆斯林軍隊入侵，對方宣稱要打一場聖戰，而且擁有鄂圖曼的大砲。克里斯多夫被捕，次年遭處決，但他的介入對衣索比亞的安全防守居功厥偉。埃斯特旺為了逃避國王賜婚而潛逃到威尼斯，後來在當地過世。至於其他的兄弟，老大弗朗西斯科繼承了維迪蓋拉伯爵之位，年紀最小的佩德羅和阿爾瓦羅先後在麻六甲擔任指揮官。

四艘船艦和卡拉維爾帆船，載運三千名男子和幾名女子。這些男人有不少具備豐富的印度經驗，騎士、貴族子弟和貴族的人數特別多，他們禁不住誘惑和勸說，想跟偉大的達伽馬一起為國效勞。女人是在出發前偷偷溜上船的。這趟旅程苦不堪言，嚴禁攜帶妻子、情人或「慰安婦」，主要是怕她們在船上挑起紛爭，打擊士氣，而非擔心她們的靈魂受到玷污。禁令形同具文，一名旅客記載說，有一次乘船出海，負責升主帆的水手被關起來，因為他「養了一個情婦，是從葡萄牙帶來的，而且上船時已經懷孕，被帶到船上的臥鋪」。[6] 一向治軍嚴謹的達伽馬誓言要斷絕船上這種放蕩的行為，離開里斯本之前，他就在船上和岸上三令五申，出海之後，要是發現任何女子，「一律公開處以鞭刑，即便已婚婦女也絕不寬貸，然後把她的丈夫綁上腳鐐，送回葡萄牙；萬一是奴隸和俘虜，便予以逮捕，換取贖金；一旦船長發現船上有女人，而不交出來，應予以解職」。[7] 同時把警告寫在招牌上，釘上桅杆，不會有哪個人看不見，或是懷疑伯爵不會言出必行。

好望角外海的暴風巨浪，他們已經應付裕如，艦隊繞過好望角，在八月十四日抵達莫三比克。旗艦剛剛下錨，就有人拖來了三名女子。在海上航行的船隻，是全世界最不隱密的地方，想藏也藏不了多久。看見印度艦隊的船員公然抗命，達伽馬鐵青著臉，把女子拘禁，容後發落。

麻煩的還在後頭。準備離開非洲時，達伽馬派出一艘卡拉維爾帆船，對一向很有耐心的馬林迪蘇丹表達歉意，並轉交書信和禮物。這艘卡拉維爾帆船的船員、船東和領航員早就對他們的馬約卡（Majorcan）船長極為不滿。脫離艦隊之後，隨即殺了船長，潛逃到紅海去從事海盜勾當。[8]

大自然好像也故意和重返舊地的艦隊司令作對。在非洲外海，一艘船撞上了暗礁，雖然船員全數獲救，卻只能棄船離去。在橫越大洋，前往印度的途中，艦隊慘遭西南季風肆虐，一艘船艦和一艘卡拉維爾帆船在汪洋中迷失，從此不見蹤影。當剩下的十艘船靠近海岸，狂風驟然消失，海面平靜無風。到了破曉時分，海面猛然出現劇烈的晃動，彷彿整片大海都在沸騰。只聽見啪的一聲，一波潮浪打中船身，由於力道強勁，水手都以為撞上了淺灘，還有一個人跳海逃生。其他的人降下船帆，放下小艇，扯開嗓門向其他顛簸搖晃的船隻示警。等他們發現整支艦隊都忙著開砲發射求救信號時，不由得呼喊上帝，請祂發發慈悲。毋庸置疑，艦隊遭到了邪魔入侵。他們放下鉛錘測量水深，沒想到不管繩索放得多長，都碰不到海底，於是他們更加拚命禱告。

震盪漸漸緩和，然後又像先前那樣劇烈震動。船隻又開始東倒西歪，甲板上的人個個搖搖欲倒，箱籠鬆動，從艙房的一頭撞到另外一頭。連續一小時，斷斷續續地不停震動，「每次都和唸一遍信經的時間差不多」。[9]

艦隊司令活像一棵橡樹似的，站在甲板上動也不動。一位對占星術略有涉獵的醫師對他解釋過，說艦隊已經駛進海底地震的震央。

「拿出勇氣，我的朋友！」他對手下大喊。「海水是被你們嚇得發抖。」[10]

---

6 Jean Mocquet, *Travels and Voyages into Africa, Asia and America, the East and West Indies; Syria, Jerusalem, and the Holy Land*, trans. Nathaniel Pullen (London, 1696) 207.

7 Henry E. J. Stanley, trans. and ed., *The Three Voyages of Vasco da Gama, and His Viceroyalty* (London: Hakluyt Society, 1869), 394.

8 這位船長叫Mossem Gaspar Mallhorquim。這艘卡拉維爾帆船在次年被捕，帶到印度，許多船員被處以絞刑。

9 Stanley, *Three Voyages*, 383.

10 這段引文的各種版本都認為是達伽馬說的，出自Manuel de Faria e Sousa, *The Portuguese Asia*, trans. Captain John Stevens

達伽馬回來了。

✝

海震平息三天之後，一艘從亞丁返鄉的阿拉伯帆船被艦隊擄獲。船上有六萬枚金幣，以及價值超過金幣三倍的黃金。既然不能藉此教訓札莫林，達伽馬搶了貴重物品，然後把船員放走。最重要的是，這一次他決心給自己的手下做個榜樣，同時為了避免瓜田李下，他吩咐辦事員把每一個克魯札多逐條登記起來。

雖然是無心之舉，被搶的穆斯林畢竟給自己報了仇。他們告訴葡萄牙人，繼續航行三天就會抵達海岸。六天之後，依然不見陸地的蹤影，比較容易上當的船員開始竊竊私語，說陸地在海震時被大海吞噬。歐洲幾位頂尖的占星師曾經預言，當九大行星在雙魚宮連成一線，就會引起第二次大洪水，想到這裡，船員不禁驚慌失措。[11]許多葡萄牙貴族早有準備，在山頂建造避難所，貯藏一桶又一桶的餅乾，足以支撐到大水退去，只不過到頭來，這一年的雨量比平常更少。

很快有人發現艦隊的航向有誤。兩天後，他們抵達朱爾港，也就是洛倫索．阿爾梅達戰死的地點。三年前，當地又蓋了一座堡壘，並在周圍發展出一個聚落。

達伽馬公布了國王封他為副王的任命狀，然後開始執行任務。

達伽馬從來不是什麼偉大的夢想家。他忠君愛國，會大刀闊斧地執行主子的命令，他天生極具領導才能，一旦定下目標，就會堅持地執行到底，遠遠看著他的印度洋淪為一個龍蛇混雜的是非之地，損害國家主權，更令他感到不齒。如果可以的話，他忠誠宣示，他「會讓國王富起來，因為只有國庫充盈，百姓才能得到最大的好處」。[12]他決心一舉掃除十年來的賄賂和包庇所累積的寄生蟲和財政包袱，並且帶了一批自己挑選的人，來擔任許多職位。他把朱爾的官員即刻解雇，然後當街宣布，凡是沒有公務在身的人，如果不立刻登船，就領不到薪資。離去之前，達伽馬向堡壘新任的指揮官下達第一道命令：如果杜阿爾特・德・梅內塞斯爵士（Duarte de Meneses，被達伽馬取代的總督）一如預期，果真來到朱爾，無論下達什麼命令，指揮官都不得允許他下船，並且只能提供他四天的糧食。儘管飽受幽閉恐懼症和壞血病折磨的水手一再懇求達伽馬讓他們上岸，他一律充耳不聞，逕行前往果阿。為了表示歡迎，當地舉辦了一場公開演說，以及豐盛的宴席，然後由遊行隊伍把他抬到大教堂和堡壘。第二天，他把指揮官弗朗西斯科・佩雷拉（Francisco Pereira）解職，並且立案調查市民對他的一長串指控。罪名包括未經控訴或審判即囚禁政敵，當地的律師和法官也在其中、沒收他們的財產、把他們的妻子兒女逐出家門。民眾紛紛湧來，指控佩雷拉犯了更多「滔天大罪」[13]，達伽馬斷然做出判決，要這位氣急敗壞的前任指揮官賠償所有人的損失。

佩雷拉也算用他沒收來的財產做了一件好事：為每年在東方罹病的數百名歐洲人蓋了一家富麗

(London: C. Brome, 1694-1695), 1:280。

11 當時歐洲的人都相信此事。五十六個人急急忙忙把一百三十三本書籍付印，倫敦有好幾千人逃到高地，打造了許多方舟。參見Lynn Thorndike, *History of Magic and Experimental Science, vols. 5 and 6, The Sixteenth Century* (New York: Columbia University Press, 1941), 5:178-233。

12 Stanley, *Three Voyages*, 396.

13 Ibid., 390.

堂皇的醫院。[14]然而醫院和同樣氣派的聖方濟修道院揮霍掉不少錢，以致於完全無力支付像大砲之類的基本裝備。達伽馬勘查醫院和裡面的病人，其中有些似乎把這裡當成旅館，於是他下令主管的醫師，凡是身上沒有傷口的人，一律不得入院。如果是因為與人打架鬥毆，即使受傷，也不許收容。副王頑固地指出，打架鬧事無非是為女人爭風吃醋，這種病痛無藥可醫。在此同時，船上的許多病人開始口出惡言，埋怨沒有得到妥善治療。達伽馬反駁說他很清楚怎麼改善他們的病情，然後當場宣布，現在可以把他打劫船隻得到的戰利品分配給大家。許多住院的人聽到消息，也都一窩蜂地趕來。等他們想回醫院的時候，才發現不得其門而入。

另外還得處理那三個偷渡上船的女人。傳達員宣布判決如下：

「法官宣判！本案相關女子藐視司法，違背禁令，私自前往印度，將處以鞭笞之刑。」[15]在東方擁有至高權力的，當然是達伽馬的司法，也必須照他的意思懲罰罪犯。

在果阿，無論靈魂是否純淨，葡萄牙女性畢竟非常罕見，三人悲慘的遭遇立即引起轟動。方濟會的修士、慈善會的修士，甚至是果阿的主教，都向副王的官員提出抗議，當地的貴族子弟甚至主動表示要為她們贖身。

達伽馬充耳不聞，鞭刑確定在次日舉行。眼看執行的時間快到了，方濟會和慈善會的修士揮舞著十字苦像，遊行到副王官邸，宣稱他們是來做最後的赦免請求。達伽馬命令他們把十字苦像送回祭壇，等他們回來，達伽馬發表了一篇慷慨激昂的演說。高舉十字架在他的官邸遊行示威，他語氣冰冷地說，「稱得上是陰謀造反，目的是讓大家把他視為殘酷無情之輩」，這種行為絕對不能再發生。當修士想對他說明慈悲的寶貴時，他粗暴地反駁說，慈悲是上帝的事，與人無關，他當眾宣誓，如果有任何一個人膽敢在他任內犯罪，一定在城內將他斬首示眾。

這幾名女子被按時行刑，果然有了殺雞儆猴的效果。「看到這幾名女子的遭遇，眾人忿忿不平，」當時人在印度、以史官自居的加斯帕爾・科雷亞（Gaspar Correia）如此記載，「眾人認定副王為人殘酷，不過看到他如此堅決執行自己的意志，他們心中倍感恐懼，從此循規蹈矩，改革了當時印度的許多惡行，尤其是那些行為放蕩、作奸犯科的貴族子弟。」

儘管作風專制，新任的副王無疑比過去幾任總督正直清廉。果阿市議會的成員呈遞了一份報告給國王約翰三世，寫得長篇大論，歌頌達伽馬效忠君王、矯正陋習和療傷止痛的決心。[16]尤其令他們詫異的是他拒絕收受禮物（說難聽一點就是賄賂），儘管新任總督收取賄款，向來被視為天經地義的事。不過達伽馬急著繼續執行任務，雖然請願的人在官邸門口大排長龍，他還是離開了果阿，令議會大失所望。他交代果阿的官員，禁止接待杜阿爾特・德・梅內塞斯爵士，也不得遵從其命令，然後登上一艘小型的帶帆雙船，沿著海岸南下，艦隊緊緊地尾隨在後。

距離達伽馬前一次來到印度，已經相隔多年，前往柯欽途中的各個河口和碼頭，充斥著穆斯林

---

14 醫院固然宏偉，但主要的醫師和其他葡萄牙官員一樣，有三年的期限，因此效果有限。醫師剛摸熟這些陌生的熱帶疾病，就回家了。

15 Stanley, *Three Voyages*, 394-96.

16 參見前引書，原文收錄於 Appendix, pp. x-xvi，Stanley 的翻譯收錄於 pp. 385-90。果阿的新任指揮官對殖民地的問題有不同的看法，他認為果阿的神職人員太多，而男子樂於與本地女子結婚，無法提供有效的防守。參見 Sanjay Subrahmanyam, *The Career and Legend*, 316。

海盜的巢穴。這些打打殺殺的亡命之徒都是商人出身，後來落得一貧如洗，對葡萄牙恨之入骨。每年夏天，他們都會服用檳榔和鴉片，然後出海與占領者開戰。一旦被俘，就得在國王的槳帆戰船上當一輩子奴隸，有鑑於此，他們打起仗來更是無所顧忌，一旦葡萄牙戰俘落在他們手裡，如果短時間內沒有人花錢贖回，馬上性命不保。達伽馬對這一類的暴行耳聞已久，而且堅持把船開進河口，親自打探一番。葡萄牙船隻笨重地溯河上行，海盜從瞭望台發現有人入侵，許多留著大鬍子的男子乘著輕快的小船，不知死活地衝過來，即便看見原本打算在海岸維持治安的八艘船組成的小艦隊，也不放在眼裡。達伽馬馬上命令兒子埃斯特旺率領八艘小船迎敵，給對方一個教訓，然後讓六艘船艦停在河流的沙洲上。等他清理門戶之後，他鄭重宣誓，一定回來解決這些禍害。

前任總督仍然逃亡在外，但達伽馬終於在外海撞見他的兄弟。路易·德·梅內塞斯（Luís de Meneses）爵士正從柯欽北上，要跟預定從荷莫茲返回印度的杜阿爾特爵士會合。雙方升起了國旗，戰鼓和號角高奏入雲，但達伽馬硬是要路易掉頭，陪同他前往柯欽。

艦隊在坎納諾爾短暫停留，達伽馬又把指揮官給換了，並且威脅要懲罰新的科拉第里，因為他不但允許穆斯林在城裡做生意，也沒有徹底剷除海盜的巢穴。國王萬分驚恐，連忙交出一名穆斯林的領袖人物，這個代罪羔羊隨即身陷囹圄，然後被絞刑處死。

艦隊特地繞開卡利卡特，二十六年過去，卡利卡特依舊令葡萄牙感到芒刺在背，十一月初，達伽馬到了柯欽。

艦隊下錨的時候，天已經黑了，鳴放禮砲時，一艘卡拉維爾帆船上的兩個人被意外炸死。除此之外，砲彈爆炸發出的閃光，照出了在前一晚脫隊失蹤，偷偷開進碼頭的船隻。船東以經商為生，他悄悄溜走，是為了比其他競爭者搶先一步進貨，結果被達伽馬關進牢房。

第二天，路易爵士乘著一艘裝飾華麗、由奴隸划槳的船過來，柯欽的貴族子弟環繞船尾甲板站立，桌上擺著一份豐盛的早餐，他主動表示要帶領達伽馬上岸。達伽馬婉言拒絕，坐著自己的小船進城。

自從上次來到柯欽，已經過了二十一年，很多地方都變了。沿岸發展出一個新的葡萄牙城鎮，當地領袖發表了一篇熱情洋溢的演說，向新任的副王表示歡迎。神職人員舉著十字苦像，帶領他前往主要的葡萄牙教堂，彌撒過後，國王騎著大象順道過來探訪。達伽馬在堡壘就任新職，把指揮官解雇，要把這個腐敗、過度膨脹的帝國改造成一台運作順暢的機器，在他的辦公室以軍事效率管理。不管再怎麼低階的職位，被提名人都必須遵照命令，向副王報到，由他親自盤問。他把辦事員（其中有些人幾乎是文盲）叫來，在他面前寫一篇文章。他堅持每一位指揮官都要由他親自批准，膽敢迴避他審核的人，一律處死。他威脅商人，要是繼續逃漏稅金，就沒收船隻和財產，從此不得踏入東方一步。已婚男子如果不奉召作戰或在船上工作，會被撤銷薪資和配給。他調查稅務官員中飽私囊的指控，並且逮捕了好幾個人。沒有他明文許可，船長不得私運葡萄酒，除非曾經立下戰功，否則不得與人鬥毆。軍人只要打了勝仗，無論是不是貴族子弟，照樣頒發作戰勳章。

這位老牌老探險家一向用鐵血紀律統治他的船隊，如今治理帝國，更是採取零容忍的態度。「他公開宣告，」加斯帕爾．科雷亞記載，「除非在週日或聖徒日望彌撒，水手一律不得披掛斗篷，否則的話，治安官員應予以沒收，並且負責打水一天，以示懲罰；在軍中擔任火繩槍兵者，應將火柴綁在臂上。他嚴厲斥責裝甲步兵不得披掛斗篷，因為一旦披上斗蓬，怎麼看都不像軍人。他下令軍人只准畜養幫得上勞務活兒的男奴，因為軍隊禁止軍人把打扮得像木偶的小廝帶上王家船艦。」[17]副王宣布，如今軍紀嚴明，如果有人不喜歡新的規定，除非欠債未還，或正在接受調查，否則大可回葡萄牙去。為了避免淘空帝國人口，他宣布了三個月的赦免期，在這段時間，凡是在他就任之前所犯的罪，皆可獲得赦免。如果是竊取大砲，赦免期縮短為一個月，結果發現有些指揮官和軍官一直把槍砲賣給商人，再由商人賣給葡萄牙的敵人，達伽馬要他們交出帳冊，卻被他們全數銷毀。

達伽馬給自己定下嚴苛的計畫，不管壓力多大，都不肯絲毫放鬆。他每天早晚都去海灘和倉庫，催船隊快點卸貨。他派兩艘船去錫蘭採購肉桂，四艘去馬爾地夫攻打一個穆斯林海盜的巢穴，這幫人專門打劫往來印度洋的補給船隊。他籌組了一支小艦隊，在兒子埃斯特旺的率領下前往紅海，同時請來一位造船大師，設計一支全新的艦隊，這些船隻要比馬拉巴爾海岸的海盜船開得更快。「副王，我給您打造的雙桅帆船，連蚊子都能抓住。」[18]這位造船專家回答表示。

眼前的威脅不止於此，他們必須和西班牙正面交鋒。達伽馬發誓，不管有沒有簽下條約，如果照他的意思，西班牙的船隻和船員都會神祕消失。[19]土耳其人在北方集結，一年一年過去，他們愈來愈有可能舉全國之力，挑戰葡萄牙的海洋控制權。同時，一名主教寫信給葡萄牙國王，控訴札莫林和他的穆斯林臣民不斷迫害印度的基督徒，他說許多人遭到搶劫和殺害，住宅和教堂被焚燬。[20]達伽馬再次籌謀，準備以大軍攻打宿敵，同時昔日舊恨湧上心頭。商船的船隊剛駛離港口，他立刻宣布：「他要出兵殲滅卡利卡特和印度全境的海岸，讓穆斯林徹底從陸上和海上消失。」[21]即使內訌頻仍，又受到伊比利半島的鄰國威脅，帝國的聖戰火焰依然明亮而真切地燃燒著。

柯欽有五千名葡萄牙人，在維迪蓋拉伯爵出現之前，其中不少人的日子比現在好過得多，這種堅持到底、絕不通融的作風，讓他得罪了不少人。每次公開集會都令人膽戰心驚，基督徒和穆斯林開始離開柯欽，避免在副王的眼皮子底下做生意。而失勢的路易・德・梅內塞斯爵士是許多異議的幕後主使者。加斯帕爾・科雷亞指出，柯欽似乎有一半的人都到他家吃飯，一面用餐，一面計畫怎麼對達伽馬不利。路易的兄弟杜阿爾特先後在朱爾和果阿碰了軟釘子以後，總算回到柯欽，眼看事情就要一發不可收拾。達伽馬來印度的時候，記下許多人對先前這位總督的諸項控訴，並且祕密傳喚證人。杜阿爾特受到的指控堪稱琳琅滿目，他挪用公家的錢做生意，並且侵犯了王室的香料專利權，侵占印度的歐洲人死後留下的財產。他用奴隸代替薪餉，發給士兵和水手。他染指歐洲殖民者的妻子，印度教和穆斯林的女子更是不在話下，甚至收受穆斯林統治者的賄賂，對他們的所作所為

17 Stanley, *Three Voyages*, 397-98.

18 Ibid., 405.

19 西班牙駐葡萄牙大使胡安・德・祖尼加（Juan de Zúñiga）向查理一世報告，西班牙別指望達伽馬會手下留情。照他的說法，除了威脅要把西班牙的船隻打沉，副王還誓言絕對不會理會任何把摩鹿加群島讓給西班牙的協議，而且會不計一切把群島留在葡萄牙手裡。Letter dated Tomar, July 21, 1523, quoted in Subrahmanyam, *The Career and Legend*, 412。

20 Ibid., 325。科東格阿爾盧爾（Cranganore）的主要教堂在一五二三年被攻擊和燒毀。

21 Stanley, *Three Voyages*, 412.

輕輕放過。這位前任總督的船一開進港口，達伽馬就派代表團前去禁止他上岸，並且安排他搭乘另外一艘船，送他回老家坐牢。[22]

杜阿爾特的父親位居伯爵，本身就是位高權重的貴族，聖地牙哥騎士團的要角，也是知名的戰爭領袖。他對新晉的維迪蓋拉伯爵非常不屑，並且姍姍來遲。他一路上不斷下錨靠岸，添購回程需要的補給品，同時還從荷莫茲帶走大批的戰利品、貢品和賄賂。他不肯乖乖交出來，還擺出貴族的架子，完全不把副王的特使放在眼裡。不過梅內塞斯怎麼也沒想到，達伽馬忠君愛國的決心不但令人欽佩，也連帶激發其他人的忠誠。杜阿爾特提醒代表團的一名成員，是自己的父親親自策封他為騎士的，結果對方反駁說，就算國王下令砍他父親的腦袋，他身為人子，也會照辦。

這位去職的總督尚未正式交出權力，他留在碼頭靜觀其變，希望時來運轉，可以除去這個自以為是的副王。他的支持者會通報岸上的情況，沒多久，一個晴天霹靂的消息，令他滿懷希望。

達伽馬連日出現莫名的劇痛。他頸子底部的硬瘡爆裂，就連轉個頭也疼痛難耐。他整天待在堡壘的房間裡，躺在床上發號施令。根據科雷亞的轉述，這種形同軟禁的處境，令他「火冒三丈，由於政務繁重，此時的他力有未逮，不免憂心忡忡，使病情加倍嚴重」。[23]

到了晚上，達伽馬把告解神父悄悄找來。他搬到一位葡萄牙大公的住宅，把官員叫到面前。要求每個人簽名立誓，保證在下一任總督接下他的職務以前，繼續推動他的計畫。然後由神父為他告解，舉行聖餐禮。

他大聲喘氣，喃喃地交代臨終願望，文書人員寫下他的遺囑。他交代兒子跟著香料艦隊一起回葡萄牙，他的奴隸如果願意回去，也要兒子一併帶走。他吩咐兒子把他的衣服和最好的家具捐給教堂和醫院，其他財物全部帶回老家，一樣也不許賣。他要求把自己的骨骸運回葡萄牙，還拜託遺囑的其中一名證人寫信給國王，乞求國王照顧他的妻兒，並接收他的隨從。最後，至少傳言是這麼說的，他下令分別送一大筆錢給那三個在果阿挨鞭刑的女人，要她們找個好丈夫嫁人。[24]

他的死亡時間是凌晨三點。正好是一五二四年的平安夜。

+

沒有人嚎哭，沒有人流淚。房子裡靜悄悄的。整天房門深鎖。天黑之後，由兒子和僕人對外公布他的死訊。眾多友人和親戚前來哀悼。沒多久，全城居民聚集在附近葡萄牙教堂的庭院裡。

氣氛莊嚴肅穆，但對某些人來說，與其說傷心，不如說反而是鬆了一口氣。「指揮官、代表、辦事員和其他官員對副王的死都非常滿意，」達伽馬死後四天，一位非常敬佩他的人寫信向國王報

---

22 即使擁有副王這個職位賦予的權力。達伽馬也逾越了他的權限。照卡斯達聶達的說法，杜阿爾特爵士收到國王的信，讓他和他的手下可以不受達伽馬管轄，也允許他在印度待到返國的艦隊準備啟航的時候；必要的話，他可以到坎納諾爾的堡壘等待，在這段期間，堡壘就等於他個人的封地。科雷亞說杜阿爾特拒絕登上達伽馬指定的船，而達伽馬威脅要把他搭的船擊沉；和副王激烈爭辯之後，含淚向同桌的友人告別之後，路易上了他兄弟的船，並且說服他上岸。Ibid., 417-20。

23 Ibid., 422。有一種推論是達伽馬得了口咽炭疽病。

24 達伽馬的遺體直到一五三八年才返國安葬。十九世紀以盛大儀式移到里斯本，重新安葬在當初為了紀念他首航印度而興建的貝倫修道院。幾年後才發現在遷葬骨骸時搞錯了，只好再低調舉行儀式，重新安葬正確的遺體。

告，「因為他們不希望達伽馬把正義伸張到他們頭上。」[25]

這位偉大的探險家死後，身上穿著絲綢，腰間扣著一條鍍金皮帶，慣用的長劍插進劍鞘。短靴上釘著馬刺，頭上戴著四方帽。最後把基督騎士團的斗篷披在這位老牌十字軍背上。掀蓋的棺木被抬到房子的大廳。扶棺人一律披著軍人的斗篷，把棺木扛在肩上。對達伽馬忠心耿耿的手下拿著小蠟燭走在旁邊，城裡的居民尾隨在後。無論如何，若非瓦斯科·達伽馬，他們都不會來到印度。

維迪蓋拉伯爵，印度艦隊司令暨副王，在方濟會樸素的聖安東尼教堂下葬。次日，修士舉行了隆重的葬禮彌撒，達伽馬的兩個兒子也參加了。到了晚上，兩個年輕人回到教堂私下哀悼，「失去這麼德高望重、為葡萄牙王國立下如此偉大功業的父親，」科雷亞表示，「如此傷心也在情理之中。」

「蒙主悅納，」他接著說，「使此君心志堅強，在發現印度的過程中，多番出生入死而毫無懼色……無一不是為了上主的愛，為了他的天主教信仰能更加普及，為了葡萄牙的光榮、輝煌與尊貴，葡萄牙今時今日，正是憑藉上帝在這方面助了一臂之力。」[26]

✝

達伽馬來印度的時候，帶了一封以御璽封箋的繼承批准書。如今在教堂當眾拆封，高聲誦讀。杜阿爾特·德·梅內塞斯這才發現他們倆兄弟雙雙丟了飯碗，氣憤不已。

香料艦隊帶著達伽馬的兩個兒子和梅內塞斯兄弟返國。這對兄弟心存怨懟，千方百計地為難兩個喪父的年輕人，不過最後他們不但得到應有的報應，甚至猶有過之。繞過好望角之後，路易・德・梅內塞斯的船在暴風中失去蹤影，後來一名法國海盜透露，他的兄弟劫持了這艘船，殺了路易和手下的船員，然後放火燒船。[27]杜阿爾特爵士也差點遭遇海難，但終究回到了葡萄牙。傳說在返回里斯本途中，他專程上岸，把寶藏埋在土裡。但船隻來不及趕回港口就沉了，有人說他是蓄意湮滅證據，以免他貪污公款的事實曝光。無論是因為這個原因，或是為了遮掩其他的惡行，杜阿爾特爵士被國王關進大牢足足七年。而他埋葬的那批財寶，當然一直不知所終。

25 Letter of Pêro de Faria, dated Cochin, December 28, 1524, quoted in Subrahmanyam, *The Career and Legend*, 343.
26 Stanley, *Three Voyages*, 427.
27 為了報復他兄弟的行為，海盜和他的船員被砍去雙手，船也被燒了，從此法國海盜對葡萄牙人展開多年殘酷的復仇。

第十九章　狂野不羈的大海

剛把達伽馬派去解決印度問題的年輕國王，很快就墜入阿維斯王朝[1]稱霸一方的妄想中。他和死去的父親一樣，開始幻想把印度洋一滴滴擰乾，最後成為一片純淨的基督教湖泊。他對穆斯林發動更多殘酷的戰爭，建立了更多堡壘，至於達伽馬耗盡心血管制這個龐大笨重的帝國，究竟所為何來，國王很快就忘得一乾二淨。隨著葡萄牙的軍事基地繼續朝世界的另一頭推進，每年運到里斯本的香料幾乎養不起海外的駐軍，葡萄牙一步步演變成一個本土強權，國家收入完全來自農民繳納的稅金。

由於香料仍然被王室所壟斷，由歐洲商人資助的葡萄牙船隻開始在印度洋交叉穿梭，把波斯的馬匹運到印度，把印度的紡織品運到印尼和東非，把中國的絲綢和瓷器賣到日本。事實證明，相較於繞行好望角的遙遠航線，這種所謂國際貿易的利潤更高，很快地，葡萄牙商人在亞洲打敗了穆斯

1　編按：阿維斯王朝（Aviz）是一三八五至一五八〇年間統治葡萄牙，開創大航海時代的王朝，本書提過的約翰一世、愛德華一世、阿方索五世、約翰二世、曼努埃爾一世，直到目前的約翰三世，都是阿維斯王朝的國王。

林競爭對手。到了十六世紀中葉，洋涇濱的葡萄牙語已經取代阿拉伯語，成為東方各港口的商業語言。然而，愈來愈多和葡萄牙之間的正規聯繫管道被切斷，對統治者而言，帝國的諸多疆域也變得鞭長莫及。

只有最能吃苦、而且窮途末路的人，才會渴望到世界最偏遠的角落服役，而且和他們參與十字軍東征的先人一樣，願意到東方去的，都是在老家混不出名堂的人。他們一心想過著地主的生活，只要能飛黃騰達，不會把雞毛蒜皮的事放在心上。當社會邊緣人、慣犯、犯罪集團、被拐帶的少年，以及沒有資格繼承家產的幼子，紛紛離開葡萄牙，到海外打天下，各種喪行敗德、不堪入耳的傳說，陸陸續續傳回歐洲。

在諸多傳言裡，法國旅行家尚．莫克（Jean Mocquet）筆下曝光的一則祕聞最具殺傷力。[2]身為法國國王的御用藥劑師，莫克的工作是用全球各地生產的樹脂、礦物和芳香藥物，為國王煉製藥物。或許是因為每天接觸東方的新奇事物，讓他養成無可救藥的流浪癖。國王答應讓他漫遊世界各地，條件是必須帶回各種奇珍異寶，供王室的珍寶閣收藏，莫克從此便展開長達十年的冒險旅程。去過非洲、南美洲和摩洛哥之後，他在第四次出遊時來到果阿。和那個時代的許多冒險家一樣，他巨細靡遺地記載了自己的旅遊見聞，並且用大量篇幅來描述葡萄牙人的敗行劣跡。

到了十六世紀末，果阿已經發展成一個宏偉的殖民城市，當得起「東方羅馬」的美譽。[3]街道和廣場周邊有五十間教堂，和為數不少的女修道院、濟貧院和學院，雇用了數千名神職人員。當地高聳的白色大教堂是大主教座堂，從好望角到中國，都是他管轄的教區。總督的宮殿、公共建築和當權者的宅邸，都是文藝復興和早期巴洛克風格的華麗建築，夾在印度繁茂的叢叢綠葉之間，街道充斥著華麗氣派的裝飾，慶祝各種節慶和軍事的勝利。不過從宏偉的建築立面背後，一看就知道這是個充斥著酒吧和妓院，整天有人打架鬧事的邊疆城鎮，士兵成群結隊地在街上閒蕩，一群拿著雞毛當令箭的貴族在當地作威作福，魚肉百姓。

初來乍到的人面臨極大的社會壓力。他們穿著老家的服裝，剛剛半死不活、跌跌撞撞地下了船，就遭到非常惡毒的嘲笑，例如那些老油條最喜歡罵他們「蝨子頭」，讓他們只得整天躲在寄宿的地方、船艙裡、或是教堂的後間，直到他們找到門路典當斗篷或佩劍，換成一身老手的裝束為止。不到幾星期，莫克語帶諷刺地指出，這些人開始自稱為貴族子弟，「雖然他們只是農夫和商人出身。」他轉述說，有一位名叫費爾南多的公子哥兒被一個有錢的女人看上之後，動不動就戴著幾條金鍊招搖過市，後面跟著一班奴隸隨行伺候，結果被人當街認出來，還是他葡萄牙老雇主的兒子。費爾南多假裝不認識他，還問他姓啥名誰，「對方聽了反而問他：你不就是以前替我父親養豬的那個人？公子哥兒聽見，一把將他拉到旁邊，告訴他說：『對，就是我，這裡的人稱呼我閣下，以為我是出身不凡的貴族子弟，』拜託老雇主的兒子千萬別說出去，然後給了他一些錢。然而免不

---

2 以下的引文出自Jean Mocquet, *Travels and Voyages into Africa, Asia and America, the East and West Indies; Syria, Jerusalem, and the Holy Land*, trans. Nathaniel Pullen (London, 1696) 246-46v, 267-68, 249-52v, 259-60, 262-63。林斯霍滕和弗朗索瓦・皮哈德（François Pyrard）描繪的果阿只稍微好一點點。

3 關於舊果阿，參見José Nicolau da Fonseca, *An Historical and Archaeological Sketch of the City of Goa* (Bombay: Thacker, 1878); Anthony Disney, *The Portuguese in India and Other Studies, 1500-1700* (Farnham, UK: Ashgate, 2009)。

了還是傳到幾個人的耳朵裡，藉此賺了一筆錢。」其他剛來的人可沒這麼走運，要是暴露了哪個人的真實身分，很快會招來一頓狠揍。就連低階的軍人也有小廝跟在身邊撐陽傘、拉披風，擺出一副天王老子的德性，發生爭吵的時候（他們經常和別人吵架鬥毆），如果同夥裡有哪個人不肯百分之百支持，必然淪為喪家之犬，任人欺凌。

在全盛時期，果阿共有二十幾萬居民，這和巴黎不相上下，比倫敦或里斯本當地更勝一籌。不過其中只有幾千個葡萄牙人，而且大多數是馬斯提佐人（mesticos），也就是殖民者和當地女子生下的混血後裔。剩下的是印度教徒、印度的基督徒、還有奴隸，每一戶葡萄牙家庭，還有每一間神學院、修道院和女修道院，都養了大批奴隸。沒有一個受到像樣的待遇。凡是沒有向新統治者鞠躬或脫帽行禮的印度人，不是被刀劍劈砍、被竹竿毆打、就是被人用長形的沙袋揍一頓。一群心懷不軌的船長深夜跑去印度教的神廟偷一尊金神像，中途放火焚燒附近的房舍，想引開別人的注意力。到了廟裡，發現有五百名神廟舞女徹夜舞蹈守夜。舞女見有人闖入，便互相把手腳勾在一起，葡萄牙人還來不及把她們分開，先前的火就燒上牆壁。她們從舞女的耳朵扯下耳環，砍下她們的指頭取走戒指，然後一尊神像都沒拿，就連忙逃跑。據說這些女子「發出的哀鳴，聽到的人無不深感同情。葡萄牙人逃出火場，任由這些虔誠的少女被火焚燒，誰也沒辦法進去救人，葡萄牙就是這樣殘酷對待自己最忠實的友邦和盟國」。[4]

這些舞女自然擔心自己貞潔不保，因為在葡屬印度，女性幾乎沒有安全可言。尤其是和印度社會保持往來的馬斯提佐人，以及待字閨中、多少有一些流動財產的女子，更容易成為下手的目標。不肖之徒花錢收買這些未婚女子的奴隸，藉機一親芳澤，隨即打鐵趁熱，誘拐女方私奔，等到情人賭光了她們的珠寶首飾，往往會一不做二不休，把她們勒斃埋屍，其中至少有一名女子的屍體是從自家的地板下挖出來的。同時，葡萄牙丈夫整天疑神疑鬼，一面在毫無表情的馬斯提佐妻子面前和情人尋歡作樂，一面妄想自己被妻子下藥。莫克警告說，他們的疑心極重，只要和他們的女眷有眼神接觸，就會惹禍上身，要是發現妻子跟其他男人說話，他們會立即下手勒斃或毒死。把人勒死之後，就叫鄰居來救命，說妻子突然暈倒在椅子上。可是妻子再也沒有醒來，有時他們會說妻子身體不適，找理髮師來給她們放血，等理髮師一走，就把帶子解開，讓血流個不停，直到可憐苦命的妻子斷氣為止。然後又把鄰居找來，說是來看看他們的妻子如何在睡眠中不幸過世。

也有人把妻子帶到小溪或池塘泡水，「然後逼她們喝下一肚子的水；過了一會兒，就打發奴隸去找女主人，結果發現女主人溺死了，丈夫早就知情，卻裝出一副極度震驚、傷心欲絕的模樣」。這位法國佬接著表示，他知道有幾個人已經除掉了三、四任妻子，不過據說也有女人把通姦的丈夫置於死地，通常是借助於毒藥。很多人把責任推給氣候，例如莫克說，天氣「炎熱不堪，不管哪個男人，只要有辦法和一個女人或女僕說上話，一定會從她們身上占便宜」。

最令人髮指的，莫過於殖民者對待奴隸的方式。在果阿的拍賣會上，一次把幾百個奴隸剝光衣服、公開展示，這些從亞洲和非洲各地抓來的奴隸，賣出的價格不到一匹阿拉伯馬的十分之一。以處子之名出售的女子要接受檢查，確定處女膜完整無損，有些賣給人家當情婦，有些身上灑了香水，被賣到妓院營生。無論從事什麼工作，奴隸要是不能讓主人或女主人滿意，就會被活活打死。

4 這座廟宇在柯欽附近，即使是盟友的聖地，葡萄牙人照樣攻擊。

「因為他們給奴隸戴上手銬腳鐐，然後用棍棒毆打，一次五百下，先命令奴隸趴在地上，然後叫兩個人過來，輪流把這副可憐的軀體當成一塊木頭似地打」。如果奴隸的主人信仰特別虔誠，莫克非常刻薄地表示，還會用念珠計算打了多少下。「萬一他覺得負責打的人不夠壯碩，或是可能對自己的同伴下手不夠重，他會叫他們替挨打的奴隸吃棍子，然後毫不留情地痛打一頓」。

莫克列出了一長串的指控，即使在一個暴力充斥的年代，這種殘酷的凌虐也令人瞠目結舌。這個法國佬舉出一個又一個例子來證明他的論點。他寫道，在他的住處，夜色已深，他也毫無睡意，因為「外面不斷傳來毆打聲，還有一些微弱的人聲，幾乎聽不見有人喘氣，因為他們用麻布摀住奴隸的嘴，不讓他們喊出聲。被結結實實地打了一頓之後，主人還下令用剃刀在奴隸身上割幾刀，抹上鹽巴和酸醋，避免傷口化膿」。有時候主人叫奴隸趴在地上，把鑵子燒得火紅，讓豬油從鑵子滴到他們赤裸的身上。一名印度女子衝到他的住處，「哭喊救命，拜託我替她求饒；但我救不了她，實在是天大的不幸。因為她被強行帶走，趴在地上，腳掌被棍子狠狠打了一頓」。有一名馬斯提佐女子打死了五、六個奴隸，埋在自家花園裡。她最近一次懲罰奴隸的時候，負責執棍的人再也打不下去，就對女主人說人已經死了。「不，不，」她答道，「她是裝的……繼續打，繼續打，她狡猾得很。」有一名奴隸因為主人叫她的時候沒有馬上趕到，結果背上被釘了一個馬蹄鐵，不久就因為壞疽而死去，還有一名奴隸的眼皮被縫到眉毛上。一名男奴因為不小心灑了一些牛奶，結果被綑綁雙手，吊在梁上兩三天，後來被「痛打」一頓。有一次莫克在自己的住處聽見一名年輕女子挨打，主人的兄弟向他解釋說，比起其他人受的處罰，實在不值得大驚小怪：

他還告訴我，他兄弟，也就是客舍的主人，有一天買了一名日本奴隸，相貌出眾，結果和妻子用餐的時候，他順口開個玩笑，說這名奴隸的牙齒特別白，他的妻子當時不發一語，但一直在等待良機，她丈夫一出國，她就叫人把這個可憐的奴隸綁起來，把她的牙齒拔個精光，毫無憐憫之心。她幻想丈夫和另一名奴隸有過魚水之歡，便命人用燒紅的鐵棍插進她的私處，把這個可憐人弄死。

「葡萄牙人和其他人，」莫克最後表示，「就是這樣殘酷而野蠻地對待他們在果阿的奴隸，他們的處境比禽獸還不如。」多年後，想到這些經歷，他依然忍不住嚇得打顫。

正義極少得到伸張。成群結隊的葡萄牙人戴上面具，在用餐時間衝進別人家裡，把桌上的金銀餐盤餐具全部掃進贓物袋，要對方付一筆錢，把東西贖回去，另外再敲詐一筆錢，否則就把屋子的主人殺了。萬一被捕，他們早就準備了好幾袋的火藥，上面綁著火柴，威脅有誰靠近就把誰給炸了。一旦弄出人命，就逃回本土，等待朝廷宣布特赦，也因此擅離職守的人多不勝數，士兵的人數老是不足。同時連續幾任總督挪用公款、中飽私囊、欺壓貧民。大量的香料、黃金和象牙來不及登上王室的帳本，就消失得無影無蹤。採買糧食和必需品的款項，有一半進了船長的口袋，船員只得到一半的配給，除了壞血病、霍亂、痢疾和瘧疾以外，現在還有人是餓死的。國王逼不得已，只好削減王室的貨運船隊，並且出售堡壘指揮官的職位，一任三年，價高者得。這樣只會促使債台高築的官員在自己下台之前，更加絞盡腦汁地自肥牟利。索法拉的一名指揮官向一位穆斯林商人借了許多錢，索性把對方殺了，然後繼續大開殺戒，以鞏固和他合謀的另一名穆斯林商人的地位。當國王的代表提出指控時，甚至還想殺人滅口。[5] 葡屬東方和後來的美國大西部差不多，軍人領的薪餉是以克拉為單位的金沙，船長互相射擊對方的船隻。

過去每一次十字軍東征，都有一批隨軍人員同行，如今這些不受法律制約的隊伍也出口到了東方。暴力滋生暴力。當暹羅國王逮捕了幾個窮凶極惡的西方人，莫克轉述說，他幾乎沒有絲毫節制：

有些人被赤裸裸地丟進煎鍋，然後用火一點一點慢慢炙燒。有人被抓到兩堆大火之間，動彈不得，然後受盡折磨而死；還有些人被他扔到大象園，不是被踩死就是被撞死。另外還有上千種野蠻的酷刑，他一一用在這些可憐的葡萄牙人身上。

葡萄牙人出現之前，東南亞幾乎尚未開化。當上面提到的暹羅統治者聽見手下的指揮官是因為妻子不能忍受丈夫不在家，而沒有上場應戰，「就把這些女眷找來，命人割去私處，綁在她們丈夫的額頭上，命令這些女子在全城遊街示眾，然後砍去她們的腦袋」。據說在一名巫師的煽動下，緬甸國王對自己的百姓怒不可遏，決心將其全數殲滅：他下令全國三年不得耕田播種，違者處死，百姓只得吃人度日。然而葡萄牙人是洋鬼子，每次想進一步侵略，昔日的盟友便一個一個反目。「印度幾乎沒有一個地方不把葡萄牙人恨之入骨，」一位威尼斯駐西班牙大使喜孜孜地轉述，「當地人看到他們一點一點自我強化，自命為當地的統治者……我認為他們的困難會與日俱增。」[6]

以上種種難題纏身，葡萄牙探險的原始目的被忘得一乾二淨。葡萄牙的十字軍國王原本計畫從信仰伊斯蘭的東方擷取大筆財富，注入信仰基督教的歐洲，然後征服全世界的異教徒和野蠻人，讓他們皈依上帝。第一段的計畫多少有些成績，即便許多金錢都落到別人的口袋裡。然而，假如信仰是帶頭進軍東方的先鋒，對大多數跟在後面的帝國建立者而言，信仰只是其次，他們最在乎的是想盡辦法掙不義之財。

葡萄牙人喜歡宣稱，是因為他們來到東方，才阻止整個印度向伊斯蘭臣服。他們無疑讓馬拉巴爾海岸的穆斯林受到重擊，後者失去權力之後，一心渴望在聖戰中殉道，這樣的做法斷斷續續地延續到二十世紀，始終未歇。[7] 但即便如此，葡萄牙人制定政策的主要目的，並不是要吸引異教徒改信基督教，更不可能開啟歷任國王夢寐以求的普世基督教世界。到了最後，他們訴諸於強迫改宗的老辦法，宗教裁判所的黑色人影來到印度，在果阿的街頭伺機而動。

早在一五一五年，曼努埃爾一世便敦請教宗在葡萄牙成立宗教裁判所。

5 這個指揮官是唐・荷黑・特萊斯・德・梅內塞斯（Dom Jorge Teles de Meneses），代表是阿爾瓦羅・韋略，他在一五四七年寄了一封長信，向國王強烈指控他如何凌虐百姓。參見M. D. D. Newitt, *A History of Mozambique* (London: Hurst, 1995), 1-3。

6 Gasparo Contarini, address to the Venetian Senate on November 16, 1525, quoted in Sanjay Subrahmanyam, *The Career and Legend of Vasco da Gama* (Cambridge: Cambridge University Press, 1997), 350.

7 一部馬比拉人的史詩：*The Gift to the Holy Warriors in Respect to Some Deeds of the Portuguese*記載並歌頌這場反抗戰爭。在一九二一至一九二二的馬比拉人起義行動中，死亡的人數可能多達一萬人。參見Stephen Frederic Dale, "Religious Suicide in Islamic Asia," in *Journal of Conflict Resolution* 32, no. 1 (March 1988): 37-59。

曼努埃爾提出這個請求，同樣也是他和天主教雙王的女兒聯姻的結果。斐迪南和伊莎貝拉初登大位，便向羅馬施壓，要求教廷授權恢復自十三世紀初即已掩旗息鼓的宗教法庭，藉以刑求、審判和處決異教徒。到了曼努埃爾提出請求的時候，宗教裁判所已經造成無數浩劫，教廷足足拖了二十一年，才讓葡萄牙首次成立宗教裁判所。四年之後，也就是一五四〇年，葡萄牙舉行第一次信仰行動，公開審判第一批瑪拉諾（Marrano，在西班牙語的意思是「豬」，指的是伊比利亞半島的猶太人，表面上改宗基督教，實際上依然信仰猶太教），然後處以火刑。

這時約翰三世已經變得和他父親一樣虔誠，面對殖民地違反基督教義的生活方式，也愈發覺得難堪。暴力自然不是問題，他真正憂心的是太多殖民者抗拒不了印度的俗世歡愉，早已入鄉隨俗。國王找上了剛成立的耶穌會，包括依納爵・羅耀拉（Ignatius Loyola）本人在內，修會的創始人不是葡萄牙人就是西班牙人，只有一人例外。一五四一年，也就是約翰三世下令將果阿的印度神廟全數摧毀的一年後，耶穌會指派來自納瓦拉的巴斯克人方濟・沙勿略（Francis Xavier）到東方傳教。

沙勿略費盡心機提升殖民者的品行，結果卻是對牛彈琴，白費心機。四年後，他心灰意冷，寫信給約翰三世，建議在果阿成立宗教裁判所，如若不然，殖民地的風氣只會繼續敗壞。沙勿略前往印尼，當地人高度接受他所傳導的福音，和果阿截然不同，沙勿略在前往中國的途中過世[8]，又過了幾年，宗教裁判所終於在果阿成立。

這時葡萄牙已經有五十幾年的時間，可以說服非洲和印度成為天主教的信徒。看到葡萄牙對傳教意興闌珊，羅馬開始不以為然，並提醒國王，教廷之所以允許他統治葡萄牙發現的領土，是以信仰的傳播為條件。既然國王似乎已經忘了這個交換條件，教會威脅要開放各路人馬進入亞洲。這個威脅多少發生了效果。凡是印度教徒，只要願意受洗，窮人可以得到殖民政府提供的白米，高種姓的人可以在政府任職。許多「白米基督徒」紛紛受洗，領取獎品，繼續過著印度教徒的生活。

理論上，宗教裁判所只對基督徒有管轄權，但它打出的第一砲，就是禁止公開舉行印度教儀式，違者依法處死。不久之前才剛被達伽馬和他的同輩誤認為基督徒，如今這些印度教徒被領進教堂，聽到司鐸嘲笑他們的宗教，還要受制於一個處處歧視他們的政權，輕則在小事上挑三揀四，諸如禁止無鞍騎馬，也不准他們坐轎子，重則要他們家破人亡。就後者而言，殖民政府禁止基督徒雇用印度教徒，反之亦然。排隊受洗的印度人固然多了，卻改不掉供奉小偶像或低聲誦經的陳年舊習，而且和白米基督徒一樣，被宗教裁判所放大檢視，凡是違背宗教淨化者，一律施以火刑。

許多在葡萄牙逃過宗教裁判所審判的「新基督徒」，到了印度也無法倖免於難。有好幾百人被綁上火刑柱，在大教堂的廣場活活燒死，數千人逃到穆斯林的領土避難。最後，審判員開始對聖多馬的基督徒下手，即使他們一心對達伽馬和他的國家效忠。一五九九年，宗教裁判所聲稱這些基督徒信仰的是一種異端的東方基督教，藉此強迫他們集體皈依天主教。焚燒他們的經書，禁止他們使用古代的禮儀語言，他們的神職人員不是鋃鐺入獄，就是成為刺殺的對象。當聖多馬的基督徒一個個被關進地牢和刑求室，審判員便私吞他們的財產，並且和殖民政府共謀，在百般恐嚇之下，迫使

8　這位首創先河的傳教士在一五五二年死於熱病，葬在海灘。次年，他的遺體被送回果阿。至今仍然在舊果阿慈悲耶穌大殿的一座宏偉的墳墓安息，只是少了兩根臂骨，一根送到羅馬的耶穌教堂，另一根原本要送到沙勿略服務了兩年的日本，但最後只送到澳門。

他們接受葡萄牙的管制。

在所有這些令人髮指的靈魂法庭中，果阿宗教裁判所稱得上是惡貫滿盈，罪不容誅。[9]而且傳教的效果也是一塌糊塗。面對來自截然不同的宗教傳統的人，執著於教義的純粹性，根本無法說服他們改宗。不如先了解對方的宗教傳統，然後和在地的教會結合，這樣傳教的效果反而好得多，儘管有些傳教士反而因此遭到裁判所的迫害。受過教育的耶穌會修士（幸好整體來說，他們沒有審判員那種自以為高人一等的優越情結）抵達中國，學習語言，在髮型和鬍鬚上也入境隨俗。即便公然傳教會立刻送命，他們仍然說服了眾多人士受洗入教，其中包括位高權重的官吏，甚至還有幾位地方總督。然而，看到莫克照例用刻薄的語氣說明傳教士在日本吃到的苦頭，就知道他們的葡萄牙東道主惱人的行為，又是成事不足，敗事有餘。他轉述說：

> 日本人是敏感而機警的民族，看出葡萄牙人計畫在說服他們皈依基督教之後，想方設法霸占他們的土地和財產。因此，他們不希罕葡萄牙的邦誼，更不想讓他們統治，或許是因為諸如此類的因素，才讓他們殺了這麼多完全沒有上面這些非分之想的耶穌會修士：因為這些日本人不准妻子拋頭露面，而葡萄牙人對她們虎視眈眈，特別是大名（封建領主）的妻子，一旦得手，便可對大名予取予求。

「我在印度地方發現，」莫克激憤地繼續寫到，「葡萄牙人的賣淫、野心勃勃、貪財、貪吃，一直是印度人強烈排斥歸化為基督徒的一個最主要的原因。」儘管法國人對葡萄牙人一向很有偏見，但沒有一個戰力強大的帝國提供的保護傘，傳教士不必指望有什麼了不起的進展，還有許多人殉道而死。

說也奇怪，儘管印度教徒和基督徒受到的迫害愈來愈激烈，當初促使達伽馬來到印度的那一股對穆斯林的敵意，卻有很長一段時間不再激起任何漣漪。

原因不在於穆斯林的威脅消失了。一五二四年，烏茲別克軍事將領巴布爾（Uzbeki）策馬穿過阿富汗的高山隘口，進入印度，他的家世顯赫，父親是帖木兒的子孫，母親是成吉思汗的後裔。巴布爾決定奪回理應由他繼承的領土，並且建立了帖木兒家族的德里帝國（Delhi Empire），也就是歐洲人口中的蒙兀兒帝國（Mughal Empire）。蒙兀兒橫跨北印度，但欠缺海軍，無法挑戰葡萄牙的海上霸權，而葡萄牙非常務實，拒絕與蒙兀兒開戰。更令西方人膽戰心驚的，是日益強大的鄂圖曼帝國終於重新把目光轉移到東方的海路。穆斯林和基督徒的海戰從印度打到印尼，但鄂圖曼的海軍一直無法有效地突破紅海。一五三八年，由八十艘戰艦組成的聯合艦隊從埃及出發，發動「聖戰……」，一次算總帳，「報復葡萄牙異教徒的種種惡行」[10]，不過第二次第烏戰役由葡萄牙大獲全勝，到了一五五七年，土耳其人的威脅就此消失。

9 宗教裁判所一直到一八一二年才廢除。審判的紀錄大多被摧毀，受害者的人數不得而知，不過一般相信至少審判了一萬六千件案子。參見A. K. Priolkar, *The Goa Inquisition* (Bombay: Bombay University Press, 1961)。*L'inquisition de Goa: La relation de Charles Dellon* (1687), ed. Charles Amiel and Anne Lima (Paris: Chandeigne, 1997)是一位法國目擊者第一手資料的現代版，出了名的恐怖。

10 K. M. Mathew, *History of the Portuguese Navigation in India, 1497-1600* (New Delhi: K. M. Mittal, 1988), 214.

和葡萄牙的活動中心距離更近，一度令人聞風喪膽的毗奢耶那伽羅帝國，終於在一五六五年被鄰近的穆斯林蘇丹國滅亡。蘇丹國大軍向海岸開拔，驅逐了葡萄牙人，經過十個月嚴峻的圍城之戰，殖民者只守住了果阿。然而在此之前，這個帝國不拘小節的專利權所有人早就決定，與其企圖把穆斯林商人斬草除根，不如和他們聯手合作，反而更有賺頭。如此一來，愈來愈多的通緝犯和艦隊的逃兵在亞洲和非洲各地流浪，加入當地的貿易網絡，融入在地的生活方式和信仰。許多人靠牽線勉強混口飯吃，替別人在這個海上帝國找門路，不過這些地方的葡萄牙色彩漸漸模糊，簡直看不出昔日的帝國風采。東非形成了某種唯利是圖的和平共存，而且一直延續到一五七〇年代，這時年輕的國王醉心於十字軍東征，派遣新的部隊到印度洋一帶屠殺穆斯林。[11]

在十六世紀即將告終之際，十字軍艦隊漸漸退下歷史的舞台。原因很簡單，如今有志於航向東方的葡萄牙人日益稀少，可用之才也寥寥可數。

✛

死亡是探險家永遠擺脫不掉的陰影，不過在一個視人命如草芥的年代，如果能名利雙收，賭一把也是值得的。當時的人嚮往死後能上天堂，對地獄充滿恐懼，自然巴不得加入十字軍，貧苦人家的孩子也渴望染指東方的財富。然而財富一直掌握在菁英階級手中，而且事實證明信仰根本無法抵抗疾病、飢餓和暴風的侵襲。就連虔誠的信徒也開始狐疑，上帝是不是真的欽點他們來執行祂的計畫。十六世紀中葉，葡萄牙最偉大的編年史家哀嘆說，無論是不是基督徒，「如此看來，不管是因為我們所犯的罪，或是我們所不知道的某種上帝的審判，在衣索比亞這片美好大地的門戶，也就是我國船隻駛入的地點，上帝安排了一名手持火劍、殺氣騰騰的天使，化身為致命的熱病，讓我們無法進入內陸，找到黃金河的源泉，這些泉水除了灌溉這個塵世樂園，也淙淙琤琤地流入大海，流入我國在當地征服的許多地區」。[12]

在達伽馬首航印度之後的三十年裡，大約有八萬名葡萄牙男子和少數幾名女子前往殖民地。回來的大概是八千人。對一個總人口只有百萬人的國家而言，自然是難以承受的損失。當令人驚惶的瘟疫再度席捲，又奪走了數不清的性命，全國各地的大城小鎮從此人跡杳然，一蹶不振。

幸好東方的吸引力開始消褪，葡萄牙才有幸躲過國破家亡的命運。

渡海繞行非洲，向來是一場致命的障礙賽。除此之外，現在已經成了家常便飯，令人食之無味。沒有新的海岸線要探索，沒有新的人可邂逅，也沒有新的恆星可供製圖，更不必指望最後能發什麼大財。葡萄牙仍然墨守成規，堅持水手歸水手，軍人歸軍人，雙雙交由出身高貴，能力卻不出

---

11 一五五七年，三歲的塞巴斯提安繼承王位，深受耶穌會教師的影響，決心要堅持傳播信仰的努力。一五六九年，他展開了一個備受葡萄牙商人吹捧的計畫，要占領非洲傳說中的莫諾莫塔帕金礦，不過在進行之前，他請一個由律師和神學家組成的委員會評估這個行動的道德性。委員會做出了回答，發動的戰爭理由是有一名耶穌會神職人員在這個區域被殺，而且當地國王窩藏穆斯林，計畫的主要目標是要傳播福音和拯救靈魂。塞巴斯提安派遣擔任過印度總督的弗朗西斯科·巴雷托（Francisco Barreto）率領一支龐大的軍隊，有一位耶穌會神職人員隨行，國王命令巴雷托一定要聽他的話。結果他們不但沒有前往礦場，反而花了一年半的時間在海岸屠殺穆斯林，然後才出發尋找殺害神職人員的凶手。抵達目的地之前，巴雷托和他大多數的手下都得熱病死了，不過非洲內陸的殖民和福音傳播就從這次的遠征開始成為聯合作戰。

12 João de Barros, quoted in Peter Russel, *Prince Henry 'The Navigator': A Life* (New Haven, CT: Yale University Press, 2000), 343.

眾的人指揮，雙方的爭吵打鬥，在航行途中屢見不鮮，令人無語。往來印度洋的大船重達兩千噸，船東是商人，只在乎載貨量，不管船隻是否禁得起風浪，或船上的人舒適與否，於是船員爭吵的頻率變本加厲。船艛高聳，船體圓鼓鼓的，從達伽馬的時代以來，船隻的設計幾乎沒什麼改變，而且船身愈大，愈是頭重腳輕，搖搖欲倒。船上的貨物和乘客雙雙超載，維修馬虎，加上船員和奴隸都是經驗不足的生手，每四艘船隻出海，就有一艘遇難。

因為船難、海盜和戰爭而損毀的葡萄牙船隻所在多有，但其中一艘船的命運，讓日後每一次航行的人銘記心中，不敢或忘。

一五五二年二月，聖約翰號離開柯欽，這一次的運貨量堪稱歷史之最，把船艙塞得水泄不通。[13]當時季風季即將結束，聖約翰號在好望角附近遇上暴風。主桅和船舵斷裂，整艘船衝向納塔爾的海岸。一百二十名倖存者，其中包括出身貴族的船長曼努埃爾·德·蘇沙·德·塞普爾韋達（Manuel de Sousa de Sepúlveda），和他的妻子萊昂諾爾夫人，他們盡可能把身邊的貴重物品塞在衣服底下，然後拖著疲憊的軀體上岸，沒有任何糧食和飲水，不久便感到口乾舌燥、飢腸轆轆，後來遇見一群非洲人，就要求拜見他們的國王。

國王派人傳話，說異邦人不得踏進他的村莊一步，但要是他們在樹叢下紮營，他會供應食物。既然不知自己身在何方，他們便客隨主便，吃下國王提供的食物，並且決定就地等待其他的船隻經過。他們從失事的船上救回五把步槍，現在只能靠這幾件武器自衛。

蘇沙派手下去跟對方討一間屋子，讓他本人、他的妻子和兩名幼子棲身。國王回答說，他願意借個地方給他住，條件是蘇沙把他的人分散到本地各個村落，畢竟他養不起他們所有人。國王接著表示，他麾下的酋長會把眾人帶到他們的新家安頓，並且妥善照料，但他們首先必須放下武器。其中一名酋長提醒難民不要分開，性格比丈夫更強悍的船長夫人也表示反對，但蘇沙把酋長的建議當作耳邊風，命令手下把步槍交出去。

「你放下武器，」萊昂諾爾夫人傷心地表示，「在這些人手裡，想必我是凶多吉少。」

船長卸下所有領導人的偽裝，叫他的手下自己想辦法回國。他說他會留在原地，如果這是上帝的旨意，就和家人一起死在這裡。非洲人分批帶領水手穿過叢林，到他們的村子裡去，然後剝光他們的衣服、洗劫財物，並且動手毆打。在國王村莊裡，蘇沙、他的妻兒、五名女奴、還有十幾個留在他身邊的男人被洗劫一空，國王的人拿走他們的珠寶和錢幣，然後叫他們去找其他人。

雖然分散在不同的村落，許多人設法重新聚集在一起，但群龍無首。少了武器、衣服和金錢，他們在崎嶇的地形艱苦跋涉，有人躲進樹林，有人跑到山區。受盡羞辱、神智不時紊亂的船長，連同身邊其他虛弱無力的人，一起出發尋找其他船員，但他們剛剛啟程，就再度遭到非洲人的攻擊，脫下他們的衣服，還把蘇沙的腿弄傷了。萊昂諾爾夫人想徒手抵抗這幫歹徒，可是丈夫卻苦苦哀求她任由他們脫去衣衫，「提醒她說每個人生下來都是赤身裸體的，既然這是上帝的旨意，她應該全

---

13 關於這個故事，參見D. D. Newitt, ed., *East Africa* (Aldershot, UK: Ashgate, 2002), 99-103。這個紀錄最早出現在伯納多・戈梅斯・德・布里托（Bernardo Gomes de Brito）的*História Trágico-Marítima*，本書分成兩冊，收集了里斯本在一七二九年到一七三六年刊登的海難。部分英語翻譯收錄在C. R. Boxer, ed. and trans., *The Tragic History of the Sea, 1589-1622* (London: Hakluyt Society, 1959) and *Further Selections from 'The Tragic History of the Sea,' 1559-1565* (Cambridge: Hakluyt Society, 1968)。

心服從」。兒子正哭著討東西吃，她撲在地上，用長髮遮住身軀，伸手在沙子裡亂扒，把自己腰部以下埋在土裡。即使老奶媽把自己用來保護尊嚴的破斗篷披在她身上，她照樣動也不動，後來就再也沒有任何動靜了。

出於尷尬，其他男人都站得遠遠的。「你們看到我們現在的處境，也知道我們再也走不了，必定在這裡以死贖罪，」萊昂諾爾夫人對其中一個人說，他是這艘遇難船隻的領航員。「你們走吧，想辦法自救，要在上帝面前為我們說好話。萬一哪天到了印度或葡萄牙，要告訴其他人，你最後見到的蘇沙、我、跟我的孩子是什麼景況。」

男人大多蹣跚踉蹌地走入叢林，這時的蘇沙傷口化膿，心智渙散，拖著沉重的身軀去找果子。等他回來以後，萊昂諾爾夫人因為哭泣和飢餓而陷入半昏迷狀態，他的一個兒子已經死了。他把嬌小的屍體埋進沙子裡。他第二天回來的時候，看見奴隸跪在妻子和另一個兒子的屍體旁邊哭泣。他把這幾個女人打發走，動也不動地坐著，用手托著下巴，怔怔地望著妻子的屍體。半小時後，他站了起來，在沙裡挖一個坑，安葬剩下的家人。妻兒入土之後，他消失在叢林裡，後來再也沒有人見過他。

有三名女奴設法逃到果阿，把這個悲慘故事說了出去。三十七年後，另一艘葡萄牙船隻在不遠處遇難，當地一位酋長過來探望，並且警告這些難民千萬不要走陸路，以免被盜賊劫殺。「他接著提到，曼努埃爾．德．蘇沙．德．塞普爾韋達當年行經此地，他父親曾經出言警告，」一位史官記載，「他沒有聽從他的建議，結果丟了性命。」[14]於是這批倖存者離開海岸，轉而涉水前往一座小島，以前的象牙商人在這裡打造過一個聚落，他們就在廢棄的鬼村裡紮營。當水手和軍人開始爭吵打鬥，船長（又是一名葡萄牙貴族）把自己關在一間半廢棄的小屋裡，拜託手下不要打擾他，「因為他年老體衰，如今和妻子遭遇大難，他決心在島上隱居，度過餘生，為他犯過的罪惡懺悔」。四年後，又有一批人發生船難，不過他們的紀律要好得多，在陸上行軍三個多月，終於和艦隊的其他成員會合。他們在途中遇見一名非洲人，向他們的領導人彎腰鞠躬，並且脫帽致敬。「容我向閣下行吻手禮。」他說，好一派葡萄牙禮節，原來他從小就跟聖約翰號的葡萄牙倖存者混在一起。

在迷信的水手心中，聖約翰號、昏庸愚蠢的蘇沙船長和命運悲慘的萊昂諾爾夫人的恐怖傳說總是陰魂不散，讓他們時刻謹記究竟哪些地方出了錯。三天兩頭聽到笨重、遲鈍的寶藏船在海上失蹤。這些船長無論出身多麼高貴，最後往往發現他們的領導力奇差無比。而原住民族對這些入侵者的態度，說得好聽是敬而遠之，說得難聽一點，就是恨之入骨。氣候對歐洲人的體質有嚴重傷害，熱帶疾病足以致命。死亡人數高得嚇人，十七世紀光是在果阿的醫院，就有兩萬五千名病人死亡。印度洋沿岸各地的墓碑，顯示有無數的年輕人英年早逝。以海為墓或葬身大海的青年更是不計其數，離根的傷痕是他們唯一留下的印記。

耶穌會神父安東尼奧・戈梅斯（António Gomes）的話，總結了這些不幸受難者的感受。一六四〇年代，戈梅斯本人在斯瓦希里海岸發生船難。他走到距離最近的村落求見當地的酋長。一位皮膚粗糙，鬍鬚蒼白的老人出現了。戈梅斯大膽表示，對方想必見識過瓦斯科・達伽馬的時代。

14 Newitt, *East Africa*, 105-6.

「我開始埋怨大海對我們多麼殘酷，」神父轉述說，「他當時給了我一個非常睿智的回答。」「先生，既然你知道大海瘋狂又愚蠢，為什麼還要出海冒險呢？」[15]

15 Ibid., 65。戈梅斯在一六四五年前不久遭遇船難。

尾聲

一五一六年，高齡六十四歲的李奧納多・達文西（Leonardo da Vinci）遷居法國。隨身帶了幾件作品，包括兩幅宗教畫和一幅謎樣的半身人像，後來被稱為《蒙娜麗莎的微笑》。

達文西住在一處尖塔狀的宅邸，有地道通往昂布瓦斯堡（Château d'Amboise），是法王心儀的住所。法蘭西斯一世（Francis I）年僅二十二歲，但這一老一少幾乎天天見面，很快成了忘年之交。達文西在此定居三年後辭世，法蘭西斯一把抱住他的頭。「世上從來沒有第二個，」國王哀嘆道，「像李奧納多學識這麼豐富的人。」[1]

當時已經傳到法國的文藝復興，誕生於義大利諸城邦，受到東方湧來的燦爛文化所滋養，又被戰爭之風吹向北方，這種知識上的轉變，讓一個原本只顧攻城掠地的國家，開始愛上了學識和藝術。法蘭西斯一世派遣代表，到義大利採購繪畫、雕像和手抄本，他們甚至企圖把達文西的《最後

1 根據雕塑家本韋努托・切利尼（Benvenuto Cellini）轉述。cited in A. Richard Turner, *Inventing Leonardo* (Berkeley: University of California Press, 1994), 52。

的晚餐》連牆帶畫運到法國。王國各地冒出宏偉的宮殿和城堡，其中之一是香波爾堡（Château de Chambord），世上最令人嘖嘖稱奇的狩獵小屋，除了達文西本人可能參與設計以外，一五三九年，法蘭西斯一世在此招待他的死敵，西班牙的查理一世。

兩人的恩怨由來已久。二十年前，十九歲的查理擊敗二十四歲的法蘭西斯，成為神聖羅馬帝國皇帝。兩人從此結下不解之仇，查理數度發出戰帖，要找法王單挑。一五二五年，雙方出兵爭奪米蘭公國的控制權，查理的部隊俘虜了法蘭西斯，使法國顏面盡失，法王被押送馬德里，關入大牢。

法蘭西斯早已委託母親薩伏伊的路易絲（Louise of Savoy），以攝政的身分在他出征期間掌管國政。聽到兒子被俘，路易絲認為必須兵行險著，於是派大使前往伊斯坦堡。

第一位特使在波士尼亞失了蹤，不過第二位特使順利抵達鄂圖曼首都，鞋子裡藏著寫給蘇萊曼一世（Suleiman I）的信，請他和法國結盟。達文西很可能不贊成。在遷居羅亞爾河谷的十幾年前，他為伊斯坦堡設計了一座高聳的單跨度橋梁。蘇萊曼的祖父認為設計華而不實，斷然否決，轉而找上和達文西同樣來自托斯卡尼的米開朗基羅（Michelangelo）。

雙方終於結為盟友，蘇萊曼憎恨和他爭奪「凱撒」這個頭銜的對手，向查理發出最後通牒，要求釋放法王，並每年繳納貢金，否則後果自負。查理拒絕了，一五二九年春天，鄂圖曼進軍他的城市維也納。蘇萊曼的大軍多達十二萬人，遠遠超過哈布斯堡士兵和維也納民兵組成的防衛軍，不過土耳其人在冬天的泥濘中跋涉千里，健康受損；補給不足，見大雪降下，只得黯然退兵。

這一次失敗的圍城之戰，顯示出土耳其人的戰力極限所在，但鄂圖曼帝國依然是文藝復興時代唯一的超級強權。土耳其人依循著早期阿拉伯征服者所走的路線，從埃及西行，橫掃北非。六萬名鄂圖曼士兵和水手把最後五百名駐守羅得島的醫院騎士逐出，趕回馬爾他。一名叫海雷丁（Hayreddin，一般通稱為Barbarossa「紅鬍子巴巴羅薩」）的北非巴巴利海盜，被鄂圖曼帝國招安，冊封為艦隊司令，在地中海橫行無阻。法國與土耳其人結盟，固然讓其他基督徒震驚憤慨，但卻反映了現實。

一五三五年，法國在高門（Sublime Porte）成立永久大使館，高門位於伊斯坦堡的托普卡比宮（Topkapi Palace），專門接待各國大使，後來經過衍生，高門泛指鄂圖曼帝國的外交。鄂圖曼的戰艦在馬賽過冬，和法軍聯手，對義大利及西班牙發動攻擊。接著輪到法國艦隊在伊斯坦堡過冬，聯軍繼續進擊，直到法蘭西斯和查理終於停戰為止。不久之後，法王邀請他的死敵到香波爾堡作客，炫耀他剛剛收藏的大批藝術品

這次的破冰猶如曇花一現。查理的手下刺殺法蘭西斯的鄂圖曼大使，基督徒再度與穆斯林合作，向基督徒開戰。[2]巴巴羅薩的船隊和法國的海軍搭檔，徹底殲滅了查理盟友的領土尼斯（Nice），不過眾所周知，海盜出身的巴巴羅薩對盟友的表現非常不以為然。「你們這些海軍的桶子不裝火藥，難道要裝葡萄酒？」[3]他詢問好酒貪杯的法國人。當鄂圖曼的艦隊和船上的三萬名水手

2「我不能否認，」法蘭西斯在一五三一年告訴威尼斯大使喬治．古利提（Giorgio Gritti），「我希望看到那個土耳其人無所不能，隨時可以出兵開戰，不是為了他本人（因為他是異教徒，而我們都是基督徒），而是為了弱化皇帝的力量，逼他不得不花費巨資，並且讓其他所有和這個強敵作對的政府可以安心。」引文出自André Clot, *Suleiman the Magnificent*, trans. Matthew J. Reisz (London: Saqi, 1992), 137。

3 Harold Lamb, *Suleiman the Magnificent: Sultan of the East* (Garden City, NY: Doubleday, 1951), 229.

及士兵在土倫（Toulon）過冬時，法蘭西斯下令全城人口遷出，並且把大教堂改成清真寺。土耳其與法國的邦誼歷久不衰，即使基督教的神聖同盟一五七一年在勒班陀（Lepanto）大敗鄂圖曼海軍，鄂圖曼在一六八三年圍困維也納又以失敗告終，雙方的同盟關係一直延續到十九世紀。

找伊斯坦堡結盟的歐洲強權不只有法國。一五七八年，英國商人威廉．哈爾伯內（William Harborne）抵達高門，求見蘇丹穆拉德三世（Murad III）。次年，穆拉德主動和女王伊莉莎白一世展開長年的魚雁之交。女王除了贈送蘇丹一只華麗的旅行鐘，更受人爭議的是，她還送給對方大量製造軍火的鉛，其中有不少是從天主教修道院的屋頂拆下來的。這是伊莉莎白頭一次和穆斯林國家簽訂契約，她早就批准銷售盔甲和彈藥給摩洛哥，並再三派遣大使向摩洛哥統治者遞交熱誠的書信。

拜宗教改革所賜，這時歐洲已經分裂成兩個敵對的神學陣營。[4]一五七〇年，教宗把「伊莉莎白，英格蘭的偽女王及罪惡的奴僕」[5]逐出教會，伊莉莎白則到伊斯蘭世界尋找可能的盟友，以對抗頭號天主教強權西班牙。如同摩洛哥的統治者，鄂圖曼蘇丹接受她的提議，在信上稱呼她是「耶穌女性追隨者的驕傲，彌賽亞民族的尊貴婦女中最美的，基督教事務的仲裁者，身後拖著莊嚴肅穆的長裙，英格蘭國土的女王，伊莉莎白女王。」[6]和教宗的惡言謾罵天差地遠。伊斯蘭和新教是同類的信仰，有別於天主教，兩者都厭惡偶像崇拜，而且相信經書的力量。伊莉莎白回信表示完全認同，並且附上一些聖像被破壞後的碎片，而一五八三年，已經成為英格蘭第一任駐高門大使的哈爾伯內也禮尚往來，尊稱穆拉德是「最德高望重的凱撒」[7]，表示他足以和征服者穆罕默德媲美。有哈爾伯內在蘇丹的參議官耳邊循循善誘，兩位君主商量要聯手和西班牙作戰。

伊莉莎白口中的西班牙，也包括葡萄牙在內。在哈爾伯內抵達伊斯坦堡的同一年，二十四歲的葡萄牙國王塞巴斯提安一世（Sebastian I）在摩洛哥一場慘烈的聖戰中失蹤。他最後一次出現時，正全速衝向當地的摩爾人統治者，應該是戰死了，不過許多葡萄牙人開始宣揚塞巴斯提安主義，堅信這位年輕的國王會突然現身，拯救葡萄牙於倒懸，結果有不少歹徒冒名頂替，利用他們的希望詐財。塞巴斯提安主義的盛行，和國王失蹤所引發的繼承危機很有關係。曼努埃爾一世的三個孫子和外孫都有王位繼承權，一五八〇年，其中一名準繼承人出兵葡萄牙，擊敗了最受百姓愛戴的人選。新王正是法國的死敵查理一世的兒子，在父親死後繼任西班牙國王，稱為腓力二世。他同時兼任那不勒斯和西西里的國王、奧地利大公、勃艮地和米蘭的公爵、低地國家的統治者，他和亨利八世篤信天主教的女兒瑪麗結褵四年，期間成為英格蘭暨愛爾蘭的國王。原本傲然獨立的葡萄牙被併入一個龐大的帝國，一個以西班牙為首的帝國就此產生，腓力的許多新臣民不免灰心喪志。

---

4 馬丁・路德（Martin Luther）認為聖戰的整個概念和基督的教義相反，因此拒絕接受，雖然他確實有修正自己早期的觀點，當時他認為土耳其人士摧毀反基督（教宗）的災禍，所以不應該抗拒。

5 Kate Aughterson, ed., *The English Renaissance: An Anthology of Sources and Documents* (London: Routledge, 1998), 36.

6 Susan A. Skilliter, *William Harborne and the Trade with Turkey, 1578-1582: A Documentary Study of the First Anglo-Ottoman Relations* (Oxford: Oxford University Press, 1977), 123，英國人和土耳其人都用拉丁文書寫。關於英鄂協議，參見Albert Lindsay Rowland, *England and Turkey: The Rise of Diplomatic and Commercial Relations* (New York: Burt Franklin, 1968)；針對更廣泛的觀點，參見Nabil Matar, *Islam in Britain, 1558-1685* (Cambridge: Cambridge University Press, 1998)。

7 Susan A. Skilliter, "William Harborne, the First English Ambassador, 1583-1588," in *Four Centuries of Turco-British Relations*, ed. William Hale and Ali Ihsan Bagis (Beverley, UK: Eothen, 1984), 22.

兩國都是地理大發現的領頭羊，如今被硬生生地綁在一起，長達六十年之久。葡萄牙被併入西班牙之後，和昔日盟友，英格蘭和荷蘭一夕翻臉。數十年來，葡萄牙買進的東方貨品，原本是由荷蘭人轉賣到北歐，一五六八年，荷蘭起兵反抗腓力二世的統治，八十年的獨立戰爭就此展開。腓力於是禁止荷蘭人進入里斯本，作為報復。一五八五年，腓力二世的小姨子伊莉莎白女王派兵支援荷蘭的新教徒，開啟了十九年的英西戰爭。法蘭西斯・德瑞克（Francis Drake）爵士首先打劫駛向西班牙港口的船隻和腓力二世的珍寶船隊，並且在這個過程中環繞地球一圈，後來西班牙艦隊開到英吉利海峽送死。

多年以來，英格蘭與荷蘭探險家不斷挑戰俄羅斯與加拿大酷寒的荒原，尋找從北方開往東方溫暖海域的航線。在民族主義的驅使下，英法如今與葡萄牙反目成仇，兩國堂而皇之地侵占葡萄牙前往亞洲的海洋航線。

一五九二年，亦即殘餘的西班牙艦隊狼狽返國四年後，英格蘭的一支海軍分艦隊在亞速群島外海擄獲一艘巨大的葡萄牙船隻，全長一百六十五英尺，七個甲板上裝置了三十二尊巨型銅砲，乘客與船員共六百多人，聖母號的體積是英格蘭任何一艘船隻的三倍以上，當時載滿了寶藏，從印度返國。英格蘭人把聖母號開回英格蘭，兩相對照，達特茅斯（Dartmouth）造船廠的房舍顯得格外矮小。船艙的貨物一經盤點，引發舉國震驚。五年後，理查・哈克盧伊特（Richard Hakluyt）在他偉大的英國遊記中大略整理了這一次的發現，這個章節的標題有強烈的誤導作用，「聖母號被劫。對敵人展現莫大的人道精神。」除了在清冊列出之前就神祕消失的大批珠寶之外：

> 發現主要的貨物……包括香料、藥物、絲綢、棉布、棉被、地毯和旗幟等等。船上的香料是胡椒、丁香、豆蔻、肉豆蔻、肉桂、生薑。藥物是安息香、乳香、莎草、櫻桃李、索科德拉蘆薈、指甲花。另還有絲綢、錦緞、軟緞、薄綢、altobassos（黃金布料的仿製品）、未加工的中國絲綢、絲棉、白色撚線絲、曲檜。棉布包括書面細布、棉布線、闊幅白棉布、上漿細棉布、白色粗棉布、棕色闊幅棉布、棕色粗棉布。還有蚊帳、粗面尿布、粗薄綢和棉布被子、類似土耳其款式的地毯。再加上珍珠、麝香、麝貓香和龍涎香。其餘的貨品數量可觀，但價值較低，例如象牙、中國瓷器、椰子、獸皮、色如黑玉的黑檀木、材料相同的床架、樹皮織成的布料，這種布料稀奇古怪，手工也不自然。[8]

碼頭亂成一片，人人生奪硬搶，暴怒的伊莉莎白女王派華特・雷利（Walter Raleigh）爵士趕去搶救她殘餘的戰利品。計算發現這批貨的總值是巨額五十萬英鎊，幾乎相當於半個英格蘭國庫。即便方圓數英里的每一個水手、漁夫和竊賊都把上衣塞滿了，剩下的貨品也值十五萬英鎊，「儘管每位冒險家都要拿一份（其中以女王陛下為首），也足以令各方滿意」。

列出這份讓人眼迷心蕩的清單之後，哈克盧伊特補了一段話，應該會讓達伽馬和其他的探險先鋒有似曾相識之感：

---

8 Richard Hakluyt, *The Principal Navigations, Voyages, Traffiques and Discoveries of the English Nation* (Glasgow: MacLehose, 1903-1905), 7:116-17。"The Epistle Dedicatorie in the Second Volume of the Second Edition, 1599" (1:lxxii) 透露了這份文件的發現。

> 吾人不得不思考並承認上帝對我國的厚愛，這批貨物到手之後，我國顯然發現了迄今在有心人刻意隱瞞之下，竟已成為不解之謎的祕密貿易與印度財富。對此，有幸與聞者寥寥可數，亦僅能略知一二，如今箇中奧祕大明大白。可見上帝為我國設想（如我蒙昧之心得以領悟神意），使我與從事東方印度珍寶貿易者交往聯繫，建立合法的貿易往來，以加強我國宣揚真正宗教與神聖事奉之手段。

猶如神助，英國人在這艘葡萄牙船上找到一份文件，「裝在一只甜香的檜木盒子裡，用細棉布摺疊百層，悉心包裹，宛如舉世無雙之珠寶」。巨細靡遺地描述了遠東的貿易系統。

外洩的不只是東方的商業機密。哈克盧伊特也把雷夫．費奇（Ralph Fitch）的報告囊括在內，費奇是英國人，在一五八三年啟程前往中國，向皇帝遞交伊莉莎白女王的書信。他途中在荷莫茲被葡萄牙人逮捕，送往果阿關押，但被他僥倖逃脫。越獄之後，他到印度、緬甸、麻六甲等地遊歷。幾乎在同一時間，荷蘭人讓．哈伊根．范．林斯霍滕（Jan Huygen van Linschoten），儘管是忠實的喀爾文教派信徒，卻當上了果阿大主教的祕書，在印度待了六年，出書闡釋葡萄牙在亞洲的航行路線，立刻被譯成三種語言，暢銷一時。[9]這兩位旅行家都以精湛的文筆描繪充滿異國風情的東方，也以批判的口吻陳述違法亂紀的葡萄牙帝國，但林斯霍滕不但提供了往來歐洲、印度、中國和日本等路線的詳細航行指南，還收錄了一札航海圖，是他在果阿偷偷複製的。

葡萄牙嚴守慎防了上百年的機密乍然公諸於世。各國爭相打破葡萄牙百年以來的東方貿易壟斷權，這一回的兩個競爭對手是英格蘭和荷蘭各自成立的東印度公司。

在聖母號令英格蘭瞠目結舌的兩年之後，第一支英格蘭艦隊從印度返國。[10] 次年，第一支荷蘭艦隊從阿姆斯特丹出發。這兩支艦隊在途中死傷慘重，但也證明了不只有葡萄牙的船隻禁得起這樣艱困的航行。

荷蘭加緊速度趕造船隻，然後啟程東行，很快就超越了英格蘭。一六〇三年，一支荷蘭艦隊在新加坡外海擄獲一艘葡萄牙船隻，船上載有一千兩百捆中國絲綢和多不勝數的麝香，此事在國際間掀起軒然大波，荷蘭法學家雨果．格羅修斯（Hugo Grotius）從而提出了「海洋自由論」（Mare Liberum）的激進觀念，意指海洋屬於國際領域，人人皆可出入。荷蘭用這個法律理論作為擋箭牌，開始蠶食葡萄牙帝國分散在各地的堡壘。一六〇四年，卡利卡特的札莫林剛剛和葡萄牙聯手鎮壓穆斯林叛變，隨即調轉槍頭，忙不迭地站在荷蘭這一邊，共同對付葡萄牙。每年冬天，荷蘭從印

9 林斯霍滕在一五九五年出書，描述葡萄牙如何航向東方，一夕成名之後，他在次年順勢推出一部完整的遊記。後者的英語譯本叫 *Iohn Huighen van Linschoten his Discours of Voyages into ye Easte & West Indies*，在一五九八年出版。德語版在同一年問世。西班牙水手兼神職人員貝爾納爾迪諾．德．埃斯卡蘭特（Bernardino de Escalante）比費奇和林斯霍滕更早出書，他在書中披露葡萄牙前往中國的路線，在一五七九年出版英語譯本。

10 曾經跟著葡萄牙人航行，並且為葡萄牙作戰的英國人，詹姆斯．蘭開斯特（James Lancaster）爵士，在一五九一年率領三艘船出發，抵達尚吉巴、麻六甲和錫蘭，其中一艘船在一五九四年搖搖欲倒地開回國，船上只剩二十五個人還活著。一六〇〇年，蘭開斯特指揮東印度公司的第一支艦隊，並且抵達印尼，在爪哇西部的萬丹建立第一家英國工廠。另方面，一五九五年的荷蘭遠征隊由曾經被派到葡萄牙打探香料群島資料的柯內里斯．德．郝特曼（Cornelis de Houtman）指揮。一路上飽受壞血病、要命的爭吵、海盜攻擊，以及主要是郝特曼煽動的戰爭所苦，有三分之二的船員喪命。郝特曼返國時，卻發現他比林斯霍滕慢了一步。據說他在一五九九年被亞齊（Aceh）的女艦隊司令和她全女班的海軍所殺。

尼的新首都巴達維亞（現在的雅加達）出發，對果阿進行封鎖。一六四一年，他們攻占麻六甲的堡壘和商場，一六五六年征服柯欽。錫蘭在一六五八年失守，坎納諾爾在一六六三年淪陷。當全球的香料從巴達維雅朝正西方流向好望角的荷蘭殖民地，再繼續前往尼德蘭，阿拉伯海的季風已經不再是全球貿易的主宰者。紅海和波斯灣的古老港口變得靜悄悄的，市場只剩奴隸和椰棗還在販售。開羅和亞歷山卓的商人懂得靈活變通，才能存活下來，甚至生意興隆，只不過轉而販賣最新潮的玩意兒：咖啡。

荷蘭人和英格蘭人追隨葡萄牙的腳步前進，而且有幸可以從前人的錯誤中學到教訓。這兩個國家開始打造修長的蓋倫帆船（galleon），比起笨重的葡萄牙帆船，不但更容易操縱，火力也更為強大，而且他們把船員變成統一的作戰部隊，既是水手也是軍人，由專業的海軍指揮官領導。有了葡萄牙的前車之鑑，這兩個對手於是發展出歷史上最早的現代海軍，也因為葡萄牙失去了香料貿易的王家壟斷權，才促使荷蘭與英格蘭篤信自由企業制度。自由企業並不意味著人人皆可自由參與，劇烈的國際衝突嚴重斲喪葡萄牙的貿易，顯示供應鏈的掌握至關重要，不能有絲毫疏鬆。荷蘭迫使本地商人關門倒閉，直接控制香料群島的諸多島嶼，島上的居民不是被大量殺害，就是淪為奴隸。

荷蘭在東南亞站穩腳跟，英格蘭則從葡萄牙的困境中學到另一教訓。這時印度次大陸已被蒙兀兒人征服，只剩最南端的一小塊地方由印度人統治，他們口操波斯語，和歐洲人同樣來自異邦。一六一五年，英格蘭大使湯瑪斯．羅伊（Thomas Roe）爵士來到蒙兀兒宮廷，成了皇帝的酒友，雙方協議授予東印度公司整個帝國的獨家貿易權。[11]在此同時，英格蘭與波斯組成聯軍，如今波斯由什葉派的沙阿統治，決心挑戰鄂圖曼在伊斯蘭世界的霸主地位。一六二二年，聯軍把葡萄牙人逐出荷莫茲，結束了他們兵戈擾攘、長達百年的占領期。雖然公司的商人終究還是訴諸武力，但他們能夠毫無顧忌地和異教徒合作，一步步打進在地的權力結構，卻是葡萄牙人絕對做不到，或是壓根不想做的。對東方古老文化造成的茶毒，也就更加慘烈。當香料瘋終於退燒，而茶葉取而代之，成為歐洲千金難求的當紅炸子雞時，英格蘭拿印度種植的鴉片來換取中國栽種的茶葉，導致整個國家染上毒癮。

當英格蘭人、荷蘭人和葡萄牙人為了爭奪土地和貿易而激戰不休，東方的海域充斥著這些歐洲列強的戰艦和海盜船，彼此都想在機動性和火力上壓倒對方。達伽馬當年打開的海路，似乎只帶來永無休止的殖民爭奪戰。

✢

葡屬印度首府舊果阿，如今空無一人。昔日的倉庫、醫院、宅邸和宮殿已然消失殆盡。這個恣意蔓延的城市長年飽受熱病肆虐，到了十九世紀，首府遷往他處，城區大多夷為平地。只有六、七座宏偉的教堂保存下來，錯落有致地分布在精心美化的草地上，宛如宗教主題公園的景點。遊覽車載來一批批的觀光客，疑惑這些教堂究竟為何興建，然後參觀聖方濟・沙勿略宏偉的墳墓，他曾在

11 有關這位傑出大使的生平事蹟，參見 Michael J. Brown, *Itinerant Ambassador: The Life of Sir Thomas Roe* (Lexington: University Press of Kentucky, 1970)。有關他印度之行的札記和書信，收錄在 *The Embassy of Sir Thomas Roe to the Court of the Great Mogul, 1615-1619*, ed. William Foster (London: Hakluyt Society, 1899)。

不經意間，為印度的基督徒、印度教徒和猶太人帶來無盡苦難。當夕陽西下，觀光團離去，豪情壯志依稀猶在，只可惜長江後浪推前浪，如今這些龐然大物像是被離棄的新嫁娘，儘管有司鐸與修女耐心照料，依舊愁眉深鎖。

在印度洋的另一頭，是葡屬非洲的首府留下的遺跡。果阿敗落幾十年之後，隨著蘇伊士運河的開通，從好望角到東方的航線終於壽終正寢，莫三比克島的存在也失去了意義。殖民時代的斷垣殘壁如今草木叢生。生鏽的大砲隨意棄置在破舊的海軍造船廠。在大廣場的一側，偌大一間新古典風格的醫院腐朽坍塌，另外有一座露天音樂台，專供當地的孩童玩耍，他們住的是櫛比鱗次的茅草屋，數百年來未曾改變。在紅磚砌成的美麗耶穌會學院正前方，豎立著一座雕像，身材魁梧、表情嚴肅，身穿十字軍裝，一手緊握胸前，腰間的配劍隨時準備出鞘，凌厲的目光凝望大海，令人不敢逼視。[12]不久前的一場熱帶氣旋把雕像吹倒，雖然重新裝回基座，原先拼出瓦斯科·達伽馬這幾個字的字母卻被吹落，而且一直沒有換上新的。雖然氣勢雄偉，卻變得毫無意義，對這位主人翁在當代的名聲，這樣的評價似乎恰如其分。

這一切是從休達開始的，在非洲聖瑪利亞聖堂，航海家亨利一四二一年捐贈的聖母像依然掛在最重要的地方。這位葡萄牙王子把聖像送給當時守衛休達的基督騎士團，據說創造了不少奇蹟，不過到了一六四〇年，當葡萄牙和西班牙作戰，以恢復獨立時，休達卻是站在他們鄰國那一邊。此地至今仍是西班牙屬地，但摩洛哥極力爭奪休達的所有權，就像西班牙不斷主張擁有休達對面的海克力斯之柱（直布羅陀）的主權。聖戰士前後數百年踏出的路徑，依然清晰可見。

事實上近年來，休達受到的矚目更勝以往。二〇〇六年，艾曼·查瓦希里（Ayman al-

Zawahiri，埃及伊斯蘭聖戰組織的領導人，外號是「基地組織的智囊」）呼籲解放休達，使其擺脫基督徒的占領。[13]兩年後，他點名聯合國與伊斯蘭為敵，因為聯合國認為休達是十字軍西班牙不可分割的一部分。休達不再具有當初的重要戰略地位，但在伊斯蘭軍隊由此打入歐洲的一千三百年後，以及葡萄牙軍隊登陸，開始冒險繞行非洲的將近六百年後，依然有人認為這裡象徵了他們期待中的穆斯林反擊西方行動。

查瓦希里在二〇〇一年宣稱安達魯斯的淪陷是一個「悲劇」，其實也隱含類似的訊息。對許多穆斯林而言，安達魯斯是一個理想社會，一個學術和文化的樂園，失去了安達魯斯以後，伊斯蘭在世界舞台上消失許久。安達魯斯的繁榮奠基於寬容政策，但極端主義者不曾悼念當初的寬容，在他們眼中，是西班牙和葡萄牙占領了伊斯蘭的領土，他們必須設法討回來。在查瓦希里讚頌美好過往的三年後，一個聖戰組織承認是他們犯下馬德里連環爆炸案，摧毀了四列通勤火車。「我們成功滲透十字軍歐洲的核心，攻擊了十字軍聯盟的其中一個基地。」[14]該組織大聲誇耀，然後說這是為了清算陳年舊帳。「十字軍東征」這個名詞最近也常常出現，除了恐怖分子的言語抨擊，在九一一事件發生後，也從小布希總統嘴裡說了出來。[15]伊斯蘭主義的領袖宣稱，每個穆斯林都有義務誅殺美

12 這棟建築物是舊果阿行政中心最主要的建築物，在葡萄牙驅逐耶穌會時，被霸占作為總督的宮殿。現在是一間死氣沉沉的博物館。

13 *Time*, June 26, 2007.

14 *The Times* (London), March 13, 2004.

15 在二〇〇一年九月十六日的記者會上，小布希把新近宣示的反恐戰爭稱為「十字軍東征」。他的發言人後來對他的用詞表

國人和他們在「十字軍—猶太復國主義」聯盟的盟友，才能解放耶路撒冷的阿克薩清真寺。[16]

不說也知道（但我還是要說），恐怖分子的行動對主流伊斯蘭是一種侮辱。我們不得不承認，在這些宣言當中，有不少和基督徒在地理大發現之前那幾十年裡的論辯一般無二。更令人詫異的是基地組織反擊西方最常用的手段：炸毀飛機，讓「航空業大失血，這是歐美之間的貿易和運輸的命脈」。[17]把飛機換成船隻，大西洋換成印度洋，就和五百年前一模一樣了。不幸的是恐怖分子已經布下陷阱。當我們把龐大資源投入所謂的反恐戰爭，我們的軍隊也再次深陷中東的泥淖，反而讓更多人聽見伊斯蘭主義者的說法，聲稱新的十字軍東征已經展開，而西方對以色列的支持，只會更加鞏固這種言論。同時，許多西方人把他們的穆斯林鄰居當作國內的敵人，恐懼之心油然而生，而且各方有意無意地使用那種古老、粗野的語言，諷刺對方是中世紀的宗教狂熱分子或是墮落的魔鬼。

從我們不久之前還深信不疑的現代觀點，加上史學家為歷史寫下的一篇篇訃文來看，可能很難理解為什麼一場幾百年前的衝突會重新冒出來糾纏我們。答案就在我們共同的歷史裡，只是要用比較長遠的角度才看得出來。

將近一千四百年前，兩個偉大的宗教爆發衝突，競爭世界的財富和靈魂。兩者同出一源，受到同樣的土壤滋養。他們彼此相鄰，擁有共同的遺產，爭奪同樣的土地。雙方都宣稱自己擁有絕對的真理，都立志要把上帝最終的啟示傳揚給全人類。雙方都曾贏得勝利，也都視死如歸，儘管創下種種輝煌成就，也都不吝於濟弱扶傾，窮兵黷武成了雙方共同的黑暗面。對穆斯林也好，對基督徒也罷，信仰都不僅僅是個人的事，而是內心為了一種不可能實現的理想所做出的奮鬥。是上帝對他的子民賦予的一種公共信任，要在塵世打造祂的社會，用刀劍和槍砲來做神的工，絕大多數的人都認為理所當然。

八百多年後，基督徒和穆斯林還在爭奪同樣的土地，而且基督徒眼看就要輸了，這時有幾個人突破重重險阻，打開了一條戰線。借助於盟友，以及他們相信會在東方找到的財富，這幾個基督徒向伊斯蘭的心臟地帶開拔。正因為篤信是上帝指派自己來宣揚真正的信仰，葡萄牙人改變了歷史的進程。一五五二年，西班牙編年史學家弗朗西斯科・洛佩茲・哥馬拉（Francisco López de Gómara）宣稱，發現前往東印度和西印度群島的航線，「是創世以來最重要的事件，僅次於道成肉身和耶穌的死亡」。[18]兩個世紀之後，人文學者仍然提出同樣的論據，只是說法比較世俗一點。「發現美洲暨從好望角前往東印度的航路，是人類歷史最重要的兩大事件。」[19]亞當・史密斯（Adam Smith）在一七七六年寫道。這兩大事件都是源於葡萄牙對東方的追尋，在大多人心目中，兩者的重要性不相

達懊悔，但總統次年又把當時正在進行的戰爭稱為十字軍東征。Ron Suskind, "Faith, Certainty and the Presidency of George W. Bush," *New York Times Magazine*, October 17, 2004。

16 「十字軍─猶太復國主義」這個說法在一九九八年二月發表，標題是「對抗猶太人和十字軍的吉哈德」，同時宣稱「自從阿拉」把阿拉伯半島「被變成平地、創造沙漠、以海洋環繞以來，從來沒有受過任何像十字軍這種部隊這樣的肆虐，他們像蝗蟲一樣蔓延，吞噬半島的財富，殲滅半島的耕地」。Peter L. Bergen, *The Osama Bin Laden I Know: An Oral History of Al Qaeda's Leader* (New York: Free Press, 2006), 195。

17 *Sunday Times* (London), November 28, 2010.

18 Francisco López de Gómara, *"Dedication" to Historia general de las Indias* (Saragossa, 1552).

19 *Adam Smith, An Inquiry into the Nature and Causes of the Wealth of Nations, ed. Edwin Cannan* (London: University Paperbacks, 1961), 2:141.

上下。即使後來得知哥倫布發現的是一片遼闊的新大陸，他們也早就明白，要贏得西方，首先必須征服東方。

從達伽馬抵達印度洋的那一刻起，歐洲可以開始相信，全球的權力天平已經朝他們傾斜。當壓抑了數百年的幻想化為清晰明確的現實，也打開了全新的思維與地理的疆域。建立了殖民地，在聞所未聞的地方建造教堂，伊斯蘭的霸權似乎不再堅不可摧。源源不絕的天然資源，諸如黃金、白銀、人力，當然還有香料控制在基督徒手裡，而且西方終於有辦法抵擋鄂圖曼的挑戰，最後使土耳其大軍出不了國門一步。[20]若非如此，歐洲多國的命運、美洲的殖民，以及前所未知的新世界的發現，可能都會走上截然不同的道路。

是達伽馬開了第一槍，才開啟了西方在亞洲漫長而慘烈的數百年帝國主義，所謂的地理大發現，其實就是全球化的十字軍東征，憑著十字軍的成功，基督教西方才能把他們和伊斯蘭昔日的競爭拋諸腦後，當作一種黑暗時代的遺跡。[21]然而，即使在基督徒與基督徒作戰，穆斯林與穆斯林衝突，以及偶爾雙方聯手對抗共同的敵人時，雙方的敵對關係依舊是一股強大的歷史暗流。[22]伊斯蘭主義者夢想要收復失去的帝國，擁立一位新生的哈里發，對他們而言，殖民主義之後的世界秩序，包括聯合國和民主的概念本身，都是西方進行中的一種陰謀，強行推銷一種外來的生活方式，是偽裝得比較高明的十字軍東征。同時，在新的時代，中國和印度重新站上傳統地位，成為全球經濟的火車頭，但正當我們應該競爭全球市場和人心的時候，卻發現自己重新陷入這場古老的宗教衝突。

我們當然可以聽天由命。看得出基督徒和穆斯林在多年前自我圍堵成兩個敵對陣營，至今無計可施。沒有任何人可壟斷正義的定義，互相理解對每個人都有好處，然而我們彼此的不信任早已根深柢固，難以消除。有時雙方會合作，但聖戰永無休止。

另外還有一個辦法，例如不分男女，許多人本能地拒絕把地球分成敵對的宗教集團，正是實踐了這個辦法。遙想當年，哥多華和巴格達的穆斯林點石成金，締造了澎湃洶湧的文化交流；托雷多

---

20 其中當然也包含其他因素，尤其是鄂圖曼堅定不移地相信他們的做法是最好的，即使帝國已經深受後宮陰謀鬥爭和地方各自為政的拖累，而西方進入了啟蒙時代。不過長期來說，地理大發現所帶來的全球性壓力，是權力失衡的關鍵因素。伊斯蘭和中東的頂尖學者伯納德·路易斯（Bernard Lewis）說得很清楚。「伊斯蘭大軍最後的戰敗和撤退，首先當然是因為維也納的守軍英勇抗敵，」路易斯寫道，「不過要是把格局放大，其實是因為要歸因於同樣一批的冒險家，他們的海上航行以及對黃金的貪婪，激發了『他們歐洲對手的憤怒』。不管動機為何，他們的航行讓大片新國度受到歐洲的統治和影響，讓歐洲控制了大量的金銀和資源，賦予歐洲新的力量，可以對抗並最終擊退了穆斯林侵略者。」*Islam and the West* (New York: Oxford University Press, 1993), 16。

21 在印度，從達伽馬抵達到宣布獨立的整個殖民時代都被認定是達伽馬的歷史時期；參見K. M. Panikkar, *Asia and Western Dominance: A Survey of the Vasco da Gama Epoch of Asian History, 1498-1945* (London: Allen & Unwin, 1959)。反之，有人說葡萄牙對東南亞幾乎沒有什麼直接影響。狹義地說，這沒錯，不過當時葡萄牙從來沒考慮過什麼和印度的貿易平衡，更別說中國了。印度是他們的目的地，但弱化伊斯蘭才是他們的目標。從比較大的觀點來看，地理大發現的影響是深遠的，因為在達伽馬航向東方的時候，印度和中國占據了世界經濟的一半部分。

22 在一八五三年至一八五六年的克里米亞戰爭，信仰英國國教的英國和信仰天主教的法國與穆斯林鄂圖曼人聯手對抗信仰東正教的俄國。英國和法國不只亟欲阻止俄國的擴張，還刻意出手支持伊斯蘭與東方基督教對抗，而西方神職人員隨時準備譴責他們是半異教的異端邪說。從一四五三年開始，俄國就宣稱自己是拜占庭帝國的正統繼承人，沙皇是俄語的「凱撒」之意，還宣稱莫斯科是第三羅馬。西方盟國特別恐懼俄國未來可能把「穆斯林征服君士坦丁堡」逆轉，讓俄國（以及正教會）進駐第二羅馬（君士坦丁堡）。

和西西里的基督徒延續這個進步的傳統；腓特烈二世和蘇丹坐下來協商，簽署和平協定；征服者穆罕默德這位學養豐富的霸主，把伊斯坦堡變成了國際大熔爐；達文西不囿於意識型態，完全照自己的意思尋找開明的贊助人；甚至是法國和英格蘭的國王、女王和他們的盟友，鄂圖曼蘇丹。如同早期的十字軍，數不清的歐洲人醉心於亞洲的古老文化，歸化為當地居民，讓老家的同胞大驚失色。

一直以來，東方與西方的衝突時而創造，時而摧毀，但從來不曾停滯不前，不管哪一種教條主義者和死硬派，很快就會發現自己被時代拋棄。其中也包括擔任開路先鋒的葡萄牙人本身。是宗教上的絕對信念，驅使達伽馬和其他探險家跑到世界的另一端，最後他們也因此走上末路。儘管有許多震古鑠今的成就，但最後的十字軍東征，「一場結束所有聖戰的聖戰」的這個想法，終究是一場荒謬的白日空想。

謝詞

寫這本書是一種教育，也是一場冒險。蒐集資料期間，我到里斯本和羅馬鑽研歷史，乘船到斯瓦希里海岸尋找城市的遺跡，還在喀拉拉和果阿遭遇季風襲擊。從葡萄牙、西班牙、義大利和摩洛哥到莫三比克、坦尚尼亞、肯亞和印度，老天對我特別眷顧，讓我獲得許多人慷慨的建議、協助和友誼。這些大多是素未謀面的陌生人，例如凱里薩．基亞，他費盡心力，教導我東非鮮為人知的歷史。要感謝的人太多，無法一一指名，但他們的談話和情誼令我永生難忘。

本書涵蓋的範圍廣泛，若沒有一代又一代史學家的研究成果，無異是痴心妄想。尤其是哈克盧伊特協會出版的珍貴遊記的譯者和編輯，把大批寶貴的第一手資料翻成英語。其他對我幫助良多的學者，無論過去或現在，一一記錄在本書的注釋中。倫敦圖書館友善的氣氛和熱心幫忙的工作人員，讓我在追索各種冷僻資料的過程中，感到無比的愉悅。我也要感謝倫敦的大英圖書館和國家海事博物館，里斯本的國立古代美術館、葡萄牙東波塔國家檔案館和地理學會摩德納的埃斯特圖書館，海德堡大學圖書館，馬德里康普頓斯大學圖書館和法國國家圖書館的館員和館長。

馬西米利亞諾．杜蘭特和弗朗西斯科．維列納耐心地協助我解析中世紀義大利文和葡萄牙文比較複雜難懂的子句。安潔莉卡・凡・海斯閱讀草稿，並且提出許多有力的建議。我之所以研究這個題材，其實是經歷了一段漫長、有時還很曲折的旅程，在這個過程中，茱利亞・卡爾施密特總能隨時解答我的疑惑。

我在美國的經紀人亨利・杜諾，對一個正在摸索第二本著作的作家而言，一直是一位良師益友，總在我需要的時候做出明智的建言。我衷心感謝我在哈潑出版社的編輯泰瑞・卡爾頓對我無時無刻的支持和擁護。也謝謝哈潑出版社的大衛・科拉爾、莎拉・奧德爾、比爾・魯托、文字編輯湯姆・皮托尼亞、還有南西・米勒。衷心感謝我在英國的編輯拉維・麥姜達尼，以及代理本書的伊莉莎白・謝克曼。

在本書的寫作過程中，我認識了內人，並結為連理。因為策劃婚禮的關係，拖稿拖得一塌糊塗，感情的燦爛與黑暗而一貫陽剛的素材顯得格格不入。我恨不得手上的題材可以浪漫一些，但我的研究是一生一世，而非一時的。

圖片出處

1. North Africa from the Catalan Atlas of 1375 by Abraham Cresques (*Bibliothèque nationale de France*)
2. The world according to a Catalan map of c. 1450 (*Biblioteca Es tense, Modena*)
3. Three representatives of the Monstrous Races, illustration by the Maître d'Egerton from Marco Polo's Livre des Merveilles, c. 1410-12 (*Bibliothèque nationale de France*)
4. Henricus Martellus's world map of 1489 (*The British Library*)
5. The 1453 siege of Constantinople, illustration by Jean Le Tavernier from the Voyage d'Outremer by Bertrandon de la Broquière, c. 1458 (*Bibliothèque nationale de France*)
6. Henry the Navigator, from the mid-fifteenth-century Polytriptych of St. Vincent by Nuno Gonçalves (*Museu Nacional de Arte Antiga, Lisbon*)
7. Miniature of Manuel I, from the Leitura Nova of Além-Douro, 1513 (*Arquivo Nacional da Torre do Tombo, Lisbon/ Bridgeman Art Library*)
8. Wedding portrait of Isabella I of Castile and Ferdinand II of Aragon, c. 1469 (*Convento MM. Agustinas, Madrigal de las Altas Torres, Ávila/Bridgeman Art Library*)
9. Portrait of Vasco da Gama (*Sociedade de Geografia de Lisboa*)

10. The São Gabriel, from the Memórias das Armadas of 1568 (*Academia das Ciências, Lisbon/Bridgeman Art Library*)
11. Sixteenth-century mural from the Veerabhadra Temple, Lepaskhi, Andhra Pradesh (*SuperStock*)
12. The Cantino Planisphere of 1502 (*Biblioteca Estense, Modena*)
13. The Santa Catarina do Monte Sinai, circle of Joachim Patinir, c. 1540 (*National Maritime Museum, Greenwich*)
14. Portrait of Vasco da Gama, c. 1524, school of Gregório Lopes (*Museu Nacional de Arte Antiga, Lisbon*)
15. Lisbon in 1572 from the Civitates Orbis Terrarum by Georg Braun and Franz Hogenberg (*Heidelberg University Library*)
16. The Portuguese in Goa, late sixteenth-century engraving by Johannes Baptista van Doetechum from the Itinerario of Jan Huygen van Linschoten (*Bridgeman Art Library*)

參考資料

Alam, Muzaffar, and Sanjay Subrahmanyam, eds. *Indo-Persian Travels in the Age of Discoveries, 1400-1800*. Cambridge: Cambridge University Press, 2007.

Altabé, David F. *Spanish and Portuguese Jewry Before and After 1492*. Brooklyn, NY: Sepher-Hermon, 1983.

Alvares, Francisco. *Narrative of the Portuguese Embassy to Abyssinia During the Years 1520-1527*. Translated and edited by Lord Stanley of Alderley. London: Hakluyt Society, 1881.

———. *The Prester John of the Indies: A True Relation of the Lands of the Prester John, Being the Narrative of the Portuguese Embassy to Ethiopia in 1520*. Revised and edited by C. F. Beckingham and G. W. B. Huntingford. 2 vols. Cambridge: Hakluyt Society, 1961.

Ames, Glenn J., trans. and ed. *En Nome De Deus: The Journal of the First Voyage of Vasco da Gama to India, 1497-1499*. Leiden: Brill, 2009.

Armstrong, Karen. *The Battle for God: Fundamentalism in Judaism, Christ ian ity and Islam*. London: Harper Collins, 2000.

———. *Islam: A Short History*. London: Weidenfeld & Nicolson, 2000.

———. *Muhammad: A Biography of the Prophet*. London: Gollancz, 1991.

Asbridge, Thomas. *The First Crusade: A New History*. London: Free Press, 2004.

Aslan, Reza. *No God but God: The Origins, Evolution, and Future of Islam*. London: William Heinemann, 2005.

Aughterson, Kate, ed., *The English Renaissance: An Anthology of Sources and Documents*. London: Routledge, 1998.

Ayyar, K. V. Krishna. *The Zamorins of Calicut*. Calicut: University of Calicut, 1999.

Babinger, Franz. *Mehmed the Conqueror and His Time*. Princet on, NJ: Princeton University Press, 1978.

Baião, António, A. de Magalhães Basto, and Damião Peres, eds. *Diário da viagem de Vasco da Gama*. Porto: Livraria Civilização, 1945.

Barber, Malcolm. *The New Knighthood: A History of the Order of the Temple*. Cambridge: Cambridge University Press, 1994.

Barbosa, Duarte. *The Book of Duarte Barbosa*. Translated by Mansel Longworth Dames. 2 vols. London: Hakluyt Society, 1921.

Barros, João de. Ásia *de João de Barros: Dos feitos que os Portugueses fizeram no descobrimento e conquista dos mares e terras do Oriente*. Edited by Hernani Cidade and Manuel Múrias. 6th ed. 4 vols. Lisbon: Divisão de publicações e biblioteca, Agência geral das colónias, 1945-1946.

Baumgarten, Martin von. "The Travels of Martin Baumgarten . . . through Egypt, Arabia, Palestine and Syria." In *A Collection of Voyages and Travels*, edited by Awnsham Churchill, 1:385-452. London: A. & J. Churchill, 1704.

Beckingham, C. F. *Between Islam and Christendom: Travellers, Facts and Legends in the Middle Ages and the Renaissance*. London: Variorum Reprints, 1983.

Bergen, Peter L. *The Osama Bin Laden I Know: An Oral History of Al Qaeda's Leader*. New York: Free Press, 2006.

Bergreen, Laurence. *Marco Polo: From Venice to Xanadu*. London: Quercus, 2008.

———. *Over the Edge of the World: Magellan's Terrifying Circumnavigation of the Globe*. London: Harper Collins, 2003.

Berjeau, J. P., trans. *Calcoen: A Dutch Narrative of the Second Voyage of Vasco da Gama*. London: B. M. Pickering, 1874.

Bernstein, William. *A Splendid Exchange: How Trade Shaped the World*. London: Atlantic, 2008.

Birch, Walter de Gray, ed. *The Commentaries of the Great A. Dalboquerque, Second Viceroy of India*. 4 vols. London: Hakluyt

Society, 1875-1894.

Blake, J. W., trans. and ed. *Europeans in West Africa, 1450-1560*. London: Hakluyt Society, 1942.

Blunt, Wilfred. *Pietro's Pilgrimage: A Journey to India and Back at the Beginning of the Seventeenth Century*. London: James Barrie, 1953.

Boas, Adrian J. *Jerusalem in the Time of the Crusades: Society, Landscape, and Art in the Holy City Under Frankish Rule*. London: Routledge, 2001.

Bonner, Michael. *Jihad in Islamic History: Doctrines and Practice*. Prince ton, NJ: Princet on University Press, 2006.

Boorstin, Daniel J. *The Discoverers*. New York: Random House, 1983.

Bovill, Edward William. *The Golden Trade of the Moors*. 2nd ed. Revised by Robin Hallet. London: Oxford University Press, 1970.

Boxer, C. R. *The Portuguese Seaborne Empire 1415-1825*. London: Hutchinson, 1969.

Bracciolini, Poggio, and Ludovico de Varthema. *Travelers in Disguise: Narratives of Eastern Travel by Poggio Bracciolini and Ludovico de Varthema*. Translated by John Winter Jones and revised by Lincoln Davis Hammond. Cambridge, MA: Harvard University Press, 1963.

Brett, Michael, and Elizabeth Fentress. *The Berbers*. Oxford: Blackwell, 1996.

Brotton, Jerry. *The Renaissance Bazaar: From the Silk Road to Michelangelo*. Oxford: Oxford University Press, 2002.

Butler, Alfred J. *The Arab Conquest of Egypt—And the Last Thirty Years of the Roman Dominion*. Oxford: Clarendon Press, 1902.

Camões, Luiz Vaz de. *The Lusíads*. Oxford: Oxford University Press, 1997.

Campbell, I. C. "The Lateen Sail in World History." *Journal of World History* 6, no. 1 (Spring 1995): 1-23.

Carboni, Stefano, ed. *Venice and the Islamic World, 827-1797*. New Haven, CT: Yale University Press, 2007.

Caron, Marie-Thérèse, and Denis Clauzel, eds. *Le Banquet du Faisan*. Arras: Artois Presses Université, 1997.

Castanheda, Femão Lopes de. *The First Booke of the Historie of the Discoverie and Conquest of the East Indias, Enterprised by the Portingales, in their Daungerous Navigations, in the Time of King Don John, the Second of that Name*. . . . Translated by Nicholas Lichefild. London: Thomas East, 1582.

———. *História do descobrimento e conquista da* Índia *pelos Portugueses*. Edited by Manuel Lopes de Almeida. 2 vols. Porto: Lelloe Irmão, 1979.

Chaudhuri, K. N. *Trade and Civilization in the Indian Ocean: An Economic History from the Rise of Islam to 1850*. Cambridge: Cambridge University Press, 1985.

Cheyney, E. P. *Readings in English History Drawn from the Original Sources*. Boston: Ginn, 1922.

Chittick, H. Neville. *Kilwa: An Islamic Trading City on the East African Coast*. 2 vols. Nairobi: British Institute in Eastern Africa, 1974.

Clot, André. *Suleiman the Magnificent*. Translated by Matthew J. Reisz. London: Saqi, 1992.

Cohen, J. M. *The Four Voyages of Christopher Columbus*. Harmondsworth, UK: Penguin, 1969.

Cole, Peter, trans. and ed. *The Dream of the Poem: Hebrew Poetry from Muslim and Christ ian Spain, 950-1492*. Prince ton, NJ: Prince ton University Press, 2007.

Constable, Olivia Remie, ed. *Medieval Iberia: Readings from Chris tian, Muslim, and Jewish Sources*. Philadelphia: University of Pennsylvania Press, 1997.

———. "Muslim Merchants in Andalusi International Trade." In *The Legacy of Muslim Spain*, edited by Salma Khadra Jayyusi, 759-773. Leiden: Brill, 1992.

Correia, Gaspar. *Lendas da* Índia. Edited by M. Lopes de Almeida. 4 vols. Porto: Lello e Irmão, 1975.

Cortesão, Armando. *The Mystery of Vasco da Gama*. Coimbra: Universidade de Coimbra, 1973.

Costa, Leonor Freire, ed. "Relação Anónima da Segunda Viagem de Vasco da Gama à Índia." In *Cidadania e história: Em homenagem a Jaime Cortesão*, 141-99. Lisbon: Livraria Sá da Costa Editora, 1985.

Crone, G. R., trans. and ed. *The Voyages of Cadamosto, and Other Documents on Western Africa in the Second Half of the Fifteenth Century*. London: Hakluyt Society, 1937.

Dalby, Andrew. *Dangerous Tastes: The Story of Spices*. London: British Museum Press, 2000.

Dale, Stephen Frederic. *The Mappilas of Malabar, 1498-1922.* Clarendon: Oxford, 1980.

———. "Religious Suicide in Islamic Asia." *Journal of Conflict Resolution* 32, no. 1 (March 1988): 37-59.

Das Gupta, Ashin. *The World of the Indian Ocean Merchant 1500-1800*. Oxford: Oxford University Press, 2001.

Davenport, Frances Gardiner, ed. *European Treaties Bearing on the History of the United States and Its Dependencies to 1648*. Washington, DC: Carnegie Institution of Washington, 1917.

Dawood, N. J., trans. *The Koran: With a Parallel Arabic Text*. Penguin: London, 2000.

Delumeau, Jean. *History of Paradise: The Garden of Eden in Myth and Tradition*. Translated by Matthew O'Connell. New York: Continuum, 1995.

Diffie, Bailey W., and George D. Winius. *Foundations of the Portuguese Empire, 1415-1580*. St. Paul: University of Minnesota Press, 1977.

Disney, Anthony. *A History of Portugal and the Portuguese Empire: From Beginnings to 1807*. 2 vols. Cambridge: Cambridge University Press, 2009.

———. *The Portuguese in India and Other Studies, 1500-1700*. Farnham, UK: Ashgate, 2009.

Disney, Anthony, and Emily Booth, eds. *Vasco da Gama and the Linking of Europe and Asia*. Delhi: Oxford University Press, 2000.

Dols, Michael W. *The Black Death in the Middle East*. Princet on, NJ: Princeton University Press, 1977.

Donner, Fred McGraw. *The Early Islamic Conquests*. Prince ton, NJ: Princet on University Press, 1981.

Duffy, Eamon. *Saints and Sinners: A History of the Popes*. 3rd ed. New Haven, CT: Yale University Press, 2006.

Dumper, Michael, and Bruce E. Stanley, eds. *Cities of the Middle East and North Africa: A Historical Encyclopedia*. Oxford:

ABC-Clio, 2007.

Dunn, Ross E. *The Adventures of Ibn Battuta*. Berkeley: University of California Press, 1989.

Edson, Evelyn. "Reviving the Crusade: Sanudo's Schemes and Vesconte's Maps." In *Eastward Bound: Travel and Travellers, 1050-1550*, edited by Rosamund Allen, 131-55. Manchester: Manchester University Press, 2004.

———. *The World Map, 1300-1492: The Persistence of Tradition and Transformation*. Baltimore: Johns Hopkins University Press, 2007.

Falchetta, Piero. *Fra Mauro's World Map*. Turnhout, Belgium: Brepols, 2006.

Faria e Sousa, Manuel de. *The Portuguese Asia*. Translated by Capt. John Stevens. 3 vols. London: C. Brome, 1694-1695.

Fernandes, Valentim. *Description de la côte d'Afrique de Ceuta au Sénégal*. Paris: Larose, 1938.

Fernández-Armesto, Felipe. *Columbus*. Oxford: Oxford University Press, 1991.

———. *Pathfinders: A Global History of Exploration*. New York: Norton, 2006.

Finnlay, Robert. "Crisis and Crusade in the Mediterranean: Venice, Portugal and the Cape Route to India, 1498-1509." *Studi Veneziani* n.s. 28 (1994): 45-90.

Firdowsi. *Shahnameh: The Persian Book of Kings*. Translated by Dick Davis. New York: Viking, 2006.

Fletcher, Richard A. *The Cross and the Crescent: Chris tiani ty and Islam from the Prophet Muhammad to the Reformation*. London: Penguin, 2005.

———. *Moorish Spain*. London: Weidenfeld & Nicolson, 1992.

Flint, Valerie. *The Imaginative Landscape of Christopher Columbus*. Princet on, NJ: Princet on University Press, 1992.

Fonseca, José Nicolau da. *An Historical and Archaeological Sketch of the City of Goa*. Bombay: Thacker, 1878.

Freedman, Paul. *Out of the East: Spices and the Medieval Imagination*. New Haven, CT: Yale University Press, 2008.

Freeman-Grenville, Greville Stewart Parker. *The Medieval History of the Coast of Tanganyika: With Special Reference to Recent*

Archaeological Discoveries. London: Oxford University Press, 1962.

Gabrieli, Francesco. *Arab Historians of the Crusades*. Berkeley: University of California Press, 1984.

Gibbs, James, trans. *The History of the Portuguese, During the Reign of Emmanuel . . . written originally in Latin by Jerome Osorio, Bishop of Sylves. . . .* 2 vols. London: A. Millar, 1752.

Goís, Damião de. Crónica *do felicíssimo rei Manuel. . . .* Edited by J. M. Teixeira de Carvalho and David Lopes. 4 vols. Coimbra: Imprensa da Universidade, 1926.

Gordon, Stewart. *When Asia Was the World: Traveling Merchants, Scholars, Warriors, and Monks Who Created the "Riches of the East."* New Haven, CT: Yale University Press, 2008.

Greenlee, William Brooks, trans. and ed. *The Voyage of Pedro* Álvares *Cabral to Brazil and India, from Contemporary Documents and Narratives*. London: Hakluyt Society, 1938.

Gumilev, L. N. *Searches for an Imaginary Kingdom: The Legend of the Kingdom of Prester John*. Translated by R. E. F. Smith. Cambridge: Cambridge University Press, 1987.

Hakluyt, Richard. *The Principal Navigations, Voyages, Traffiques and Discoveries of the English Nation*. 12 vols. Glasgow: MacLehose, 1903-1905.

Hannoum, Abdelmajid. *Post-Colonial Memories: The Legend of the Kahina, a North African Heroine*. Westport, CT: Heinemann, 2001.

Harris, Jonathan. *Constantinople: Capital of Byzantium*. London: Hambledon Continuum, 2007.

Hart, Henry H. *Sea Road to the Indies*. London: William Hodge, 1952.

Hazard, Harry W., ed. *A History of the Crusades*. 2nd ed. Vol. 3, *The Fourteenth and Fifteenth Centuries*. Madison: University of Wisconsin Press, 1975.

Hillenbrand, Carole. *The Crusades: Islamic Perspectives*. New York: Routledge, 2000.

Hitti, Philip Khuri. *History of Syria, Including Lebanon and Palestine*. London: Macmillan, 1951.

Hobson, John M. *The Eastern Origins of Western Civilization*. Cambridge: Cambridge University Press, 2004.

Holt, Andrew, and James Muldoon, eds. *Competing Voices from the Crusades*. Oxford: Greenwood Press, 2008.

Hourani, Albert Habib. *A History of the Arab Peoples*. Cambridge, MA: Harvard University Press, 2002.

Hourani, George F. *Arab Seafaring in the Indian Ocean in Ancient and Early Medieval Times*. Princet on, NJ: Prince ton University Press, 1951.

Howarth, Stephen. *The Knights Templar*. New York: Atheneum, 1982.

Ibn Battuta. *The Travels of Ibn Battuta, A.D. 1325-1354*. Translated and edited by H. A. R. Gibb and C. F. Beckingham. 5 vols. London: Hakluyt Society, 1958-2000.

Ibn Khaldun. *An Arab Philosophy of History: Selections from the Prolegomena of Ibn Khaldun of Tunis (1332-1406)*. Translated and edited by Charles Issawi. Prince ton, NJ: Darwin, 1987.

Ibn Majid, Ahmad. *Arab Navigation in the Indian Ocean Before the Coming of the Portuguese*. . . . Translated and edited by G. R. Tibbetts. London: Royal Asiatic Society of Great Britain and Ireland, 1971.

Jack, Malcolm. *Lisbon: City of the Sea, A History*. London: I. B. Tauris, 2007.

Jackson, Peter, trans. *The Mission of Friar William of Rubruck: His Journey to the Court of the Great Khan Möngke 1253-1255*. Edited by David Morgan. London: Hakluyt Society, 1990.

Jayne, K. G. *Vasco da Gama and His Successors, 1460-1580*. London: Methuen, 1910.

Jayyusi, Salma Khadra. "Andalusi Poetry: The Golden Period." In *The Legacy of Muslim Spain*, edited by Salma Khadra Jayyusi, 317-66. Leiden: Brill, 1992.

Jensen, Kurt Villads. "Devils, Noble Savages, and the Iron Gate: ThirteenthCentury European Concepts of the Mongols." *Bulletin of International Medieval Research* 6 (2000): 1-20.

Joinville, Jean de. *Vie de Saint Louis*. Edited by Jacques Monfrin. Paris: Garnier, 1995.

Jones, J. R. Melville, ed. *The Siege of Constantinople: Seven Contemporary Accounts*. Amsterdam: Hakkert, 1972.

Karabell, Zachary. *People of the Book: The Forgotten History of Islam and the West*. London: John Murray, 2007.

Keen, Maurice. *Chivalry*. New Haven, CT: Yale University Press, 1984.

Kelly, Jack. *Gunpowder: Alchemy, Bombards, and Pyrotechnics: The History of the Explosive That Changed the World*. New York: Basic Books, 2004.

Kennedy, Hugh. *The Armies of the Caliphs: Military and Society in the Early Islamic State*. London: Routledge, 2001.

———. *The Court of the Caliphs: The Rise and Fall of Islam's Greatest Dynasty*.

London: Weidenfeld & Nicolson, 2004.

———. *Muslim Spain and Portugal: A Political History of al-Andalus*. London: Longman, 1996.

Kerr, Robert, ed. *A General History and Collection of Voyages and Travels*. 18 vols. Edinburgh: William Blackwood, 1811-1824.

Krása, Miloslav, Josef Polišenskyâ, and Peter Ratkoš, eds. *European Expansion (1494-1519): The Voyages of Discovery in the Bratislava Manuscript Lyc. 515/8 (Codex Bratislavensis)*. Prague: Charles University, 1986.

Lach, Donald F. *Asia in the Making of Europe*. 3 vols. in 9 books. Chicago: University of Chicago Press, 1965-1993.

Lamb, Harold. *Suleiman the Magnificent: Sultan of the East*. Garden City, NY: Doubleday, 1951.

Latino Coelho, J. M. *Vasco da Gama*. Lisbon: Bertrand Editora, 2007.

Levenson, Jay A., ed. *Encompassing the Globe: Portugal and the World in the 16th and 17th Centuries*. Washington, DC: Arthur M. Sackler Gallery, Smithsonian Institution, 2007.

Lewis, Bernard. *The Assassins: A Radical Sect in Islam*. London: Weidenfeld & Nicolson, 1967.

———. *Cultures in Conflict: Christ ians, Muslims, and Jews in the Age of Discovery*. New York: Oxford University Press, 1995.

———. *Islam and the West*. New York: Oxford University Press, 1993.

———. *The Muslim Discovery of Europe*. London: Norton, 2001.

Lewis, David Levering. *God's Crucible: Islam and the Making of Europe, 570 to 1215*. New York: Norton, 2008.

Linschoten, Jan Huygen van. *The Voyage of J. H. van Linschoten to the East Indies*. Edited by Arthur Coke Burnell and P. A. Tiele. 2 vols. London: Hakluyt Society, 1885.

Livermore, H. V. *A New History of Portugal*. 2nd ed. Cambridge: Cambridge University Press, 1976.

Logan, William. *Malabar*. 3 vols. Madras: Government Press, 1887-1891.

Lomax, Derek W. *The Reconquest of Spain*. London: Longman, 1978.

Lopes, Tomé. "Navigazione verso le Indie orientali scritta per Tomé Lopez." In Giovanni Battista Ramusio, *Navigationi e Viaggi*, edited by Marica Milanesi, 1:687-738. Turin: Einaudi, 1978.

Ma, Huan. *Ying-yai Sheng-lan: The Overall Survey of the Ocean's Shores*. Translated and edited by J. V. G. Mills. Cambridge: Cambridge University Press, 1970.

Madden, Thomas F. *The New Concise History of the Crusades*. Lanham, MD: Rowman & Littlefield, 2006.

Major, R. H. *India in the Fifteenth Century: Being a Collection of Narratives of Voyages to India. . . .* London: Hakluyt Society, 1857.

Mandeville, John [pseud.]. *Mandeville's Travels*. Edited by M. C. Seymour. Oxford: Clarendon Press, 1967.

Maqqari, Ahmad Ibn Mohammed. *The History of the Mohammedan Dynasties in Spain*. Translated by Pascual de Gayangos. 2 vols. London: Oriental Translation Fund, 1840-1843.

Margariti, Roxani Eleni. *Aden and the Indian Ocean Trade: 150 Years in the Life of a Medieval Arabian Port*. Chapel Hill: University of North Carolina Press, 2007.

Markham, Clements R., trans. *The Journal of Christopher Columbus (During His First Voyage, 1492-93), and Documents Relating to the Voyages of John Cabot and Gaspar Corte Real*. London: Hakluyt Society, 1893.

Mathew, K. M. *History of the Portuguese Navigation in India, 1497-1600*. New Delhi: K. M. Mittal, 1988.

Meinardus, Otto F. A. *Two Thousand Years of Coptic Christ ian ity*. Cairo: American University in Cairo Press, 1999.

Mello, Francisco de, Conde de Ficalho. *Viagens de Pedro da Covilhã*. Lisbon: Imprensa Nacional, 1898.

Menocal, María Rosa. *The Ornament of the World: How Muslims, Jews, and Chris tians Created a Culture of Tolerance in Medieval Spain*. Boston: Little, Brown, 2002.

Mercier, Maurice, and André Seguin. *Charles Martel et la Bataille de Poitiers*. Paris: Librairie orientaliste Paul Geuthner, 1944.

Meri, Joseph W., ed. *Medieval Islamic Civilization: An Encyclopedia*. 2 vols. New York: Routledge, 2006.

Milwright, Marcus. "The Balsam of Matariyya: An Exploration of a Medieval Panacea." *Bulletin of the School of Oriental and African Studies* 66, no. 2 (2003): 193-209.

Mocquet, Jean. *Travels and Voyages into Africa, Asia, and America, the East and West Indies; Syria, Jerusalem, and the Holy Land*. Translated by Nathaniel Pullen. London, 1696.

Modelski, George. "Enduring Rivalry in the Democratic Lineage: The Venice-Portugal Case." In *Great Power Rivalries*, edited by William R. Thompson. Columbia: University of South Carolina Press, 1999.

Monfasani, John. *George of Trebizond: A Biography and a Study of His Rhetoric and Logic*. Leiden: Brill, 1976.

Moraes, G. M. *A History of Chris tiani ty in India, From Early Times to St. Francis Xavier: A.D. 52-1542*. Bombay: Manaktalas, 1964.

Morford, Mark P. O., and Robert J. Lenardon. *Classical Mythology*. 6th ed. Oxford: Oxford University Press, 1999.

Morison, Samuel Eliot. *Admiral of the Ocean Sea: A Life of Christopher Columbus*. Boston: Little, Brown, 1942.

Morris, Colin. *The Sepulchre of Christ and the Medieval West*. Oxford: Oxford University Press, 2005.

Neill, Stephen. *A History of Chris tiani ty in India: The Beginnings to AD 1707*. Cambridge: Cambridge University Press, 1984.

Newitt, M. D. D., ed. *East Africa*. Aldershot, UK: Ashgate, 2002.

———. *A History of Mozambique*. London: Hurst, 1995.

———. *A History of Portuguese Overseas Expansion, 1400-1668*. London: Routledge, 2005.

———. “Mozambique Island: The Rise and Decline of an East African Coastal City, 1500-1700.” *Portuguese Studies* 20, no. 1 (September 2004): 21-37.

Nicholson, Helen. *The Knights Templar: A New History*. Stroud, UK: Sutton, 2001.

Nicolle, David. *Armies of the Muslim Conquest*. London: Osprey, 1993.

———. *Constantinople 1453: The End of Byzantium*. Oxford: Osprey, 2000.

Nikephoros. *The Life of St. Andrew the Fool*. Edited and translated by Lennart Rydén. 2 vols. Stockholm: Uppsala University, 1995.

Norwich, John Julius. *Byzantium: The Decline and Fall*. London: Viking, 1995.

O’Callaghan, Joseph F. *Reconquest and Crusade in Medieval Spain*. Philadelphia: University of Pennsylvania Press, 2003.

Of the newe lãdes and of ye people founde by the messengers of the kynge of portÿgale named Emanuel. Of the X dyuers nacyons crystened. Of pope Johñ and his landes, and of the costely keyes and wonders molodyes that in that lande is. Antwerp, 1520?

Oliveira Marques, A. H. de. *Daily Life in Portugal in the Late Middle Ages*. Madison: University of Wisconsin Press, 1971.

———. *History of Portugal*. 2nd ed. 2 vols. New York: Columbia University Press, 1976.

———. “Travelling with the Fifteenth-Century Discoverers: Their Daily Life.” In Disney and Booth, *Vasco da Gama and the Linking of Europe and Asia*, 30-47. Delhi: Oxford University Press, 2000.

Oliver, Roland, and Anthony Atmore. *Medieval Africa, 1250-1800*. Cambridge: Cambridge University Press, 2001.

O’Shea, Stephen. *Sea of Faith: Islam and Christ ian ity in the Medieval Mediterranean World*. London: Profile, 2006.

Osorius, Jerome [Jerónimo Osório]. *The History of the Portuguese During the Reign of Emmanuel: Containing all their Discoveries, from the Coast of Africa to the Farthest Parts of China. . . .* Translated by J. Gibbs. 2 vols. London, 1752.

Padfield, Peter. *Tide of Empires: Decisive Naval Campaigns in the Rise of the West*. Vol. 1, *1481-1654*. London: Routledge &

Kegan Paul, 1979.

Pagden, Anthony. *Worlds at War: The 2,500-Year Struggle Between East and West*. Oxford: Oxford University Press, 2008.

Panikkar, K. M. *Asia and Western Dominance: A Survey of the Vasco da Gama Epoch of Asian History, 1498-1945*. London: Allen & Unwin, 1959.

Parry, J. H. *The Age of Reconnaissance*. London: Weidenfeld & Nicolson, 1963.

———, ed. *The European Reconnaissance: Selected Documents*. New York: Harper & Row, 1968.

Partington, J. R. *A History of Greek Fire and Gunpowder*. Baltimore: Johns Hopkins University Press, 1999.

Partner, Peter. *God of Battles: Holy Wars of Chris tiani ty and Islam*. London: HarperC ollins, 1997.

Pearson, M. N. *The Indian Ocean*. London: Routledge, 2003.

———. *The New Cambridge History of India*. Vol. 1, pt. 1, *The Portuguese in India*. Cambridge: Cambridge University Press, 1987.

———. *The World of the Indian Ocean, 1500-1800: Studies in Economic, Social and Cultural History*. Aldershot, UK: Ashgate, 2005.

Pegolotti, Francesco. *Pratica della Mercatura*. In *Cathay and the Way Thither, Being a Collection of Medieval Notices of China*, translated and edited by Henry Yule and revised by Henri Cordier, 3:143-171. London: Hakluyt Society, 1916.

Peters, Edward. *The First Crusade: The Chronicle of Fulcher of Chartres and Other Source Materials*. Philadelphia: University of Pennsylvania Press, 1971.

Peters, F. E. *The Children of Abraham: Judaism, Chris tiani ty, Islam*. Princet on, NJ: Princet on University Press, 2004.

Phillips, J. R. S. *The Medieval Expansion of Europe*. 2nd ed. Oxford: Oxford University Press, 1988.

Phillips, Jonathan. *The Fourth Crusade and the Sack of Constantinople*. London: Jonathan Cape, 2004.

Pires, Tomé. *The Suma Oriental of Tomé Pires*. Translated and edited by Armando Cortesão. 2 vols. London: Hakluyt Society, 1944.

Polo, Marco. *The Travels*. Translated and edited by R. E. Latham. Harmondsworth, UK: Penguin, 1958.

Prestage, Edgar. *Afonso de Albuquerque, Governor of India: His Life, Conquests and Administration*. Watford, UK: Voss & Michael, 1929.

———. *The Portuguese Pioneers*. London: A. & C. Black, 1933.

Priolkar, Anant Kakba. *The Goa Inquisition*. Bombay: A. K. Priolkar, 1961.

Pyrard, François. *The Voyage of François Pyrard of Laval to the East Indies, the Maldives, the Moluccas and Brazil*. Translated and edited by Albert Gray and H. C. P. Bell. 2 vols. London: Hakluyt Society, 1887-1890.

Ravenstein, E. G., trans. and ed. *A Journal of the First Voyage of Vasco da Gama, 1497-1499*. London: Hakluyt Society, 1898.

Raymond, André. *Cairo*. Translated by Willard Wood. Cambridge, MA: Harvard University Press, 2000.

Resende, Garcia de. *Crónica de Dom João II e miscellanea*. Lisbon: Imprensa Nacional, 1973.

Riley-Smith, Jonathan. *The Crusades: A Short History*. London: Athlone, 1987.

———. *The Crusades, Christ ian ity and Islam*. New York: Columbia University Press, 2008.

———. *The First Crusade and the Idea of Crusading*. London: Athlone, 1986.

Roche, T. W. E. *Philippa: Dona Filipa of Portugal*. London: Phillimore, 1971.

Roe, Sir Thomas. *The Embassy of Sir Thomas Roe to the Court of the Great Mogul, 1615-1619*. Edited by William Foster. 2 vols. London: Hakluyt Society, 1899.

Rohr, Christine von, ed. *Neue quellen zur zweiten Indienfahrt Vasco da Gamas*. Leipzig, 1939.

Rowland, Albert Lindsay. *England and Turkey: The Rise of Diplomatic and Commercial Relations*. New York: Burt Franklin, 1968.

Roy, Jean-Henri, and Jean Deviosse. *La Bataille de Poitiers*. Paris: Gallimard, 1966.

Runciman, Steven. *The Fall of Constantinople: 1453*. Cambridge: Cambridge University Press, 1965.

Russell, Peter, *Prince Henry 'the Navigator': A Life*. New Haven, CT: Yale University Press, 2000.

Russell-Wood, A. J. R. *A World on the Move: The Portuguese in Africa, Asia, and America, 1415-1808*. Manchester: Carcanet, 1992.

Sale, Kirkpatrick. *The Conquest of Paradise: Christopher Columbus and the Columbian Legacy*. London: Hodder & Stoughton, 1991.

Sanceau, Elaine. *The Perfect Prince: A Biography of the King Dom João II. ...* Porto: Livraria Civilização, 1959.

———. *Portugal in Quest of Prester John*. London: Hutchinson, 1943.

Scafi, Alessandro. *Mapping Paradise: A History of Heaven on Earth*. London: British Library, 2006.

Schneemelcher, William, ed. *New Testament Apocrypha*. Vol. 1, *Gospels and Related Writings*. Louisville, KY: Westminster John Knox Press, 2003.

Schulze, Franz. *Balthasar Springers Indienfahrt, 1505/06*. Strasbourg, 1902.

Schwartz, Stuart B., ed. *Implicit Understandings: Observing, Reporting, and Reflecting on the Encounters Between Europeans and Other Peoples in the Early Modern Era*. Cambridge: Cambridge University Press, 1994.

Sewell, Robert. *A Forgotten Empire: Vijayanagar*. London: Sonnenschein, 1900.

Shaw, M. R. B., trans. *Chronicles of the Crusades*. Harmondsworth, UK: Penguin, 1963.

Silverberg, Robert. *The Realm of Prester John*. Garden City, NY: Doubleday, 1972.

Skilliter, Susan A. *William Harborne and the Trade with Turkey 1578-1582: A Documentary Study of the First Anglo-Ottoman Relations*. Oxford: Oxford University Press, 1977.

———. "William Harborne, the First English Ambassador, 1583-1588." In *Four Centuries of Turco-British Relations*, edited by William Hale and Ali Ihsan Bagis. Beverley, UK: Eothen, 1984.

Smith, Adam. *An Inquiry Into the Nature and Causes of the Wealth of Nations*. Edited by Edwin Cannan. 2 vols. London: University Paperbacks, 1961.

Smith, Stefan Halikowski. "Meanings Behind Myths: The Multiple Manifestations of the Tree of the Virgin at Matarea." *Mediterranean Historical Review* 23, no. 2 (December 2008): 101-28.

Southern, R. W. *Western Views of Islam in the Middle Ages*. Cambridge, MA: Harvard University Press, 1962.

Soyer, François. *The Persecution of the Jews and Muslims of Portugal: King Manuel I and the End of Religious Tolerance (1496-7)*. Leiden: Brill, 2007.

Stanley, Henry E. J., trans. and ed. *The Three Voyages of Vasco da Gama and His Viceroyalty*. London: Hakluyt Society, 1869.

Stein, Burton. *Vijayanagara*. Cambridge: Cambridge University Press, 1989.

Subrahmanyam, Sanjay. *The Career and Legend of Vasco da Gama*. Cambridge: Cambridge University Press, 1997.

———. *The Portuguese Empire in Asia, 1500-1700*. London: Longman, 1992.

Teixeira de Aragão, A. C. *Vasco da Gama e a Vidigueira: Estudo Hisórico*. 2nd ed. Lisbon: Imprensa Nacional, 1898.

Teyssier, Paul, and Paul Valentin, trans. and eds. *Voyages de Vasco de Gama: Relations des expeditions de 1497-1499 et 1502-3*. 2nd ed. Paris: Chandeigne, 1998.

Thomas, Hugh. *The Slave Trade: The History of the Atlantic Slave Trade, 1440- 1870*. London: Picador, 1997.

Tolan, John. *Saracens: Islam in the Medieval European Imagination*. New York: Columbia University Press, 2002.

Tuchman, Barbara. *A Distant Mirror: The Calamitous Fourteenth Century*. New York: Knopf, 1978.

Turner, A. Richard. *Inventing Leonardo*. Berkeley: University of California Press, 1994.

Turner, Jack. *Spice: The History of a Temptation*. New York: Random House, 2004.

Vallé, Pietro della. *The Travels of P. della Valle in India*. Edited by E. Grey. 2 vols. London: Hakluyt Society, 1892.

———. *The Travels of Sig. Pietro della Valle, a Noble Roman, Into East-India and Arabia Deserta*. Translated by G. Havers. London: J. Macock, 1665.

Varthema, Ludovico de. *The Travels of L. di Varthema in Egypt, Syria, Arabia Deserta, Arabia Felix, in Persia, India, and Ethiopia, A.D. 1503-1508*. Translated by John Winter Jones and edited by G. P. Badger. London: Hakluyt Society, 1863.

Villiers, John, "Ships, Seafaring and the Iconography of Voyages." In Disney and Booth, *Vasco da Gama and the Linking of*

Europe and Asia, 72-82. Delhi: Oxford University Press, 2000.

Watt, W. Montgomery. *Muslim-Christ ian Encounters: Perceptions and Misperceptions*. London: Routledge, 1991.

Weinstein, Donald. *Ambassador from Venice: Pietro Pasqualigo in Lisbon, 1501*. Minneapolis: University of Minnesota Press, 1960.

Westrem, Scott D. "Against Gog and Magog." In *Text and Territory: Geographical Imagination in the European Middle Ages*, edited by Sylvia Tomasch and Sealy Gilles, 54-75. Philadelphia: University of Pennsylvania Press, 1998.

Wheatcroft, Andrew. *The Infidels: The Conflict Between Christendom and Islam, 638-2002*. London: Viking, 2003.

White, David Gordon. *Myths of the Dog-Man*. Chicago: University of Chicago Press, 1991.

Whitfield, Peter. *New Found Lands: Maps in the History of Exploration*. London: British Library, 1998.

Wolpert, Stanley. *A New History of India*. 8th ed. New York: Oxford University Press, 2009.

Zurara, Gomes Eanes de. *The Chronicle of the Discovery and Conquest of Guinea*. Translated by C. R. Beazley and Edgar Prestage. 2 vols. London: Hakluyt Society, 1896-1898.

———. *Conquests and Discoveries of Henry the Navigator, Being the Chronicles of Azurara*. Edited by Virginia de Castro e Almeida and translated by Bernard Miall. London: Allen & Unwin, 1936.

———. *Crónica da tomada de Ceuta*. Mem Martins: Publicações EuropaAmérica, 1992.

【Historia歷史學堂】MU0027

最後的十字軍東征：航海家達伽馬的史詩旅程

The Last Crusade: The Epic Voyages of Vasco da Gama

作　　者❖奈傑爾．克里夫（Nigel Cliff）
譯　　者❖楊惠君
封面設計❖兒　日
排　　版❖張彩梅
校　　對❖魏秋綢
總 編 輯❖郭寶秀
責任編輯❖邱建智
行銷業務❖許芷瑀

發 行 人❖凃玉雲
出　　版❖馬可孛羅文化
104台北市中山區民生東路二段141號5樓
電話：02-25007696
發　　行❖英屬蓋曼群島商家庭傳媒股份有限公司城邦分公司
104台北市中山區民生東路二段141號11樓
客服服務專線：(886) 2-25007718；25007719
24小時傳真專線：(886) 2-25001990；25001991
服務時間：週一至週五9:00～12:00；13:00～17:00
劃撥帳號：19863813　戶名：書虫股份有限公司
讀者服務信箱：service@readingclub.com.tw
香港發行所❖城邦（香港）出版集團有限公司
香港灣仔駱克道193號東超商業中心1樓
電話：(852) 25086231　傳真：(852) 25789337
E-mail：hkcite@biznetvigator.com
馬新發行所❖城邦（馬新）出版集團 Cite (M) Sdn. Bhd.(458372U)
41, Jalan Radin Anum, Bandar Baru Seri Petaling,
57000 Kuala Lumpur, Malaysia
電話：(603) 90578822　傳真：(603) 90576622
E-mail：services@cite.com.my
輸出印刷❖中原造像股份有限公司
初版一刷❖2019年12月
定　　價❖630元

ISBN：978-957-8759-97-8

城邦讀書花園
www.cite.com.tw

國家圖書館出版品預行編目（CIP）資料

最後的十字軍東征：航海家達伽馬的史詩旅程／奈傑爾．克里夫（Nigel Cliff）作；楊惠君譯. -- 初版. -- 臺北市：馬可孛羅文化出版：家庭傳媒城邦分公司發行，2019.12
　面；　公分 --（Historia歷史學堂；MU0027）
譯自：The Last Crusade: The Epic Voyages of Vasco da Gama
ISBN 978-957-8759-97-8（平裝）
1.近代史　2.世界史　3.航海
712.4　　108018047

THE LAST CRUSADE: The Epic Voyages of Vasco da Gama
by Nigel Cliff